船舶维修保障工程

罗 忠 胡俊波 李 垚 谷高全 著

华中科技大学出版社

中国·武汉

内 容 提 要

　　本书针对船舶维修保障工程特点,一是介绍了船舶维修保障基本概念、方法、任务和发展趋势,以及维修保障系统组成与特点、全系统全寿命管理理论;二是介绍了船舶可靠性工程、维修性工程、测试性设计等基础理论,包括概念、定性定量要求、建模、分配、预计、试验与评估等,提供了大量设计实例;三是介绍了FMECA、RCMA等各类保障性分析程序和步骤,重点阐述了船舶综合保障方案核心内容的编制原则、要素组成和要求,以及维修器材保障特点与保障指标、筹措标准等;四是从维修保障工程实践的角度介绍了船舶维修保障组织管理、质量管理和技术管理的概念、工作内容及实施流程等;五是从数智化维修保障发展的层面,介绍了国内外船舶数智化维修保障相关概念、现状及发展需求,并阐述了典型船舶数智化维修保障内涵、模式与发展趋势。

　　本书几乎涵盖了船舶全系统全寿命维修保障所有知识内容,系统性强,与工程实际联系紧密,对船舶维修保障低成本、可持续、高质量、高效益发展具有一定借鉴意义,能够作为相关船舶专业国防工程技术人员教学和业务用书。

图书在版编目(CIP)数据

船舶维修保障工程 / 罗忠等著. -- 武汉：华中科技大学出版社,2025.8. -- ISBN 978-7-5772-1880-9

Ⅰ. U672.7

中国国家版本馆CIP数据核字第20257PM074号

船舶维修保障工程
Chuanbo Weixiu Baozhang Gongcheng

罗　忠　胡俊波　李　垚　谷高全　著

策划编辑：张少奇
责任编辑：周　麟
封面设计：廖亚萍
责任监印：朱　玢
出版发行：华中科技大学出版社(中国·武汉)　　电话：(027)81321913
　　　　　武汉市东湖新技术开发区华工科技园　　邮编：430223
录　　排：武汉三月禾文化传播有限公司
印　　刷：武汉科源印刷设计有限公司
开　　本：787mm×1092mm　1/16
印　　张：17
字　　数：446千字
版　　次：2025年8月第1版第1次印刷
定　　价：59.80元

前　言

　　船舶维修保障工程是装备维修的系统工程,是研究船舶维修保障系统的建立及其运行规律的工程技术,主要包括装备维修保障系统的功能、组成要素及其相互关系,涉及相关设计特性、使用要求,以及如何建立、完善维修保障系统,并及时、有效、经济地实施维修保障。船舶维修保障在提高在航率和装备完好率、延长设备使用寿命、使船舶始终保持先进技术水平等方面具有重要意义。船舶维修保障系统具有整体性、集合性、相关性、目的性、环境适应性等特征,其维修保障具有维修设备数量多、规模大、投资高,维修的综合性强、复杂性高,维修活动既有规律性又有特殊性等特点。船舶维修保障必须贯彻装备维修保障全系统全寿命管理理论,既要深入开展船舶装备可靠性、维修性、测试性、保障性分析,使装备高可靠、易维修、好保障,又要做好维修器材保障、综合保障方案设计,构建科学合理的维修保障组织管理、质量管理、技术管理体系,还要适应科学技术发展,运用数智化技术提升船舶维修保障效能。

　　紧密联系工程实际,熟练掌握船舶维修保障的理论、方法、机制和技术是本书编写过程中关心的重要问题。迄今为止,国内出版了众多装备维修相关的书籍,但都有各自的侧重点。本书特点如下:首先,本书以船舶为主要研究对象,围绕船舶维修保障工程的概念、方法、理论与技术进行介绍;其次,本书突出了船舶维修保障特点,界定了与其他装备的区别,例如维修保障体系构建、可靠性维修性测试性设计重点、综合保障方案,以及维修保障管理的内容与方法、数智化维修保障发展趋势等,均主要围绕船舶装备特点和要求进行阐述;最后,本书具有较强的系统性、实用性、新颖性和岗位指向性,总结了作者近年来有关船舶维修保障的最新研究及应用成果;几乎涵盖了船舶全系统全寿命维修保障大部分内容,贴合行业现状与特点,对于科学构建低成本可持续船舶维修保障系统、高质量高效益组织实施船舶维修保障具有重要意义。

　　本书按照"夯实基础、强调方法、重视应用"的思路,介绍船舶维修保障理论与技术方法及其应用,全书共分9章。第1章主要介绍船舶维修保障基本概念、方法、任务和发展趋势,以及维修保障系统组成与特点、全系统全寿命管理理论;第2、3、4章主要介绍船舶可靠性工程、维修性工程、测试性设计等基础理论,包括概念、定性定量要求、建模、分配、预计、试验与评估等,提供了大量设计实例;第5、6、7章主要介绍保障性分析,维修器材保障的工作内容、特点与保障指标,以及综合保障方案的编制内容与要求等;第8章主要从维修保障工程的实践角度介绍船舶维修保障组织管理、质量管理和技术管理的概念、工作内容及实施流程等;第9章主要介绍船舶数智化维修保障概念、保障现状、保障模式。

　　本书是在总结作者多年船舶维修保障工程实践以及相关研究成果的基础上编写而成的,可作为工科院校高年级本科生的教材,也可以作为船舶相关专业维修保障人员的参考书。

　　在本书的编写过程中,许多专家对本书提出了宝贵意见,特别是我校舰船与海洋学院对本书的编写给予了大力支持,在此深表感谢。由于作者经验及水平有限,书中不当之处在所难免,敬请专家与广大读者批评指正。

作　者

2025 年 4 月

目　　录

第1章 绪　　论

船舶是最典型的海洋航行器,其系统庞大、装备复杂,在海洋作业和军事运用上发挥着越来越重要的作用。船舶一般分为钢质海船、内河船舶和特种船舶等,钢质海船和内河船舶一般按照船检制度进行维修,特种船舶需要根据其行业特点和用途进行专门的维修保障。本书围绕装备维修保障理论在特种船舶上的应用与发展,系统介绍了船舶维修保障基础理论与工程实践内容。船舶维修保障工程原则上应遵循装备维修保障工程的相关概念、方法和法规等,由于船舶在系统组成、任务功能、使用特点等方面与一般地面装备存在显著区别,其维修保障也存在一些独特之处。

本章主要介绍维修与船舶维修、船舶维修系统、船舶维修保障工程,以及装备维修保障工程发展趋势。

1.1　维修与船舶维修

1.1.1　维修的基本概念

维修(maintenance)是为使装备保持、恢复或改善到规定状态所进行的全部活动。显然,这是一个非常广泛的维修概念。维修贯穿于装备服役全过程,包括使用与储存过程。一般维修的直接目的是保持装备处在规定状态,即预防故障及其后果,例如当装备状态受到破坏(即发生故障或遭到损坏)后,使其恢复到规定状态。现代维修还扩展到对装备进行改进以局部改善装备的性能。维修既包括技术性的活动(如检测、隔离故障、拆卸、安装、更换或修复零部件、校正、调试等),又包括管理性的活动(如使用或储存条件的监测、使用或运转时间及频率的控制等)。

随着维修理论和维修工程技术的发展,为深化对维修内涵和外延的认识,有必要进一步加以明确。

维修就是维护和修理的简称。维护的意思就是保持某一事物或状态不消失、不衰竭,相对稳定;修理的意思就是使损坏了的东西恢复到能重新使用的状态,即恢复其原有的功能。目前,维修这个术语已在多个标准中给出了定义。

《可靠性维修性保障性术语》(GJB 451A—2005)认为维修是:为使产品保持或恢复到规定状态所进行的全部活动。

《电工术语　可信性》(GB/T 2900.99—2016)认为维修是:为保持或恢复产品处于能完成要求功能的状态而进行的所有技术和管理活动的组合。

上述标准对维修的定义略有区别,但从这些定义可以看出,维修有其共同的因素:

（1）维修是为了保持或恢复装备的规定状态，规定状态可理解为良好的可运行状态或设计的最佳状态，或完成规定功能所必需的状态。

（2）对于没有损坏的装备，主要采取预防性措施，以保持它的规定状态，防止出现故障；对于已经发生故障或损坏的装备，则是采取措施，尽快恢复它的规定状态，以便重新投入使用。

（3）保持装备处于规定状态的活动，通常称之为维护，有时也称之为保养，如润滑检查、添加油料、清洁等。使处于故障、损坏或失调状态的装备恢复到规定状态所采取的措施称之为修理或修复，如调整、更换、原件修复等。维护和修理不能决然分开，维护过程往往伴随必要的修理，修理过程有时也伴随着维护，所以统称为维修。

（4）维修是一种活动过程，既包括技术活动，也包括管理活动。技术活动如检查、润滑、拆卸、分解、装配、安装、调试等；管理活动如确定维修制度、确定和建立维修资源（如维修备件供应、维修技术手册的编写）、制定维修方案等。

（5）从范围来讲，装备维修涉及维修中的"人""物""事"三个层面。

1.1.2　船舶维修概念与分类

由维修的基本概念可知，船舶维修指的是保持、恢复和改善船舶装备规定技术状态而在船舶装备寿命周期过程中所进行的一切工程技术和管理活动。

对于船舶而言，具体的维修活动由船舶维修分类的方法决定，可以从维修活动固有属性、装备修理时机、承担维修主体、装备维修经费管理、维修对象与母体的关系、维修时船舶所处的位置等角度进行分类。

1. 根据维修活动固有属性分类

从不同的角度出发，维修有不同的分类方法，最常用的是按照维修活动的固有属性分类。

1）修复性维修

修复性维修（corrective maintenance）也称修理或排除故障维修。它是装备（或其部分）发生故障或遭到损坏后，使其恢复到规定技术状态所进行的维修活动。它可以包括下述一个或全部活动：故障定位、故障隔离、分解、更换、再装、调校、检验以及修复损坏件等。

修复性维修是一种事后维修方式，其特点是：事先不知道何时会出现何种故障，因而无法预先安排修理计划，主要是在发生故障后才进行维修。

船舶装备的故障维修方式包括：临时修理、事故修理等。其中临时修理是对规定要进行预防性修理的项目临时发生故障所做的修理，通常多为船员在预防性检修中发现的故障。

2）预防性维修

预防性维修（preventive maintenance）是在发生故障之前，使装备保持在规定状态所进行的各种维修活动。它一般包括擦拭、润滑、调整、检查、定期拆修和定期更换等。这些活动的目的是发现并消除潜在故障，以避免故障出现严重后果。

预防性维修的特点：事先维修，防患于未然；预防故障，消除故障隐患。

预防性维修适用于故障后果危及安全和任务完成或导致较大经济损失的情况。根据人们长期积累的经验，预防性维修通常可分为定时（期）维修与视情维修两种方式。

（1）定时维修（hard time maintenance）：依据规定的间隔期或固定的累计工作时间或里程，按事先安排的计划进行的维修。

定时维修的主要内容：为发现故障征兆而进行的检验；为判断未超过规定条件的部位是否

正常工作而进行的试验和检查;进行加油、清洗和调试;更换和修理不能使用到下次定时修理的零部件;处理需要定期更换的零部件;等等。

定时维修的优点:维修时机明确,便于维修工作的计划和组织实施,保证维修的有效性。定时维修适用于已知寿命分布规律且确有耗损期的装备,这种装备的故障与使用时间有明确的关系(大部分项目能工作到预期的时间以保证定时维修的有效性),并且要求有足够大的无故障生存概率,以便确定维修间隔期,对于短寿命机件、存在随机性故障的机件则不适用。

定时维修的缺点:针对性差,不能预防与使用时间无直接关系的故障;由于到规定时间就必须维修,因此带有一定的盲目性,使得维修工程扩大,造成无效修理或过修。

(2)视情维修(on-condition maintenance):根据装备实际技术状况,在发现其有故障征兆时进行的针对性维修。通过检测、监控掌握装备的状况,对其可能发生功能性故障的项目,进行必要的预防性维修,且要求在发生功能故障前采取维修措施,是一种有针对性的预防维修。视情维修适用于存在耗损性故障且能确定出参数恶化标准的机件,要求能在机件上进行原位检测,并有恶化参数可供监控,需要有适当的检测手段和标准。

视情维修的理论基础:认为机件耗损具有缓慢发展的耗损期,从潜在期发展到功能故障,必定会引起各种参量特性的变化。因此,可以拟定恰当的检测时间间隔,对机件进行状态监测,根据监测仪表的指示值,在发现参量恶化到极限允许值时,及时进行维修。

视情维修的优点:维修针对性强,能够充分利用机件的工作寿命,又能有效地预防故障;能够减少维修工作量,减少人为差错和早期故障。

视情维修的缺点:必须对装备预先进行视情设计,提供装备临界状态参数和标准图谱,要配备检测手段,设置防止出现安全事故的保护设备。

以上两种预防性维修方式各有其适用的范围和特点,并无优劣之分。正确运用定时维修与视情维修可以在保证装备状态完好性的前提下节约维修人力与物力。但由于这两种方式的名称在字面上容易引起误解,在维修分析中已改用更加合理的预防性维修工作类型替代笼统的"维修方式"。

对装备所进行的例行擦拭、清洗、润滑、加油注气等维修,是为了保证装备在工作状态正常运转,也是一种预防性维修,通常叫作维护或保养。

此外,随着监控手段的进步和信息技术的发展,形成了状态监控维修(status monitoring maintenance),又称预测性维修(predictive maintenance),即对一种型号(或一批)装备的总体进行连续监控,通过统计分析,确定该种(批)装备或其某些重要项目的可靠性水平,以判定其是否能够继续使用,如不能满足使用要求,就应进行维修(例如更换一种型号的元件或部件,尽管其中有些还未损坏)。状态监控维修的优点是可以充分利用被监控项目的使用寿命,但必须以项目故障不危害装备的使用安全或任务完成为前提。

3)改进性维修

改进性维修(improvement modification),是利用完成装备维修任务的时机,对装备进行经过批准的改进和改装,以提高装备的技术性能、可靠性或维修性,或使之适合某一特殊的用途。它是维修工作的扩展,实质是修改装备的设计。改进性维修一般属于基地级维修(造、修船厂)的职责范围。

2. 根据装备修理时机分类

从船舶装备修理时机的控制角度,船舶维修分为定时维修、视情维修和事后维修。

定时维修:以预定的时间间隔(如装备使用的日历时间、工作小时、工作里程、工作次数等)

进行的修理。

视情维修：在装备出现功能性故障征兆时进行的修理。

事后维修：在装备发生故障后进行的修理。

3. 根据承担维修主体分类

从承担船舶维修工作的主体角度，即维修作业体系角度，船舶维修分为使用方维修、基地级维修。

使用方维修：应由船员、使用方保障力量、机动修理队、修理船等负责完成的修理。

基地级维修：应由基地修理厂等修理单位负责完成的修理。

4. 根据装备维修经费管理分类

从船舶装备维修经费管理角度，船舶维修分为临时修理、计划修理。

临时修理：对船舶装备在运行过程中发生的故障或发现的故障征兆所进行的非预定性修理。年度检修、巡检巡修也基本上以临时修理渠道进行经费管理。

计划修理：为防止装备在运行过程中发生故障而进行的预定性修理。船舶的各级别进厂等级修理就是计划修理。钢质海船一般采用船检制度，定期对船舶状态进行检验；军用船舶一般采用定期进厂计划修理方式。

5. 根据维修对象与母体的关系分类

按照维修对象与母体的关系，船舶维修可分为离位维修和原位维修。

离位维修：需要将维修对象全部或部分拆离母体，离开原位，移到车间内进行修理。这种方式的修理条件较好，能充分利用车间设备全面地排除故障。但是，装备的大拆大卸需花费较多的劳动力和物资，导致维修费用增加，修理周期增长，而且拆装中容易造成人为差错和早期故障。

原位维修：在舰上或在装备原位上进行修理。这种方式需要原位检测设备，受到修理部位空间窄小的条件限制，但不需要大拆大卸，从而减少了修理工作量，缩短了修理周期。随着无损探伤、不解体检测技术的发展，以及换件修理方法的使用，原位维修的应用得到了推广，尤其是船舶在海上进行海损事故修理等，往往是采用以换件修理为主的原位修理。

6. 根据维修时船舶所处的位置分类

按维修时船舶所处的位置，船舶维修可分为海上修理、码头修理、岸上修理和水下修理。

海上修理：船舶远离岸基情况下的修理，通常由船员或支援修理人员在海上采用原位修理。

码头修理：船舶系靠在船厂或修理所码头旁进行修理。由于码头上有起吊设备，船厂或修理所能将装备吊离原位，到车间进行较为全面的修理。船舶的计划修理大部分时间是停靠在码头边进行修理。

岸上修理：利用船坞、浮船坞、坞排等维修设施，将船舶安全拖离水域，进行较为全面的修理，尤其是水下部分船体和水下装置的修理。其中坞排设施存在限制，为了充分发挥其作用，必须严格控制坞排修理的工程范围，缩短坞排修理周期。

水下修理：船舶处于水面漂浮状态，利用水下设备潜入水中对船体水下部分进行修理，如船体水下清洗、油漆、焊接、切割、更换螺旋桨等。

此外，随着计算机在装备上的广泛应用，软件维修（或称维护）成为不可忽视的问题。软件维修通常包含适应性维修和改正性维修。前者是为使软件产品在改变了的环境下仍能使用进行的维修，后者是克服现有故障进行的维修。此外，也有针对软件本身的改进性维修。

1.1.3 船舶维修工作内容

从船舶装备能力形成过程来看,船舶维修主要包括:船舶维修设计、船舶维修作业、船舶维修管理、船舶维修训练和船舶维修科研等五个方面。

(1) 船舶维修设计包括通用质量特性设计和综合保障工程。通用质量特性设计主要有可靠性设计、维修性设计、测试性设计、保障性设计、安全性设计、环境适应性设计等。综合保障工程主要包括提出维修方案(确定维修等级、修理方针、维修指标、重要维修保障要求)、制定维修保障计划(详细的维修计划或维修大纲和维修管理计划)、维修工具设备设计、维修设施设计、维修人员技术培训设计、维修零备件保障设计、维修技术文件资料设计、装备封装及运输设计等。船舶维修设计的基本任务就是从设计制造上保证船舶装备具有良好的维修品质,并提供一个经济而有效的维修保障系统。

(2) 船舶维修作业是指在船舶装备服役期内直接对其进行的维修操作活动和采取的各种技术措施,主要包括船舶的维护与修理。船舶维修作业是维修生产力的具体体现,也是整个船舶维修系统赖以存在和发展的基础。

(3) 船舶维修管理包括:船舶维修系统的构建及管理,即确定管理体制、作业体制和系统的构成与布局;船舶维修系统的运行管理,即制定维修方针政策、维修规划、维修法规,实施信息管理、质量控制、安全管理、效能分析等的组织指挥;船舶维修系统要素的统筹管理,即对维修人员、维修手段、维修备件、维修设施、维修经费以及其他维修资源的管理。

(4) 船舶维修训练是指组织实施船舶维修人员的专业技术培训,使之具有与本职工作相适应的理论知识、技术水平和管理能力,主要分为生长教育训练和继续教育训练(如上岗训练、日常训练、换装训练、晋职训练、函授和自学考试等)。

(5) 船舶维修科研主要包括:研究维修理论、政策,参与新型装备的研制论证及其技术预研;研究船舶装备的合理使用和现有装备的改进改装;研究制定维修技术法规;研究分析事故、故障,提出预防措施;改进维修手段,开发应用新的维修工艺技术等。

1.1.4 船舶维修作用意义

船舶维修是船舶装备保障的重要工作,是装备建设事业的重要组成部分,对保持和恢复装备功能具有十分重要的意义。船舶维修意义主要体现在下列几个方面:

(1) 提高船舶的在航率和装备完好率。对船舶装备进行维护保养,能够减少船体和各种装备的腐蚀、磨损及其他损耗,及时发现和排除各种故障,使船舶装备长期处于良好的技术状态,提高船舶的在航率和装备完好率,保证使用方训练、作业等任务的完成。

(2) 延长船舶装备的使用寿命。对船舶装备进行定时维修和视情维修,对船体和各种装备产生的性能衰退,或发生的故障、破损及时地进行修复和更换,能够使船舶装备保持或恢复其原有性能,从而延长船舶装备的使用寿命。

(3) 使船舶始终处于先进的技术水平。对船舶武备、动力装置和各种系统进行增装、改装,能使船舶装备的技术性能不断提高,从而使船舶始终处于先进的技术水平。

1.1.5　船舶维修特点

船舶是由船、机、电、武备及各种电子设备等系统组成的在海洋环境中使用的复杂装备。因此,船舶维修不同于一般地面机械的维修,有其自身的一些特点:

(1)船舶装备维修设备数量多、规模大、投资高。由于船舶装备复杂,技术性强,它几乎涉及工业各部门,因此船舶维修需要大量的设备。特别是船舶长期处于海上工作,水线以下的船体及其设备经常产生腐蚀损耗,而平时又无法保养,因此必须有专门的设备(船坞)才能进行修理,而这些设备规模大、投资高。

(2)船舶装备维修的综合性、复杂性高。船舶是由各种装备组成的一个整体。因此,它的维修活动不同于一般的机械设备维修,而是具有高度的综合性,不仅涉及面广,而且互相牵连、互相制约。

涉及面广:包含两方面的含义。首先,船舶由多种技术装备组成,几乎涉及所有工业部门,很多装备的维修不单靠修(造)船厂本身,还依赖于其他工业部门的协作配合。其次,维修的许多问题起始于船舶的设计研制阶段,由于船舶系统设计的先天缺陷,使用阶段后遗症显现,很多问题纠正起来既费力,又花钱,而且效果差。因此,现代船舶装备的维修活动必须从使用阶段扩展到船舶全寿命期的各个阶段。这就会涉及船舶装备的论证、设计、制造、使用直至报废处理的各种问题。

互相牵连:船舶内部设备繁多,布置错综复杂,空间狭窄,维修条件较差,不仅原位维修不便,而且由于设备的交错布置,往往为了修理某项设备引起大量牵连工程。据一般统计,船舶拆装量约占修理工程量的80%,而牵连工程引起的附加工程量约占总工程量的8%~20%,船舶中有些设备维修的附加工程量甚至达到设备本身修理工程量的几倍。

互相制约:在船舶装备修理中,往往因为某一项工程不能按时修理完毕而影响其他工程的修理,甚至影响整个修船的周期。例如船舶在出坞前必须完成船体水下部分的修理及推进器、轴系的安装,而推进器、轴系的安装又必须在轴系照光、加工完后进行,但轴系照光又必须在结束大量焊接工作以后进行,如此一环套一环,只要其中一项工程没有完成,其他工作就无法进行。因此,船舶装备维修应采用现代管理技术,进行合理的组织安排,达到减少修理费用、缩短修理周期、提高修理质量的目的。

(3)船舶装备维修活动既有规律性又有特殊性。从船舶装备损耗分布可以看出,在正常使用情况下,自然损耗是主要的部分,而自然损耗一般都有一定的规律。例如船体钢材主要损耗的形式是腐蚀,每种钢材在自然环境中的腐蚀都有一定规律,根据腐蚀的大小以及结构强度的要求,人们一方面可以预见使用多少年以后需要修复或更换,另一方面还可以根据多年使用的实践经验,总结出哪些部位容易腐蚀,从而对这些需要特别注意的部位进行维护保养。

对于各种机械设备,根据它的工作时间就可以知道它的磨损程度,从而决定工作多少小时后进行修理或更换零件。对于电气设备,根据元件的寿命、材料的老化程度,可以确定什么时候需要修理,需要修理哪些部位。正是基于上述规律,人们制定了船舶定期的维护保养制度和修理制度。

但是船舶装备维修又不同于产品的成批生产制造。由于使用条件、人员素质不同,日常维护保养质量以及船舶设备损耗程度等多方面因素的差异,因此各种船舶的设备修理范围、修理内容各不相同,从而导致了维修生产的单件性。单件生产必然带来产品品种多、数量少、工艺烦琐、手工操作多等问题,使得船舶修理周期长、成本高、产品质量低,而且给生产组织管理、物质器材准备带来很多困难。

单件生产是船舶装备修理的主要特征之一,也是船舶维修改革的主要方向之一。改变单件生产的主要途径是使船舶及其装备定型化、标准化、系列化。

1.1.6　智能船舶维修保障特征

近年来,一些智能化的无人小型智能船舶陆续交付使用,与有人船舶相比,智能船舶维修的概念、分类、工作内容、作用意义与特点等基本相同,这是由智能船舶的用途和属性决定的。同时,由于使命任务、智能自主等特征,智能船舶在智能化维修、寿命期修理模式、特殊维修要求等方面具有一些区别于有人船舶的典型特征。

1) 智能船舶维修更加注重感知和执行自主化、决策智能化

智能船舶执行任务期间,其理想的维修流程为自主化信息感知融合、智能化保障数据分析决策、人机交互保障方案制定、自主化维修保障执行,各流程并行开展,具有感知和执行自主化、决策智能化的特征。自主信息感知融合指对装备维修保障信息采集获取、融合、传输的自动化过程。智能化保障数据分析决策指基于船舶装备设计、使用、维修以及作业运用等数据,运用数据挖掘、健康管理、智能诊断等方法进行动态数据分析,并与保障任务的信息链进行集成融合,精准测算、调配保障资源,科学确定智能船舶维修保障的时机和方式。人机交互保障方案制定是指智能船舶维修保障方案制定将逐步从以人为主导向以人机交互混合、人工智能为主导转变。自主化维修保障执行指具有自主决策、自主协同、健康管理和自主维修等能力,能够全程监测装备状态、准确定位与隔离故障,并在必要时自主启用冗余备份进行维修,以便在返回母船或基地后人工进行故障件更换。

2) 智能船舶修理模式主要由其使命任务和装备属性决定

根据智能船舶使用特点,考虑不同作业任务、不同技术状态,智能船舶修理模式主要由其使命任务和装备属性决定,一定程度上需要按照智能船舶"一类一策"方式进行研究确定。目前可参考的修理模式包括:①参考现行有人船舶修理模式,在寿命期内适时安排相应级别的等级修理。②参考早期训练航行体的修理模式,虽然智能船舶使用方式与航行体存在一定的相似点,但智能船舶装备的作业任务周期远大于训练航行体。③参考汽车工业体系的修理模式。原则上寿命期不安排较长时间的停航和等级修理,平时主要由使用方开展维护保养和具备能力的排故、预防性维修,定时或视情安排承制单位到驻泊地开展集中检修。例如每年定期安排一次驻泊地的集中检修。当主要装备的累计使用时间、使用次数或日历时间达到预防性维修阈值,可开展现地的高规格维护保养和修理。因此,在智能船舶研制阶段或使用初期,应从满足装备使命任务要求出发,以使用需求为牵引,进一步研究明确各型智能船舶修理模式及修理结构的设计原则和思路,分析使用需求和装备修理需求对修理时机和修期的要求,设计智能船舶修理模式方案,为智能船舶合理使用与适时修理、系统设备和器材保障方案编制以及全寿命修理活动安排提供顶层依据。

3) 智能船舶具有一些特殊的维修要求

(1) 智能船舶技术密集、集成度高、任务周期长且对可靠性要求高,同时其装备维修保障难度大、要求高。例如,智能船舶侦测、侦察等载荷部分采用模块化设计,技术密集,通常需要定期检测,以确保装备性能稳定、可靠;智能船舶传感器众多,这些传感器需要进行定期标定或

校准,特别是温盐深仪和深度计,其校准需要到国家计量中心进行。

(2)智能船舶的布放和回收对岸基或母船的保障设施依赖程度高。智能船舶通常由大型平台随船携带,根据使用需要临时布放。水面状态通常有吊机布放以及坞舱注水布放两种方式,这两种方式对母船的保障设施均有较大依赖,其中吊机布放所能部署的海洋平台数量较少,且在高海况下实施较为困难,而坞舱注水布放对母船的要求更高,且部署时效性不高。

(3)智能船舶对技术准备及维修提出了较高要求。智能船舶技术含量较高,给岸基或母船技术准备人员的能力及检测设备的配备率均提出了更高的要求。另外,智能船舶在执行任务期间,一般处于自主或遥控运行模式,一旦发生故障通常不易修复,需要在母船或岸基配置较高等级的技术人员及维修设备,否则只能由承制单位进行修理。

(4)智能船舶保障性指标的内涵发生变化,给保障资源配置带来挑战。对于备件满足率、利用率等指标要求,传统的有人船舶是针对装备及其平台提出的,对应的保障任务周期由其部署周期决定。例如,备件满足率对应的考核周期通常为船舶任务周期。但智能船舶保障资源的配置主要集中在岸基或母船,如果照搬已有要求进行配置是缺乏科学合理性的,因此需要深入开展智能船舶保障资源配置的要求及方法研究。

1.2　船舶维修系统

1.2.1　系统和系统工程概念

1)系统

系统是由相互间具有有机联系的许多要素所构成的一个具有特定功能的有机整体,每一要素都可以称为单元,也可以称为子系统,而且系统又是另一个更大系统的组成部分。譬如,动力装置是由诸如燃油、控制等子系统组成的,而动力装置本身又是大型平台这个大系统的一个分系统。

2)系统工程

系统工程是一门新兴的边缘交叉学科,尚处于发展阶段,还不成熟,至今还没有统一的定义。简单而言,系统工程是追求系统优化的一门学科。

美国著名学者切斯纳指出:"系统工程认为,虽然每个系统都是由许多不同的特殊功能部分所组成的,而这些功能部分之间又存在着相互关系,但是每一个系统都是完整的整体,每一个系统都要有一个或若干个目标。系统工程则是按照各个目标进行权衡,全面求得最优解的方法,并使整体的各组成部分能够最大限度地相互适应。"日本工业标准规定:"系统工程是为了更好地达到系统目标,而对系统的构成要素、组织结构、信息流动和控制极值等进行分析与设计的技术。"《中国大百科全书·自动控制与系统工程卷》指出:"系统工程是从整体出发,合理开发、设计、实施和运用系统的工程技术。它是系统科学中直接改造世界的工程技术。"

简言之,系统工程既是一个技术过程,又是一个管理过程,是系统形成的有序过程。为了成功地实现系统的最优化目标,需要从系统整体出发,综合自然科学、社会科学等领域中的某些思想、理论、方法和技术等,在系统寿命周期内,应用定量与定性分析相结合的方法,对系统的构成要素、组织结构、信息沟通和反馈控制等进行设计分析。

1.2.2　船舶维修系统组成

船舶维修的涉及面广、影响因素众多,因此必须要设计一个"船舶维修系统",从全系统的角度解决问题。按照既定的目标(如维修保障效益最大),以最协调的形式结合成的一个有机整体,这个有机整体就是一个系统,即船舶维修系统。船舶维修是装备维修保障的系统工程,是研究船舶维修系统的建立及其运用的理论。

船舶维修的基本目标:以最经济的资源消耗和最短的时间,保持、恢复和改善船舶的可靠性和安全性,最大限度地保障船舶使命任务的遂行。船舶维修的价值形成于维修及其相关活动过程中,最终体现在船舶作业使用任务的完成上。船舶维修的保障性和维修最终目标的唯一性,都要求人们从系统的角度来观察船舶维修。例如船舶维修过程、维修思想体系、维修研究项目、维修计划、维修企业,甚至维修部门都可组成一个系统。

根据系统工程的理论可知,系统内部的结构可以分成不同层次,低一级层次从属于高一级层次,任一层次的系统又都可分成若干子系统。例如:船舶若干维修系统就从属于船舶的平台装备子系统,随着平台装备子系统的发展,船舶维修系统也要不断地开拓和完善。船舶维修系统本身是具有生产性质的综合系统,根据其功能和职能分工,可将其分成若干子系统,船舶维修系统组成结构如图 1-1 所示。

由图 1-1 可见,船舶维修系统由组织计划系统、维修保障系统、维修生产系统、维修作业系统,以及支持系统和服务系统等组成。整个维修系统接受上级的指示和指令,以维修可能获取的维修资源和维修任务为输入,以维修后的船舶为输出,并且整个系统受到外部环境的干扰和影响。

船舶维修系统各子系统的功能如下:

(1)组织计划系统的功能是根据上级的指示和方针,结合维修特点,建立维修思想,确立维修目标和方针,制定维修战略性长期计划和策略性可行计划,对整个维修系统进行计划、组织、指挥、协调和控制。它通过建立维修组织体制和机构,来协调各项维修活动,通过维修立法,来规定和指导其他子系统的行动。

(2)维修保障系统的功能在于保障船舶维修。当船舶尚处于设计阶段,便开始设想船舶投入使用后的基本维修方案,根据这一方案拟制出船舶使用期间的维修规划和综合计划,提出维修设施、维修器材、人员训练、技术资料及各种维修用的软件程序等计划。通过这些计划确定各维修保障要素的基本要求,以指导各维修职能机构开展维修活动。

(3)维修生产系统的功能是组织船舶维修生产,保证船舶维修全过程的实施。

(4)维修作业系统的功能是控制具体维修作业,直接产生各项维修信息。

(5)支持系统是为维修提供人、财、物等各项维修资源的系统,支持上述以维修生产为主导的各系统的活动开展,以便充分发挥维修资源的作用。

(6)服务系统是为维修提供信息、科研和技术的系统,以提高整个维修系统的科学水平。

上述组织计划、维修保障、维修生产、维修作业等各系统,构成了以生产为主导的维修系统的各个层次,也是现代维修必须控制的几个环节。

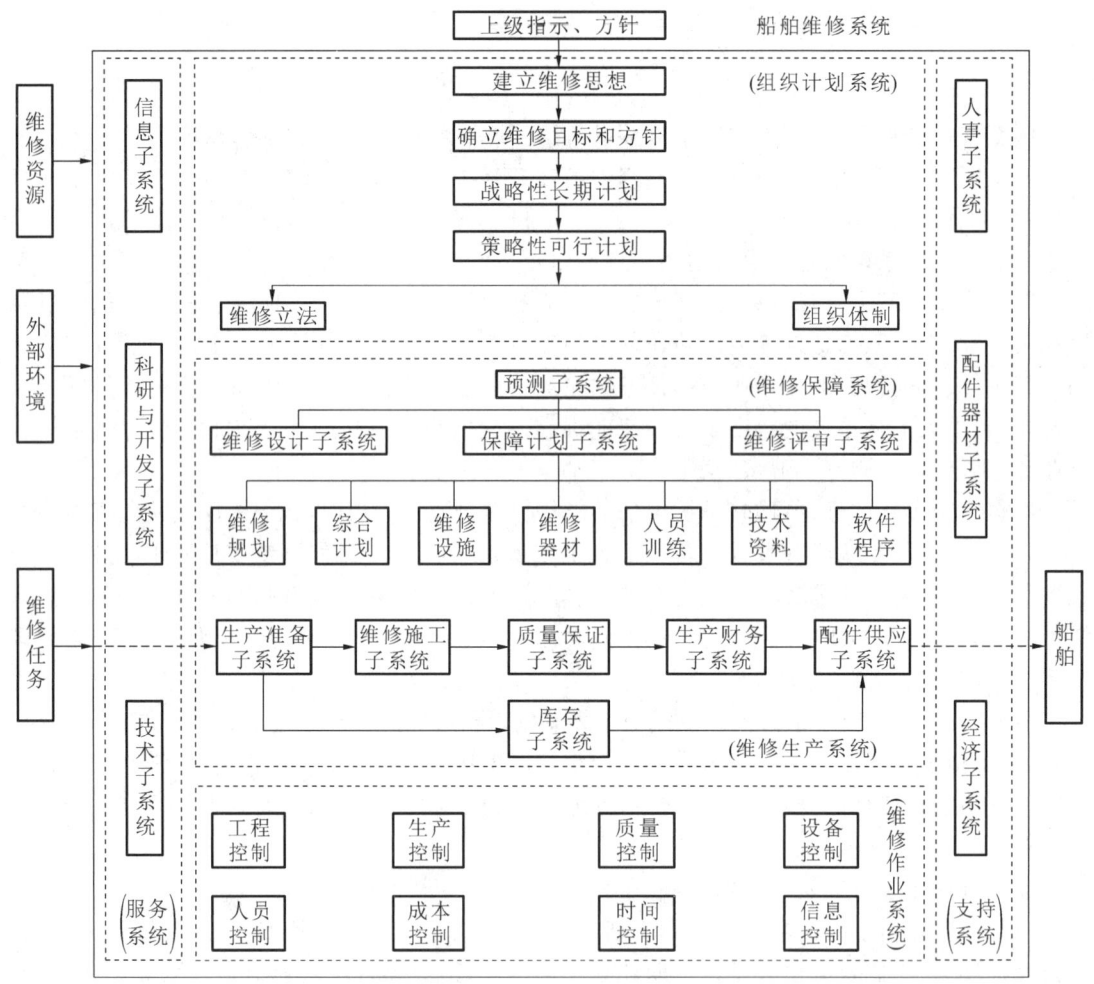

图 1-1　船舶维修系统组成结构

1.2.3　船舶维修系统特性

船舶维修系统具有一般系统的基本特性,只有不断深化对船舶维修系统特性的认识,才能更准确地把握和揭示船舶维修系统的本质规律,推动船舶维修系统的持续发展。

(1)整体性。整体性是指系统是一个有机整体,系统中具有独立功能的系统要素以及要素间的相互关系应根据逻辑统一性的要求,协调存在于系统整体之中。这意味着任何一个要素都不能离开整体去研究,要素间的关系也不能脱离整体去考虑。

船舶维修作为一个有机整体,对于系统中的任何一种活动,都要考虑它对维修工作的作用,研究其必要性和技术可行性,不能脱离系统整体来考虑;对于系统中的任何一级组织或部门,都要从系统使命任务出发,考虑问题必须服从和服务于维修系统的总体目的和维修系统的综合效益。维修系统的整体性表明,维修系统的优化首先是系统整体的优化,系统要素和要素之间的相互关系应该服从系统整体目标优化的要求。维修活动必须在系统整体功能的基础上而展开,这些活动应构成维修系统整体的有机活动,以保障系统整体的高效运转。

（2）集合性。集合就是把具有某种属性的要素（或因素）看成一个整体，系统的集合性就是这种特性的反映。系统的集合性表明，系统是由两个或两个以上的可以相互区别的要素所组成的，这些要素可以是具体的物质，也可以是抽象的或非物质的软件、组织等，但它们应构成一个有机整体。

作为一个有机整体，系统的集合性要求系统的组成具有合理性和科学性，系统要素应一个不能多，一个不能少，凡是具有船舶维修功能的各要素都应汇集到船舶维修系统中，形成一个要素完备的有机体，以保障船舶维修目标和任务的实现与完成。

（3）相关性。相关性是指系统构成的各要素之间相互联系、相互作用的特性。相关性说明系统构成不仅应是完备的，而且应是有机联系和精干高效的。

从系统的角度来看，船舶维修涉及采办、使用、等级修理、保障、维修训练、维修科学研究等过程活动，需要开展计划、组织、指挥、控制、领导等组织管理活动，这些过程和组织管理活动都是相互依存、相互作用的，其中任何一项活动的开展都会直接影响到系统功能的输出。系统的相关性要求系统要素之间应建立合理、协调和高效的关系，最大限度地消除系统要素之间的冲突和干扰，实现"1＋1＞2"的系统放大功能。

（4）目的性。目的性是指系统的构建和运行都是为了达到一定的目的，而且目的一般是多维度、多层次的，有时甚至是矛盾的。目的性要求对系统目的进行系统规划和有效控制。

系统的目的性首先要求对船舶维修系统整体的目的即系统的输出进行科学的界定，其次应使船舶维修系统对各层次系统赋予明确的目的，最终构成一个结构合理、层次分明、精干高效的系统。系统的目的性在于进一步确认系统存在的价值和使命，明确系统功能，增强系统的有效性。

（5）环境适应性。环境适应性是指任何一个系统都存在于一定的环境中，它必然要与外部环境产生物质的、能量的和信息的交换，外部环境的变化必然会引起系统内部各要素之间的变化，只有与环境相适应，系统才具有生命力，才具有可持续发展的动力。

船舶维修系统不是一个孤立的系统，它存在于作业系统和装备系统等大系统之中，受到使用样式和后勤保障等多个系统的制约和影响。由于船舶维修环境具有较强的不确定性和复杂性，因此只有具有环境敏感性和对外部环境变化的快速响应能力，船舶维修系统才能实现系统目标。船舶维修系统的环境适应性为进一步优化船舶维修系统提供了更为宽阔的视野。

1.2.4　船舶维修系统过程与活动分析

船舶维修系统的输入是指在维修过程的作用下输出一定的系统功能，维修过程可用一个IDEF0（integrated computer aided manufacturing definition，集成计算机辅助制造定义）图来描述，如图 1-2 所示。IDEF0 是一个功能模型标准，始创于 1981 年，用途是定义生产过程。IDEF0 是一个标准过程定义图示，用于描述船舶维修过程的相关活动。图 1-2 描述了船舶维修过程的控制、输入、输出和机制，刻画了从输入转变为输出这一过程的所有活动，可以总结为控制调节过程、输入进入过程、输出退出过程、机制支持过程。图 1-2 中 IWSDB（integrated weapon system data base）是指综合装备系统数据库。

（1）过程控制。维修资源、使用需求和维修管理能力等直接约束着船舶维修过程活动。维修资源涉及人、财、物、时间、信息等，维修资源的有限性决定了船舶维修实施科学管理的必要性，以降低维修过程的不确定性。使用需求直接牵引着船舶维修过程活动，需求的不明确往

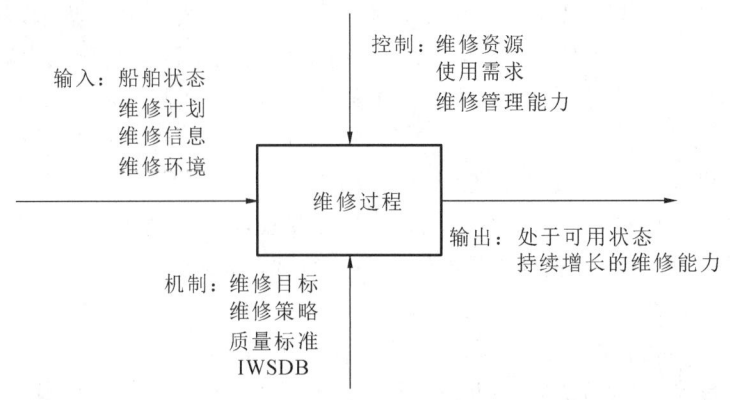

图 1-2　船舶维修过程描述

往使维修过程处于无序和低效状态。维修管理能力直接影响到船舶维修过程活动的有效性和维修资源利用的合理性。维修过程控制的作用就在于最大限度地保持维修资源的可视性、使用需求的可控性以及维修活动的可操作性。

（2）过程输入。船舶维修是一种保持、恢复和改善船舶可靠性和安全性的过程活动,这种过程活动的输入主要有船舶状态、维修计划、维修信息和维修环境。船舶是维修系统作用的对象,过程活动实施的前提是必须了解和掌握船舶的真实状态;维修计划是维修系统开展过程活动的依据;维修信息(如船舶的使用信息、故障模式、故障影响和故障后果等)明确了维修过程的工作重点;维修环境直接影响到船舶维修过程活动的效率。过程输入描绘了船舶维修过程活动的基本场景。

（3）过程输出。处于可用状态和持续增长的维修能力是船舶维修过程活动的输出。船舶维修的直接目标是要保障装备始终处于可用状态,最终目标是保持核心维修能力的持续增长,使船舶维修系统能快速响应使用过程中的各种不确定性因素。

（4）过程机制。机制是指船舶维修过程活动中提供的方法、技巧、工具或其他手段。维修目标、维修策略、质量标准和 IWSDB 是船舶维修过程活动管理需要用到的机制。量化的维修目标为过程活动提供正确的方向;维修策略有助于确定应对故障的有必要而且技术可行的各种可选择维修方式;质量标准明确了过程活动的尺度和行为规则;IWSDB 是一个关于装备使用和维修保障各种信息的集成数据库,包含了船舶维修过程所有的相关活动及相关信息,为船舶维修科学管理提供了技术支撑和工作环境。

1.2.5　船舶维修全系统管理

1.船舶维修全系统管理概念

船舶维修不仅是对装备进行维护和修理的一种技术性作业活动,也包括装备自身在内的由相互作用、相互依赖的各个要素(包括人、财、物、信息等)和各个部分(包括各级维修、训练、科研以及物资器材供应保障等)所组成的具有共同目标和特定功能的有机整体,即船舶维修是一种复杂的作业与经济系统,其已从一种技术性作业活动逐步转变为一种技术与管理相融合的综合性活动,更好地满足了日益增长的船舶维修需求。

从系统的角度来看,一个完整的船舶维修系统应包括在规定的工作环境下,使系统正常运行需要的各种要素,以及需要各部门的通力协作。按照综合保障工程理论,一个完整的系统应包括使系统的工作和保障可以达到自己所需的一切设备、相关的设施、器材、服务和人员要求，船舶维修系统的有效运转必须依赖于以下几种要素，即维修规划、人员数量与技术等级、供应保障、保障装备、技术资料、训练和训练保障、计算机资源保障、保障设施、包装、装卸、储存、运输和接口设计，这也就是船舶维修系统静态的要素组成。

从系统要素构成来看，并不是具备了上述几种要素就是一个完整的维修系统了，这只是给出了船舶维修系统的一个方面，更重要的是如何使这些要素相互匹配，使这些要素在维修过程中发挥作用，这就需要采办机构、后勤保障机构、训练机构和科研机构等部门的协作支持，需要各级船舶维修机构、不同维修专业人员的共同努力。而且，在维修过程中，船舶维修还受到装备状态、人员、物资、环境等许多不确定性因素的影响，系统需要对这些不确定性因素进行有效的控制和管理。因此，船舶维修的多因素、多变动的活动特点及其复杂的相互制约的系统组成，都要求从系统的角度来认识和管理装备维修，实施全系统管理。

此外，船舶维修系统作为一种复杂系统，需要对一系列的过程活动进行统筹优化，实现以最经济的资源消耗、最大限度地满足使用的需求。同时因为讲究维修的经济性，所以船舶维修系统是一种复杂的作业与经济系统。随着科学技术、船舶发展和维修环境的急剧变化，系统工程思想、理论和技术方法逐渐被引入装备船舶维修领域，逐步形成了具有使用和维修特色的船舶（装备）维修全系统管理概念。

船舶维修全系统管理概念：通常运用系统分析工具和方法对船舶维修系统及其相关过程活动、要素进行统一规划、全面协调和系统管理，使维修系统规模适度、布局合理、结构优化、体系配套，实现以最经济的资源消耗、最大限度地满足船舶的使用需求。

根据系统工程的基本认识，船舶维修全系统管理是以船舶维修系统为研究对象，应用系统工程的理论和技术方法，从系统整体目标出发，研究和解决船舶维修理论和实践问题，以实现系统优化的综合性工程技术和科学方法。

船舶维修全系统管理着重研究和解决船舶维修的思想、方针、政策、维修法规、体制编制、维修方式、维修方法、质量控制、维修革新、维修人才培养等问题。以现代科学技术成果和先进技术为依托，船舶维修全系统管理注重统筹规划、系统分析、民主决策、合理配置和科学管理，以便充分发挥、调动维修系统各环节、各部门、各组成要素的潜力和主观能动性，使系统达到结构合理、技术先进、运行高效、综合效益最佳的状态。

2. 船舶维修全系统管理的一般方法

船舶维修全系统管理为科学分析和解决装备维修问题提供了一种方法论。船舶维修系统工程孕育于长期的装备维修工程和管理实践，因此系统工程的技术方法可应用于船舶维修系统工程。目前，在有关系统工程分析和处理问题的诸多方法中，最具代表性的为美国系统工程专家霍尔（A. D. Hall）在1969年提出的霍尔三维结构，如图1-3所示。该图形象地概括了系统工程中的一般步骤与方法，为解决复杂的船舶维修问题提供了一般性思路和技术途径。

从装备寿命周期过程活动的角度来看，船舶维修是该过程活动的一个有机组成部分，同时维修目标的达成也是一系列过程活动的结果，这可以应用时间维来描述。从船舶维修所面临的问题来看，装备维修具有复杂的作业与经济活动特征，由于维修环境的不确定性、维修目标的多重性、维修管理的复杂性，因此需要一种比较系统的、规范的解决问题的方法和工具手段，这可以应用逻辑维来描述。从船舶维修过程活动的角度来看，装备维修涉及诸多学科和相关专业领域，不仅需要有关船舶的设计理论和技术，同时还需要维修所需要的独特的专有技术和

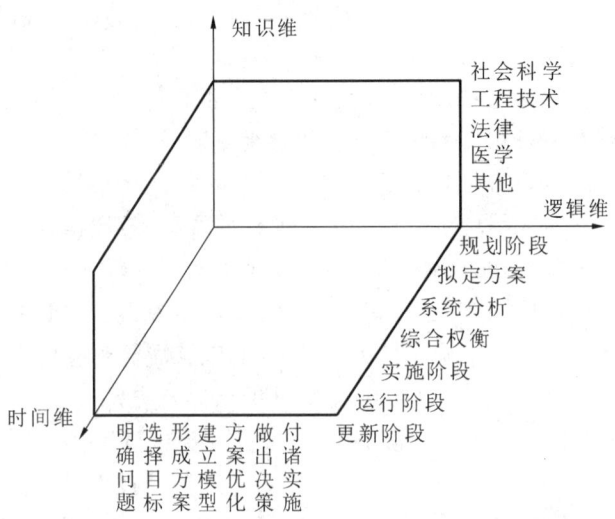

图 1-3　系统工程霍尔三维结构

工艺、工具,还需要数学、经济学、行为科学、管理学等学科领域的知识,这可以应用知识维来描述。因此,霍尔三维结构适用于船舶维修系统工程。

1) 逻辑维

三维结构中的逻辑维也称思维过程,是指实施系统工程的每一个工作阶段所要经过的基本程序,一般包括七个步骤,即明确问题、选择目标、形成方案、建立模型、方案优化、做出决策、付诸实施。

(1) 明确问题:通过调查研究、收集整理数据资料,明确问题的历史、现状、趋势和本质,为解决系统问题提供依据和信息资料。

(2) 选择目标:根据问题,提出解决问题需要达到的目标和评价标准,为后续备选方案的比较和评价提供标准和尺度。这一步骤也称为系统设计。

(3) 形成方案:按照问题的性质和目标要求,探索并制定解决问题的系统方案。这一步骤也称为系统综合。

(4) 建立模型:建立模型对各备选方案进行综合分析。这一步骤也称为系统分析。

(5) 方案优化:根据系统目标和评价标准,对各备选方案进行分析评估,给出各备选方案的优先排列顺序。这一步骤也称为系统选择。

(6) 做出决策:根据备选方案评价的基本结论,综合考虑各种影响因素,从备选方案中选择一个或几个,或者对备选方案进行重新优化组合,确定试行方案。

(7) 付诸实施:将决策所确定的试行方案付诸实施,并对实施过程进行监控,不断反馈或修正上述各个步骤所出现的问题,准备进入新的系统工程阶段。

2) 时间维

三维结构中的时间维表示任何一项系统工程所必须进行的过程阶段,也称为工作阶段,按时间顺序划分,一般可划分成七个阶段,即规划阶段、拟定方案、系统分析、综合权衡、实施阶段、运行阶段、更新阶段。

(1) 规划阶段:根据系统目标拟定系统工程活动的方针、设想和规划。

(2) 拟定方案:提出具体备选方案。

（3）系统分析：对各种备选方案进行分析，确定优化方案。

（4）综合权衡：综合各种影响因素，运用定性与定量相结合的方法对优化方案进行综合评价和权衡。

（5）实施阶段：组织实施优化方案。

（6）运行阶段：系统按预期目标运行，或按预定的功能和用途提供服务，即输出阶段。

（7）更新阶段：改进、更新原有系统，不断提高系统效能。

3）知识维

三维结构中的知识维是指为完成各阶段的工作所需的各种知识（专业技术）。这些知识可以分为系统学、管理学、经济学、工效学、概率论、数理统计、可靠性、维修性、保障性、测试性、安全性、信息技术、故障诊断、自动检测、人工智能、社会科学、工程技术、法律、医学等。

3. 船舶维修全系统管理的重点

研制阶段船舶维修全系统管理的重点是：确保装备的保障系统与主装备同步论证、同步设计、同步研制、同步交付使用方；确保所设计的装备是作业效能最佳的，而不是仅仅侧重于某一个或某几个技术指标；确保设计的保障系统与主装备相匹配，有什么样的主装备，就得有相应的保障系统，即主装备制约着保障系统的设计，但当保障系统无法实现时，就需要更改主装备的设计，即保障系统影响着主装备的设计。

使用阶段船舶维修全系统管理的重点是：关注设备之间的输入输出关系，确保系统协调发挥应有功能；关注温度、振动、噪声、异味等外部表象与内部机理之间的关系，确保在重大事故发生之前消除故障隐患；关注维修的牵连工程问题，确保维修的总工程量最少；关注装备故障规律及维修保障需求统计分析等问题，确保配套保障系统经济有效；关注设计研制赋予主装备的各种特性，确保装备使用与维修合规并能改进后续设计。

1.2.6 船舶维修全寿命管理

1. 基于并行思想的船舶维修系统

传统的串行工程是一种"抛过墙"的模式，以邻为壑，论证、设计、研制、试验、使用和维修等多个过程序贯进行，各过程之间相互分离，各职能部门各顾一摊，以局部要求和部门利益为中心，工作缺乏相互的沟通和协调，因而部门之间冲突不断，重新设计、返工、周期长、成本高等问题积重难返，难以快速响应使用要求。

20 世纪 70 年代以来，随着现代装备复杂性的增长，出现了使用和保障费用高、技术状态完好率不断下降、装备不能尽快形成应有的能力等问题，船舶在这方面的问题尤其突出。特别是随着世界新作业变革的深入发展，船舶的使用样式、使用环境和维修保障需求发生了根本性变化，如何适应变化、如何高效地保障船舶的使用，已成为船舶维修面临的重大现实问题。这也迫使人们对船舶维修进行系统性思考，认识到维修不仅需要"后天"的精心维护，更要依靠"先天"的科学设计，不仅需要系统分析和科学设计来解决装备质量等根本性问题，更需要从管理人手，实施有效的全系统全寿命的维修管理。并行工程就是在这种背景下进入船舶维修领域的。

1）并行工程的含义

并行工程（CE，concurrent engineering）是对产品及其相关过程（包括设计、制造、使用和维修保障过程)实行同步的综合设计的一种系统方法,已在装备领域发挥着重要作用。

与传统的串行工程相比,并行工程是以项目及其相关过程进行并行、一体化工作的一种系统化管理模式,也已成为实施船舶(装备)全寿命管理的理论基础。

有关并行工程的定义很多,其中已被大多数人接受的是由维纳(R. I. Winner)在美国国防分析研究所 R-338 研究报告中给出的,即并行工程是对产品及其相关过程(包括制造和保障过程)进行并行、一体化设计的一种系统化的工作模式,这种工作模式力图使开发者们从一开始就考虑到整个产品寿命周期(从概念形成到产品的报废处理)中的所有关键因素(包括质量、成本、进度和用户需求)。从上述定义中可以认识到,并行工程是一种管理模式,而不是具体的工作方法。并行工程要求在设计一开始就综合考虑装备(产品)寿命周期过程中的所有因素,旨在优化设计、制造和保障过程。

2)并行工程的基本原理

作为一种新的管理模式,并行工程是对传统的串行工程的否定与创新,如图 1-4 所示。

并行工程按照系统观点组成综合产品小组(IPT,integrated product team),以使用需求为牵引,注重统筹规划、早期决策,从更高的层次上对装备寿命周期过程进行重组和并行思考:在装备开发的早期(上游过程)就尽可能地考虑使用(下游过程)及其相关过程(如制造、维修保障)的各种因素;在设计过程中考虑并采取有效的措施解决装备生产性、装配性等制造过程中和维修、器材供应、人员训练等保障过程中的问题;通过装备寿命周期过程活动之间信息的共享与交换,既降低了冲突水平又显著提高了效率和效益。并行工程与传统串行工程的根本区别在于,并行工程把装备寿命周期过程看成是一个有机整体和集成过程,并从全局优化的角度出发,对集成过程进行科学管理与有效控制,同时利用各种先进的计算机辅助工具和信息化的产品数据管理技术手段对现有的产品开发过程进行不断地改造与优化。

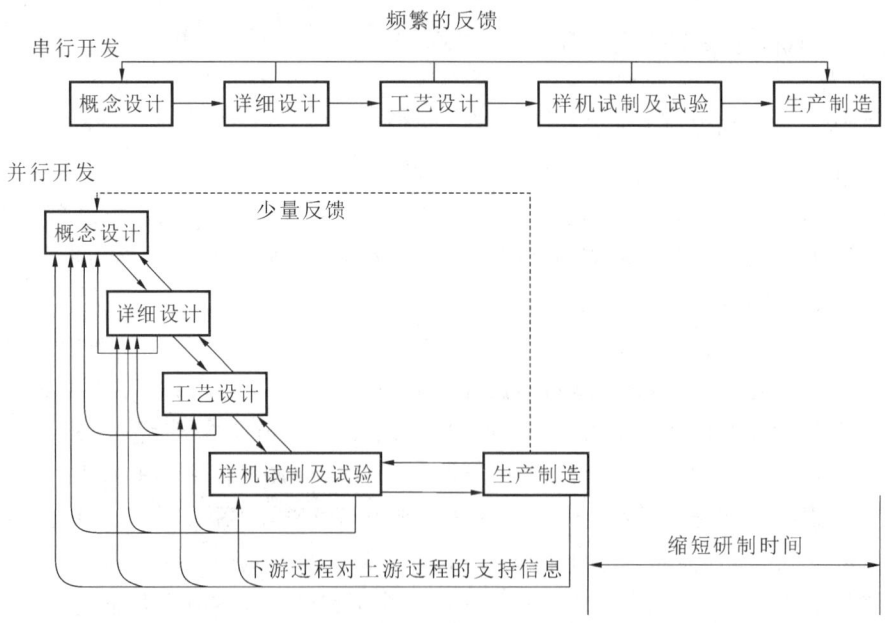

图 1-4 并行工程与串行工程的比较

3）并行工程的特点

并行工程的主要特征：以用户为中心；并行开发产品和过程；尽早进行并持续进行寿命周期规划；具有最灵活的优化方法；进行健壮设计，改进过程能力；按事件安排进度计划；多学科协同工作；充分授权和分权；拥有严密的管理手段；主动标识与管理风险。根据上述特征和并行工程的原理，并行工程具有以下主要特点：

（1）并行性。并行工程的并行性特点是显而易见的。在产品设计一开始就要考虑影响产品的所有因素，在产品设计期间并行地处理产品及其寿命周期过程中的问题，从而消除串行工程"抛过墙"综合征。但由于将以前不属于同一时间域的问题（如设计、制造及维修保障等相关问题）提前进行系统性考虑，因此也增加了管理决策的复杂程度。

（2）集成性。并行工程的集成性也称综合性，它包括产品集成、过程集成与信息集成。由于实行并行设计解决产品与过程的集成，因此需要集成机械、电子、电气、热力、空气动力、结构等传统工程学科和集成可靠性、维修性、安全性、生产性、质量、人素工程等专业工程学科的知识，同时也需要多学科人员的密切协作。因为传统的面对面的讨论与会议工作方式已不能满足并行工程对信息的及时、准确、高效的要求，所以需要建立一种信息集成环境，实现信息共享和资源的综合利用。因此，集成性（产品集成、过程集成与信息集成）是并行工程的本质特性和最高目标。

（3）综合产品小组（IPT）。实行并行工程需要改变传统的部门化或专业化开发人员组织，采用跨部门的、多专业的 IPT。IPT 是指由所有与装备设计、制造、使用和保障等有关的职能部门和专业的代表人员组成的一种并行工程小组，IPT 由承制方、使用方和订购方等多方人员组成，专业涉及论证、设计、制造、工艺、采购、质量保证、使用和维修保障等，克服了传统职能管理习惯意识以及狭隘的部门利益观，促进各职能部门专业领域人员的密切合作，构建信息共享机制，共享知识和能力，保障 IPT 的有效运行。

（4）面向产品寿命周期过程的整体优化思想。并行工程以产品寿命周期过程的整体优化为目的。现代系统观点要求对产品及其相关过程的优化设计必须从产品寿命周期的思想出发，如以全寿命费用最低为准则考虑产品的费用问题。并行工程正是通过集成式、并行式地设计产品，通过变革产品开发模式，使下游的过程活动（如工艺、生产、制造、装配、使用、维修保障等）尽早融入上游的过程活动，并及时分析诸如质量、成本、生产性、保障性等问题，实现对资源的系统优化配置，保障产品的系统性能得以实现和优化。

4）并行工程对船舶维修系统的作用

船舶维修系统工程的基本目标是通过应用先进的思想理论、技术方法和工具手段，从系统整体的角度来解决船舶维修系统中的矛盾和问题，使装备维修活动效率高、效益好、效能佳。但是，随着竞争的压力和使用需求的变化，船舶维修系统也面临着"转型"的选择和时代的考验，需要吸收新鲜的养分来充实自己。并行工程作为一种先进的管理模式和管理思想，从技术和管理两个方面都提供了可供借鉴的东西，为船舶维修系统工程和维修活动创造了良好的平台。并行工程对船舶维修系统以及维修活动的影响和作用主要体现在以下几个方面：

（1）并行工程以使用需求为牵引，始终从使用的角度出发，赋予了船舶维修优良的维修品质和维修环境。

（2）并行工程为推行船舶全系统全寿命的维修管理提供了理论和技术支持。

（3）并行工程为船舶维修系统工程构建了协同工作环境。

（4）并行工程为船舶维修系统工程活动提供了一种有效的组织管理模式——综合产品

小组。

2. 船舶维修全寿命管理

1）船舶维修全寿命管理概念

船舶寿命受到装备使用期、库存或放置期的疲劳特性、耐久性、耐腐性或耐环境适应特性的影响。船舶自然寿命指装备从开始使用直至不能再用、再修而报废所经过的时间。船舶技术寿命指装备从开始使用到因技术落后而被淘汰所经过的时间。船舶经济寿命指装备从开始使用到年平均总费用为最低时的使用年限。

船舶全寿命（全寿命期、寿命周期）：船舶从论证开始，经设计、制造、使用，直至报废所经历的全部时间的总和。

船舶维修全寿命管理：在船舶寿命周期的各个阶段内，为满足系统状态完好性要求，降低寿命周期费用，综合考虑装备的保障问题所开展的一系列管理和技术活动。

船舶维修全寿命管理实际上是对船舶寿命周期的各个阶段的维修工作实行统筹管理，统筹的要求是：既不能"重设计，轻使用、维修"，也不能"重使用、维修，轻设计"；船舶寿命周期各阶段工作密切相关，应该在设计制造阶段就考虑好使用和维修问题，在使用阶段遵循设计特性；船舶设计和使用、维修互相制约，船舶设计阶段对装备系统的效能、费用有着深远的影响，如果把问题遗留到使用阶段，将造成严重的后果，而且补救代价很高，应该在设计阶段就考虑到并解决好未来可能出现的问题。

2）船舶维修全寿命管理主要工作

（1）立项论证阶段的主要工作：根据需求分析、可行性研究，确定装备型号立项；确定总体的系统要求，探索和选择各种备选方案。该阶段要编制《研制总要求》和《论证工作报告》，即立项决策和总体要求论证。

（2）方案设计阶段的主要工作：选定方案并对所选定的方案进行功能分析与分配；确定分系统和设备的定性、定量要求；重新评价和确定效能、费用、进度要求；在可靠性、维修性、保障性以及综合保障要素之间权衡；进行系统的初步设计和初样机的研制性试验。该阶段要明确船舶的实现工程，即形成研制方案，视情制作初样机。

（3）工程研制阶段的主要工作：进行详细的工程设计，完成生产所需的成套图纸；提供使用试验所需的综合保障（如备件、试验设备、技术手册、人员培训等）；修改初样机，形成生产型样机；对分系统和设备进行试验及评价，确定系统的作业效能和使用适应性。该阶段要确定船舶设计是否达到要求，以及确定其制造工艺过程，即施工方案设计文件和生产型样机。

（4）生产与部署阶段的主要工作：监督主装备和保障装备的生产，组织好产品检验和验收；检查和验收使用说明书、操作规程、维修指南等技术资料的编写和出版；组织使用和维修人员的培训。该阶段要保证：船舶主装备和保障装备的同步生产，组织好使用方的接装和运输，保证技术资料与装备的一并交付；生产船舶以及装备配套保障设施，并且投放到使用现场，由使用方使用，便于发现问题并纠正。

（5）使用与保障阶段的主要工作：装备的使用和维修保障；根据使用、维修中出现的问题，对装备系统进行科学、准确的评价，提出更改意见。该阶段主要讲究用好、养好、修好，最大限度地发挥装备的能力。

（6）报废处理阶段的主要工作：①再使用（reuse）指对主装备和保障装备进行分类清理，对某些仪器、仪表和零（备）件做到物尽其用；②再制造（remanufacture）指对某些通过再制造技术恢复性能后仍可使用的零（备）件进行再利用；③再循环（recycle）指将不能利用的零（备）

件在不失密的原则下送至指定地点进行废物回收;④处理指对一些可能对环境造成污染的报废装备和设施,要严格按照国家的有关规定进行处理。

3) 船舶维修全寿命管理的重点

(1) 船舶维修全寿命管理工作应通过影响装备的技术设计与研制,实现装备的"优生"。

(2) 船舶维修全寿命管理工作应通过同步设计与建设保障系统,确保保障能力的及时形成与有效保持,实现装备的"优育"。

(3) 船舶维修全寿命管理工作必须在使用方的主导下实施。

1.3 船舶维修保障工程

1.3.1 船舶维修保障工程基本概念

装备维修保障工程(maintenance support engineering)是维修的系统工程,是研究装备(设备)维修保障系统的建立及其运行规律的学科。它主要研究装备维修保障系统的功能、组成要素及其相互关系,还要研究系统相关的外部因素,有关的设计特性、使用要求等,以及如何建立、完善维修保障系统,并及时、有效、经济地实施维修保障。

船舶维修保障工程可表述为应用装备全系统全寿命管理观点、现代科学技术方法和手段,优化船舶维修保障总体设计,使船舶具有良好的维修设计特性,同时与维修保障分系统之间达到最佳匹配与协调,并对维修保障进行宏观管理,以实现及时、有效而经济的维修。

船舶维修保障工程定义的关键点如下所示。

(1) 研究范围:涉及船舶维修保障系统和与维修有关的装备特性(如可靠性、维修性测试性、保障性等)及要求。

(2) 研究目的:优化船舶的设计特性和维修保障系统,使维修及时、有效而经济。

(3) 研究对象:船舶维修保障系统的总体设计、维修决策及管理、与维修有关的装备特性及要求。

(4) 研究手段:主要包括系统工程的理论与方法,以及其他有关的技术、手段。

(5) 研究时域:贯穿于船舶全寿命期,包括装备论证、研制、使用(含储存)、维修直至报废。

由此可见,船舶维修保障工程既不是研究具体维修作业的维修技术学科,也不是研究具体设计验证方法的设计工程,而是进行有关维修的分析、综合保障、规划与系统总体设计的工程技术学科。

1.3.2 船舶维修保障工程任务与目标

1) 船舶维修保障工程的任务

船舶维修保障工程作为一项工程技术,其基本任务是以全系统、全寿命观点为指导,对船舶维修保障实施科学管理。具体说,其主要任务:

(1) 以维修工程分析和综合权衡为手段,论证并确定有关维修的设计特性要求,将装备设计成为可维修、可保障的;

(2) 通过分析、论证、规划,确定装备维修保障方案,进行维修保障系统的总体设计;

（3）通过分析、规划，确定与优化维修工作及保障资源；

（4）对维修活动进行组织、计划、监督与控制，并不断完善维修保障系统；

（5）收集与分析装备维修信息，为装备研制、改进及完善维修保障系统提供依据。

船舶维修保障工程的建立、完善和运行是以构造装备维修保障系统为基础，同时也需要开展有关的维修工程活动。

2）船舶维修保障工程的目标

船舶维修保障工程的总目标：通过影响装备设计和制造，使所得到的装备使用可靠，便于维修；及时提供并不断改进和完善维修保障系统，使其与装备相匹配，并有效而经济地运行，减少用户经济负担。

上述的总目标可以通过一系列具体的目标来达到，例如：减少维修频数（包括预防性维修和修复性维修）和维修工作量；减少维修延误时间，提高装备的可用性；在装备受损的情况下，迅速采取应急手段恢复装备的全部或部分急需的功能或自救能力；改善检测和诊断手段，满足简易、准确和高效的要求；降低对维修人员数量和技能水平的要求，缩短训练周期；减少备件的需求量（包括品种与数量），并保证货源；改进维修组织，改革维修管理，提高维修质量与效益，减少对环境的危害。

可以看出，各个具体目标之间既互相联系，又各有不同，因此必须充分估计每一个具体目标对总目标的影响，统一权衡。

3）船舶维修保障工程的主要活动

船舶维修保障工程的主要活动是关于装备维修保障及相关设计特性的分析、权衡、规划和监督评审等。这些活动是在船舶寿命周期各个阶段展开的，其中：在工程研制阶段，主要是提出可靠性、维修性和维修资源要求，建立这些要求之间的相互关系，做出维修保障方面的决策和规划，进行维修保障分系统的总体设计，并通过监督评审保证这一切得以实现；在使用与保障阶段，主要是对装备设计和维修保障系统运行情况与收集到的维修信息进行分析评价，对保障要素做必要的改进，并将设计更改意见反馈给研制部门。船舶寿命周期各个阶段维修保障工程主要活动如表 1-1 所示。

表 1-1　船舶寿命周期各个阶段维修保障工程主要活动

阶段	立项论证阶段	方案设计阶段	工程研制阶段	生产与部署阶段	使用与保障阶段	报废处理阶段
目标	论证并确定装备的维修保障和有关的可靠性、维修性、保障性要求，确定初始维修保障方案的规划	制定初始维修保障计划，为装备选择一种最佳的设计方案和维修方案，使其能更好地满足所确定的使用和维修需求	制定一套能够用于采办各种维修保障资源的正式维修保障计划，以便研制和获取经过权衡优化的各项维修保障资源	使生产出的装备符合使用与维修要求，并与计划的维修保障系统相匹配，在开始全面生产后，制造（或由其他方法获取）计划数量的、与装备系统相匹配的各种维修保障资源，组织维修人员培训，全面做好列装前的各项准备工作	在部署和使用装备的同时，实施装备维修保障，评估并完善维修保障系统，以便对装备进行及时、经济而有效的维修保障	妥善处理维修系统中与报废后装备不相适应的保障资源，对装备维修保障有关信息进行整理分析、反馈，为装备发展和装备维修保障提供支持

续表

阶段	立项论证阶段	方案设计阶段	工程研制阶段	生产与部署阶段	使用与保障阶段	报废处理阶段
具体工作	装备的使用需求分析； 论证和确定装备使用与维修保障要求； 初始维修保障方案的规划； 参与装备论证及评审	装备功能分析； 维修保障要求分配与协调功能分析； 初始保障性分析； 制定初始维修保障计划； 评审初始维修保障计划	有关维修的保障性分析； 维修保障要素技术数据收集与分析； 维修保障资源确定、设计与研制； 制定正式的维修保障计划； 参加正式的装备设计评审、试验及定型	维修资源生产、订购及监督； 维修保障计划（含停产后保障）的完善与优化； 从生产向使用、维修转移前的各项准备工作（人员训练、场地准备等）； 参加装备的试验与评价	实施装备维修保障； 维修保障数据收集、分析及反馈； 使用中的装备保障性分析； 维修保障能力的评估及改善	归纳总结并向研制部门进行反馈； 回收可用资源； 报废不可用资源

（1）立项论证阶段。

这一阶段的目标是论证并确定装备的维修保障和有关的可靠性、维修性、保障性要求，确定初始维修保障方案的规划。具体工作如下：

① 装备的使用需求分析。装备的使用需求直接影响或决定着装备的可靠性、维修性和保障性要求，因此应从使用需求出发进行分析，确定装备维修保障要求。与维修保障工程工作最密切的使用需求主要有以下内容：

a. 任务剖面和工作方式；

b. 负载情况，如功率、操作速度等；

c. 使用和维修的工作环境；

d. 包装、装卸、储存和运输条件；

e. 对使用和维修人员的要求等。

② 论证和确定装备使用与维修保障要求。在装备的使用需求分析的基础上论证和确定：

a. 可靠性、维修性和保障性等与维修保障有关的设计特性的定性要求；

b. 可靠性、维修性和保障性等与维修保障有关的设计特性的定量指标；

c. 其他维修保障要求。

③ 初始维修保障方案的规划。在论证和确定装备使用与维修要求的基础上，需要进行以下工作：

a. 规划初始维修保障方案；

b. 分析和确定维修保障的目标和约束条件（维修保障设备、设施、备件、人员、资料等）。

④ 参与装备论证及评审。

（2）方案设计阶段。

这一阶段的目标是在确定了装备的维修保障和可靠性、维修性、保障性要求的基础上，制定初始维修保障计划，为装备选择一种最佳的设计方案和维修方案，使其能更好地满足所确定的使用和维修需求。具体工作如下：

① 装备功能分析。装备功能包括使用功能和维修功能。通过装备功能分析，装备使用和

维修保障要求将转化为具体的定性和定量的设计要求,确保装备使用和维修保障要求同规定的功能相联系,从而确定装备"需求"与为保障此种需求而"需要的资源"之间的关系。

② 维修保障要求分配与协调功能分析。装备功能分析提供了关于装备重要功能的说明,在此基础上,需要将装备系统级维修保障要求同有关设计特性相协调,将有关保障性参数和要求由上到下进行分配,以确保装备维修保障要求的实现。

③ 初始保障性分析。在上述两项工作的基础上,初始保障性分析有助于概略地确定各种维修保障资源。

④ 制定初始维修保障计划。维修保障计划是比维修保障方案更为详细的维修保障系统的说明。在上述三项工作的基础上,制定初始维修保障计划,以便确定各种维修保障要素(尤其是对关键的、长周期的保障资源的开发、研制),并使各要素之间相互协调。

⑤ 评审初始维修保障计划。

(3) 工程研制阶段。

这一阶段(含定型)的目标是制定一套能够用于采办各种维修保障资源的正式维修保障计划,以便研制和获取经过权衡优化的各项维修保障资源。具体工作如下:

① 有关维修的保障性分析。

② 维修保障要素技术数据收集与分析。

③ 维修保障资源确定、设计与研制。

④ 制定正式维修保障计划。

⑤ 参加正式的装备设计评审、试验及定型。

(4) 生产与部署阶段。

这一阶段的目标是使生产出的装备符合使用与维修要求,并且与计划的维修保障系统相匹配,在开始全面生产后,制造(或由其他方法获取)计划数量的、与装备系统相匹配的各种维修保障资源,组织维修人员培训,全面做好列装前的各项准备工作。具体工作如下:

① 维修保障资源生产、订购及监督。

② 维修保障计划(含停产后保障)的完善与优化。

③ 从生产向使用、维修转移前的各项准备工作(人员训练、场地准备等)。

④ 参加装备的试验与评价。

(5) 使用与保障阶段。

这一阶段的目标是在部署和使用装备的同时,实施装备维修保障,评估并完善维修保障系统,以便对装备进行及时、经济而有效的维修保障。具体工作如下:

① 实施装备维修保障。

② 维修保障数据收集、分析及反馈。

③ 使用中的装备保障性分析。

④ 维修保障能力的评估及改善。

(6) 报废处理阶段。

这一阶段的目标是妥善处理维修保障系统中与报废后装备不相适应的保障资源,对装备维修保障有关信息进行整理、分析、反馈,为装备发展和装备维修保障提供支持。具体工作如下:

① 归纳总结,并向研制部门进行反馈。

② 回收可用资源。

③ 报废不可用资源。

1.3.3 船舶维修保障工程基本观点

全系统、全寿命和全费用管理的观点是船舶维修保障工程的基本观点,也是船舶建设与发展中的重要观点。

(1) 全系统管理观点。船舶维修保障工程全系统管理观点就是要把装备的各种特性和所有的组成部分(含保障部分)作为一个系统来加以研究,弄清它们之间的相互联系和外界的约束条件,通过综合权衡、密切协调,谋求系统的整体优化。在具体分析船舶维修保障工程时,主要也是在分析装备,即装备维修保障工程。

装备维修保障工程是在系统论的思想指导下,运用系统工程的技术和方法来处理维修保障及相关装备发展的问题。首先,对于装备的特性要求要从以往的偏重作业性能(功能)扩展到重视可靠性、维修性,同时也要兼顾生存性、安全性、储存性等。既需要保持优越的作业性能的主导地位,又必须运用系统优化的思想和方法使装备的设计体现出整体优化的技术性能。对于现代装备,必须把可靠性、维修性发展放在与作业性能、费用、研制周期、生存性等同等重要的位置上。从装备的整体优化和技术性能出发,协调各个特性之间关系,以达到令人满意的预期目标。而在维修保障系统建设和运行过程中,必须充分依据装备的设计特性,把维修保障建立在科学基础上。

从全系统的角度考虑装备组成,就是既重视主装备(作业装备),又重视保障装备(保障系统),并使它们互相匹配。要为整体优化的装备提供一个匹配的、有效而经济的维修保障系统。强调保障系统与强调作业装备相比,要做到性能上不落后,时间上不滞后,即同步、协调发展。保障系统的可靠性、维修性同样应当受到重视。

同时,装备系统处在更大的系统中,即受外界环境条件的制约。在维修保障系统建设与运行过程中,必须考虑这些约束。例如,应努力使整个使用方维修保障系统精简、优化,而不只是追求单种装备的保障设备"先进",以便节省资源和提高使用方的机动性与生存性。

(2) 全寿命管理观点。船舶维修保障工程全寿命管理观点就是要统筹把握装备的全寿命期,使其各个阶段互相衔接、密切配合、相辅相成,以达到装备"优生、优育、优用"的目的。特别是在立项论证、工程研制阶段要充分考虑使用、维修、储存,乃至报废处理。同时,在使用与保障阶段要充分利用和依据工程研制、生产与部署阶段形成的特性和数据,合理、正确地使用(维修),并在使用中积累有关数据和反馈信息。

(3) 全费用管理观点。为了提高装备的可靠性、维修性和完善维修保障资源,可能要增加一些工程研制阶段的经费,但却可以取得节省大量维修费用的效果,因而是划算的。

总之,牢固地树立全系统、全寿命、全费用管理的观点,扩大视野,纵观全局,自始至终掌握装备系统发展、使用和保障的规律,把可靠性、维修性和维修保障系统建设放在重要位置,妥善地统筹解决问题,有助于我国装备的发展。

1.3.4 装备维修保障工程与其他专业工程的关系

作为一门学科的装备维修保障工程与装备的维修技术学科和设计工程有着紧密的联系,但同时又有不同的任务和分工。

1. 与可靠性、维修性工程的关系

1）可靠性、维修性工程概念

与维修保障工程联系最紧密的装备设计专业工程是可靠性、维修性工程。在讨论其联系之前，需要对可靠性、维修性及其工程做简要介绍。

可靠性指装备（产品）在规定的条件下，在规定的时间内，完成规定功能的能力。可靠性工程是指为达到装备的可靠性要求所进行的一系列技术与管理活动，贯穿于装备的论证、方案设计、工程研制、生产与部署和使用与保障、报废处理等寿命周期全过程。装备的可靠性是指装备在使用中不出、少出故障的质量特性，可以用装备完成维修的时间、工时或概率等参数表示。

维修性指装备在规定的条件下和规定的时间内，按规定的程序和方法进行维修时，保持或恢复到规定状态的能力。维修性工程是指为使装备具有良好的维修性，从立项论证开始进行对装备的维修性分析、设计、试验、评定等各种工程活动。维修性主要取决于装备的设计，维修性好，装备维修所需的时间、人力或费用就少，既可保证使用，又可节省资源。

可靠性、维修性是装备的性能。而实现装备高可靠性、维修性要求，需要进行一系列的研究、设计、生产、试验、分析等工程活动，需要研制、生产、使用等各方面人员的参与和努力。这些工程活动统称为可靠性工程、维修性工程。而研制中的可靠性、维修性工程的目标，是提高装备的状态完好性和任务成功性，减少维修的人力和费用，并为装备维修和管理提供信息。同时，可靠性工程、维修性工程又是两门专业工程技术学科，其研究的主要内容是可靠性、维修性设计、分析、试验和评价的技术与方法。

2）可靠性、维修性工程对船舶性能的影响

船舶要完成其规定任务，使用性能是最基本的。而可靠性、维修性是使用性能能否保持、恢复（延续）和改善的特性。如果装备不可靠，坏了又不能修，得不到保障，再好的使用性能也没有用。所以，可靠性、维修性是非常重要的性能，应当把它们放在与使用性能同等重要的位置。

具体地说，船舶可靠性、维修性的作用和影响表现在以下几方面：①提高使用能力。可靠性高，维修性好，装备可用时间长，平时能经常处于良好的技术状态，使用方的生存能力自然就强。②增强生存能力。提高装备的可靠性、维修性可以减少装备损伤，或损伤后能得到快速修复或自救。同时，可靠性、维修性好就可以减少装备对保障系统的依赖，进而缩减保障人员、设备和设施，这些都将有利于增强使用方的生存能力。③提高使用方的机动性。可靠性、维修性的提高，提高了使用方的机动性，降低了对运输能力的要求，从而满足了使用方快速机动、大规模投送的要求。④减少维修人力。随着可靠性、维修性的提高，维修次数减少而且维修变得容易，所需的人力自然就少了。⑤降低使用保障费用。可靠性、维修性的提高，必将减少维修、储存及其他保障所需的人力及其培训、备件、设备、设施、原材油料等费用，从而降低装备使用保障费用。

3）船舶维修保障工程与可靠性维修性工程的关系

船舶维修保障工程的基础或"起点"是装备的设计，是装备的可靠性、维修性。同时，可靠性、维修性将在装备的使用维修过程中得到检验。维修需求是从可靠性出发的，可靠性高，装备维修需求少，可靠性低，装备维修需求多。另外，维修项目、器材保障等的基础也是可靠性工程、维修性工程中的相关分析工作。

船舶的可靠性、维修性与使用方的维修保障工作关系极为密切。显然，可靠性好，装备故障率低且影响或危害程度较低，维修任务自然少；维修性好，装备容易维修，占用时间、消耗人力和物力少,维修所需资源容易得到保证。可见,这些设计特性都直接影响着维修工作,或者说维修工作的基础或"起点"是装备的设计,是这些设计特性。同时,虽然设计特性在装备技术保障中难以根本改变,但可靠性、维修性却可以在使用过程中,通过合理的维修、储存得到保持甚至改善。因此,维修保障工程中进行的分析、权衡、规划,以及确定维修方案、维修任务和所需资源等,就要从具体装备的可靠性、维修性出发,特别是以保持甚至改善装备的这些特性为中心。例如,预防性维修、修复性维修决策中进行的"以可靠性为中心的维修(RCM)"和"修理级别分析(LORA)"就体现了这样的原则。所以,掌握维修保障工程的基础是掌握可靠性、维修性及其工程的相关知识。

另一方面,可靠性、维修性工程设计、分析和试验的主要依据是可靠性、维修性的定性、定量要求,而这些要求的论证、分析和确定都是依靠维修保障工程来进行的。研究人员通过系统效能分析、可用度分析、寿命周期费用分析等,提出适当的可靠性、维修性要求(定量指标),再进行分配、建立设计准则,进而开展可靠性、维修性设计、分析、试验和评价。

2. 与综合保障工程的关系

综合保障工程:在装备的寿命周期内,为满足系统状态完好性要求,降低寿命周期费用,需要综合考虑装备的保障问题,确定保障性要求,进行保障性设计,规划并研制保障资源,及时提供装备所需保障资源的一系列管理和技术活动。综合保障工程明确包含9个部分:规划维修、人力与人员、保障设备、供应保障、技术资料、训练与训练保障、计算机资源保障、保障设施以及包装、装卸、储存与运输。

综合保障工程内涵:在装备研制过程中及早考虑保障问题,其本质是把保障综合到装备设计和制造之中。在设计装备时,要考虑将装备本身设计得容易保障和便于保障;在研制装备的同时,要考虑装备所需的保障条件和保障资源,以便交付装备时提供保障资源,使装备得到及时保障。

船舶维修保障工程与综合保障工程的相互关系:功能范围不同,但有着密切联系。综合保障工程主要为维修保障创造条件,将综合保障思想落实到船舶维修的管理和技术活动中;综合保障工程会影响设计,装备维修管理依靠这些影响开展可靠性和维修性设计、分析、试验和评价,并将结果反馈给综合保障工程,作为规划和优化保障资源的依据。

3. 与保障性工程的关系

保障性:装备的设计特性和计划的保障资源能满足平时作业和使用要求的能力。其中装备的设计特性是指包括可靠性、维修性、测试性、运输性、人机综合特性、生存性、安全性、自保性、可部署性等装备本身与保障有关的各种特性。保障性反映了为保证装备正常运行,充分发挥其效能所需要的人力、物力等保障资源的获取难易程度。

保障性工程是在装备的工程研制、生产与部署和使用与保障阶段处理与保障性有关的工程技术和管理工作,是贯穿于装备寿命周期的一种工程活动。

船舶维修保障工程与保障性工程的相互关系:保障性工程是顶层设计框架,通过对可靠性、维修性等的优化设计,降低保障复杂性;(船舶)维修保障工程是保障性工程执行的延伸,聚焦使用阶段的维修活动实施,落实设计阶段的保障性要求,同时维修数据反向驱动保障性工程迭代,通过协同实现"易于保障"与"高效保障"的互补增效。

4. 与技术保障的关系

技术保障:为保持和恢复装备良好技术状态而采取的技术措施与进行的响应活动的总称。从阶段上看,技术保障是指装备交付后所进行的具体工作或活动;从行为主体看,技术保障是指装备使用和保障部门,特别是使用方和承修单位所进行的活动。

　　船舶维修保障工程与综合保障工程、技术保障等在内涵和范围上不一样。总体上来说,船舶维修保障工程是全寿命工作,综合保障工程是工程研制阶段的主要工作,技术保障是使用与保障阶段的主要工作。三者之间目标一致,都是要获得完好可用的船舶。具体来说:一方面,船舶维修保障工程要充分考虑技术保障在综合保障工程中的作用,在新装备的研制过程中,必须以现有的类似装备为基础来考虑保障问题,要充分利用现有装备的使用和技术保障信息,要让使用、维修和保障人员参与到新装备的研制中;另一方面,船舶维修保障工程要将综合保障思想落实到技术保障中,以便在装备使用过程中,将各种保障问题综合起来考虑,进行经济有效的保障。

5. 与维修技术学科的关系

　　船舶维修保障工程作为装备全系统全寿命管理的学科,必然同维修作业的技术学科有最紧密的联系。其中主要的技术学科如下所示。

　　(1) 故障诊断学:根据产品类型,往往分为机械故障诊断学、电子系统与设备故障诊断学等。

　　(2) 状态监控技术:测量与分析装备动态参数,判断装备状态,确定使用、维修决策的各种技术。

　　(3) 修理工艺学:除一般机械工艺、电(器安)装工艺外,零部件、元器件修理涉及的一些特殊工艺,如电刷镀、喷涂等。

　　(4) 装备保管保养(维护)技术:除一般共同的要求和技术(如防腐蚀、防老化、防霉雾)外,各种不同装备还有其不同的保管保养要求及相应的技术,特别是各种延寿技术。此外,有关装备事故预防及检查分析技术也是装备保管保养技术中常常需要研究的。

　　这些技术学科是直接指导维修作业、维修活动的。它们将回答具体维修工作如何实施的问题。作为维修宏观管理的维修保障工程则是研究和回答维修工作何时做、谁来做以及选用何种维修资源的问题,也研究一种装备或使用方维修资源的合理优化与配备问题,系统工程的理论与方法、运筹学的方法是维修保障工程的重要理论与技术基础。

1.3.5　开展装备维修保障工程的必要性

　　(1) 提升装备维修保障效益,充分发挥装备维修经费使用效益。近年来,新型装备的维修保障费用占装备全寿命期费用的比例越来越大,在装备寿命周期费用(LCC)中,研制费用一般只占15%,而使用和保障费用占85%。开展装备维修保障工程研究,既要确保船舶用得好,也要保证用得起。

　　(2) 减少装备维修时间,提高装备可用性。装备技术复杂化以后,如不注意维修保障方面的设计,使用中必然出现故障率高、维修频繁、维修时间长等问题,造成可用性下降。

　　(3) 优化装备维修保障资源配置,提高维修效率。由于有的新装备在研制时没有考虑保障问题和研制配套的保障系统,因此新研装备到使用方后,无配套的保障设备与设施,无零备件与使用维修手册,也无法适应人员的编制、技术水平及训练等情况,导致装备长期无法发挥作用。

　　想解决上工作难题,其核心就是针对装备维修保障工程开展研究:如何减少维修活动、如何缩短装备的维修时间、如何才能以最少的资源保障船舶的使用。这也涉及两个需要解决的本质问题：一是装备本身的特性，如可靠性、维修性等设计特性；二是维修保障活动的组织管理。

1.4　装备维修保障工程发展趋势

面临技术变革的新形势、新要求，世界各国的订购方对装备维修保障不断进行变革，以改革和发展装备维修保障工程，主要有以下一些内容：改革维修制度，科学、合理地确定维修任务，重视维修的经济性；改革维修体制，合理选择保障源；改进维修技术和手段，适应高新技术装备维修的需要，重点是高新技术装备的维修和把高新技术用于装备维修；改进维修管理和改善支援系统，确保装备维修质量与效率。

从我国低成本可持续发展国策要求以及科技和装备发展来看，装备维修保障工程发展的趋势主要包括集成化、精确化、数智化、集约化。

1.4.1　装备维修保障集成化

综合或集成是信息化社会、信息化经济、信息化运维的要求和发展趋势。传统的装备或设备维修主要是依靠个别或少数维修人员技艺的“作坊式”维修作业方式。而现代装备功能多样、结构复杂，往往都是多学科、多专业综合的现代工程技术的产物。各种武器系统、信息系统又构成了一个庞大而紧密联系的体系，其维修问题已经不能依靠个别人员的技艺来解决了。装备维修需要多方面的综合或集成，主要表现在：

（1）维修保障与装备研制、生产、供应、使用等环节的集成。特别要强调可靠性、维修性和保障性设计。高新技术装备的维修问题必须在装备立项论证、工程研制阶段进行考虑，提出维修保障要求，进行维修性设计，研究制定维修方案和开发、准备维修资源，并在生产与部署、使用与保障阶段持续地提供这些资源，建立和完善维修保障系统。对于维修工程部门来说，就是要及早介入并以维修性要求影响装备设计，需要探索有关的途径和方法，真正实现“全系统全寿命管理”。

（2）装备维修与改造（改进）的集成。除传统的修复性维修、预防性维修外，积极发展改进性维修，结合维修改善装备的作业性能、可靠性和维修性，以提高装备的效能。软件改善性维修更不可缺少。

（3）装备维修与其他装备保障工作的集成。装备维修与订购、验收、培训、储存、供应、运输、报废处理等其他装备保障工作以及后勤保障工作，应当紧密结合、统一安排，才能形成、保持和提高使用方能力。

（4）跨行业、多装备类型维修的集成。装备维修应当实施跨行业、多装备类型的维修保障；首先要求对装备进行系列化、通用化、组合化（模块化）设计；同时，要求突破传统的装备维修管理体系和模式，实行维修运作的“集中管理，分散实施”。

（5）各种维修类型的集成。除修复性维修（CM）、预防性维修（PM）外，还有建立在对装备进行实时或近于实时监测和故障预测基础上的基于状态的维修（视情维修）、改进性维修、针对故障根源的预先维修（PaM）等。应根据实际情况，综合应用这些维修方式或类型，以便实施及时、有效而经济的维修。

（6）软硬件维修的集成。随着计算机的广泛应用，计算机软件缺陷、故障已经成为影响武器系统质量的重要因素。装备投入使用后,硬件、软件都需要维修。其中,主要研究软件和软件密集系统维修保障的一系列问题,包括维修方案、人员、设备设施、技术资料、供应以及关键技术,以建立软件保障系统,形成装备软件和软件密集系统的保障能力。

装备维修综合化或集成化是从根本上解决维修保障供需矛盾,提高维修效益和效率,适应高新技术和装备发展的重要途径。实现各种"综合"或"集成",首先要突破各种不适宜的传统观念和体制的束缚,同时还要研究具体的程序、方法,并需要有"综合"能力的人才。

1.4.2　装备维修保障精确化

精确或准确维修是实现维修优质、高效、低消耗,提高装备可用度或状态完好性的主要途径。传统维修是一种相对粗放型的维修,既可能"维修不足",又可能"维修过度",从而造成故障损失或资源浪费,甚至出现人为故障。维修精确化要求突破维修越勤、越宽、越深就越好的观念,打破粗放型维修运作,做到在正确的时间、位置、部位实施正确的维修。

实现精确维修的主要途径:按照 RCM 分析方法科学地制定维修大纲;采用装备综合性诊断提高故障检测与隔离能力的精确性;积极发展和应用故障预测技术和基于状态的维修技术;利用 LORA 方法合理确定维修级别(修理场所);开发各种实用的维修工作站;发展远程支援维修技术和系统;建立健全计算机化的维修管理信息系统。

精确维修的主要基础是信息技术、测试诊断技术、故障(失效)分析与预测,以及各种维修分析与决策技术的研究和发展。

1.4.3　装备维修保障数智化

装备维修保障数智化是指在维修工作中积极应用信息化、数字化和智能化等技术,开发并充分利用维修保障信息和数字资源,提供智能化的辅助决策手段等,以实现维修保障的各种目标。高技术、高效能的现代装备系统组成复杂,其维修过程或活动的重点已由传统的以修复技术为主,转变为以信息获取(包括装备状态信息、维修资源信息和维修过程信息的获取)、处理和传输并做出维修技术与管理决策为主。所以,实现维修过程数智化,是缩短维修时间、提高维修效率、节约维修资源的关键。

装备维修保障数智化发展将推动维修手段、观念、方式、管理等一系列变化。

(1)维修方案的变化:减少维修级别,且各级别维修范围和界限将趋于模糊。

(2)维修场所的变化:远程诊断与修复,特别是智能船舶的自主感知状态信息、智能化决策、自主隔断故障元件等,既不是原位维修,也不是把装备拉到后方去维修。

(3)维修方式的变化:除传统的修复性维修、预防性维修,数智化技术发展有利于推动预先维修、定期维修和预计维修等主动维修方式的应用,实现重要装备"近于零的损坏和停机"。

(4)维修主体的变化:实现部分装备自维修、自服务,以节省人力财力物力和时间。

(5)维修目标的变化:实现精确维修,达到优质、高效和低耗,并利于环境保护和社会持续发展。

(6)维修保障资源的变化:通过自动识别技术、计算机和通信网络等技术,实现全资可视化,达到全部资源的优化配置和调度。

(7)维修组织的变化:实现网络化管理,维修采取"集中管理与分散运作"的模式,适应各种使用场景的要求。

维修保障数智化的内容十分丰富,可简要概括为以下方面:维修作业数智化,即基于信息化、数字化和智能化技术的各种维修作业,如状态监控、故障(损伤)预测、故障诊断、自修复(重构、冗余)、远程维修作业(船舶等的远程测控、诊断与维修)、维修作业辅助(便携式维修辅助装置、交互式电子技术手册)等;维修管理数智化,即基于数智化手段的维修管理活动,如维修规划、维修资源优化的智能化,维修组织网络化等;维修支援数智化,如在线、多媒体维修教育与训练,全资可视化物资供应等。

发展船舶维修保障数智化需要研究和突破若干关键技术。例如:损伤快速检测与评估技术,故障预测技术,全资可视化技术,远程测控、诊断与维修技术,自主维修技术,无人维修工作站/维修保障平台技术,虚拟维修技术,维修作业辅助技术。

1.4.4 装备维修保障集约化

环境污染和生态失衡已成为当今世界的显性危机,是制约世界经济可持续发展、威胁人民健康的主要因素之一。在这样的形势下,首先是发达国家开始研究如何减少和避免生产过程中的环境污染,保持生态平衡。之后世界各国又提出节约资源、持续发展,开始研究无污染的绿色产品、绿色制造、绿色工程等,发展再利用、再循环、再制造。基于可持续发展、保护环境的新理念,集约化维修应当作为一个重要环节受到重视。

集约化维修(绿色维修)是指维修消耗的资源少、排出的废弃物少,不产生有害物质或其他污染,以利于生态平衡和社会持续发展。装备维修保障低成本可持续发展是构建装备现代化管理体系的重要内容,也是装备高质量、高效益发展的方向。

实施集约化维修应当把环境保护意识贯穿于整个维修工作中,其基本要点包括:①建立和实施故障的环境准则,把对环境的损害作为设备或装备故障的主要判据,有害环境的故障是维修要预防和排除的重要对象;②通过各种技术和方法鉴别、分析并采取措施,以消除维修过程对环境可能存在的损害;③把对环境的影响作为维修质量及其验收的准则;④工程研制阶段应包含集约化维修设计特性的设计;⑤装备维修性应将减少维修对环境的影响作为重要目标,即确立集约化维修观念。

第 2 章　可靠性工程

可靠性指装备(产品)在规定的条件下,在规定的时间内,完成规定功能的能力。可靠性工程是指为达到装备的可靠性要求所进行的一系列技术与管理活动,贯穿于装备的论证、方案设计、研制、生产和使用、报废等全寿命周期。可靠性是装备(产品)的重要质量特性指标,"高可靠性"是装备设计的重要目标。

本章主要结合船舶特点,介绍可靠性基本概念、故障规律与寿命分布、系统可靠性模型与特性、可靠性要求论证、可靠性指标分配与预计、故障模式影响与危害度分析、可靠性试验与可靠性评估。

2.1　可靠性基本概念

2.1.1　可靠性定义

为了全面刻画产品的质量特性,人们提出了多种质量指标,这些质量指标形成了产品质量指标体系。例如,一门火炮就有射击初速、最大射程等质量指标,这些指标通常称为产品的性能指标,即反映产品功能所需要的指标。除此之外,产品还有另一类质量指标,这类指标用于反映产品保持其功能的能力,称为可靠性指标。这也是用户十分关心的问题。例如在购买手机等电子产品时,作为用户的我们,不仅关心其各项性能指标是否先进,而且还关心使用一年半载后其各项性能指标能否有效保持。为此,生产厂家需要向用户提供产品的可靠性指标,如平均寿命、可靠度等,以反映产品在使用过程中仍保持其各项性能指标的能力。

由此可见,可靠性是反映产品时间因素的质量属性,与性能同等重要,密不可分。可以这样说,没有可靠性指标保证的产品,哪怕性能指标再好,由于难以正常发挥作用,都将大大降低我们对这类产品的喜好;同样,离开产品的性能指标,其可靠性指标就无从谈起。

可靠性定义:产品在规定的条件下和规定的时间内,完成规定功能的能力。

为了全面理解可靠性,对定义中的相关术语进行解释。

第一,定义中的"产品"是指研究的对象。这里的产品,可以是任何系统、设备和元器件等硬件,也可以是各种软件系统。例如,产品可以是整个核电站、船舶等大型复杂系统,也可以是电子元器件、机械零部件等小型硬件。

第二,所谓的"规定的条件"是指产品使用过程中的环境条件和工作条件。环境条件包括温度、湿度、大气压、盐雾等自然环境条件,以及人为造成的振动、冲击、碰撞、跌落、惯性力等诱发环境条件;工作条件包括工作方式(如是连续工作还是间歇工作)、维护方法、贮存方式等。产品的可靠性受外部条件的影响很大,在不同环境条件和工作条件下,同一产品的可靠性也不一样。

第三，所谓的"规定的时间"是指产品完成规定任务的工作时间。产品的可靠性总是随着时间的增加而下降，因此，在比较不同产品的可靠性高低时，必须明确规定工作时间。工作时间的规定与产品的类型、使用目的密切相关，可以用年、天、小时、分、秒等时间单位来表示，也可以用周期、次数、里程或其他单位来表示。譬如，舰炮炮管的工作时间一般用射击发数来表示，许多开关的工作时间一般用开闭次数来表示，而大多数车辆的工作时间一般用行驶里程来表示。

第四，所谓的"规定功能"是指产品规定的必须具备的功能及其性能指标。在使用过程中，如果产品规定的各项功能及性能指标都能实现，则称该产品完成了规定功能，否则称该产品丧失规定功能。所谓的丧失规定功能可以是所有功能的丧失，也可以是部分功能的丧失。通常将产品丧失规定功能的事件或状态称为产品故障。对于不可修复的产品，丧失规定功能的事件也称为失效。

第五，所谓的"能力"是一个定量描述。为了更好地反映产品可靠性水平，必须对可靠性进行定量刻画。由于产品在工作时发生故障的情况具有偶然性，因此，可靠性定义中的"能力"具有统计意义。另外，由于所研究产品的广泛性，因此可靠性定义中的"能力"指标也是多种多样的，如常用的可靠度、平均寿命等。

由此可见，可靠性作为产品的重要质量属性，只有在以上五点都有明确规定的情况下才有意义。另外，从可靠性定义可以看出，可靠性是产品的一种固有"能力"，只有通过设计、制造才能获得，因此有人认为：可靠性是设计出来的，通过制造得到实现，并在使用过程中表现出来。

2.1.2　任务剖面与寿命剖面

作为研究产品可靠性的基础，必须首先明确产品的规定条件、规定时间、规定功能。三个"规定"是一个密不可分的整体，通常利用产品的任务剖面和寿命剖面进行描述。任务剖面与寿命剖面是产品研制、生产期间开展可靠性设计、分析、试验设计、综合保障分析等的重要依据。

1. 任务剖面

产品的任务剖面是指产品在完成规定任务这段时间内所经历的事件和环境的时序描述。任务剖面一般包括产品的工作状态、使用及维修方案、产品工作的时间与顺序、产品所处环境（自然的与诱发的）的时间与顺序、任务成功准则或故障判据。

在产品的任务剖面中，通过描述产品的工作状态、环境条件，以及使用与维修方案等可以明确产品完成任务的规定条件，通过描述经历事件的时序明确产品完成任务的规定时间，同时利用任务成功准则或故障判据来明确产品完成任务的规定功能。

对于大多数产品，其能够执行多种不同类型的任务，由于产品在执行不同类型任务时涉及的规定条件、规定时间、规定功能也各不相同，因此就需要建立对应产品不同类型任务的任务剖面。大多数产品都有多种任务剖面。当产品的任务剖面较多时，人们通常选择部分典型任务剖面作为可靠性设计与分析的主要输入和依据，而其他任务剖面只作为补充与参考。

在可靠性设计与分析中，通常利用图形与文字相结合的方式来描述产品的任务剖面。

2. 寿命剖面

产品的寿命剖面是指产品从交付到寿命终结或退出使用这段时间内所经历的全部事件和

环境的时序描述。寿命剖面说明了产品在整个寿命期经历的事件(如装卸、运输、贮存、检测、维修、部署、执行任务等)以及每个事件的顺序、持续时间、环境和工作方式。它一般包含一个或几个任务剖面。

2.1.3　可靠性分类

从可靠性定义可以看出,可靠性实际上是指产品持续工作的能力。在可靠性研究过程中,人们常常根据实际需要对产品的这种"持续工作能力"给予不同的解释,从而形成多种可靠性概念与可靠性度量方法。人们可以根据研究范围、研究目的、研究内容的不同对这些可靠性概念进行分类。

1. 基本可靠性与任务可靠性

产品必须是用户"买得起、用得起"的,这样才可能具有市场竞争力。因此,设计人员不仅要重视产品功能及完成任务的能力,而且还要重视用户费用的高低,即要在可靠性提高与用户费用降低两个方面进行综合权衡。例如,在可靠性设计时通常采用冗余技术提高产品完成任务的能力,但是大量采用冗余技术将导致产品的复杂化,这不仅会使产品的成本上升,而且还会因为产品组成单元数量的增多而降低了产品保持完好状态的概率,从而导致产品维修(包括人力、备件等)费用的增加。为此人们提出了产品的基本可靠性与任务可靠性。

基本可靠性是指产品在规定条件下无故障工作的持续时间或概率,即产品在无任何维修保障条件下的工作能力。显然,基本可靠性所指的故障是指产品寿命期内的所有故障,既包括导致任务无法完成的故障,也包括不影响产品正常工作的组部件或单元故障。例如计算机上的电压显示灯发生故障,该故障虽然不会影响计算机正常运行,但在确定产品基本可靠性时仍将该故障统计在内。由此可见,基本可靠性实际上反映了产品对维修人力、维修资源等维修保障条件的要求。基本可靠性越高,产品对各种维修保障条件的要求就越少。

任务可靠性是指产品在规定的任务剖面内完成规定功能的能力。任务可靠性是衡量产品完成规定任务的能力,反映在规定的维修与使用条件下,产品在执行任务期间某一时刻处于良好状态的能力。显然,在确定产品任务可靠性时,只需要统计影响产品完成任务的故障,对于如计算机电压显示灯等不影响产品正常工作的故障则不统计。

对于一些简单产品,譬如日光灯、开关等,由于这些产品出现任何故障都会导致任务无法完成,因此这些产品的基本可靠性与任务可靠性没有区别;对于一些复杂产品,譬如计算机系统、船舶系统等,由于这些产品采用了大量冗余设计,系统中的部分零部件、组件、设备出现故障时产品仍然能正常工作,因此这些产品的任务可靠性远远高于其基本可靠性。因此,基本可靠性与任务可靠性之间的差异程度也可以反映产品的复杂程度。

2. 固有可靠性与使用可靠性

为了反映设计、制造以及使用、维修等各种因素对可靠性的影响,通常将可靠性分为固有可靠性和使用可靠性。

固有可靠性是指产品从设计制造整个过程中确定的可靠性,是产品的内在可靠性,是产品的固有属性。产品固有可靠性与产品的材料、设计、制造工艺及检测精度等因素有关。

使用可靠性是指在考虑产品的使用条件、维修条件等因素基础上,产品表现出来的可靠性。因此,使用可靠性不仅与产品的材料、设计、制造工艺及检测精度等因素有关,而且还与使用环境、使用维护方法与程序,以及操作人员的技术熟练程度等因素相关。一般认为,产品是否可靠主要取决于固有可靠性,但也不能忽视使用可靠性的影响。产品不可靠的原因及其比例如表 2-1 所示。

表 2-1　产品不可靠的原因及其比例

分类		原因	比例
可靠性	固有可靠性	设计	40%
		材料	30%
		制造工艺及检测精度	10%
	使用可靠性	使用(使用、环境、使用维护方法与程序、操作人员的技术熟练程度)	20%

3. 工作可靠性与不工作可靠性

许多军用产品往往是工作时间极短,而不工作(待命、储存等)时间较长,因此可将产品可靠性分为工作可靠性和不工作可靠性。

工作可靠性是指产品在工作状态所呈现出的可靠性。例如飞机飞行、车辆运行等均是产品的工作状态,其工作可靠性常用飞行小时、发射成功率、运行小时或里程来衡量。

不工作可靠性是产品在不工作状态所呈现出的可靠性。产品的不工作状态包括储存、静态携带(运载)、待机等。尽管产品不工作,但由于自然环境或诱导环境应力等的影响,产品也可能发生故障。例如在储存过程中,高温、潮湿会造成电子装备失效。

4. 狭义可靠性与广义可靠性

可靠性还有狭义和广义两种。狭义可靠性仅指产品在其整个寿命周期内完成规定功能的能力,有时简称为可靠性。以后不特别说明的情况下,所谓的可靠性均为狭义可靠性。广义可靠性通常包括狭义可靠性和维修性两个方面的内容,有时也称为可用性。可用性是指可维修产品在某时刻具有或维持规定功能的能力。

2.1.4　可靠性研究意义

1986 年 1 月 28 日"挑战者"号航天飞机升空 73 秒后解体爆炸,原因是助推器某个密封圈失效,引起外壳破裂,从而导致燃料罐爆炸。这是一起可靠性问题引起的巨大灾难事故——12 亿美元经济损失以及 7 名宇航员全体遇难。

开展可靠性研究,并在装备研制中实施可靠性工程的原因有很多,可以从多个维度展开,但最关键、最核心的是要解决下述三个问题:

(1) 避免灾难发生。空调坏了随时可以修,但航天飞机、重要船舶设备不行。"可靠性发展史,就是不可靠教训史",我们研究并实施可靠性工程是为了尽量避免"挑战者"号这种灾难事件的发生。

(2) 确保任务完成。高可靠性是装备完成规定任务的保证。如果装备的可靠性水平高,将有利于提高装备效能,减少维修频次。如果说产品的性能相当于它的素质,可靠性就相当于它的体质。如果一个人的能力很强、素质很高,但他身体不好,那么也会影响他能力的发挥。同样的道理,装备的性能再好,可靠性不行也是不合适的。

(3) 控制周期费用。从可靠性与装备寿命周期总费用的关系来看:投入的研制费用越高,产品可靠性越高,维修费用会越低。美国生产隐形飞机的诺斯洛普·格鲁曼公司估计,在研制阶段为改善可靠性与维修性所花费的每 1 美元,都将在使用和保障费用方面节省 30 美元。当然这种投入需要控制在一定范围内,当产品的可靠性达到一定程度,每增加一点可靠性所需要的投入将变得非常大,而这时的保障费用节约效果却不再显著。

2.1.5　可靠性工程

产品从论证到报废所经历的整个时间是产品的寿命周期,通常包括论证、方案设计、研制、生产、使用以及报废等阶段。在产品寿命周期的每个阶段都存在着可靠性问题,人们通过总结多年工程经验,将产品研制阶段、生产阶段与使用阶段的可靠性总结为:可靠性是设计出来的,生产出来的,管理出来的。因此,为了保证产品达到规定的可靠性水平,必须在产品论证、方案设计、生产和使用等过程中开展一系列可靠性技术与管理活动,并将这些可靠性技术与管理活动统称为可靠性工程。

1. 可靠性工作阶段

可靠性工作阶段可划分为论证阶段、方案设计阶段、工程研制阶段、设计定型阶段、生产定型阶段和使用阶段等六个阶段。

(1) 论证阶段。在产品论证阶段,可靠性工作的主要任务是根据产品的使命及使用要求,确定产品寿命剖面和任务剖面,提出产品的可靠性定性和定量要求。

可靠性定性要求一般是对开展产品可靠性设计与分析、管理等工作的约束与要求,如要求可靠性设计必须开展简化设计、冗余设计、潜在分析等。这些定性要求通过研制单位制定的可靠性设计准则落实到产品设计之中。除此之外,可靠性定性要求还包括确定可靠性工作项目、制定和贯彻可靠性设计准则、制定和实施元器件大纲等要求。可靠性定量要求是指根据产品的复杂性和实际使用特点,选择一个或多个可靠性指标描述产品可靠性,形成产品可靠性的指标体系,以便在产品设计、制造和使用过程中量化产品的可靠性。

(2) 方案设计阶段。在产品方案设计阶段,可靠性工作的主要任务是对产品进行可靠性设计与分析工作,研究预防产品可能故障和隐患的方法。在初步设计方案的基础上,开展可靠性建模,进行可靠性分配与可靠性预计工作,将顶层可靠性要求逐层传递下去;开展可靠性分析,发现产品设计的薄弱环节,提出改进建议措施,尽可能从设计上预防故障隐患;开展可靠性设计,通过制定并落实可靠性设计准则,提高产品的固有可靠性水平。由此可见,可靠性设计的核心是通过总结类似产品的可靠性经验来制定适合产品的、实际的通用与专用可靠性设计准则,并在设计过程中将设计准则逐条落实。

(3) 工程研制阶段。在产品工程研制阶段,可靠性工作的主要任务是进行技术设计与可靠性研制试验,为设计定型阶段做准备。对于大型复杂产品,为了减少研制与生产的风险,通常会使用试验样机进行性能试验、环境适应性试验及可靠性摸底试验等,以验证产品设计的合理性和可靠性水平。对于复杂程度较低的产品,通常没有试验样机进行各种试验,所以应加强方案设计阶段的可靠性设计与分析。可靠性设计与分析包括电路动态设计、电路环境适应性设计、软件可靠性需求分析设计、电路容差设计、潜在分析、故障模式影响与危害度分析(FMECA)等。而可靠性摸底试验是通过试验(或测试)来验证产品的可靠性,研究在有限的试验样机、时间和试验费用下如何获得合理的评定结果。

(4) 设计定型阶段。在产品设计定型阶段,可靠性工作的主要任务是对产品可靠性进行全面考核,以确定产品可靠性达到研制任务书的要求。其主要工作包括定型样机制造、设计定型样机技术鉴定试验、技术设计审查和设计定型评审等。此阶段中,产品的很多可靠性试验通常与其性能试验结合进行。

(5)生产定型阶段。在产品生产定型阶段,可靠性工作的主要任务是在批量生产的条件下,研究制造偏差对可靠性的影响、缺陷处理和早期故障排除等问题,实现对制造偏差的控制及早期故障排除,以确认产品符合批量生产的标准,保证设计目标的实现。生产定型必须在小批量生产、验收试验及使用后才能进行。

(6)使用阶段。在产品使用阶段,可靠性工作的主要任务是研究产品使用过程中的维护、保养、维修及保障策略,以保证产品可用性,延长产品使用寿命,降低维修费用,提高产品的使用效益。根据产品运行过程中的可靠性监视、诊断预测,制定产品的售后服务和维修策略,以较少的费用、时间实现产品的可靠性目标,防止产品可靠性劣化,建立产品使用过程中的可靠性数据反馈系统。

2. 可靠性工作项目

为了保证可靠性工作在装备研制中的顺利实施,《装备可靠性工作通用要求》(GJB 450B—2021)规定了 5 个类别共 37 个可靠性工作项目。

第一部分是确定要求类可靠性工作项目,包括确定可靠性要求及可靠性工作项目要求。

第二部分是可靠性管理方面的工作项目,包括制定可靠性计划、制定可靠性工作计划、对转承制方的监督与控制、可靠性评审、建立故障报告分析和纠正措施系统、建立故障审查组织、可靠性增长管理、可靠性设计核查。

第三部分是可靠性设计与分析方面的工作项目,包括建立可靠性模型、可靠性分配、可靠性预计、故障模式影响与危害度分析、故障树分析、潜在分析、电路容差分析、可靠性设计准则的制定和符合性检查、元器件标准件和原材料选择与控制、确定可靠性关键产品、确定功能测试包装贮存装卸运输和维修对产品可靠性的影响、振动仿真分析、温度仿真分析、电应力仿真分析、耐久性分析、软件可靠性需求分析与设计、可靠性关键产品工艺分析与控制。

第四部分是试验与评价方面的工作项目,包括环境应力筛选、可靠性研制试验、可靠性鉴定试验、可靠性验收试验、可靠性分析评价、寿命试验、软件可靠性测试。

第五部分是使用可靠性评估/改进方面的工作项目,包括使用信息收集、使用可靠性评估与使用可靠性改进。

上述可靠性工作项目在本书中会选择性地进行介绍,主要包括:第一部分中的确定可靠性要求及可靠性工作项目要求,第三部分中的建立可靠性模型、可靠性分配、可靠性预计、故障模式影响与危害度分析等,第四部分中的环境应力筛选、可靠性鉴定试验、可靠性验收试验、可靠性分析评价等。

2.1.6　智能船舶可靠性特点

在整个智能船舶任务剖面内,由于不能像传统船舶一样开展定期维护及维修作业以提升装备的可用性,因此通常采取两种策略来确保任务的完成:一是增加设备的数量,通过增加参与任务的个体数量来确保任务完成;二是提升设备的可靠性水平,适用于重要的智能船舶设备。下面将重点介绍智能平台和智能船舶的可靠性特点。

1. 智能平台可靠性特点

高度集成化：智能平台集成了控制、数据处理、通信、电源等多项先进技术，以及各种传感器和执行机构。这种高度集成化的设计不仅提升了智能平台的性能，还确保了各个系统之间的协同工作，从而提高了智能平台整体的可靠性。

高度智能化：智能平台通过先进的算法和控制系统，实现了自主运用、智能避障、自主导航等功能。这些智能化功能降低了人为操作错误的可能性，提升了智能平台在执行任务时的可靠性和安全性。

高度可靠性：智能平台在设计和制造过程中注重可靠性的提升。通过采用高可靠性材料和零部件，以及进行严格的测试和验证，智能平台在各种复杂环境下都能稳定运行，并完成任务。

高度复杂性：尽管智能平台具有高度集成化和智能化的特点，但其内部结构和功能却非常复杂。这种复杂性要求智能平台在设计和制造过程中必须充分考虑各种因素，如电磁兼容性、热设计等，以确保其稳定性和可靠性。

不同应用领域对智能平台的可靠性要求也有所不同。例如，在海洋作业领域，智能平台需要具备在恶劣环境下长时间稳定运行的能力，以支持各项作业任务完成；在通用民用领域，如农业植保、物流配送等，智能平台则需要具备高精度、高效率等特性，以满足特定应用需求。

此外，智能平台在可靠性方面还面临一些挑战。例如，如何降低故障率、提高维护性、延长使用寿命等。为了解决这些问题，研究人员和制造商正在不断探索新的技术和方法，以提升智能平台的可靠性和相关性能。智能平台在可靠性方面展现出了显著的优势，随着技术的不断发展和进步，未来智能平台将会更加可靠、高效和智能。

2. 智能船舶可靠性特点

自主性：具备自主导航和控制能力，可以根据预设的任务目标和环境条件进行决策和行动。这种自主性减少了对人为操作的依赖，降低了人为错误的可能性，从而提高了可靠性。

海上操作：在海上环境中执行任务时，可以适应深海、近海或沿海区域的各种海上活动。海洋环境复杂多变，能够在此类环境中稳定运行，体现了智能船舶的高度可靠性和环境适应性。

多功能性：可执行多种任务，如海洋勘探、海底搜索与救援、水下侦察与监视、水下作业等。这种多功能性使得智能船舶能够适应不同的任务需求，提高了其在实际应用中的可靠性。

传感器和通信系统：通常配备各种传感器和通信设备，用于感知和获取水下环境信息，并与指挥中心或其他平台进行数据交换和通信。这些先进的传感器和通信系统能够确保智能船舶在执行任务时获取准确的信息，并与指挥中心保持实时通信，提高了其可靠性和任务执行效率。

长时间持续性：通常具备较长的续航能力，可以在海洋环境中持续执行任务，不需要频繁返回进行充电或维护。这种长时间持续性确保了智能船舶能够在较长时间内稳定运行，减少了因维护导致的停机时间，提高了可靠性。

适应性和可扩展性：可以根据任务需求配置任务模块，具备一定的适应性和可扩展性。这意味着智能船舶可以根据不同的任务需求进行调整和优化，以适应各种复杂环境和任务，从而提高了可靠性。

技术发展和验证：随着技术的不断发展和进步，可靠性和相关性能也在不断提升。在设计和制造过程中，制造商会进行严格的测试和验证，以确保智能船舶的可靠性和稳定性。

总体来说,智能船舶可靠性特点主要体现在其自主性、海上操作、多功能性、传感器和通信系统、长时间持续性、适应性和可扩展性等方面。这些特点使得智能船舶能够在复杂多变的海洋环境中稳定运行,并适应各种任务需求,从而在实际应用中展现出高度的可靠性。

2.2　故障规律与寿命分布

研究产品可靠性的目的是希望产品能始终可靠工作而不发生故障。为了实现这一目的,人们对可靠性的研究是从研究产品故障现象、产生机理及其统计规律入手的。为此,本节将从介绍产品(装备)故障的基本概念开始,逐步深入地介绍产品故障现象、故障规律统计建模方法,以及常见的寿命分布。

2.2.1　产品故障与寿命

在研究可靠性时,根据对故障产品的不同处理方式,产品常被分为可修产品和不可修产品。可修产品是指丧失规定的功能后可以通过检修恢复其功能的产品;而当产品丧失规定的功能后检修是不可行的或不划算的,且产品发生故障后将被废弃,则称该产品为不可修产品。本小节将研究不可修产品故障的统计规律,建立不可修产品的可靠性模型。

1. 故障(寿命)分布函数

如果产品丧失了规定的功能,则称产品发生故障,对于不可修产品,也将产品故障称为失效。从产品开始工作到首次发生故障(失效)前的时间称为产品寿命(记为 T),显然,产品寿命 T 是一个非负随机变量。设产品寿命 T 的分布函数为

$$F(t) = P(T \leqslant t), \quad t \geqslant 0 \tag{2.2.1}$$

式中:$F(t)$ 为故障分布函数或寿命分布函数,简称故障分布、失效分布或寿命分布,表示产品在 t 时刻前发生故障的概率。由概率的性质可知,寿命分布 $F(t)$ 满足如下性质:

(1) $F(0) = 0$;

(2) $\lim_{t \to \infty} F(t) = 1$;

(3) $F(t)$ 是 t 的非减右连续函数。

在可靠性研究中,利用随机数学理论与方法可以方便地描述产品的故障规律以及寿命分布特征。事实上,对于同型号的产品而言,每个产品在生产、包装运输与使用等阶段受到的内部与外部因素各不相同,譬如:生产过程中所用的材料和元器件会有差异;操作者、生产设备的不同会给产品带来不同程度的差异;产品在包装、运输、储存、使用和维护中也会受到各种随机因素的影响。这些生产、包装运输、使用等环节所累积的各种影响因素的综合作用,导致每个产品故障的发生都是随机的。因此,利用随机数学理论与方法来描述产品故障规律是合适的。从另一个侧面来看,尽管产品故障的发生是随机的,甚至很多产品故障在发生前没有任何征兆,但是产品故障的发生是内部与外部各种影响因素共同作用的结果,在生产稳定以及规范包装、储存与使用等条件下,同型号产品故障的发生时间是有统计规律的。因此,通过考察这些产品的实际故障情况就可以统计确定产品寿命分布特征,并以此推断产品的各种可靠性特征。

由此可见,研究产品可靠性的核心是确定产品的故障规律或寿命分布特征,这就要求:在研究产品可靠性时应重视产品各种可靠性信息的收集与加工,以便更好地掌握产品故障规律;同时应重视产品故障规律与寿命分布特征的分析,以便用于产品研制、生产与使用等的改进,

不断提高产品可靠性水平。

2.（连续型）故障概率密度函数

根据产品的实际使用特点,产品寿命通常为连续型随机变量或离散型随机变量。当产品寿命 T 为连续型随机变量时,可以利用故障概率密度函数(简称为故障密度)来表示产品的寿命分布,即存在非负函数 $f(t)$,使得

$$F(t) = \int_0^t f(u)\,\mathrm{d}u \tag{2.2.2}$$

1）故障密度的工程意义

根据故障密度的定义,容易发现故障密度 $f(t)$ 具有如下性质:

(1) $f(t) \geqslant 0$;

(2) $\int_0^\infty f(t)\,\mathrm{d}t = 1$

显然,故障密度 $f(t)$ 实际上是产品在时刻 t 后的单位时间里发生故障的概率,即产品发生故障随时间变化的速度。

2）故障密度的计算方法

根据相关定义,故障密度可以利用寿命分布的求导方式得到。若产品寿命分布为 $F(t)$,则故障密度为

$$f(t) = \frac{\mathrm{d}F(t)}{\mathrm{d}t} \tag{2.2.3}$$

例如,产品寿命分布为 $F(t) = 1 - \mathrm{e}^{-\lambda t}(t > 0)$,则其故障密度为

$$f(t) = \frac{\mathrm{d}F(t)}{\mathrm{d}t} = \lambda \mathrm{e}^{-\lambda t}$$

3）故障密度的统计方法

在产品寿命分布未知的情况下,可以利用产品故障数据统计其故障密度。假设有 N_0 个产品的故障数据 $t_1, t_2, \cdots, t_{N_0}$,对于任意时刻 t,统计时刻 t 前的故障数 $r(t)$,以及时刻 t 后的时间间隔 Δt 内的故障数 $\Delta r(t)$,如图 2-1 所示。显然,产品在时刻 t 与时刻 $t + \Delta t$ 的寿命分布的估计分别为

$$\begin{cases} \hat{F}(t) = \dfrac{r(t)}{N_0} \\ \hat{F}(t + \Delta t) = \dfrac{r(t + \Delta t)}{N_0} \end{cases} \tag{2.2.4}$$

因此,产品在时刻 t 的故障密度的估计为

$$\hat{f}(t) = \frac{\hat{F}(t + \Delta t) - \hat{F}(t)}{\Delta t} = \frac{\Delta r(t)}{N_0 \Delta t} \tag{2.2.5}$$

即经验故障密度 $\hat{f}(t)$ 的工程意义是:在时刻 t 后的单位时间里发生故障的产品数 $\dfrac{\Delta r(t)}{\Delta t}$ 与投入试验的产品数 N_0 之比。显然,当 Δt 越小而 N_0 越大时,经验故障密度 $\hat{f}(t)$ 就越接近真实的故障密度。

3. 寿命分布列

对于许多产品,其寿命常常用使用次数来表示,此时产品寿命为离散型随机变量,其寿命分布可用分布列来表示。若产品寿命的可能取值为 $t_k(k = 1, 2, \cdots)$,其寿命分布可表示为

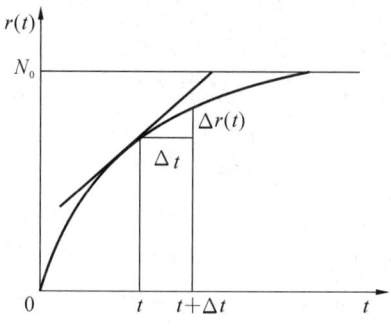

图 2-1　t 时刻故障密度

$$p_k = P\{T = t_k\}, \quad k = 1, 2, \cdots \tag{2.2.6}$$

由式(2.2.6)易验证：

$$p_k \geqslant 0 (k = 1, 2, \cdots), \quad \sum_{k=1}^{\infty} p_k = 1$$

在已知产品寿命分布列的情况下，可以得到其寿命分布为

$$F(t) = \sum_{t_k \leqslant t} p_k \tag{2.2.7}$$

2.2.2　可靠性特征量

尽管寿命分布全面描述了产品的故障规律，但在实际工程中，人们更多使用各种可靠性特征量(如可靠度、故障率等)来定量描述产品可靠性，能更加直观地反映产品可靠性水平与特点。本小节主要介绍有关可靠性特征量(可靠性指标)的概念和计算方法。

1. 可靠度函数

可靠度函数是一个常用的产品可靠性指标，其定义为：产品在规定的条件下和规定的时间 t 内，完成规定功能的概率，用 $R(t)$ 表示，通常简称为可靠度。由定义可知

$$R(t) = P(T > t)$$

若产品的寿命分布为 $F(t)$，则 $R(t)$ 与 $F(t)$ 的关系为

$$\begin{aligned} R(t) = P(T > t) &= 1 - P(T \leqslant t) \\ &= 1 - F(t) \end{aligned} \tag{2.2.8}$$

即 $R(t) + F(t) = 1$。由概率的性质可知：

(1) $R(0) = 1$；

(2) $\lim\limits_{t \to \infty} R(t) = 0$；

(3) $R(t)$ 是 t 的非增左连续函数。

由此可见，可靠度与寿命分布一一对应，即 $R(t)$ 可由 $F(t)$ 完全确定，反之 $F(t)$ 也可由 $R(t)$ 唯一确定。

1) 可靠度的工程意义

对于具体产品而言，人们常常通过产品在规定任务时间内的可靠度来判断产品的可靠性水平。例如，船舶在规定时间的任务可靠度、在规定时间的工作可靠度等，可以很直观地反映这些产品的可靠性水平。因此，可靠度是工程上常用的可靠性指标之一。

　　需要特别指出的是,可靠度是一个描述产品可靠性统计规律的特征量,即是对众多产品工作情况的统计结果,而并不是说某个产品不发生故障的可能性。例如,产品工作到 500 h 的可靠度是 95%,可以看作用 100 个同型产品在规定的条件下工作到 500 h 时,平均有 95 个能成功地完成规定的功能,但是不能事先肯定某个产品在试验中发生故障或不发生故障。

　　2) 具有条件的可靠度与产品寿命的"无记忆性"

　　在实际工程中,人们不仅关心产品的可靠度变化规律,而且还常常关心在某个时刻之后的可靠性问题。例如,某炮已发射了 x 发炮弹,还能继续发射 Δx 发炮弹的概率是多少? 又如,瞄准具已工作了 t 小时,还能继续正常工作 Δt 小时的概率是多少? 计算这类问题的可靠度实际上是计算在某种条件下的概率,即

$$R(t+\Delta t \mid t) = \frac{P(T > t+\Delta t, T > t)}{P(T > t)} = \frac{P(T > t+\Delta t)}{P(T > t)}$$

所以

$$R(t+\Delta t \mid t) = \frac{R(t+\Delta t)}{R(t)} \tag{2.2.9}$$

　　例如,当 $R(t) = e^{-\lambda t}$ 时,有

$$R(t+\Delta t \mid t) = \frac{R(t+\Delta t)}{R(t)} = \frac{e^{-\lambda(t+\Delta t)}}{e^{-\lambda t}} = e^{-\lambda \Delta t}$$

上式结果表明:当产品寿命服从指数分布时,如果产品在时刻 t 处于正常状态,则从时刻 t 开始再继续工作 Δt 的可靠度与从时刻 0 开始工作 Δt 的可靠度相等,即只要确认产品在时刻 t 处于正常状态,那么该产品就如同新产品一样继续工作,而对之前的工作历程是"无记忆"的。这种"无记忆性"也称为无后效性,是指数分布所特有的重要性质。工程实践表明,大多数产品在规定任务时间内的故障规律可以用指数分布来描述,因此指数分布在可靠性工程中得到了广泛使用。

　　3) 基于寿命分布的可靠度计算方法

　　利用可靠度与寿命分布之间的关系,可以很方便地求出可靠度。例如,当产品寿命 T 为连续型随机变量时,利用故障密度 $f(t)$ 就可以得到产品的寿命分布和可靠度。

　　依定义可知,产品在 $[t, t+\mathrm{d}t]$ 时间内发生故障的概率为 $f(t)\mathrm{d}t$,即

$$P(t \leqslant T \leqslant t+\mathrm{d}t) = f(t)\mathrm{d}t = \mathrm{d}F(t)$$

于是

$$F(t) = P(T < t) = \int_0^t f(t)\mathrm{d}t \tag{2.2.10}$$

即寿命分布 $F(t)$ 实际上是在区间 $[0, t]$ 上故障密度 $f(t)$ 曲线下面的面积,如图 2-2 所示。对应的,可靠度可表示为

$$R(t) = P(T \geqslant t) = \int_t^\infty f(t)\mathrm{d}t \tag{2.2.11}$$

即可靠度 $R(t)$ 实际上是在区间 $[t, \infty)$ 上故障密度 $f(t)$ 曲线下面的面积,如图 2-2 所示。

　　4) 基于数据的可靠度统计方法

　　如果已知某批产品数量为 N_0,在 t 与 $t+\Delta t$ 时刻能够完成规定功能的产品数(即残存数)分别为 $N_s(t)$ 和 $N_s(t+\Delta t)$,则 t 与 $t+\Delta t$ 时刻的可靠度的估计(经验可靠度)分别为

$$\hat{R}(t) = \frac{N_s(t)}{N_0}$$

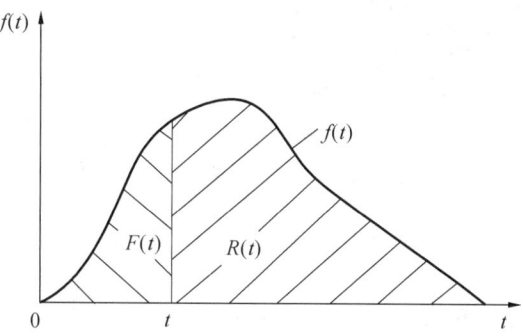

图 2-2　$f(t)$ 与 $F(t)$、$R(t)$ 的关系

$$\hat{R}(t + \Delta t) = \frac{N_s(t + \Delta t)}{N_0}$$

由此还可以得到具有条件的可靠度的估计为

$$\hat{R}(t + \Delta t \mid t) = \frac{\hat{R}(t + \Delta t)}{\hat{R}(t)} = \frac{N_s(t + \Delta t)}{N_s(t)} \qquad (2.2.12)$$

例 2.1　某批产品共有 100 台,当工作到 2400 h 有 88 台能正常工作,再继续工作 800 h,仍有 66 台能正常工作。问:产品工作到 2400 h 的可靠度是多少?在已知该批产品工作到 2400 h 的条件下,再继续工作 800 h 的条件可靠度的估计是多少?

解　显然,这是在已知可靠性数据的条件下求产品可靠度的问题,可以求出不同时间的经验可靠度。此时

$$N_0 = 100, N_s(t) = N_s(2400) = 88$$
$$N_s(t + \Delta t) = N_s(2400 + 800) = N_s(3200) = 66$$

所以,产品工作到 2400 h 的可靠度的估计为

$$\hat{R}(2400) = \frac{N_s(2400)}{N_0} = \frac{88}{100} = 0.88$$

在已知该批产品工作到 2400 h 时的条件下,再继续工作 800 h 的条件可靠度的估计为

$$\hat{R}(2400 + 800 \mid 2400) = \frac{N_s(3200)}{N_s(2400)} = \frac{66}{88} = 0.75$$

2. 故障率函数

在研究产品可靠性时,人们不仅关心在某个时刻后的可靠度问题,而且还关心这个条件可靠度的变化率问题,即在产品已工作到时刻 t 的情况下,在时刻 t 后单位时间内发生故障的概率,称为产品在时刻 t 的故障率函数,简称故障率。故障率是产品重要的可靠性指标,对于很多电子元器件来说,生产厂家往往利用故障率这一个指标对其进行质量分级。

1) 故障率的计算方法

若产品寿命为连续型随机变量,其寿命分布为 $F(t)$,故障密度为 $f(t)$。已知在时刻 t 正常工作的情况下,产品在时间 $(t, t + \Delta t]$ 内发生故障的概率实际上是条件概率

$$P(t < T \leqslant t + \Delta t \mid T > t)$$

由故障率的定义可知,故障率 $\lambda(t)$ 可表示为

$$\lambda(t) = \frac{f(t)}{1 - F(t)} = \frac{f(t)}{R(t)} \qquad (2.2.13)$$

对于上述故障率的计算方法，其证明过程如下：

$$\lambda(t) = \lim_{\Delta t \to 0} \frac{P(t < T \leqslant t + \Delta t, T > t)}{P(T > t)\Delta t}$$

$$= \lim_{\Delta t \to 0} \frac{P(t < T \leqslant t + \Delta t)}{[1 - F(t)]\Delta t} = \lim_{\Delta t \to 0} \frac{F(t + \Delta t) - F(t)}{\Delta t} \frac{1}{1 - F(t)}$$

$$= \frac{F'(t)}{1 - F(t)} = \frac{f(t)}{1 - F(t)}$$

例 2.2　若产品寿命服从指数分布，其寿命分布为 $f(t) = \lambda e^{-\lambda t}$。求产品故障率 $\lambda(t)$。

解　依式(2.2.11)可以得到产品的可靠度函数为

$$R(t) = \int_t^\infty f(t)\mathrm{d}t = \int_t^\infty \lambda e^{-\lambda t}\mathrm{d}t = e^{-\lambda t}$$

利用式(2.2.13)可计算故障率为

$$\lambda(t) = \frac{f(t)}{R(t)} = \frac{\lambda e^{-\lambda t}}{e^{-\lambda t}} = \lambda$$

即在产品寿命服从指数分布时，其故障率为常数，这是指数分布所特有的一个重要性质。

2) 故障率的统计意义

为更加深入地理解故障率，现将故障率定义利用产品故障数据来描述。设在 $t = 0$ 时有 N_s 个产品开始工作，到时刻 t 有 $r(t)$ 个产品发生故障，还有 $N_s(t)$ 个产品能够工作。为了考察时刻 t 后产品的故障情况，在时间 $(t, t + \Delta t]$ 内，观察还能继续工作的 $N_s(t)$ 个产品的故障情况。假设在时间 $(t, t + \Delta t]$ 内有 $\Delta r(t)$ 个产品故障，则在时刻 t 尚有 $N_s(t)$ 个产品能够继续工作的条件下，单位时间内发生故障的频率为

$$\bar{\lambda}(t) = \frac{\Delta r(t)}{N_s(t)\Delta t} \tag{2.2.14}$$

或者

$$\bar{\lambda}(t) = \frac{N_s(t) - N_s(t + \Delta t)}{\frac{1}{2}[N_s(t) + N_s(t + \Delta t)]\Delta t} \tag{2.2.15}$$

式中：$N_s(t)$ 为在时刻 t 的残存(产品)数；$N_s(t + \Delta t)$ 为在时刻 $t + \Delta t$ 的残存(产品)数；$\Delta r(t)$ 为在 $(t, t + \Delta t]$ 的时间里的故障(产品)数；$\bar{\lambda}(t)$ 为在 $(t, t + \Delta t]$ 的时间里的故障率，其单位用 $1/h$、$10^{-5}/h$、$10^{-6}/h$、$10^{-9}/h$ 等表示。$10^{-9}/h$ 称为 1 菲特(FIT)。

例 2.3　在例 2.1 中，$t = 2400 \ h$，$\Delta t = 800 \ h$，$N_s(t) = N_s(2400) = 88$，$N_s(t + \Delta t) = N_s(3200) = 66$，问在 $(2400, 3200]$ 的时间内故障率 $\bar{\lambda}(t)$ 是多少？

解　依式(2.2.14)计算，得

$$\bar{\lambda}(t) = \frac{N_s(t) - N_s(t + \Delta t)}{N_s(t)\Delta t} = \frac{88 - 66}{88 \times 800} = 3.125 \times 10^{-4}/h$$

也可以用式(2.2.15)计算，得

$$\bar{\lambda}(t) = \frac{N_s(t) - N_s(t + \Delta t)}{\frac{1}{2}[N_s(t) + N_s(t + \Delta t)]\Delta t} = \frac{88 - 66}{\frac{1}{2}[88 + 66] \times 800} = 3.57 \times 10^{-4}/h$$

显然，尽管两个结果都是同一时间内的(平均)故障率，但两种估计方法所得到的结果相差较大，这主要是统计造成的误差，而且产品可靠性越差，时间 Δt 越长，结果相差越大。

3）故障率与可靠度的关系

可以证明

$$R(t) = e^{-\int_b^t \lambda(t)dt} \qquad (2.2.16)$$

当 $\lambda(t) = \lambda$ 是常数时，则

$$R(t) = e^{-\lambda t}$$

由此可见，故障率 $\lambda(t)$ 与故障密度 $f(t)$ 和可靠度 $R(t)$ 一样，也可以全面地描述产品寿命的统计规律。

4）电子产品的质量等级划分

工程经验表明，大多数电子产品寿命服从指数分布，因此其故障率为常数。由于产品故障率能够灵敏地反映产品的故障规律，人们通常用电子产品（特别是电子元器件）在额定条件下的故障率大小进行质量等级划分。我国对电子产品的质量等级划分方法如下：

依据故障率的大小将电子产品划分为七个质量等级。其中最低质量等级为亚五级，当电子产品的故障率处于 $(1\times10^{-5}, 3\times10^{-5}]$ 之间时，该电子产品为亚五级产品，并用符号 Y 标记。电子产品质量等级定级表如表 2-2 所示。对于以时间为寿命的电子产品，故障率的单位用 1/h，而对于寿命是用使用次数来计算的电子产品，如按插件、开关等，通常规定使用 10 次相当于 1 个小时，所以故障率单位用 1/10 次。

表 2-2　电子产品质量等级定级表

质量等级	符号	最大故障率/(1/h 或 1/10 次)	最小故障率(1/h 或 1/10 次)
亚五级	Y	3×10^{-5}	1×10^{-5}
五级	W	1×10^{-5}	1×10^{-6}
六级	L	1×10^{-6}	1×10^{-7}
七级	Q	1×10^{-7}	1×10^{-8}
八级	B	1×10^{-8}	1×10^{-9}
九级	J	1×10^{-9}	1×10^{-10}
十级	S	1×10^{-10}	1×10^{-11}

3. 平均寿命

平均寿命就是产品寿命的平均值，或称寿命的数学期望 $E(T)$。对于不可修产品来说，平均寿命就是平均故障前工作时间，对于可修产品来说，平均寿命就是平均故障间隔时间。

1）平均故障前工作时间

产品故障前工作时间的数学期望（均值）称为平均故障前工作时间，记作 MTTF 或 T_{TF}。

若产品的寿命分布为 $F(t)$，故障密度为 $f(t)$，则平均故障前工作时间就是产品寿命的数学期望，即

$$E(T) = \int_0^\infty tf(t)dt \qquad (2.2.17)$$

显然，平均故障前工作时间是一个标志产品平均能工作多长时间的量，其值越大，产品的可靠性越高。不少产品的可靠性指标选用平均故障前工作时间。

由于 $f(t) = -\dfrac{dR(t)}{dt}$，若可靠度 $R(t)$ 满足 $\lim\limits_{t\to\infty}[tR(t)] = 0$，则由分部积分法可得

$$\text{MTTF} = -\int_0^\infty t\,\mathrm{d}R(t) = -tR(t)\Big|_0^\infty + \int_0^\infty R(t)\,\mathrm{d}t$$

$$= \int_0^\infty R(t)\,\mathrm{d}t$$

上式表明,产品的平均寿命在几何意义上等于可靠度 $R(t)$ 与时间轴 t 所夹的面积。

例 2.4 设产品寿命 T 服从指数分布 $\text{Exp}(\lambda)$,其故障密度为 $f(t)=\lambda e^{-\lambda t}\ (t>0)$。求其平均故障前工作时间。

解 由于 $\lim\limits_{t\to\infty}[tR(t)] = \lim\limits_{t\to\infty}[te^{-\lambda t}] = 0$,则其平均故障前工作时间为

$$\text{MTTF} = \int_0^\infty te^{-\lambda t}\,\mathrm{d}t = \frac{1}{\lambda}$$

在此例中,我们还可以求出 $t=1/\lambda$ 时刻的可靠度 $R(1/\lambda)=e^{-\lambda \cdot \frac{1}{\lambda}}=e^{-1}=0.368$。这表明,当产品寿命服从指数分布时,只有大约 36.8% 的产品寿命超过了平均寿命,而大约 63.2% 的产品在平均寿命之前就已经发生了故障。

2) 平均故障前工作时间的统计方法

若已知 N_0 个不可修同类型产品的故障前工作时间为 $t_1, t_2, \cdots, t_{N_0}$,则平均故障前工作时间的估计为

$$\hat{T}_{\text{TF}} = \frac{1}{N_0}(t_1 + t_2 + \cdots + t_{N_0}) = \frac{1}{N_0}\sum_{i=1}^{N_0} t_i \tag{2.2.18}$$

式中:$\hat{T}_{\text{TF}}$ 为平均故障前工作时间的估计;t_i 为第 i 个产品的故障前工作时间;N_0 为观察的(试验或使用的)一批产品数。

3) 平均故障间隔时间

对可修产品来说,相邻两次故障时刻之间工作时间的数学期望(均值)称作平均故障间隔时间,记作 MTBF 或 T_{BF}。

在已知可修产品的故障时间的情况下,可以利用式(2.2.19)估计平均故障间隔时间。

$$\hat{T}_{\text{BF}} = \frac{T(t)}{r(t)} \tag{2.2.19}$$

式中:$T(t)$ 为在规定时间 t 内,投入试验(或使用)的一批产品的总工作时间,$T(t) = \sum\limits_{i=1}^{N_0} t_i$;$r(t)$ 为在规定时间 t 内该批产品发生的故障总数。

4. 可靠寿命

如上所述,可靠度函数是时间的递减函数。在实际中,人们常常十分关心产品可靠度下降到一定程度时的时间,这就是产品的可靠寿命。

对于给定的可靠度 $r(0<r<1)$,当产品的可靠度下降到 r 时所对应的时间称为产品的可靠寿命,用 t_r 表示,即

$$R(t_r) = r \tag{2.2.20}$$

特别地,当 $r=0.5$ 时,$t_{0.5}$ 被称为产品的中位寿命。中位寿命反映了产品好坏各占一半时所对应的工作时间。当 $r=e^{-1}$ 时,$t_{e^{-1}}$ 被称为产品的特征寿命。

若 $R(t)=e^{-\lambda t}=r$,则

$$t_r = -\frac{\ln r}{\lambda} \tag{2.2.21}$$

例 2.5　某船舶设备组件的故障率为 $4 \times 10^{-4}/\mathrm{h}$，试求可靠度为 95％的可靠寿命。

解　当故障率为常数时，其寿命分布为指数分布，由式（2.2.21）可得

$$t_{0.95} = -\frac{\ln 0.95}{4 \times 10^{-4}} = 128.5 \ \mathrm{h}$$

2.2.3　故障率曲线与故障率

1. 典型故障率曲线——浴盆曲线

实践证明，很多产品的故障率可表示为图 2-3 的曲线。该故障率曲线两头高、中间低，好像浴盆，所以也称为浴盆曲线，它是一种典型故障率曲线。

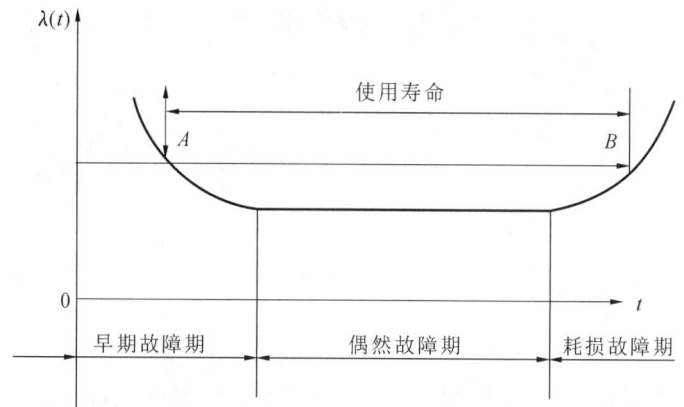

图 2-3　典型故障率曲线（浴盆曲线）

1）早期故障期

它出现在产品寿命的早期。其特点是故障率较高，且随时间的增加而迅速下降。

产品的早期故障通常是设计、制造上的缺陷等原因引起的，如使用的材料不合格、装配不当等。譬如对于刚翻修的或新生产的产品，装配不当是其发生早期故障的重要原因。通常在模拟实际使用条件的磨合或调试以后，不合格的产品在正式投入使用之前会被淘汰掉。因此，经过早期试用的产品，早期故障通常在其总故障中的占例较小。

2）偶然故障期

早期故障期之后是产品的有用寿命期（偶然故障期）。其特点是故障率低且稳定，近似为常数。

偶然故障是由偶然因素引起的，如工艺缺陷、质量缺陷、材料缺陷、维护不良、操作不当以及环境因素等。偶然故障不能通过延长磨合期来消除，也不能由定期维修来预防。一般说来，再好的维修工作也不能消除偶然故障。偶然故障发生的时间是无法预测的，但是在有用寿命期的一段时间内，故障率接近于一个常数。

3）耗损故障期

耗损故障期出现在产品的有用寿命期之后。其特点是故障率随时间的增加而迅速增加。

耗损故障通常是产品内的物理化学变化所引起的磨损、疲劳、腐蚀、老化、耗损等造成的，防止耗损故障的唯一办法就是在故障率迅速增加之前把将要发生故障的部件换掉，或者进行修理，即定期更换或拆修。

2. 装备的多种故障率曲线

实践与统计表明,各种产品的故障规律并不都符合浴盆曲线。由大量元器件、部件所构成的某些设备,如船舶的结构、各种电子设备,其故障率曲线并不是都具有三个故障期。有的设备只有其中的一个或两个故障期。有些质量低劣的设备的偶然故障期很短,甚至在早期故障期后,紧接着就进入了耗损故障期。

船舶上的机械传动系统、液压系统、燃油系统的一些附件,如液压泵、燃油泵、液压助力器、自动减压活门等,其故障率曲线如图 2-4 中 A 所示。这些附件在使用初期的故障率比整个使用期中期和后期的都大一些,可是在使用过程中大多不会到达耗损故障期。有的试制产品,或加工粗糙、工艺不完善的产品,其故障率曲线如图 2-4 中 B 所示。

经验表明,同一产品故障率的大小还与产品出厂的时间有关,首批出厂的产品故障率较成批生产的产品高,而成批生产初期产品的故障率比后期产品的高,如图 2-5 所示。

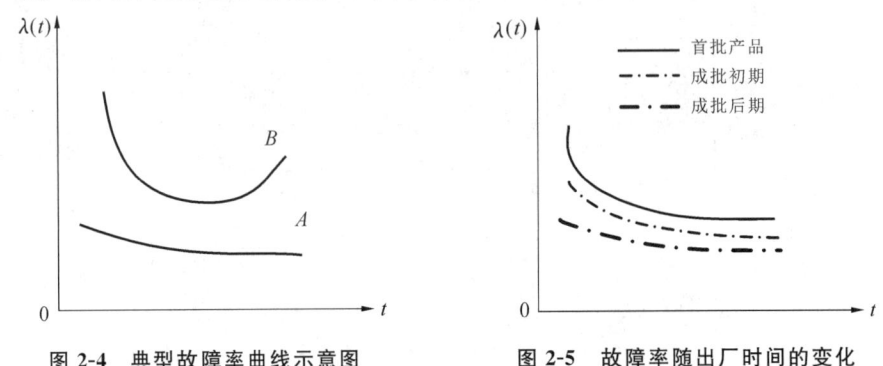

图 2-4　典型故障率曲线示意图　　　　图 2-5　故障率随出厂时间的变化

美国曾对航空装备的故障率曲线做了大量的研究,总结出六种基本类型的故障率曲线,如图 2-6 所示。图 2-6 中的纵坐标代表故障率,横坐标代表使用时间(从刚制造出厂或翻修出厂时算起)。从图 2-6 中可以看出:曲线 A 为浴盆曲线,有明显的耗损期(损耗故障期);曲线 B 也有明显的耗损期。具有明显耗损期的设备有飞机的轮胎、轮子的刹车片、活塞式发动机的气缸、喷气式发动机的压缩器叶片以及飞机结构上的所有部件等。它们通常具有机械磨损、材料老化、金属疲劳等特点。曲线 D、E、F 没有耗损期。没有耗损期的设备有飞机液压系统、空调系统等的附件、发动机的部件和附件(包括涡轮压缩器),以及电子设备等。曲线 C 虽然没有明显的耗损期,但是当使用时间增加时,产品的故障率也是在增加的,喷气式发动机属于这一种类型。

研究的结果还表明:具有耗损特性的航空装备(曲线 A、B)仅占整个装备的 6%,具有浴盆曲线(A 曲线)的仅占 4%,故障率渐增且没有明显耗损期(曲线 C)的仅占 5%。以上三项共占 11%,而 89% 的设备则没有耗损期(曲线 D、E、F)。我国许多船舶装备故障统计表明,总体故障规律也呈现多样化,部分机械装备符合或接近浴盆曲线,多数设备、系统故障规律可用指数分布或其他规律描述。

2.2.4　常用的寿命分布

1. 指数分布

在可靠性理论中,特别是在电子产品的可靠性研究中,指数分布是最基本、最常用的寿命

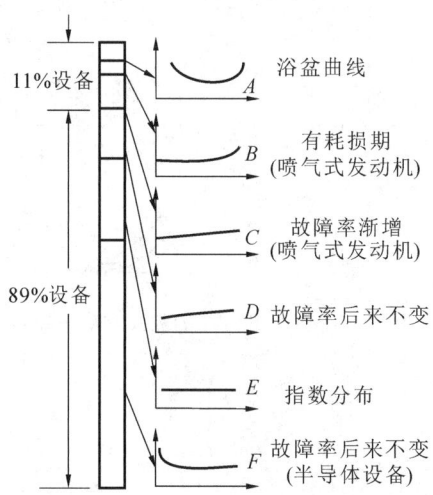

图 2-6　美国航空装备的六种基本类型的故障率曲线

分布。设产品寿命(T)分布为

$$F(t) = 1 - \mathrm{e}^{-\lambda t}, \quad \lambda > 0, \quad t \geqslant 0 \qquad (2.2.22)$$

则称 T 服从参数为 λ 的指数分布,记为 $T \sim \mathrm{Exp}(\lambda)$。此时其故障密度为

$$f(t) = \lambda \mathrm{e}^{-\lambda t}, \quad \lambda > 0, \quad t > 0 \qquad (2.2.23)$$

对于寿命服从指数分布的产品,其各种可靠性指标满足:

(1) 平均寿命和方差分别为 $E(T) = \dfrac{1}{\lambda}$、$V(T) = \dfrac{1}{\lambda^2}$;

(2) 可靠寿命 $t_r = -\dfrac{V(r)}{\lambda}$;

(3) 特征寿命 $t_{\mathrm{e}^{-1}} = \dfrac{1}{\lambda}$,与平均寿命相等。

例 2.6　设船舶某装置的寿命服从指数分布,它的平均寿命为 4000 h,求产品的故障率和使用 100 h 后的可靠度。

解　根据题意,有 MTTF$=1/\lambda=4000$ h,因此,产品的故障率为

$$\lambda = \frac{1}{\mathrm{MTTF}} = 2.5 \times 10^{-4}/\mathrm{h}$$

当 $t=100$ h 时,因 $\lambda t=0.025$,则产品使用 100 h 后的可靠度为

$$R(100) = \mathrm{e}^{-\lambda t} = 0.97531$$

2. Weibull 分布

若产品寿命(非负随机变量)T 服从 Weibull 分布,则产品的故障密度为

$$f(t) = \frac{m}{\eta} \left(\frac{t}{\eta}\right)^{m-1} \mathrm{e}^{-\left(\frac{t}{\eta}\right)^m}, \quad t \geqslant 0 \qquad (2.2.24)$$

记作 $T \sim W(m, \eta)$。

式中:m 为形状参数,$m>0$;η 为特征寿命,$\eta = t_{\mathrm{e}^{-1}}$。不同形状参数 m(η 固定)的 Weibull 分布的故障密度曲线如图 2-7 所示。

大多数电子、机械、机电产品(如轴承、发电机、液压泵等)的寿命都可以认为服从 Weibull 分布。

Weibull 分布的平均寿命与方差分别为

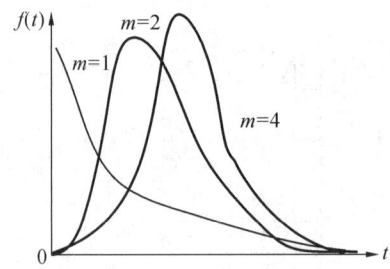

图 2-7 Weibull 分布的故障密度曲线

$$E(T) = \eta\Gamma\left(\frac{1}{m} + 1\right)$$

$$V(T) = \eta^2\left[\Gamma\left(\frac{2}{m} + 1\right) - \Gamma^2\left(\frac{1}{m} + 1\right)\right]$$

若 $T\sim W(m,\eta)$，则可靠度为

$$R(t) = \mathrm{e}^{-\left(\frac{t}{\eta}\right)^m}, \quad t \geqslant 0 \qquad\qquad (2.2.25)$$

由式(2.2.25)不难得到可靠度为 r 的可靠寿命为

$$t_r = \eta\left(\ln\frac{1}{r}\right)^{\frac{1}{m}}$$

对应故障率为

$$\lambda(t) = \frac{m}{\eta}\left(\frac{t}{\eta}\right)^{m-1} \qquad\qquad (2.2.26)$$

不同形状参数 m(η 固定)所对应的 Weibull 分布的故障率曲线如图 2-8 所示。

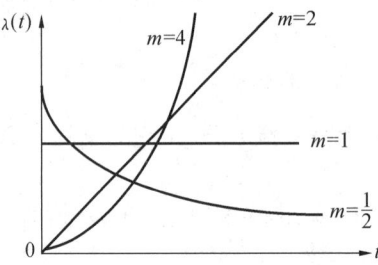

图 2-8 Weibull 分布的故障率曲线

从图 2-7 和图 2-8 可以看出，形状参数 m 对 Weibull 分布有很大影响，具体来说：

（1）当 $m<1$ 时，故障密度 $f(t)$ 与故障率 $\lambda(t)$ 都是减函数，此时相当于早期失效；

（2）当 $m=1$ 时，Weibull 分布即为指数分布；

（3）当 $m>1$ 时，故障密度曲线呈单峰状；

（4）当 $m\geqslant 3$ 时，故障密度曲线呈单峰对称状，近似于正态分布。故障率 $\lambda(t)$ 为增函数，此时相当于产品耗损故障。

例 2.7 设某产品的寿命服从 $m=2$，$\eta=1000$ 的 Weibull 分布，求 $t=100$ h 时产品的可靠度和故障率。

解 根据题意，可得到产品的可靠度和故障率分别为

$$R(100) = \mathrm{e}^{-\left(\frac{100}{1000}\right)^2} = 0.9900$$

$$\lambda(100) = \frac{2 \times 100}{1000^2} = 2.0 \times 10^{-4}/h$$

3. 对数正态分布

若产品寿命(非负随机变量 T)分布和故障密度分别为

$$\begin{cases} F(t) = \int_0^t f(u)\,du = \Phi\left(\dfrac{\ln t - \mu}{\sigma}\right), & t > 0 \\ f(t) = \dfrac{1}{\sqrt{2\pi}\sigma t}\exp\left\{-\dfrac{(\ln t - \mu)^2}{2\sigma^2}\right\}, & t > 0 \end{cases} \tag{2.2.27}$$

则称 T 服从对数正态分布,记作 $T \sim \mathrm{LN}(\mu, \sigma^2)$。

式中:μ 为对数均值;σ 为对数标准差,$\sigma > 0$;$\Phi(u)$ 表示标准正态分布函数,即

$$\Phi(u) = \int_0^u \frac{1}{\sqrt{2\pi}}\exp\left(-\frac{t^2}{2}\right)dt$$

对数正态分布是可靠性中常用的一种寿命分布,许多产品(绝缘体、半导元器件、金属件等)的寿命都服从对数正态分布。若产品寿命 T 服从对数正态分布,即 $T \sim \mathrm{LN}(\mu, \sigma^2)$,则易于求得

$$E(T) = \exp\left(\mu + \frac{1}{2}\sigma^2\right)$$

$$V(T) = \mathrm{e}^{2\mu+\sigma^2}(\mathrm{e}^{\sigma^2} - 1) = [E(T)]^2(\mathrm{e}^{\sigma^2} - 1)$$

其故障率为

$$\lambda(t) = \frac{f(t)}{R(t)} = \frac{\dfrac{1}{t}\exp\left\{-\dfrac{1}{2}\left(\dfrac{\ln t - \mu}{\sigma}\right)^2\right\}}{\displaystyle\int_t^\infty \dfrac{1}{t}\exp\left\{-\dfrac{1}{2}\left(\dfrac{\ln t - \mu}{\sigma}\right)^2\right\}dt} \tag{2.2.28}$$

例 2.8　设某产品的寿命服从对数正态分布,即 $T \sim \mathrm{LN}(5.2, 1.21)$,求 $t = 100$ h 时产品的可靠度和故障率。

解　根据题意,可得产品的可靠度为

$$R(100) = P\{T > 100\} = P\{\ln T > \ln 100\}$$

$$= 1 - \Phi\left(\frac{\ln 100 - 5.2}{1.1}\right) = 1 - \Phi(-0.5948)$$

$$= 0.7250$$

由于

$$f(100) = \frac{1}{\sqrt{2\pi} \times 1.1 \times 100}\mathrm{e}^{-\frac{(\ln 100 - 5.2)^2}{2 \times 1.21}} = 3.1342 \times 10^{-3}$$

则故障率为

$$\lambda(100) = \frac{f(100)}{R(100)} = 4.3231 \times 10^{-3}/h$$

2.3　系统可靠性模型与特性

随着技术的迅速发展,产品的功能越来越多,船舶的结构也随之越来越复杂。为了保证复杂产品具有较高的可靠性,必须在产品研制过程中对产品的可靠性进行设计分析。为此需要研究各种典型产品结构的可靠性模型。本节将重点介绍常见不可修产品结构(包括串联、并

联、表决和混联系统)的可靠性模型,以及可修系统的广义可靠性建模问题。

2.3.1 系统可靠性框图

产品有大有小,小的产品本身可能就是元器件、滚珠等,而大的产品则是由很多复杂整机、部件等组成的具有一定功能的整体。在可靠性研究中一般规定:由若干个部件相互有机地结合成的一个可完成某一功能的综合体称为系统,组成系统的部件称为单元。例如,如果研究对象为发动机,则在分析其可靠性时,将组成发动机的各种元器件和零部件等视作单元。

为了研究系统可靠性,通常需要画出系统可靠性与其组成单元可靠性之间的逻辑关系图,称为系统可靠性(逻辑)框图。可靠性框图由一些方框和连线组成,每个方框表示一个单元。系统可靠性框图通常根据系统功能及工作原理画出。

系统可靠性框图与系统工作原理图是有差异的。系统工作原理图表示的是各单元与系统之间的物理作用和时间上的关系,而系统可靠性框图表示的是各单元与系统之间的可靠性关系。对于物理结构完全相同的系统,其在完成不同功能时所对应的可靠性框图也可能不同。例如,两阀门组成的水管系统如图 2-9 所示,当系统功能是使流体由左端流入、右端流出时,系统正常就是指它保证流体能流出。此时,要使系统正常工作,阀门 A、B 必须同时处于开启状态,这时可靠性框图如图 2-10(a)所示。当系统功能是使流体能截流时,系统正常是指它能保证流体被截流。此时要使系统正常工作,只需要阀门 A 或 B 有一个处于关闭状态,这时可靠性框图如图 2-10(b)所示。

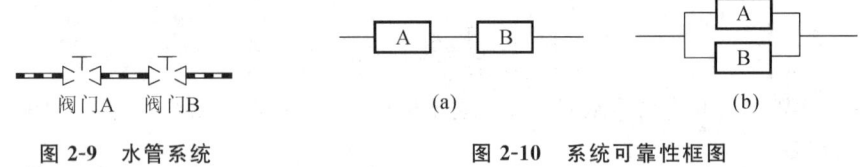

图 2-9　水管系统　　　　　　　　图 2-10　系统可靠性框图

2.3.2 串联系统可靠性模型、特性及实例

如果组成系统的单元中有一个单元发生了故障,则系统就发生故障,这样的系统称为串联系统。设串联系统共有 n 个单元,其可靠性框图如图 2-11 所示。

图 2-11　串联系统可靠性框图

设 n 个单元相互独立,第 i 个单元的可靠度为 $R_i(t)$。由于任何一个单元故障均会导致系统故障,因此串联系统的寿命就是 n 个单元中最早发生故障的单元的寿命,即

$$T = \min(T_1, T_2, \cdots, T_n)$$

式中:T 为串联系统的寿命;T_i 为第 i 个单元的寿命。由此可得串联系统的可靠度为

$$R_S(t) = P\{T \geq t\} = P\{\min(T_1, T_2, \cdots, T_n) \geq t\}$$

$$= \prod_{i=1}^{n} P(T_i \geq t) = \prod_{i=1}^{n} R_i(t)$$

(2.3.1)

当第 i 个单元的故障率为 $\lambda_i(t)$ 时,由于单元可靠度可表示为 $R_i(t) = \exp\left\{-\int_0^t \lambda_i(u)\mathrm{d}u\right\}$,则串联系统的可靠度为

$$R_S(t) = \prod_{i=1}^n R_i(t) = \prod_{i=1}^n \exp\left\{-\int_0^t \lambda_i(u)\mathrm{d}u\right\}$$
$$= \exp\left\{-\int_0^t \sum_{i=1}^n \lambda_i(u)\mathrm{d}u\right\} \tag{2.3.2}$$

由此可得到串联系统的故障率为

$$\lambda_S(t) = \frac{-R_S'(t)}{R_S(t)} = \sum_{i=1}^n \lambda_i(t) \tag{2.3.3}$$

即串联系统的故障率是所有单元故障率之和。

当组成串联系统的每个单元的寿命均服从指数分布,即 $R_i(t) = \mathrm{e}^{-\lambda_i t}$ $(i=1,2,\cdots,n)$ 时,串联系统的可靠度为

$$R_S(t) = \prod_{i=1}^n \mathrm{e}^{-\lambda_i t} = \mathrm{e}^{-(\sum_{i=1}^n \lambda_i)t} = \mathrm{e}^{-\lambda_S t}$$

由此可见,当所有单元的寿命均服从指数分布时,串联系统的寿命仍服从指数分布,串联系统的故障率为

$$\lambda_S = \sum_{i=1}^n \lambda_i$$

则串联系统的平均寿命为

$$\mathrm{MTTF} = \frac{1}{\sum_{i=1}^n \lambda_i}$$

例 2.9　设某船舶设备由 6 种类型共 152 个独立元器件串联组成,各类元器件的寿命服从指数分布,其数量与故障率如表 2-3 所示,试求该设备工作 100 h 的可靠度及平均寿命。

表 2-3　元器件的数量与故障率

同类元器件的数量	5	10	15	30	40	50
故障率/($\times 10^{-5}$/h)	0.6	0.8	0.4	0.2	0.5	0.1

解　$\lambda_S = (5 \times 0.6 + 10 \times 0.8 + 15 \times 0.4 + 30 \times 0.2 + 40 \times 0.5 + 50 \times 0.1) \times 10^{-5}$
$= 0.00048/\mathrm{h}$

$$R_S(100) = \mathrm{e}^{-0.00048 \times 100} = 0.9531$$

$$\mathrm{MTTF} = \frac{1}{\lambda_S} = 2080 \text{ h}$$

例 2.10　如图 2-12 所示,设某船舶 4 个组成单元动力系统、探测系统、供电系统、控制系统的可靠度分别为 $R_1(t)$、$R_2(t)$、$R_3(t)$、$R_4(t)$,求该船舶的可靠度。设 4 个单元的寿命均服从指数分布,平均寿命分别为 1000 h、100 h、1000 h、1000 h,求 $R(10)$。

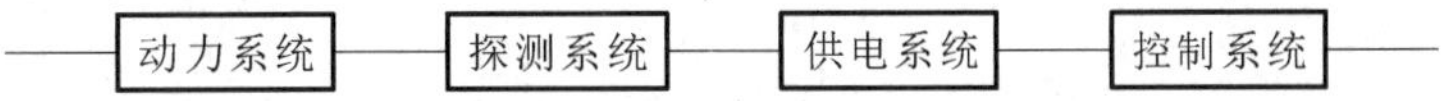

```
——— 动力系统 ——— 探测系统 ——— 供电系统 ——— 控制系统 ———
```

图 2-12　某船舶的组成单元

解　$$R_S(t) = R_1(t)R_2(t)R_3(t)R_4(t)$$

$$R_\mathrm{S}(10) = \mathrm{e}^{-0.1} \times \mathrm{e}^{-0.01} \times \mathrm{e}^{-0.01} \times \mathrm{e}^{-0.01} = 0.905 \times 0.99^3 = 0.878$$

串联系统可靠性特性：串联系统中，可靠性最差的单元对系统的可靠性影响最大。

怎样理解该特性？在例 2.10 中，将控制系统的平均寿命由 1000 h 提高到 10000 h，则 $R_\mathrm{S}(100) = \mathrm{e}^{-0.1} \times \mathrm{e}^{-0.01} \times \mathrm{e}^{-0.01} \times \mathrm{e}^{-0.001} = 0.905 \times 0.99^2 \times 0.999 = 0.886$，船舶可靠度变化不大。那么，若将探测系统的平均寿命由 100 h 提高到 200 h，则 $R_\mathrm{S}(10) = \mathrm{e}^{-0.05} \times \mathrm{e}^{-0.01} \times \mathrm{e}^{-0.01} \times \mathrm{e}^{-0.01} = 0.95 \times 0.99^3 = 0.922$，船舶可靠度显著提升。

2.3.3 并联系统可靠性模型、特性及实例

一个系统由 n 个单元组成，只要有一个单元未发生故障，系统就能正常工作，称这种系统为并联系统。并联系统是最简单的冗余系统，其可靠性框图如图 2-13 所示。

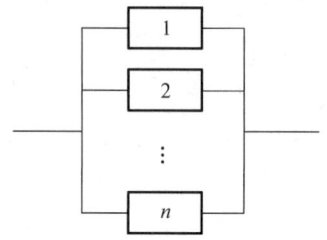

图 2-13 并联系统可靠性框图

设 n 个单元之间相互独立，第 i 个单元的寿命为 T_i，对应的可靠度为 $R_i(t)$。对于并联系统，只有当所有的单元均发生故障时，系统才发生故障，因此并联系统的寿命实际上是 n 个单元中最后发生故障的单元的寿命，即

$$T = \max(T_1, T_2, \cdots, T_n)$$

由此可得并联系统的系统可靠度为

$$\begin{aligned}
R_\mathrm{S}(t) &= P\{T \geqslant t\} = P\{\max(T_1, T_2, \cdots, T_n) \geqslant t\} \\
&= 1 - P\{\max(T_1, T_2, \cdots, T_n) < t\} = 1 - P\{T_1 < t, T_2 < t, \cdots, T_n < t\} \\
&= 1 - \prod_{i=1}^{n} P\{T_i < t\} = 1 - \prod_{i=1}^{n} [1 - R_i(t)]
\end{aligned}$$

$$(2.3.4)$$

由于 $0 < R_i(t) \leqslant 1 (i = 1, 2, \cdots, n)$，则容易证明 $R_\mathrm{S}(t) \geqslant R_i(t)$，表明并联系统的可靠度高于任一单元的可靠度。

当 $R_i(t) = \mathrm{e}^{-\lambda_i t} (i = 1, 2, \cdots, n)$ 时，并联系统的可靠度为

$$R_\mathrm{S}(t) = 1 - \prod_{i=1}^{n} (1 - \mathrm{e}^{-\lambda_i t}) \tag{2.3.5}$$

（1）当 $n = 2$ 时，有

$$R_\mathrm{S}(t) = \mathrm{e}^{-\lambda_1 t} + \mathrm{e}^{-\lambda_2 t} - \mathrm{e}^{-(\lambda_1 + \lambda_2) t}$$

$$\mathrm{MTTF} = \frac{1}{\lambda_1} + \frac{1}{\lambda_2} - \frac{1}{\lambda_1 + \lambda_2}$$

（2）当 $R_i(t) = \mathrm{e}^{-\lambda t} (i = 1, 2, \cdots, n)$ 时，有

$$R_\mathrm{S}(t) = 1 - [1 - \mathrm{e}^{-\lambda t}]n$$

$$\mathrm{MTTF} = \int_0^\infty [1 - (1 - \mathrm{e}^{-\lambda t})^n]\mathrm{d}t = \sum_{i=1}^n \frac{1}{i\lambda}$$

例 2.11　某船舶动力系统单台柴油机在巡航工况下工作 72 h 的任务可靠度为 0.8。为提高系统可靠性,柴油机采取了双冗余设计,求双柴油机系统在巡航工况下工作 72 h 的任务可靠度。

解　由

$$R_S(t) = 1 - [1 - R(t)]^2$$

可得

$$R_S(72) = 1 - (1 - 0.8)^2 = 0.96$$

并联系统可靠性特性:增加并联单元个数可以提高系统可靠度,但单元数在 3 个以上时,其可靠度增益将较小。

怎样理解该特性？将柴油机由双冗余设计改为三冗余设计,则

$$R_S(72) = 1 - (1 - 0.8)^3 = 0.992 \quad 0.96 \to 0.992(增加约 3\%)$$

若改为四冗余设计,则

$$R_S(72) = 1 - (1 - 0.8)^4 = 0.9984 \quad 0.992 \to 0.9984(增加约 0.65\%)$$

2.3.4　表决系统可靠性模型、特性及实例

表决系统由 n 个单元组成,只有至少有 $k(1 \leqslant k \leqslant n)$ 个单元正常工作,系统才正常工作,记为 $k/n(G)$,其可靠性框图如图 2-14 所示。显然 $n/n(G)$ 为串联系统,$1/n(G)$ 为并联系统。

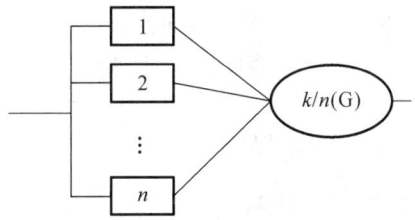

图 2-14　表决系统可靠性框图

1. 2/3(G)表决系统

设 3 个单元的可靠度分别为 $R_1(t),R_2(t),R_3(t)$,则系统的可靠度为

$$\begin{aligned}
R_S(t) &= P\{T_1, T_2, T_3 \text{ 中至少有两个不小于 } t\} \\
&= R_1(t)R_2(t)R_3(t) + R_1(t)R_2(t)(1 - R_3(t)) \\
&\quad + (1 - R_1(t))R_2(t)R_3(t) + R_1(t)(1 - R_2(t))R_3(t)
\end{aligned} \tag{2.3.6}$$

当 $R_i(t) = \mathrm{e}^{-\lambda_i t}(i=1,2,3)$ 时,有

$$\begin{cases}
R_S(t) = \mathrm{e}^{-(\lambda_1+\lambda_2)t} + \mathrm{e}^{-(\lambda_2+\lambda_3)t} + \mathrm{e}^{-(\lambda_1+\lambda_3)t} - 2\mathrm{e}^{-(\lambda_1+\lambda_2+\lambda_3)t} \\
\mathrm{MTTF} = \int_0^\infty R_S(t)\mathrm{d}t = \dfrac{1}{\lambda_1+\lambda_2} + \dfrac{1}{\lambda_1+\lambda_3} + \dfrac{1}{\lambda_2+\lambda_3} - \dfrac{2}{\lambda_1+\lambda_2+\lambda_3}
\end{cases} \tag{2.3.7}$$

当 $\lambda_1 = \lambda_2 = \lambda_3 = \lambda$ 时,有

$$R_S(t) = 3\mathrm{e}^{-2\lambda t} - 2\mathrm{e}^{-3\lambda t}$$

$$\mathrm{MTTF} = \frac{5}{6} \cdot \frac{1}{\lambda}$$

例 2.12　设每个单元的可靠度均为 $R(t) = \mathrm{e}^{-\lambda t}$，且 $\lambda = 0.001/\mathrm{h}$，求由两个单元组成的串联系统、并联系统以及 2/3(G) 表决系统在 $t = 100\ \mathrm{h}$ 及 $t = 1000\ \mathrm{h}$ 时的可靠度，并研究不同系统在这两个时刻可靠度的大小关系。

解　由于在 $t = 100\ \mathrm{h}$ 时，单元的可靠度为

$$R(100) = \mathrm{e}^{-0.001 \times 100} = 0.905$$

因此可得，在 $t = 100\ \mathrm{h}$ 时，串联系统、并联系统和 2/3(G) 表决系统的可靠度分别为

$$R_{\mathrm{S1}}(100) = [R(100)]^2 = 0.819$$

$$R_{\mathrm{S2}}(100) = 1 - [1 - R(100)]^2 = 0.991$$

$$R_{\mathrm{S3}}(100) = 3[R(100)]^2 - 2[R(100)]^3 = 0.975$$

由此可见，不同系统在 $t = 100\ \mathrm{h}$ 时刻的可靠度具有如下关系：

$$R_{\mathrm{S1}}(t) < R(t) < R_{\mathrm{S3}}(t) < R_{\mathrm{S2}}(t)$$

用同样的方法可以计算出当 $t = 1000\ \mathrm{h}$ 时，单元的可靠度为

$$R(1000) = \mathrm{e}^{-0.001 \times 1000} = 0.368$$

此时串联系统、并联系统和 2/3(G) 表决系统在 $t = 1000\ \mathrm{h}$ 时的可靠度分别为

$$R_{\mathrm{S1}}(1000) = [R(1000)]^2 = 0.135$$

$$R_{\mathrm{S2}}(1000) = 1 - [1 - R(1000)]^2 = 1 - (1 - \mathrm{e}^{-1})^2 = 0.600$$

$$R_{\mathrm{S3}}(1000) = 3[R(1000)]^2 - 2[R(1000)]^3 = 0.307$$

由此可见，不同系统在 $t = 1000\ \mathrm{h}$ 时刻的可靠度具有如下关系：

$$R_{\mathrm{S1}}(t) < R_{\mathrm{S3}}(t) < R(t) < R_{\mathrm{S2}}(t)$$

显然，与单元可靠度相比，2/3(G) 表决系统在 $t = 100\ \mathrm{h}$ 时刻对应的可靠度大于单元可靠度，而在 $t = 1000\ \mathrm{h}$ 时刻所对应的可靠度低于单元可靠度。

从上述分析还可得到表决系统特性：当 $k = 1$ 时，$1/n$(G) 即为并联系统；当 $k = n$ 时，n/n (G) 即为串联系统。表决系统的可靠度比并联系统低，比串联系统高。

2. k/n(G) 表决系统

设 n 个相同单元相互独立，其可靠度都为 $R(t)$，则 k/n(G) 表决系统的可靠度为

$$R_{\mathrm{S}}(t) = R^n(t) + nR^{n-1}(t)F(t) + \binom{n}{2}R^{n-2}F^2(t) + \cdots$$

$$+ \binom{n}{n-k}R^k(t)F^{n-k}(t) = \sum_{i=0}^{n-k}\binom{n}{i}R^{n-i}(t)F^i(t) \tag{2.3.8}$$

式中：$F(t) = 1 - R(t)$。

当单元的寿命服从指数分布 $R(t) = \mathrm{e}^{-\lambda t}$ 时，有

$$R_{\mathrm{S}}(t) = \sum_{i=0}^{n-k}\binom{n}{i}\mathrm{e}^{-(n-i)\lambda t}(1 - \mathrm{e}^{-\lambda t})^i \tag{2.3.9}$$

$$\mathrm{MTTF} = \int_0^\infty R_{\mathrm{S}}(t)\mathrm{d}t = \sum_{i=0}^{n-k}\binom{n}{i}\int_0^\infty \mathrm{e}^{-(n-i)\lambda t}(1 - \mathrm{e}^{-\lambda t})^i \mathrm{d}t$$

$$= \sum_{i=0}^{n-k}\binom{n}{i}\int_0^1 y^{n-i}(1-y)^i \mathrm{d}\frac{1}{\lambda}\ln y$$

$$= \frac{1}{\lambda}\sum_{i=0}^{n-k}\binom{n}{i}\int_0^1 y^{n-i-1}(1-y)^i \mathrm{d}y \tag{2.3.10}$$

$$= \frac{1}{\lambda}\sum_{i=0}^{n-k}\binom{n}{i}\frac{(n-i-1)!i!}{n!} = \frac{1}{\lambda}\sum_{i=0}^{n-k}\frac{1}{n-i}$$

例 2.13 如图 2-15 所示,某船舶设备的控制系统为 2/4(G)表决系统,设单套控制子装置 72 h 典型巡航任务的可靠度为 0.9,那么控制系统 72 h 典型巡航任务的可靠度是多少?

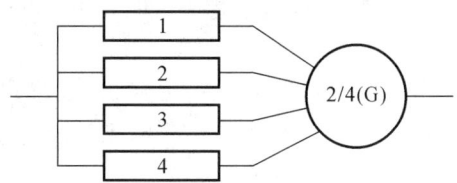

图 2-15 控制系统可靠性框图

解

$$R_S(t) = \sum_{i=2}^{4} C_4^i R(t)^i [1 - R(t)]^{4-i}$$

$$= C_4^2 \times 0.9^2 \times 0.1^2 + C_4^3 \times 0.9^3 \times 0.1 + C_4^4 \times 0.9^4$$

$$= 6 \times 0.81 \times 0.01 + 4 \times 0.729 \times 0.1 + 0.6561$$

$$= 0.0486 + 0.2916 + 0.6561 = 0.9963$$

2.3.5 混联系统可靠性模型、特性及实例

由串联系统和并联系统混合而成的系统称为混联系统,其中最常见的是下面两种。

1. 串并联系统

串并联系统可靠性框图如图 2-16 所示,设单元 $X_{i1}, X_{i2}, \cdots, X_{im}$ 的可靠度为 $R_i(t)(i=1, \cdots, n)$,则此系统的可靠度为

$$R_{S1} = \prod_{i=1}^{n} \left[1 - (1 - R_i(t))^m \right] \tag{2.3.11}$$

2. 并串联系统

并串联系统可靠性框图如图 2-17 所示,设单元 $X_{i1}, X_{i2}, \cdots, X_{im}$ 的可靠度为 $R_i(t)(i=1, \cdots, n)$,则此系统的可靠度为

$$R_{S2} = 1 - \left[1 - \prod_{i=1}^{n} R_i(t) \right]^m \tag{2.3.12}$$

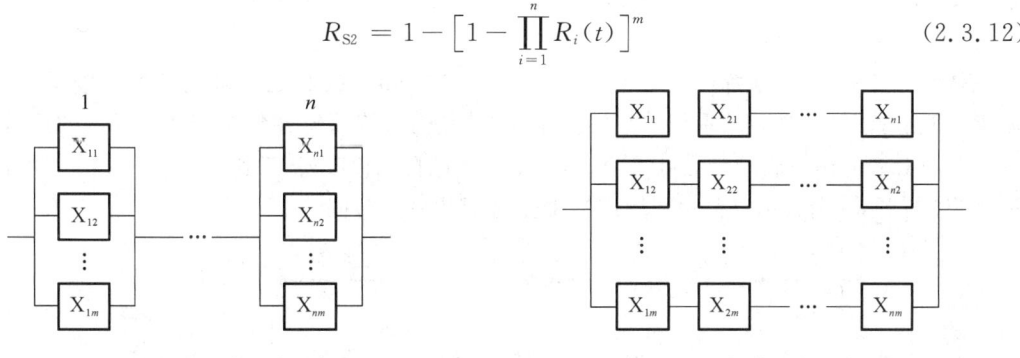

图 2-16 串并联系统可靠性框图　　　　**图 2-17 并串联系统可靠性框图**

对于上述两个系统,它们的功能是一样的,但是它们的可靠度并不一样。可以证明:

$$R_{S1} \geqslant R_{S2} \tag{2.3.13}$$

有关式(2.3.13)的证明,可以参考《可靠性理论及工程应用》2.2.3 节的有关内容。串并联系统的可靠度较并串联系统高,是因为前者每一并联段各单元互为备份,其中一个单元故障

了,并不影响该并联段;而在并串联系统中,若其中一个单元故障,则其中一条支路就发生故障。因此,进行系统设计时,选择不同的设计方案所得到的系统可靠度并不一样。混联系统除串并联及并串联系统外,还有许多表现形式,不能一一写出其可靠性模型,需要具体问题具体分析。

例 2.14　　设某船舶某系统由三个单元 A_1、A_2、B 组成,其可靠性框图如图 2-18 所示,A_1、A_2、B 三个单元的 MTTF 分别为 100 h、100 h 和 180 h,求系统连续工作 12 h 的可靠度。

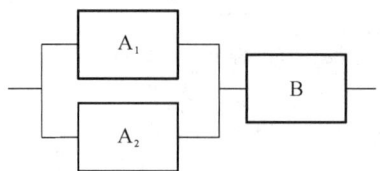

图 2-18　某系统可靠性框图

解　　
$$R_s(12) = \{1 - [1 - R_1(12)] \cdot [1 - R_2(12)]\} \cdot R_3(12)$$
$$= \{1 - [1 - e^{-12/100}] \cdot [1 - e^{-12/100}]\} \cdot e^{-12/180}$$
$$= 0.9235$$

2.3.6　可修系统的广义可靠性

针对前几节中提到的串联系统、并联系统、表决系统,在计算其可靠性指标时,通常基本假定产品/系统在工作期间不开展任何维修活动,一般将这类产品/系统称为不可修的。但在实际装备使用过程中,大多数装备是可修的,即装备工作期间可按照相关规定开展相应的维修活动,如在装备发生故障时立即对装备故障进行排除,又譬如定期对装备进行维护保养等。特别是对于一些可靠性要求高且故障后可能诱发重大安全事故的装备,在任务间隙进行装备维护与维修是非常必要的。对于可修系统,其可靠性度量指标常常是完成某个典型任务的成功概率。显然,成功概率实际上是产品的广义可靠性,它是产品可靠性、维修性与保障性等特性的综合反映。本小节主要介绍有关可修系统的广义可靠性建模问题。

1. 可修系统及其特性

对于可修系统,在系统(产品)不能工作(发生故障)时,我们经常采用各种维修手段,使系统恢复工作能力,修复后的系统可以继续工作。因此,可修系统在整个寿命周期内的运行随时间进程是正常工作与故障交替出现的,即"工作—故障(维修)—工作"的交替过程,如图 2-19 所示,T_i 与 Y_i 分别表示产品第 i 周期的工作时间和故障时间。

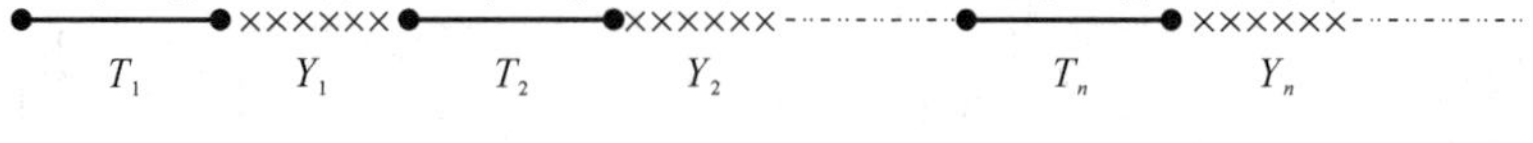

正常工作　故障　正常工作　故障　　　正常工作　故障
●×××××●×××××　　　●×××××
T_1　　Y_1　　T_2　　Y_2　　　T_n　　Y_n

图 2-19　可修系统工作故障图

由于可修系统工作期间有维修活动,因此可修系统的可靠性变化规律与不可修系统的可靠性变化规律存在较大差异,如图 2-20 所示。从图 2-20 可以看出,对于不可修系统,其在工作期间的可靠度随时间单调减小。对于可修系统,在一个连续工作期间,系统的可靠度随工作时间减小,但经过一次故障维修或预防性维修后,系统的性能得到改善,可靠度随时间变化的函数发生阶跃。一种比较特殊的情况就是"修复如新",即产品经过修理后,性能得到完全恢复,其可靠性水平如同未工作的新产品一般。

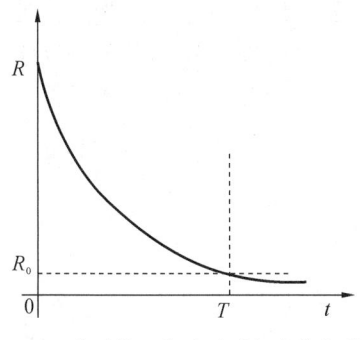
(a) 不可修系统可靠度随时间变化规律

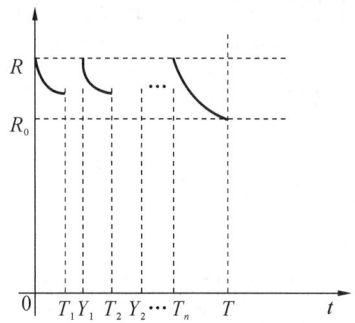
(b) 可修系统可靠度随时间变化规律

图 2-20 可修系统与不可修系统的可靠度变化规律对比

为全面描述可修系统的可靠性变化规律,需要从系统的运行能力、维修能力及二者间的相互关系等方面研究。因此,可修系统(产品)的广义可靠性特征应包括可靠性指标(狭义)、维修性指标、任务成功概率、可用性指标。

1) 可靠性指标(狭义)

在不考虑其维修活动的情况下,可修产品的可靠性指标与不可修产品类似。在研究可修产品的可靠性时,人们特别关心可修产品第一次发生故障的时间,即首次故障前时间 T_1。

若首次故障前时间 T_1 的分布为 $F_1(t) = P(T_1 \leqslant t)$,则可修产品的可靠度(狭义)为

$$R(t) = P(T_1 > t) = 1 - F_1(t)$$

上式表示可修产品在 $[0, t]$ 时间内能正常工作的概率,此时对应的数学期望

$$E(T_1) = \int_0^\infty t \mathrm{d}F_1(t) = \int_0^\infty R(t) \mathrm{d}t \tag{2.3.14}$$

称为首次故障前平均寿命(MTTFF)。一旦一个可修产品发生故障,将会产生灾难性后果,可靠度及 MTTFF 是可修产品最重要的可靠性指标。

对于可修产品,除产品的 MTTFF 外,人们还十分关心产品在两次故障之间的工作时间。由于可修产品在每个周期中的工作时间均为随机变量,因此用 $\frac{1}{n}\sum_{i=1}^{n} E(T_i)$ 表示可修产品前 n 次故障的平均故障间隔工作时间。若

$$\mathrm{MTBF} = \lim_{n \to \infty} \frac{1}{n}\sum_{i=1}^{n} E(T_i) \tag{2.3.15}$$

存在,则称 MTBF 为该产品的平均无故障工作时间(平均故障间隔时间)。若产品每次修复后均与故障前相同(修复如新),此时 $\mathrm{MTBF} = E(T_1)$。

2) 维修性指标

可修产品在运行过程中具有正常工作与故障两种状态,为了表示可修产品故障后维修的难易程度,需要确定可修产品的维修性指标。在对产品故障进行修复时,故障持续时间(也称为修复时间)通常包括故障的检测、定位、拆解、安装、恢复等时间,由于故障发生的原因、部位、维修的难易程度以及其所处环境的不同,故障持续时间或维修时间也不同。可修产品的维修度是指在规定的条件下及规定的时间内,按照规定的程序和方法进行维修时,保持和恢复产品

到规定状态的概率,即

$$B(t) = P\{Y < t\}$$

假如故障持续时间 Y 是连续型随机变量,其密度函数 $b(t) = B'(t)$ 称为修复密度函数(简称修复密度)。与故障率相对应,可修产品的修复率是指在时刻 t 尚未修复的产品,在时刻 t 后单位时间内完成修复的概率,记为 $\mu(t)$。由定义可知,修复率 $\mu(t)$ 可表示为

$$
\begin{aligned}
\mu(t) &= \lim_{\Delta t \to 0} \frac{P(t < Y \leqslant t + \Delta t \mid Y > t)}{\Delta t} \\
&= \frac{b(t)}{1 - B(t)}
\end{aligned}
\tag{2.3.16}
$$

则维修度和修复率之间的关系为

$$B(t) = 1 - \exp\left[-\int_0^t \mu(t)\,\mathrm{d}t\right]$$

$$b(t) = B'(t) = \mu(t)\exp\left[-\int_0^t \mu(t)\,\mathrm{d}t\right]$$

类似于产品的平均无故障间隔工作时间,还可以定义产品的平均修复时间。设 Y 为产品的故障持续时间,则称

$$\mathrm{MTTR} = E(Y) = \int_0^\infty t\,\mathrm{d}B(t) \tag{2.3.17}$$

为平均修复时间(MTTR)。MTTR 表示产品发生故障后的平均维修活动所用时间。

产品 MTTR 的大小通常是由产品维修性设计决定的。在开展产品维修性设计时,工程技术人员需要充分考虑产品维修的可达性设计、维修防差错设计、维修安全性设计、维修人素工程设计等。例如:在产品内部结构布局设计时应将可靠性薄弱的组部件布放到易于维修、方便测试的部位;应充分考虑损伤环境中易破损电气管路在破损后便于快速修补、截断、替换或跨接等;应采用合理措施和明显的防差错标识确保"错位装不上、装错易发现",避免维修差错;应运用人素工程的方法设计维修作业环境条件,为维修人员提供较为舒适安全的维修作业环境。产品维修性设计工作不仅可以有效减轻维修工作负担,减少维修技术难度,同时还可以大大缩短平均修复时间。目前,对于大多数电子产品,由于其模块化程度较高,其平均修复时间都低于 0.5 h,对于复杂的机械、液压、电气产品,其平均修复时间较长,如船用柴油机的平均修复时间为 4 h。

3）任务成功概率

任务成功概率又称为可信度,是指可修产品在执行任务期间允许开展维修活动情况下完成规定任务的能力。具体来说,当可修产品在规定任务时间 t 内的任意时刻发生故障时,需要立即进行修理并在修复后继续工作,如果修理时间未超过允许维修时间 t_0,则认为可修产品成功完成任务。此时,可修产品的任务成功概率与其可靠度具有如下关系:

$$D(t) = R(t - t_0) + [1 - R(t - t_0)]M(t_0)$$

式中:$D(t)$ 为可修产品的任务成功概率;$R(t)$ 为可修产品的可靠度;$M(t_0)$ 为可修产品在允许维修时间 t_0 内的修复概率。

显然,当产品具有较好的维修性时,产品的任务成功概率可以更为直接地反映产品执行任务的能力,因此任务成功概率实际上是产品的一个广义可靠性指标。需要指出的是,对于绝大多数海上装备,目前提出的可靠性指标通常为任务可靠度,较少提任务成功概率。究其原因,论证单位通常按照有利于任务完成的底线思维方式开展论证,其认为在未来环境非常严苛的

情况下,装备在任务期间需要连续工作,各种维修活动难以实施。按照这种观点提出的可靠性指标实际上是狭义可靠性指标,排除了任务期间维修活动对装备遂行任务的影响,是装备固有能力的反映。由此可见,由于狭义可靠性指标没有考虑维修活动的影响,大多数装备的狭义可靠度较低。例如船舶某系统针对 12 h 典型任务剖面的狭义可靠度仅为 0.78,而该平台在实施作业任务时,往往都能够圆满完成任务,这种情况给人的直观感受是该平台的某系统完成任务的能力很强。产生这种反差的原因是,在实施作业任务时,可以在任务间隙实施维修以确保装备完好,从而提高了任务成功概率。也就是说,论证规定的任务剖面与实际使用的任务剖面存在较大差异(见图 2-21)。因此,想要更加准确全面地刻画装备的可靠性,需要通过深入研究真实的任务环境下装备是否允许维修,才能确定装备的广义可靠性特征是采用狭义可靠性指标还是任务成功概率,以便能够更加符合任务实际,更好地完成任务。

4) 可用性指标

由上可知,可修产品始终处于正常工作与故障两种状态,并且两种状态交替出现,因此可修产品在任意时刻是否可用是随机的。我们将可修产品在任意时刻处于正常工作状态的概率称为可用度,记为 A。

可用度是综合反映可修产品运行能力和修复能力的主要指标之一。可用度表示可修产品在长期运行中,大约有 A 时间比例处于正常工作状态,在产品的可靠性指标和维修性指标的论证中有着重要应用。在论证产品可靠性指标和维修性指标时,使用人员和设计人员根据产品的任务要求和技术可行性,首先提出产品要达到的可用度,然后利用可用度与可靠性指标和维修性指标的数学模型,综合确定可靠性指标和维修性指标的大小,这种产品可靠性指标和维修性指标论证方法已经在实际工程中得到了广泛应用。

2. 任务成功概率建模方法

可修产品的任务成功概率不仅与其狭义的可靠性有关,而且与其维修活动和维修方式密切相关。本小节将以事后维修活动为例说明可修产品的任务成功概率建模方法。对于可修产品,其任务剖面如图 2-21(b)所示,假定其产品寿命服从指数分布,即 $F(t) = 1 - e^{-t/\text{MTTF}}$。

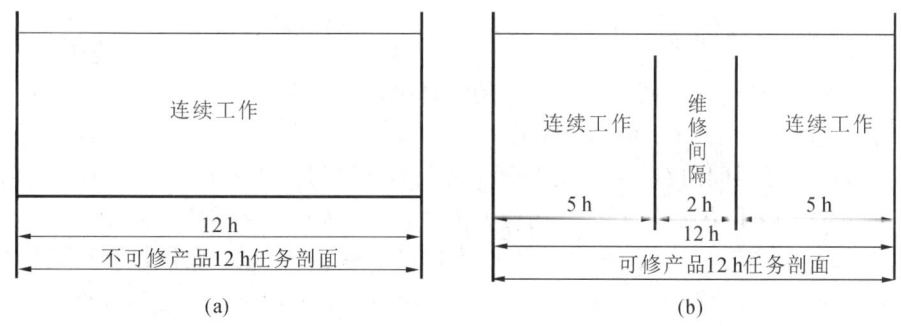

图 2-21　不同产品任务剖面对比

1) 可修产品在第 1 个工作周期内的任务成功概率

由于可修产品在 $0 < t \leqslant T_1$ 期间没有维修活动,因此其任务成功概率等于其任务可靠度,即

$$R_{S1}(t) = \exp(-t/\text{MTTF}), \quad 0 < t \leqslant T_1$$

2) 可修产品在第 2 个工作周期内的任务成功概率

可修产品在 $T_1 < t \leqslant T_2$ 期间能够正常工作的前提必须是第 1 次故障得到修复,设第 1 次

故障的修复概率为 P_1。根据全概率公式,可修产品在 $T_1 < t \leqslant T_2$ 期间的任务成功概率为

$$R_{S2}(t) = \{[\exp(-T_1/\text{MTTF})] + [1 - \exp(-T_1/\text{MTTF})] \cdot P_1\} \cdot$$
$$\exp[-(t - T_1 - Y_1)/\text{MTTF}], \quad T_1 + Y_1 \leqslant t \leqslant T_1 + Y_1 + T_2$$

3) 可修产品在第 n 个工作周期内的任务成功概率

类似地,可修产品在 $T_{n-1} < t \leqslant T_n$ 期间能够正常工作的前提必须是前 $n-1$ 次故障都得到修复,设前 $n-1$ 次故障的修复概率分别为 $P_1, P_2, \cdots, P_{n-1}$。因此,可修产品在 $T_{n-1} < t \leqslant T_n$ 期间的任务成功概率为

$$R_{Si}(t) = \prod_{i=1}^{n-1} \{[\exp(-T_i/\text{MTTF})] + [1 - \exp(-T_i/\text{MTTF})] \cdot P_i\} \cdot$$
$$\exp\left[-\left(t - \sum_{i=1}^{n-1}(T_i + Y_1)\right)/\text{MTTF}\right], \quad \sum_{i=1}^{n-1}(T_i + Y_1) \leqslant t \leqslant \sum_{i=1}^{n-1}(T_i + Y_1) + T_n$$

综上,可得可修产品的任务成功概率为

$$R_S(t) = \begin{cases} \exp(-t/\text{MTTF}), \quad 0 \leqslant t \leqslant T_1 \\ \{[\exp(-T_1/\text{MTTF})] + [1 - \exp(-T_1/\text{MTTF})] \cdot P_1\} \cdot \\ \exp[-(t - T_1 - Y_1)/\text{MTTF}], \quad T_1 + Y_1 \leqslant t \leqslant T_1 + Y_1 + T_2 \\ \cdots\cdots \\ \prod_{i=1}^{n-1} \{[\exp(-T_i/\text{MTTF})] + [1 - \exp(-T_i/\text{MTTF})] \cdot P_i\} \cdot \\ \exp\left[-\left(t - \sum_{i=1}^{n-1}(T_i + Y_1)\right)/\text{MTTF}\right], \quad \sum_{i=1}^{n-1}(T_i + Y_1) \leqslant t \leqslant \sum_{i=1}^{n-1}(T_i + Y_1) + T_n \end{cases}$$

$$(2.3.18)$$

假设可修产品的平均修复时间为 MTTR,那么有

$$P_i = 1 - \exp\left(\frac{Y_i}{\text{MTTR}}\right), \quad i = 1, 2, \cdots, n-1 \tag{2.3.19}$$

注意:当 $P_i \approx 1$ 时,$\{\prod_{i=1}^{n-1}[\exp(-T_i/\text{MTTF})] + [1 - \exp(-T_i/\text{MTTF})] \cdot P_i\} \approx 1$,这实际上就是我们常说的产品"修复如新",即在规定的允许维修时间内将产品修复为新品。

例 2.15　设船舶某系统是由三个单元 A_1、A_2、B 组成的可修系统,其可靠性框图如图2-18所示,其 12 h 的任务时间内有一次维修间隔,允许维修时间为 2 h,即在规定的 2 h 内完成故障修复实际上不影响系统任务,其任务剖面如图 2-21(b)所示。单元 A_1、A_2、B 的 MTBF 分别为 100 h,100 h 和 180 h,其 MTTR 均为 1 h,求该可修系统的 12 h 任务成功概率。

解　(1) 对于第一个阶段,系统在前工作 5 h 内的任务成功概率就是其可靠度,即

$$R_S(5) = \{1 - [1 - R_1(5)] \cdot [1 - R_2(5)]\} \cdot R_3(5)$$
$$= \{1 - [1 - e^{-5/100}] \cdot [1 - e^{-5/100}]\} \cdot e^{-5/180} = 0.9703$$

(2) 对于第二阶段,系统在经过 2 h 的维修活动后处于完好状态的概率为

$$P_S = R_S(5) + [1 - R_S(5)][1 - e^{-2}] = 0.9703 + (1 - 0.9703)[1 - e^{-2}]$$
$$= 0.9960$$

因此,系统在第二阶段工作期间的任务成功概率为

$$R_S(t) = P_S R_S(t - 7), \quad 7 \leqslant t \leqslant 12$$

由此可得,系统的任务成功概率为 $R_S = \min(R_S(7), R_S(12)) = 0.9664$

对比例 2.14 与例 2.15 可以发现,两个例子中许多基本假设是相同的,如可靠性框图以及 A_1、A_2、B 三个单元的 MTBF 等。而两个例子的主要不同之处在于,例 2.15 中规定的任务剖面允许系统在工作 5 h 后开展 2 h 的维修活动,而例 2.14 中规定的任务剖面不允许开展维修活动。正是这个原因,导致计算得到的结果有较大差异。例 2.14 计算结果 12 h 任务可靠度为 0.9235,例 2.15 计算结果 12 h 任务成功概率为 0.9664。造成这种差异的主要原因:例 2.15 中系统的实际工作时间只有 10 h,而非 12 h;例 2.15 中开展维修活动可以有效恢复装备性能状态,从而提高了系统完成任务的成功性。

3. 可用性建模方法

可用度是指可修产品在任意时刻的可用程度。为了更加准确地给出可用度的定义,我们利用随机过程方法进行描述。

由于可修产品在任意时刻处于正常工作与故障两种状态是随机的,因此定义随机变量为

$$X(t) = \begin{cases} 1, \text{若时刻 } t \text{ 产品正常工作} \\ 0, \text{若时刻 } t \text{ 产品故障} \end{cases}$$

则可修产品的状态 $\{X(t),\ t \geq 0\}$ 是一个随机过程,称产品在时刻 t 能够正常工作的概率 $A(t) = P[X(t)=1]$ 为产品在时刻 t 的瞬时可用度。可以证明,一般情况下若具有如下极限:

$$A = \lim_{t \to \infty} A(t) = \frac{\text{MTBF}}{\text{MTBF} + \text{MTTR}} \tag{2.3.20}$$

则称 A 为稳态可用度。

从上述结果可以看出,可用度实际上是产品的工作时间与工作时间、故障持续时间之和的比值。对于装备量较大的产品,其可用度通常可以根据随时遂行作业任务的完好装备数与实有装备数之比确定。更加详细的内容,可以参考《装备可靠性维修性保障性要求论证》(GJB 1909A—2009)的相关内容。

2.4　可靠性要求论证

2.4.1　基本概念

1. 论证内涵

可靠性要求论证是为新研船舶确定可靠性要求(包括定量要求、定性要求、工作项目要求)而开展的一系列论证活动,是船舶作业使用要求的重要组成部分,是开展装备可靠性设计与分析、试验与评价的依据。通常情况下,论证活动包括调查研究、论证分析、理论计算、试验验证、协调讨论、文件撰写与归档等。

装备的可靠性是影响装备效能、适应性、作业能力、生存性及寿命周期费用的重要因素,直接决定着装备能力水平的发挥程度,对作业任务结果有着重要影响。因此,在开展装备可靠性要求论证时,必须将任务需求作为装备可靠性要求论证的基本根据之一。只有根据未来作业对象的特点提出装备的可靠性要求,才可以保证研制出来的装备对未来作业对象的适应性。另外,装备的可靠性与维修性、测试性、保障性、安全性、环境适应性之间密不可分、相互影响,从不同侧面影响装备作业效能,因此工程上将装备的可靠性、维修性、测试性、保障性、安全性和环境适应性统称为通用质量特性,并将可靠性要求论证作为装备通用质量特性要求论证的

重要组成部分,以装备的使用需求、典型作业任务为论证的重要输入,统筹考虑技术与经济上的可行性等因素,论证确定装备的可靠性等通用质量特性要求,为装备研制提供输入。

2. 论证原则

从船舶使用方便的角度来讲,对船舶装备的要求就是随时可用、用时可靠、维修保障简便容易、性能良好、价格适中,因此装备可靠性要求论证必须依据国家的总体目标,以使用需求为引导,遵循先进性、可行性、系统性、可验证性等论证原则。

(1) 使用需求引导原则。装备可靠性要求论证首先要从未来使用需求出发,针对主要作业任务特点,在把握装备的使命、任务、技术方案、使用方案、作业使用性能等前提下,探讨装备在运用上和为完成作业使用要求而应有的可靠性能力要求,从而科学确定装备的可靠性定性要求和定量要求。

(2) 先进性原则。装备可靠性要求论证的先进性是一个相对的概念,既包括时间因素,又包括复杂的综合技术与使用因素。可靠性要求论证需要面向未来作业的需求,着眼于科学技术的发展,在技术可行和经费许可的条件下,提出装备所能够实现的可靠性要求,以提高装备对未来任务的适应能力。

(3) 可行性原则。装备可靠性要求论证的可行性原则既是对装备可靠性要求的一种约束,也是对落实可靠性要求的一种支持。可行性意味着首先是技术上可行,即利用现有的技术储备和近期可能获得的研究成果在技术层面有实现的可能性,或经过努力有实现的可能性;其次是经济上可行,即在寿命周期(包括论证、研制和使用阶段)内所需要的经费是可承受的,具有较低的费效比;最后是满足装备研制周期的要求,即可靠性要求经过可靠性设计分析,采用先进的设计生产手段能够实现。为此,可靠性要求中通常会明确各阶段需要实现的目标,如美国某飞机要求其平均故障间隔飞行小时(MFHBF)在成熟期必须达到 5 小时($T_{\text{MFHBF}} = 5 \text{ h}$),而在研制初期必须实现的最低使用指标只有 3.7 小时($T_{\text{MFHBF}} = 3.7 \text{ h}$)。

(4) 系统性原则。大多数新研装备常常是由多个系统组成的复杂系统,其性能的发挥取决于各组成系统的合理匹配与配套使用。因此,装备可靠性要求论证应树立全系统、全寿命管理的理念,全面、系统、分层次地确定装备的可靠性要求。例如:考虑装备系统及其分系统,不仅要考虑主装备,而且还要考虑其保障系统;考虑可靠性要求定性与定量要求相结合,确保论证结论的完整性;考虑装备的使用性能与可靠性要求的协调关系;考虑装备各类可靠性指标之间的协调关系。

(5) 可验证性原则。论证提出的装备可靠性要求应是能进行验证的,且有明确的验证方法,包括厂内试验验证和现场试验验证等。根据装备的特点、层次结构、复杂性和重要程度,确定验证时机、方法和条件、判据及相关试验方案等。

3. 定量要求和定性要求

装备可靠性要求论证包含可靠性定量要求论证以及可靠性定性要求论证两部分内容。

1) 定量要求

可靠性定量要求是针对可靠性参数而言的,也称为可靠性指标。参数的种类有很多,不仅有基本可靠性参数,如平均故障间隔时间(MTBF)、平均故障间隔飞行时间(MFHBF),而且包括任务可靠性参数,如任务成功概率(MCSP)、任务可靠度、平均严重故障间隔时间(MTBCF),还包括可用性综合参数,如固有可用度(A_{I})、使用可用度(A_{O})。

同时,不同类型、不同层级装备的使用与维修保障各有侧重,其指标体系也有各自的特点。例如:在不同层级装备的可靠性指标方面,系统层级的主要指标有(典型)任务可靠度、固有可用度等,设备层级的主要指标有平均故障间隔时间、平均严重故障间隔时间等。

2)定性要求

可靠性定性要求是为获得可靠的产品,对产品设计、工艺、软件及其他方面提出的非量化要求。可靠性定性要求的落实主要通过制定和贯彻可靠性设计准则实现。可靠性设计准则是把已有的、相似的产品的工程经验总结起来,使其条理化、系统化、科学化,成为设计人员进行可靠性设计所遵循的原则和应满足的要求。

可靠性设计准则的制定过程包括三个步骤:一是保留适用的,如采用成熟技术、简化设计等;二是剔除不适用的,如某船舶是水下设备,无法适用一些舰面设备的定性要求(环境防护设计中的淋雨、日照等方面的要求);三是增加有自身特点的,如针对船舶,应考虑有海洋生物附着或生长的情况下,如何确保产品的可靠性,还要考虑海水的腐蚀作用,进行防腐蚀设计以确保装备可靠性。

另外,可靠性设计准则还通常是经验教训的总结。例如:某型飞机在参加国际航展表演前的一次飞行中,由于应急刹车附件发生故障,液压油箱漏油,飞机冲出跑道 100 多米,险些造成事故。其直接原因是应急刹车系统的作动筒装配不当。但从设计上分析,主液压系统与应急液压系统共用一个油箱,由于应急液压系统漏油,因此主液压系统也随之失效。为此,飞机液压系统可靠性设计准则增加了一条:应急系统在工作过程中应完全不依赖于主系统。

2.4.2　可靠性论证程序与职责分工

1. 论证程序

装备可靠性要求论证作为装备整体要求论证的重要组成部分,其论证工作应与装备综合要求论证工作密切协作,从装备立项论证阶段开始论证,通过反复迭代、不断深化、综合权衡等过程,合理确定装备的可靠性要求,并将论证结果与装备综合要求一起,分别纳入装备立项论证报告和研制总要求等相关文件之中。装备可靠性要求论证的基础程序如图 2-22 所示。

装备可靠性要求论证工作主要集中于装备立项论证和方案设计两个阶段,其主要工作包括:一是明确装备使用需求和技术方案,在此基础上确定装备的任务需求和使用方案;二是依据装备任务需求和使用方案,确定装备顶层可靠性综合要求,并将其分解权衡获得装备具体的可靠性要求;三是开展装备可靠性要求的技术经济可行性分析与可验证性分析,并将装备可靠性要求转化为合同要求,为装备研制提供输入。

1)分析装备使用需求

为开展装备可靠性要求论证,需要首先明确装备的使用需求和技术方案,为确定装备可靠性要求提供依据。

(1)确定装备任务需求。分析现实与潜在的作业任务,确定新研装备或改进装备的使命任务,分析在用装备在执行任务能力或对付未来威胁等方面存在的差距和问题,找出其状态完好性、任务成功性、任务可持续性以及保障能力等方面存在的主要问题。

(2)明确装备使用方案。根据装备的使用地域、使用强度、使用人员数量和技术水平、拟使用的装备数量、保障机构的组成、各级保障机构的任务范围等,明确装备完成的主要作业任务,给出各种任务的相对频度,以及任务所涉及的装备各主要分系统及其使用强度。

(3)给出装备寿命剖面和任务剖面,明确故障判据。依据装备的使用方案以及装备的初步研制方案,确定装备的典型任务,通过分析典型任务执行过程中的主要事件,给出装备从开

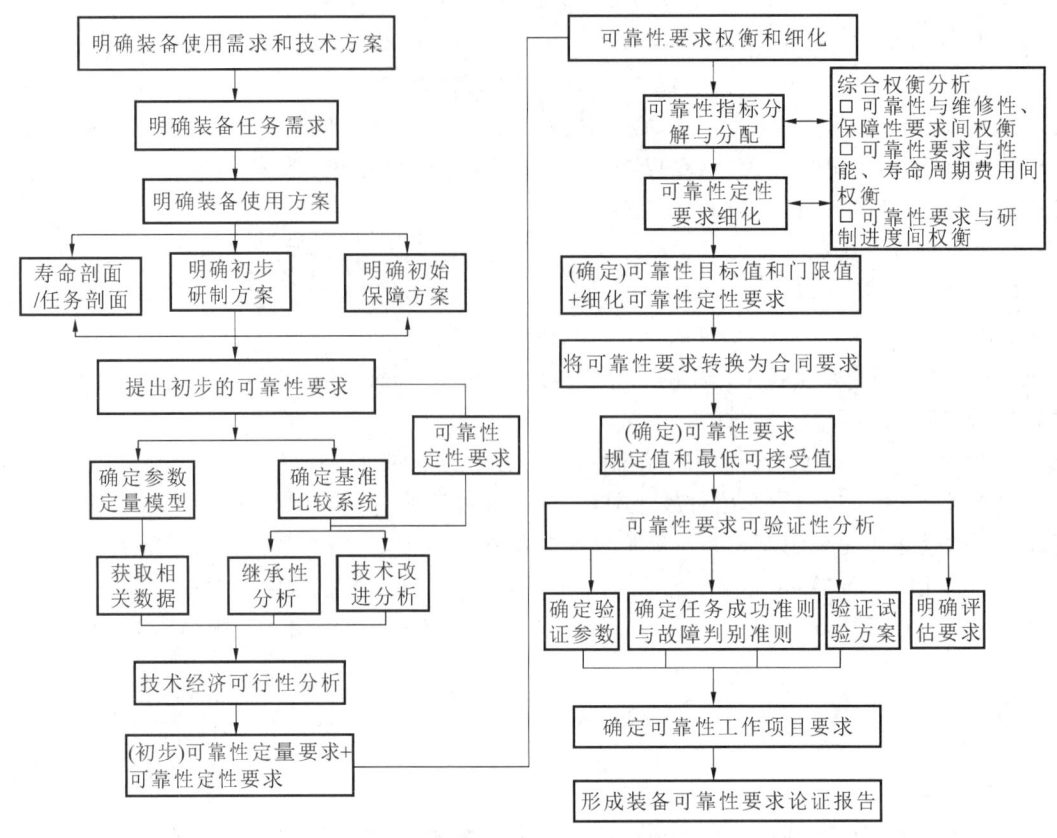

图 2-22　装备可靠性要求论证的基础程序

始执行典型任务到结束全过程的描述,并明确完成任务的判断标准、装备各主要分系统工作状态、各类工作状态的时序和持续时间、使用环境特性描述以及各类环境条件等。对于完成多种任务的装备,可以构建多种任务剖面,也可以构建一个综合多种任务的典型任务剖面。

(4)明确初始保障方案。分析装备预期的维修规划、维修级别的划分、预防性维修间隔期要求等,初步确定包括储存、维修、运输、作业等方面的使用、保障约束条件,明确用户对装备保障工作的总体要求和设想,并根据相似装备的使用和保障经验,给出有关保障能力和保障系统规模的设想与各保障要素方案的初步设想,以及装备动用准备方案、使用操作人员的任务分工、能源等的补给方案、运输方案、储存方案等的设想,制定初步的综合保障计划、初始保障方案。

2)提出初步的可靠性要求

在装备立项论证阶段,根据已明确的装备任务需求、使用方案、初步研制方案和初始保障方案,参照研究选定的基准比较系统、技术继承性、可行性分析结果,以及分析确定的可能技术改进途径,明确新研装备或改进装备的状态完好性、任务成功性、基本可靠性等参数并确定可靠性指标。其一般过程如下:

(1)确定基准比较系统。根据装备任务需求(包括作业对象和相似装备),开展调研工作,掌握国内外同类型装备系统的详细情况,分析在用装备在状态完好性、任务成功性、基本可靠性方面的优劣及其存在的主要问题,选定最能代表新研装备或改进装备特性的一种同类在用装备或由几种不同类在用装备的分系统、设备组成的合成体,作为基准比较系统,并通过查阅资料和使用方调查来收集与确定可靠性要求有关的使用数据。这些数据至少包括在用装备的可靠性水平、装备平时作业的使用强度与持续时间、主要作业任务的任务频率与持续时间等。

（2）装备可靠性的对比分析。综合分析收集到的各种可靠性信息，明确基准比较系统存在的可靠性问题及改进措施与方向等。例如，对于改进装备，应通过分析影响在用装备状态完好性和任务成功性的主要因素，拟定改进状态完好性、提高任务成功性、降低费用等可能的技术途径，并对在用装备可靠性以及使用中暴露的各类问题提出改进的可靠性要求；对于新研装备，需要利用基准比较系统的可靠性相关数据，分析新研装备可能达到的可靠性水平，结合国内现有工业基础和可靠性设计水平，分析实现可靠性要求的可行性。又如在技术继承性以及可行性方面，需要分析在用装备已有的成熟标准化和系列化产品在新研装备上采用的可能性，初步确定采用的程度。

（3）建立可靠性参数体系及相应的可靠性模型。根据装备的任务类型，以及使用方案和初始保障方案等，从装备的状态完好性、任务成功性等角度选择相关参数，刻画装备的可靠性水平，构建适合该装备的可靠性参数体系。在此基础上，建立装备状态完好性、任务成功性、基本可靠性等参数以及相互之间的关系模型。

（4）确定初步的可靠性定量要求。根据已明确的装备任务需求，利用确定的可靠性定量模型，分析并计算出新研装备或改进装备初步的状态完好性、任务成功性、基本可靠性等定量参数指标，并进行权衡分析和技术经济可行性分析。定量过程具体内容包括：

① 确定可靠性顶层参数及指标。根据已定义的装备技术状态完好和任务成功准则，以及典型任务剖面，参考相似装备可靠性指标，论证分析或计算给出能满足使用需求的装备系统效能或装备状态完好性和任务成功性的定量要求。

② 分解指标并确定初步可靠性目标值。建立能反映可靠性指标要求的装备效能模型或装备状态完好性和任务成功性模型。依据这些模型进行装备顶层可靠性综合参数及指标的分解，并根据相似装备可靠性指标、调研数据和装备设计要求，从工程合理性的角度，初步确定装备的基本可靠性参数、任务可靠性参数的成熟期目标值。分解过程是首先将易于确定的指标确定下来，然后再根据模型推算其他指标，并将它们作为今后可靠性指标权衡和验证计算的起始值。

③ 可靠性参数指标间的相互权衡。装备可靠性参数的成熟期目标值初步确定后，应进行综合权衡分析，判断可靠性目标值的符合性、协调性。

④ 可靠性要求的技术可行性分析。立项论证阶段所提的可靠性要求需要进行技术可行性分析，采用可靠性分配与预计等方法判断可靠性要求实现的可能性，并根据分析结果对可靠性要求进行调整与权衡。

⑤ 根据可靠性目标值确定门限值。可靠性目标值是期望在装备部署使用后达到成熟期时实现的，而门限值则是要求装备在设计定型时达到的可靠性水平，且必须经过实际验证考核。因此在可靠性目标值确定的前提下，应考虑装备的研制规律和可靠性的增长潜力，科学合理地确定门限值，以确保门限值经过一个可靠性增长过程能最终达到可靠性目标值。

（5）确定初步的可靠性定性要求。针对在用装备使用中暴露的各类可靠性问题，依据装备作业任务要求，分析并确定装备的可靠性定性要求。

立项论证阶段提出的初步可靠性要求应当通过专家评审，并纳入装备立项论证报告等相关文件，是后续方案设计阶段开展可靠性设计与分析工作，以及深化可靠性要求论证的依据。

3）权衡与细化可靠性要求

在装备方案设计阶段，需要深入分析装备设计方案等设计信息，对装备的初步可靠性要求进行深化论证,包括分解、分配和细化装备可靠性定性与定量要求,确定影响可靠性的主要因素,并将可靠性要求转化为合同要求。

(1) 分解、分配和细化装备可靠性定量和定性要求。根据确定的初步可靠性要求,逐层分解可靠性指标,将装备总体的可靠性指标分配到各系统、分系统和重要设备。同时依据装备使用特点和已确定的具体综合保障要求,细化确定装备的可靠性定性要求。

(2) 影响因素分析与可靠性要求的权衡分析。在方案设计阶段,装备总体技术方案逐步细化,装备的系统、分系统、设备级的技术方案已经明确,因此承研单位能够根据装备的技术方案,将可靠性目标值分配到较低的层次。在承研单位进行可靠性方案设计与分析、保障性分析的基础上,订购方应对方案进行分析评价,并找出影响装备状态完好性、任务成功性及寿命周期费用的主要因素。依据影响因素分析结果对可靠性要求进行综合权衡,包括综合要求与单项要求之间、各单项要求之间的权衡分析,以及可靠性要求与性能、寿命周期费用之间的权衡分析等。

(3) 将可靠性要求转换为合同要求。随着装备设计的深入,应尽早将可靠性要求转换为合同要求。要求的转换过程实质是设计条件和试验验证条件不断明确的过程,转换工作必须在方案设计阶段结束前完成,形成装备可靠性要求的成熟期的规定值和定型时的最低可接受值。

方案设计阶段提出的可靠性要求应纳入装备研制合同之中,作为承研单位开展装备可靠性设计、分析、试验、管理工作的依据。

4) 可靠性要求可验证性分析

在装备可靠性要求论证过程中,应开展可靠性要求的可验证性分析,明确可靠性要求的验证方式与时机。对于可靠性定量要求,需要确定待验证的可靠性参数,确定任务成功准则与故障判别准则,包括关联和非关联故障判断准则、任务成功和任务故障准则,验证可靠性要求的试验方案(验证时机、试验条件、统计模型、试验时间等关键内容)。

在可靠性要求的可验证性分析中,应明确可靠性定性要求的评估要求,如采用专家打分法时,应对参与评价的专家来源、打分方法等提出要求。

2. 职责分工

装备可靠性要求论证的主要工作应该由订购方开展,承研单位应配合订购方进行相关工作。装备可靠性要求论证工作职责如表 2-4 所示。

表 2-4　装备可靠性要求论证工作职责

阶段	订购方的工作职责	承研单位的工作职责
立项论证阶段	1. 新研装备的使命任务需求分析,初步确定装备的寿命剖面、任务剖面及使用、维修保障等方面的约束条件; 2. 提出初步的可靠性定性要求; 3. 提出装备顶层可靠性综合要求,如状态完好性和任务成功性要求; 4. 将装备顶层可靠性综合要求分解为成熟期的可靠性指标(目标值); 5. 组织可靠性要求的技术经济可行性评审; 6. 将可靠性要求纳入立项论证阶段的论证报告中	1. 协助订购方进行装备顶层可靠性综合要求的分解; 2. 协助订购方或根据订购方的委托进行总体技术方案论证; 3. 参与可靠性要求的技术可行性和经济可行性的论证

阶段	订购方的工作职责	承研单位的工作职责
方案设计阶段	1.可靠性定性要求的细化； 2.确定装备的寿命剖面、任务剖面及使用、维修保障等方面的约束条件； 3.根据成熟期的可靠性指标(目标值)，确定研制结束的门限值，并转化为合同指标(规定值和最低可接受值)； 4.可靠性要求与性能费用的综合权衡； 5.组织可靠性合同要求的技术可行性和经济可行性分析与评审； 6.验证可靠性要求的试验方案，明确故障判据准则； 7.确定可靠性工作项目要求； 8.将可靠性要求纳入方案设计阶段的论证报告和相关合同中	1.协助订购方确定可靠性研制门限值，并转化为合同要求； 2.根据可靠性要求，进行可靠性方案设计与分析； 3.参与可靠性合同要求的技术可行性和经济可行性的论证； 4.进行可靠性指标分配，确定配套产品的合同指标； 5.分析配套产品可靠性要求的技术可行性和经济可行性； 6.将配套产品的可靠性要求纳入相关文件和转承制合同中

2.4.3　定量要求论证方法

1.可靠性参数体系

装备的可靠性定量要求是通过可靠性参数及其指标要求进行表示的。在总结国内现有标准、公开出版物等技术资料的基础上，依照充分性、可论证、可设计、可验证的原则，整理出了船舶(装备)的可靠性参数要求的基本集合。表 2-5 所示为船舶常用的可靠性参数集，该参数集从不同侧面反映了装备"高可靠"的特性。按照可靠性参数类型，通常有两种分类方式：

表 2-5　船舶常用的可靠性参数集

参数类型	参数名称	适用范围										适用阶段		类别	
		总体	动力系统	控制系统	电力系统	导航系统	通信系统	探测系统	水声系统	使命系统	分系统主要设备	立项论证	方案设计	使用参数	合同参数
状态完好性	使用可用度 (A_O)		√	√	√	√	√	√	√	√		√	√	√	
	固有可用度 (A_i)		√	√	√	√	√	√	√	√		√	√		√
任务成功性	任务可靠度(R)	√	√	√	√	√	√	√	√	√		√	√		√
基本可靠性	平均故障间隔时间 (T_{BF})										√	√	√		√

（1）综合参数与单项参数。综合参数是综合反映装备可靠性、维修性、保障性等特性的参数，如使用可用度表示装备可使用的概率，是装备可靠性、维修性和后勤保障延误能力的综合反映。单项参数是反映装备单项能力的参数，如平均故障间隔时间是反映装备故障强度的可靠性参数，而平均维修保障延误时间则是保障性参数。

（2）使用参数与合同参数。使用参数是反映装备任务需求的参数，如使用可用度、任务成功率等，这些参数不仅受装备研制设计、制造生产等自身因素的影响，而且还受装备安装调试、运行环境、使用方式、维修保障等因素的影响。合同参数是合同和研制要求中表述订购方对装备可靠性要求的参数，如固有可用度、任务可靠度等，它只受合同规定条件的影响。

需要指出的是，合同参数是以使用参数为依据，在分析权衡后由使用参数转换得到，经订购方提出并与承研方协商后写入合同或研制要求中的参数。合同参数应能在研制生产过程中进行分配、预计、增长和验证。使用参数一般不直接用于合同，如有需要且参数的所有限制条件均明确，也可用于合同，例如飞机的平均故障间隔时间等参数。

由于使用参数受装备设计、制造、安装、环境、使用、维修等因素的综合影响，而合同参数只受合同规定条件的影响，因此，一般情况下，同一装备的使用可靠性指标低于合同指标。

2. 可靠性参数选择

在进行实际装备可靠性要求论证时，首先要做的就是根据装备特点与相关研制要求，对装备可靠性参数进行适当裁剪。具体选择装备可靠性参数时一般遵循如下程序：

（1）全面选择可靠性参数。针对装备特点，根据装备的使用方式或维修保障需求等，选择或定义装备的可靠性参数。例如，船舶某系统需要担负一定的作业任务，为全面反映该作业系统可靠性水平，需要规定相关作业任务的可靠性参数。

一般情况下，装备的可靠性参数应包含状态完好性、任务成功性以及基本可靠性这三类参数。显然，任务成功性以及基本可靠性是装备的可靠性参数，而状态完好性则是对装备可靠性-维修性-保障性（reliability-maintainability-supportability，RMS）参数的综合反映。例如，使用可用度包含了对装备可靠性、维修性、保障性参数的要求，固有可用度包含了可靠性、维修性参数的要求。

（2）合理剪裁可靠性参数。按照全面性、独立性、一致性、可验证性等原则，对装备所对应的可靠性参数进行适当剪裁。对于较简单的装备，通常选择单个可靠性参数（基本可靠性）来衡量其可靠性；对于较复杂的装备，通常可选择多个可靠性参数来衡量其可靠性。例如，对于船舶而言，通常选择（典型任务剖面下的）任务可靠度、平均故障间隔时间等作为该装备的可靠性参数，其中任务可靠度反映了该装备执行作业任务的能力，平均故障间隔时间反映了该装备对维修保障的需求。

（3）建立相应的可靠性模型。在完成可靠性参数合理剪裁的基础上，需要针对这些可靠性参数进行可靠性建模，明确各种可靠性参数之间的关系，以便在可靠性要求论证中准确验证不同可靠性指标之间的协调性。例如，对于持续使用的船舶（装备）而言，由于大量采用视情维修，因此其使用可用度（A_O）与平均故障间隔时间（MTBF）、平均修复时间（MTTR）、平均维修保障延误时间（MLDT）具有如下关系：

$$A_\mathrm{O} = \frac{\mathrm{MTBF}}{\mathrm{MTBF} + \mathrm{MTTR} + \mathrm{MLDT}} \tag{2.4.1}$$

对于特定船舶（装备），若装备执行任务期间一旦发生不允许修复的故障，则其任务成功概率就等于其任务可靠度。但是，若装备执行任务期间发生允许在规定的时间内修复的故障，则

其任务成功概率不仅与任务可靠度有关,而且还与修复概率有关。此时,装备的任务成功概率(D)具有联系关系模型:

$$D = R_{\mathrm{M}} + (1 - R_{\mathrm{M}})M_0 \tag{2.4.2}$$

式中:R_{M} 为给定任务剖面下的任务可靠度;M_0 为给定任务剖面下的修复概率。

　　显然,构建不同 RMS 参数之间的关系模型是确保可靠性指标协调性的重要基础。例如,船舶某装备的任务持续时间为 10 h,规定其任务可靠度为 0.9,同时规定其平均故障间隔时间为 100 h。按指数分布计算,可求得其平均严重故障间隔时间(MTBCF)为 95 h。在这两个可靠性指标要求中,基本可靠性指标 MTBF=100 h 较任务成功性指标 MTBCF=95 h 要高,这说明对该装备可靠性指标的要求存在着不协调、不匹配的问题,这是可靠性要求论证过程中需要避免的。

3. 可靠性指标确定

　　在完成装备可靠性参数选择后,就需要依据装备使用需求论证确定可靠性参数的指标值。装备可靠性指标的确定通常采取相似产品类比法、模型估算法、作业效能法,通过多种因素的综合权衡论证确定。

　　1) 相似产品类比法

　　相似产品类比法是通过对相同或相似产品的类比分析,初步确定装备(系统)状态完好性或任务成功性等参数的指标值。相似产品类比法通常在装备立项论证初期,通过对比相似装备的可靠性情况就可以论证出装备可靠性指标。由于该方法所利用的装备自身可靠性信息较少,因此利用该方法论证确定的可靠性指标常常作为装备可靠性的基准,为装备可靠性指标的深化论证提供参考。采用相似产品类比法开展可靠性指标论证的步骤如下:

　　第一步,选择一个或多个已有的相似装备作为参考。

　　第二步,分析并确定装备状态完好性或任务成功性参数的主要影响因素。通常的主要影响因素有:①新装备使用要求(适用范围、使用强度);②新装备执行作业任务的时间;③新装备的复杂程度;④新装备 RMS 的改进程度;⑤新装备的使用保障能力。

　　第三步,确定影响因素的权重,推选 n 名专家对以上涉及的所有 m 个因素的影响程度评分,$k_{ij}(i=1,2,\cdots,n;j=1,2,\cdots,m)$ 为第 i 位专家对第 j 个影响因素打的分数,由此计算出各影响因素的权重:

$$\alpha_j = \frac{\sum\limits_{i=1}^{n} k_{ij}}{\sum\limits_{i=1}^{n}\sum\limits_{j=1}^{m} k_{ij}} \tag{2.4.3}$$

　　第四步,建立评分矩阵。对比新装备与相似装备间的差异,利用专家对各个影响因素的评分,建立表 2-6 所示的相似产品类比评分矩阵。

表 2-6　相似产品类比法评分矩阵

影响因素	δ_1(较低)	δ_2(稍低)	δ_3(相同)	δ_4(稍高)	δ_5(较高)
μ_1			∨		
μ_2	∨				
⋮	⋮	⋮	⋮	⋮	⋮
μ_m					∨

表 2-6 中,对 m 个影响因素的评价等级分为 5 等,即较低、稍低、相同、稍高和较高,对应的分数分别记为 $(\delta_1,\delta_2,\delta_3,\delta_4,\delta_5)$。其中第 j 个影响因素对应的分数 δ_j 的量值可根据具体情况由专家确定。由此可得到装备状态完好性或任务成功性参数的综合评分:

$$C = \sum_{j=1}^{m} \alpha_j \delta_j \qquad (2.4.4)$$

若有多名专家进行评分,则取所有专家评分的平均值 $\overline{\delta_i}$。

第五步,得到装备状态完好性或任务成功性参数的初始值:

$$Q = 1 - \frac{(1-Q_0)\delta_3}{C} \qquad (2.4.5)$$

式中:δ_3 为该参数评分矩阵中对应"相同"栏的分数值;Q_0 为相似装备对应参数的数值。

下面,以船舶某新型系统的固有可用度要求论证为例,简要给出相似产品类比法的具体过程:

① 选择类似型号船舶系统作为参考(固有可用度为 0.95)。

② 分析并确定固有可用度这一参数的主要影响因素:装备使用强度、复杂程度、RMS 改进程度和使用保障能力。

③ 确定影响因素的权重:1 名专家的打分结果为 (4,2,1,3),那么 4 种影响因素权重分别为 0.4、0.2、0.1、0.3。

④ 建立评分矩阵(确定具体量值),前两个要素的需求基本不变,后两个要素的需求增加为"稍高",即评分矩阵为 $[50,50,75,75]$,计算可得到综合评分 $C=60$。

⑤ 类似型号船舶系统的固有可用度为 0.95,"相同"栏的分数值为 50,计算得到船舶新型系统的固有可用度的初始值为 $A_i = 1-(1-0.95) \times 50/60 = 0.958$。

2)模型估算法

模型估算法是以装备顶层可靠性指标为输入,通过综合权衡论证确定装备可靠性指标的方法。该方法通常选择与作业任务密切相关的装备顶层可靠性指标作为论证依据,利用可靠性参数的关系模型,在权衡装备的主要可靠性指标之间协调性的情况下,论证确定装备可靠性指标。

为此,以确定飞机出动架次率(SGR)为例介绍该方法。出动架次率是代表飞机状态完好性的重要参数之一,该参数受到作业任务、可靠性、维修性、再次出动准备等多种因素的复杂影响。根据飞机出动架次率的定义可以得出其详细计算公式:

$$r_{SG} = \frac{T_{FL}}{T_{DU} + T_{GM} + T_{TA} + T_{CM} + T_{PM} + T_{AB} + T_{SM}} \qquad (2.4.6)$$

式中:T_{FL} 为飞机每天能飞行的时间(h);T_{DU} 为飞机平均每次飞行的时间(h);T_{GM} 为飞机地面滑行时间(h);T_{TA} 为飞机再次出动准备时间(h);T_{CM} 为飞机每出动架次的平均修复性维修时间(h);T_{PM} 为飞机每出动架次的平均预防性维修时间(h);T_{AB} 为飞机每出动架次的平均损伤修理时间(h);T_{SM} 为飞机每出动架次的平均补给时间(h)。

在给定出动架次率的情况下,根据飞机现有 RMS 水平,对飞机平均每次飞行的时间(任务时间)、地面滑行时间、平均修复性维修时间、平均预防性维修时间、平均损伤修理时间、平均补给时间等指标进行权衡,确定新研飞机的主要可靠性指标。在应用式(2.4.6)时需要注意的事项如下:

(1)不同的任务决定了不同的任务时间和再次出动准备时间,所以论证时需要明确是执行哪一种任务或哪几种任务的组合。此外，由于发生严重故障、指挥等原因，可能造成本次飞行任务时间改变，其任务时间的改变会给论证带来困难，因此计算时可假定每次出动执行任务都是按预定计划完成的。

（2）不同作业任务会导致不同的再次出动准备时间，因而论证时仅考虑单机的再次出动准备情况。

（3）每出动架次的平均损伤修理时间涉及抢救抢修，论证时可不予考虑。

（4）依据历史统计数据估计每出动架次的平均补给时间。

3）作业效能法

作业效能法是以需要达到的装备作业效能作为约束条件，建立可靠性参数与作业效能之间的联系，进而论证得到可靠性参数指标要求的方法。

以船舶某任务可靠性指标论证为例，介绍作业效能法论证可靠性指标参数的思路与步骤。在该型船舶实施某作业任务时，其作业效能方面的要求为"成功拦截某目标的概率大于 P_0"。其指标论证过程如下：

在来袭目标突破船舶外层防御的情况下，船舶需要进行防御，拦截敌方来袭目标。实施的基本流程是：探测设备锁定来袭目标，指挥系统在通信、导航等系统的配合下做出决策，任务载荷实施目标拦截，并最终拦截目标。在整个作业过程中，探测设备、指挥系统、通信系统、导航系统等始终处于工作状态，假设这些系统的任务可靠度为 R_5，任务载荷 A、任务载荷 B、任务载荷 C、任务载荷 D 等四种拦截系统的任务可靠度和拦截成功概率分别为 (R_1,p_1)、(R_2,p_2)、(R_3,p_3)、(R_4,p_4)，则船舶此作业的任务可靠度为

$$R = (w_1R_1 + w_2R_2 + w_3R_3 + w_4R_4)R_5 \qquad (2.4.7)$$

式中：w_1、w_2、w_3、w_4 分别为联合权重系数，可根据实际使用特点确定。那么，成功拦截来袭目标的概率为

$$W = R_1R_2R_3R_4R_5(Q_1 + Q_2 + Q_3) + Q_4 \qquad (2.4.8)$$

式中：$Q_1 = 1 - (1-p_1)(1-p_2)(1-p_3)(1-p_4)$；

$$Q_2 = \sum_{i=1}^{4} \frac{(1-R_i)}{R_i}\left(1 - \frac{(1-p_1)(1-p_2)(1-p_3)(1-p_4)}{(1-p_i)}\right);$$

$$Q_3 = \sum_{i=1}^{3}\sum_{j=i+1}^{4} \frac{(1-R_i)(1-R_j)}{R_iR_j}\left(1 - \frac{(1-p_1)(1-p_2)(1-p_3)(1-p_4)}{(1-p_i)(1-p_j)}\right);$$

$$Q_4 = (1-R_1)(1-R_2)(1-R_3)(1-R_4)R_5\sum_{i=1}^{4}\frac{R_ip_i}{1-R_i}。$$

参考类似船舶所属装备的可靠度水平，初步估算得到此作业的任务可靠度，其成功拦截来袭目标的概率约为 P_0，可以满足作业需求。

另外，还需要指出的是，装备可靠性指标的实现具有阶段性，在装备投入使用后，经过一段时间的使用、发现问题、进行改进后达到成熟状态，期间装备可靠性会不断增长。因此，在不同阶段，针对不同对象需要提出不同的可靠性指标。对于使用参数，订购方期望装备达到的可靠性指标称为目标值，而装备为满足使用要求所必须达到的最低可靠性指标称为门限值。

上述三种方法可用于确定可靠性参数指标的目标值。而可靠性指标的门限值可通过两种方法获得：一是基于 Duane 模型的门限值确定方法，可以参考《装备可靠性维修性保障性要求论证》(GJB 1909A—2009)的相关内容；二是采用鉴别比方法直接获得，例如选择鉴别比为 1.25，若某装备的平均严重故障间隔时间目标值为 5000 h，则门限值可取 5000/1.25 =

4000 h。一般而言,飞机装备的鉴别比取 1.0~1.3,车辆装备的鉴别比取 1.0~1.8,船舶装备的鉴别比取 1.0~1.5。

有了可靠性指标的目标值与门限值,就可以将其转换为合同指标,可靠性指标的目标值转换后的合同指标称为规定值,可靠性指标的门限值转换后的合同指标称为最低可接受值。

2.5　可靠性指标分配与预计

2.5.1　可靠性分配的概念、原理及程序

可靠性分配是指在产品(装备、系统)的设计阶段,将甲方在任务书(或合同)中明确提出的产品可靠性指标规定值,自上而下,由大到小,从整体到局部,逐步分解,再分配到各分系统、设备和元器件的过程以及采用的技术方法。这个过程是可靠性设计中的一个关键环节,旨在确保整个产品在设计、生产过程中能够尽可能达到预定的可靠性目标。可靠性分配使得产品生产方的配套单位有了工作输入,降低了产品研制的风险。

具体来说,可靠性分配一般应包括以下步骤:

(1) 明确可靠性指标要求。可靠性分配的输入一定是甲方提出的可靠性定量要求,是合同中明确的指标规定值,是甲乙双方共同认可的,而不是其他主观臆想的指标或数值。

(2) 选取分配方法。选取的可靠性分配方法不同,得到的可靠性分配结果是不一样的。应当根据产品/装备所处的阶段(方案设计阶段或技术设计阶段)及所掌握的产品/装备部组件故障信息情况,选择恰当的可靠性分配方法。

(3) 准备计算数据。准备可靠性分配方法所需的计算数据,例如比例分配法需要各单元失效概率信息,评分分配法需要各单元复杂程度信息、技术成熟情况信息等。

(4) 进行可靠性分配。按照可靠性分配方法进行计算,给出各单元的可靠性分配结果。

(5) 验算是否达到可靠性指标要求。代入验证是否满足指标要求,将各单元可靠性分配结果通知相关人员。

可靠性分配的目的是使最终的分配结果做到技术上合理、经济上效益高。合理分配可靠性指标可以确保每个单元或子系统都满足系统整体的可靠性要求,从而提高系统的可靠性。此外,在能够获得产品/装备部组件的特性信息(复杂程度、技术成熟度)时,可靠性分配还要遵循以下基本原则:

(1) 对复杂度高的分系统、设备,应分配较低的可靠性指标。因为产品越复杂,其组成单元就越多,要达到高可靠性就越困难。

(2) 对技术尚不成熟的产品,应分配较低的可靠性指标。对这种产品提出高可靠性要求会延长研制时间,增加研制费用。

(3) 对处于恶劣环境条件下工作的产品,应分配较低的可靠性指标。因为恶劣的环境会增加产品的故障率。

(4) 对重要度高的产品,应分配较高的可靠性指标。因为重要度高的产品的故障会影响人身安全或任务的完成。

(5) 对已有可靠性指标的货架产品或定型产品,不再进行可靠性分配。同时,在分配可靠性指标时,要避免上述部组件成为整体可靠性薄弱的部分。

除了上述原则,可靠性分配实际是求解下面基本不等式的过程:

$$R_S(R_1, R_2, \cdots, R_i, \cdots, R_n) \geqslant R_S^* \tag{2.5.1}$$

对于串联系统而言,式(2.5.1)可转换为

$$R_1(t) \cdot R_2(t) \cdot \cdots \cdot R_i(t) \cdot \cdots \cdot R_n(t) \geqslant R_S^*(t) \tag{2.5.2}$$

需要指出的是,如果对分配没有任何约束条件,式(2.5.1)和式(2.5.2)有无数个解。因此,可靠性分配的关键在于要确定一种方法,该方法能够合理得到唯一解或有限数量的解作为可靠性分配的结果。

2.5.2　可靠性分配方法

本小节主要介绍常用的可靠性分配方法:等分法、比例分配法、AGREE 方法。

1. 等分法

设系统由 n 个单元串联组成,各单元的可靠度为 $R_i(i=1,2,\cdots,n)$,则系统可靠度为

$$R_S = \prod_{i=1}^{n} R_i$$

若各单元的工作时间都等于系统的任务时间,且重要性和复杂性基本相同,则可以将系统可靠度等同地分配到系统的每个单元,即 $R_1=R_2=\cdots=R_n=R$,从而有

$$R_S = \prod_{i=1}^{n} R_i = R^n \tag{2.5.3}$$

若要求系统的可靠度为 R^*,则分配给各单元的可靠度为

$$R_i^* = \sqrt[n]{R^*} \tag{2.5.4}$$

等分法简单方便,但该方法要求组成系统的每个单元的重要性和复杂性基本相同,适用于早期系统可靠性的粗分配。

2. 比例分配法

比例分配法是根据系统可靠性预计情况,按各单元失效概率的大小成比例地对可靠性进行分配。在实际产品的研制阶段,通常要对产品可靠性进行预计,以验证所要求的可靠性指标是否能达到,即一般在可靠性分配之前已进行过可靠性预计。由于可靠性预计值综合反映了各单元的复杂性等因素,因此按可靠性预计值的大小成比例地对各单元的可靠性进行分配是合理的。

假设系统由 n 个单元串联组成,其各单元的可靠度预计值为 $R_i(i=1,2,\cdots,n)$,失效概率为 $Q_i=1-R_i$,则系统的失效概率为

$$Q_S = 1 - \prod_{i=1}^{n} R_i = 1 - \prod_{i=1}^{n}(1-Q_i)$$

当各单元的可靠度较高(即 Q_i 较小)时,上式可以近似表示为

$$Q_S \doteq \sum_{i=1}^{n} Q_i$$

由此可见,在系统可靠性较高的情况下,系统的失效概率近似等于各单元的失效概率之和。在要求系统可靠度为 R^* 时,若系统的可靠度预计值 $R_S=1-Q_S>R^*$,则系统的可靠性已满足要求,不需要再进行可靠性分配;否则,可按照各单元失效概率的预计值对其可靠性进行调整,即令 $K_i=Q_i/Q_S$,分配给各单元的失效概率分别为 $Q_i^*=K_i(1-R^*)$,则各单元的可靠度

为

$$R_i^* = 1 - K_i(1 - R^*) \tag{2.5.5}$$

为了保证所得到的各单元可靠性分配值满足可靠性要求,需验证下式

$$R_S = \prod_{i=1}^{n} R_i^* \geqslant R^* \tag{2.5.6}$$

是否成立。若式(2.5.6)成立,则分配工作结束;否则,需要适当调整比例系数 $K_1, \cdots, K_n$。

例 2.16　已知系统由 3 个单元组成,其中各单元可靠度预计值分别为 $R_1 = 0.9, R_2 = 0.87, R_3 = 0.85$。则各单元的失效概率为

$$Q_1 = 0.1, \quad Q_2 = 0.13, \quad Q_3 = 0.15$$
$$K_1 = 0.2632, \quad K_2 = 0.3421, \quad K_3 = 0.3947$$

若要求系统可靠为 $R^* = 0.85$,试求分配到各单元的可靠度。

解　　　　　$R_1^* = 0.9605, \quad R_2^* = 0.9487, \quad R_3^* = 0.9408$

验证 $R_S = R_1^* R_2^* R_3^* = 0.8573 > 0.85$。

3. AGREE 方法

AGREE 方法是以单元重要性和复杂性等因素为基础的可靠性分配方法,它由美国电子设备可靠性咨询组(advisory group on reliability of electronic equipment, AGREE)提出。对于组成单元为分系统或设备的系统,尽管这些单元组成了串联系统,但是由于其工作时间和功能差别很大,这些单元的重要性和复杂性往往相差很大,因此在进行可靠性分配时应合理考虑这些因素。

假设系统由 n 个单元串联组成。单元 $i(i=1,2,\cdots,n)$ 的重要性因子是指单元 i 失效将引起系统失效的概率。设 R_i 表示单元 i 的可靠度,R_{iS} 为单元 i 对系统可靠工作而言的实际可靠度,则 Q_{iS} 实际上是因单元 i 失效而引起系统失效的概率($Q_{iS} = 1 - R_{iS}$),而 Q_i 为单元 i 的失效概率($Q_i = 1 - R_i$),那么单元 i 的重要性因子可表示为

$$\omega_i = \frac{Q_{iS}}{Q_i} = \frac{1 - R_{iS}}{1 - R_i} \tag{2.5.7}$$

显然 $0 < \omega_i \leqslant 1$。当 ω_i 较大时,表示单元 i 能否正常工作将直接影响系统能否正常工作;当 $\omega_i = 1$ 时,表示单元 i 失效必将导致系统失效;当 ω_i 较小时,表示单元 i 的失效对系统可靠工作的影响较小。同时,单元的重要性因子实际上综合反映了单元在系统中的任务时间、功能等因素。在产品研制阶段,单元重要性因子通常可以根据工程经验确定。

由式(2.5.7)可得单元 i 对系统的实际可靠度:

$$R_{iS} = 1 - \omega_i(1 - R_i)$$

整个系统的可靠度为

$$R_S = \prod_{i=1}^{n} R_{iS} = \prod_{i=1}^{n} [1 - \omega_i(1 - R_i)]$$

若给定的系统可靠度为 R^*,按照等分法分配到 n 个单元上去,即要求每个单元的实际可靠度 $R_{iS}^* = \sqrt[n]{R^*}$,则

$$R_{iS}^* = 1 - \omega_i(1 - R_i^*) = \sqrt[n]{R^*} \tag{2.5.8}$$

由此可得到第 i 个单元的可靠度分配值为

$$R_i^* = 1 - \frac{1 - \sqrt[n]{R^*}}{\omega_i} \tag{2.5.9}$$

若单元寿命服从指数分布,在任务失效率(各单元失效概率与任务时间的乘积)较小的情况下,则第 i 个单元的任务失效率分配值为

$$F_i^* = -\frac{\ln R^*}{n\omega_i}$$

则第 i 个单元的可靠度分配值为

$$R_i^* = \exp(-F_i^*) = (R^*)^{\frac{1}{n\omega_i}} \tag{2.5.10}$$

在实际可靠性分配过程中,不仅要考虑单元的重要程度,而且还要考虑单元的复杂程度,为此需要定义单元的复杂性因子。对每个单元而言,由于其基本组件数是影响单元可靠性的重要因素,其复杂性因子就是该单元的基本组件数占系统总的基本组件数的比例,即

$$c_i = \frac{m_i}{N} \tag{2.5.11}$$

式中: m_i 为第 i 个单元的基本组件数; N 为系统总的基本组件数, $N = \sum_{i=1}^{n} m_i$ 。由于每个单元中的基本组件对系统可靠度的作用都是相等的,因此第 i 个单元的可靠性分配值应考虑到其复杂性因子,即式(2.5.8)可调整为

$$R_{iS} = 1 - \omega_i(1 - R_i^*) = R^{*\frac{m_i}{N}} = R^{*c_i}$$

在考虑单元重要性和复杂性的情况下,第 i 个单元的可靠性分配值为

$$R_i^* = 1 - \frac{1 - R^{*c_i}}{\omega_i} \tag{2.5.12}$$

当系统的可靠度 R^* 较高时,则式(2.5.12)可近似为

$$R_i^* = (R^*)^{\frac{c_i}{\omega_i}} \tag{2.5.13}$$

第 i 个单元的任务失效率分配值为

$$F_i^* = -\frac{c_i \ln R^*}{\omega_i} \tag{2.5.14}$$

当各单元的重要性因子和复杂性因子相同时,AGREE 方法等价于等分法。

例 2.17　船舶某系统由 4 个分系统串联组成,各分系统的基本组件数和重要性因子如表 2-7 所示。在要求系统可靠度为 0.9 的情况下,求各分系统的可靠度。

表 2-7　各分系统的基本组件数和重要性因子

分系统	1	2	3	4
基本组件数	20	30	200	50
重要性因子	0.7	0.5	0.8	0.2

解　系统总的基本组件数 $N = 300$ 。根据式(2.5.13)和式(2.5.14),各分系统的可靠度分别为

$$F_1^* = -\frac{20 \times \ln 0.9}{300 \times 0.7} = 0.0100, \qquad R_1^* = e^{-F_1^*} = 0.9900$$

$$F_2^* = -\frac{30 \times \ln 0.9}{300 \times 0.5} = 0.0211, \qquad R_2^* = e^{-F_2^*} = 0.9791$$

$$F_3^* = -\frac{200 \times \ln 0.9}{300 \times 0.8} = 0.0878, \qquad R_3^* = e^{-F_3^*} = 0.9159$$

$$F_4^* = -\frac{50 \times \ln 0.9}{300 \times 0.2} = 0.0878, \qquad R_4^* = \mathrm{e}^{-F_4^*} = 0.9159$$

在 AGREE 方法考虑产品复杂因子及重要性因子的基础上,人们逐渐发展出了考虑多种可靠性影响因素(复杂度、技术成熟度、重要度、环境条件)的评分分配法,评分原则如下(分值越高说明可靠性要求越低):

(1) 复杂度(组成部件数量及组装的难易程度)。最复杂的评 10 分,最简单的评 1 分。

(2) 技术成熟度(单元目前的技术水平和成熟程度)。技术成熟度最低的评 10 分,最高的评 1 分。

(3) 重要度(单元故障是否会影响安全或任务完成)。最不重要的评 10 分,最重要的评 1 分。

(4) 环境条件(工作过程是否存在恶劣而严酷的环境条件)。环境条件最恶劣的评 10 分,环境条件最好的评 1 分。

评分分配计算步骤:

$$\omega_i = \prod_{j=1}^{4} r_{ij}$$

$$c_i = \omega_i \Big/ \sum_{i}^{n} \omega_i$$

$$\lambda_i^* = c_i \cdot \lambda_S^*$$

式中:λ_S^* 为系统失效率要求;λ_i^* 为第 i 个单元的失效率分配值;r_{ij} 为第 i 个单元的第 j 个影响因素的评分。

2.5.3　可靠性预计概念

可靠性预计(reliability prediction)是可靠性工程中的一项重要可靠性工作项目,它贯穿于产品的整个研制过程。可靠性预计就是根据组成系统的元器件、零部件和分系统的可靠性来推测系统的可靠性,是一个由局部到整体、由小到大、由下到上的过程,能够为产品设计决策提供依据。

可靠性预计的主要目的和用途:①在产品的方案论证阶段,可靠性预计便于比较不同初步设计方案的可靠性水平,为优化和选择初步设计方案提供依据;②在产品的技术设计阶段,可靠性预计可以发现产品设计中的薄弱环节,并通过采取设计改进措施,提高产品的可靠性;③为产品的可靠性增长、验证等可靠性工作提供依据。

显然,在产品的不同研制阶段,可靠性预计工作的目的不同。由于产品不同研制阶段所能收集到的可靠性信息(如产品的任务剖面、结构和元器件或零部件可靠性数据等)不同,因此在进行产品可靠性预计时,应根据产品的可靠性信息情况采用不同的可靠性预计方法。例如,在方案论证阶段,可靠性预计主要使用相似设备法、性能参数法和专家打分法等;在技术设计阶段,可靠性预计主要使用应力分析法及数学模型法等。

一般情况下,可靠性预计工作包括如下内容:

(1) 明确产品的定义,包括产品功能、任务、组成等;

(2) 明确产品的失效(故障)判据;

(3) 明确产品的工作条件;

（4）建立产品的可靠性模型，包括产品的可靠性框图和可靠性数学模型等；

（5）收集单元可靠性数据，选择适当的可靠性预计方法，对产品的可靠性进行预计。

由此可见，可靠性预计工作具有时间性，当产品的设计变动时，应对产品的可靠性进行重新预计，以反映产品可靠性的实际水平。

2.5.4　可靠性预计方法

1. 相似设备法

相似设备法是利用相似成熟产品所得到的经验数据来估计新产品的可靠性的方法，相似成熟产品的可靠性数据来自现场使用的评价和实验室的试验结果。这种预计方法在产品研制初期经常使用，更是广泛应用于故障数据很难获得的非电产品的可靠性预计工作中。

应用相似设备法对产品进行可靠性预计的程序是：

（1）确定相似产品，相似产品必须在产品结构及性能、设计、材料和制造工艺等方面与所要预计的产品具有相似性，相似产品还必须有可靠性数据；

（2）分析相似因素对可靠性的影响，即充分考虑各种因素对产品可靠性影响的程度；

（3）利用上述分析结果，由有经验的专家确定产品的可靠性，最后预计出新产品的可靠性。

例 2.18　船舶某系统寿命为 3500 h，已知该系统各设备可靠度：设备 A 为 0.97，设备 B 为 0.99，设备 C 为 0.97，设备 D 为 0.99，设备 E 为 0.9309。为了将该系统的寿命提高到 5000 h，对系统中的设备 E 采取改进措施。

解　由于新型系统与原型系统十分相似，因此我们可以利用原型系统的可靠性数据对新型系统进行可靠性预计。

由于新型系统与原型系统的区别在于设备 E，根据经验可以计算改进后的设备 E 可靠度为 $R=0.9133$。由此可得新型系统的可靠度预计值为

$$R_s = 0.97 \times 0.99 \times 0.97 \times 0.99 \times 0.9133 = 0.8422$$

相似设备法对于具有继承性的产品或有其他相似产品的产品是比较适用的，但对于全新的产品或功能、结构改变比较大的产品则不太适用。

2. 应力分析法

应力分析法用于产品技术设计阶段的元器件可靠性预计。由于元器件的寿命分布一般假定为指数分布，因此元器件可靠性预计指标为失效率。应力分析法的程序是：

（1）确定元器件的基本失效率。基本失效率是指在实验室条件下，对元器件进行大量试验，并将试验结果进行统计处理，得出该种元器件的失效率。目前国产元器件的基本失效率可在《电子设备可靠性预计手册》(GJB/Z 299C—2006)上查到，而进口元器件的基本失效率可在美国《电子设备可靠性预计》(MIL-HDBK-217F)上查到。

（2）确定元器件的工作失效率。工作失效率又称使用失效率，是指元器件在现场使用条件下的失效率。元器件的工作失效率主要是根据元器件的质量控制等级、环境应力、应力状态等因素对基本失效率进行修正得到的。

$$\lambda = \lambda_b (\pi_1 \pi_2 \cdots \pi_k)$$

式中：λ 为元器件的工作失效率；λ_b 是元器件的基本失效率，π_1、π_2、$\cdots$、π_k 是各种因素的修正系数，又称 π 系数。对于不同类型的产品，其修正系数 π 的选择也不相同。例如晶体管和二极管

的工作失效率为

$$\lambda = \lambda_b(\pi_E\pi_Q\pi_R\pi_A\pi_{S_2}\pi_C)$$

式中：π_E、π_Q、π_R、π_A、π_{S_2}、π_C 分别为环境系数、质量系数、应用系数、电流额定值系数、电压应力系数、配置系数。而对于继电器的工作失效率，其计算公式为

$$\lambda = \lambda_b(\pi_E\pi_Q\pi_C\pi_{CYC}\pi_F)$$

式中：π_{CYC}、π_F 分别为动作率系数、应用结构系数。

（3）确定元器件的任务失效率。任务失效率是元器件在规定使用条件下完成某一预定任务的失效率，记作 F，如完成该项任务的时间为 t，则任务失效率为

$$F = \lambda t$$

3. 数学模型法

在已知系统各单元的可靠性指标的预计值后，就可以根据系统可靠性数学模型对系统可靠性指标进行预计。因此数学模型法的程序是：

（1）画出系统可靠性框图；

（2）根据应力分析法、相似设备法等可靠性预计方法获得系统各单元的可靠性；

（3）根据系统可靠性数学模型计算出系统可靠性指标的预计值。

例 2.19 船舶系统 S 的可靠性框图如图 2-23 所示，系统中冗余部分 X 和 Y 是冷贮备单元，转换开关完全可靠，各单元的寿命分布为指数分布，任务失效率为

$$F_A = 0.004, \quad F_B = 0.196, \quad F_C = 0.006, \quad F_D = 0.064$$
$$F_E = 0.003, \quad F_F = 0.001, \quad F_G = 0.005, \quad F_H = 0.060$$

求系统完成整个任务的可靠度。

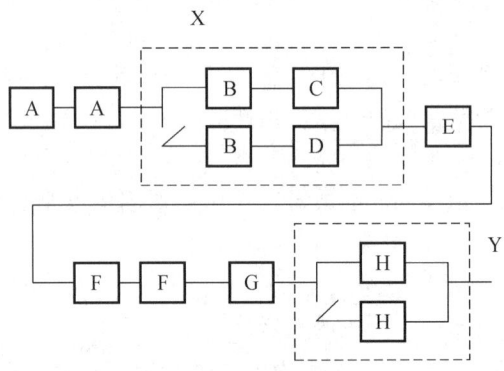

图 2-23 船舶系统 S 的可靠性框图

解 先计算两个冷贮备单元 X、Y 的可靠度，单元 X 的可靠度为

$$R_X = \frac{\lambda_2}{\lambda_2 - \lambda_1}e^{-\lambda_1 t} + \frac{\lambda_1}{\lambda_1 - \lambda_2}e^{-\lambda_2 t}$$

式中：$\lambda_1 t = F_B + F_C = 0.202$；$\lambda_2 t = F_B + F_D = 0.260$。所以

$$R_X = \frac{0.260}{0.260 - 0.202}e^{-0.202} + \frac{0.202}{0.202 - 0.260}e^{-0.260} = 0.9775$$

类似地，可得到单元 Y 的可靠度为

$$R_Y = (1 + \lambda_H t)e^{-\lambda_H t} = (1 + F_H)e^{-F_H} = 0.9983$$

从而整个系统 S 的可靠度为

$$R_{\mathrm{S}} = R_{\mathrm{A}}^2 R_{\mathrm{X}} R_{\mathrm{E}} R_{\mathrm{F}}^2 R_{\mathrm{G}} R_{\mathrm{Y}} = (\mathrm{e}^{-F_{\mathrm{A}}})^2 R_{\mathrm{X}} \mathrm{e}^{-F_{\mathrm{E}}} (\mathrm{e}^{-F_{\mathrm{F}}})^2 \mathrm{e}^{-F_{\mathrm{G}}} R_{\mathrm{Y}} = 0.9585$$

数学模型法的优点是计算精确。缺点是需要画出系统可靠性框图,计算烦琐。对于一个复杂系统来说,由于其研制过程中设计还未固化,因此建立可靠性框图是困难的,从而难以对产品可靠性进行快速预计。

除上述方法外,上下限法(又称为边值法),也适用于复杂系统的可靠性预计工作,其基本思想是将复杂系统先简单地看作某些单元的串联系统,求出系统可靠度的上限值和下限值,然后逐步考虑系统的复杂情况,求出更为精确的系统可靠度的上限值和下限值,最后将上、下限值进行简单处理,得到满足实际精度要求的可靠性预计值。美国曾将这种方法用于阿波罗飞船的可靠性预计工作。

2.5.5　船舶可靠性分配与预计实例

在上述方法的基础上,以船舶为重点,给出如下可靠性分配与预计的计算实例,以供学习参考。

例 2.20　某船舶由探测系统、动力系统、控制系统三个部分串联组成。若要求该船舶在任务剖面下工作 10 小时的任务可靠度为 0.95,试用等分法分别确定探测系统、动力系统、控制系统的可靠度要求。

解　$R_{探}^* = R_{动}^* = R_{控}^* = \sqrt[3]{R_{\mathrm{S}}^*} = \sqrt[3]{0.95}$,取值为 0.984。

验算:$R_{\mathrm{S}} = R_{探}^* \cdot R_{动}^* \cdot R_{控}^* = 0.984^3 = 0.9528 > 0.95$,符合要求。

例 2.21　某船舶由探测系统、动力系统、控制系统三个部分串联组成。若要求该船舶在任务剖面下工作 10 小时的任务可靠度为 0.95,探测系统、动力系统、控制系统可靠性初步预计结果是 0.9、0.9、0.95,试用比例分配法分别确定探测系统、动力系统、控制系统的可靠度要求。

解　　　　$Q_1 = 0.1, \quad Q_2 = 0.1, \quad Q_3 = 0.05$
　　　　　　$K_1 = 0.4, \quad K_2 = 0.4, \quad K_3 = 0.2$
　　　　$R_{探}^* = 1 - 0.4 \times (1 - 0.95) = 0.98, \quad R_{动}^* = 0.98, \quad R_{控}^* = 0.99$

验算:$R_{\mathrm{S}} = R_{探}^* \cdot R_{动}^* \cdot R_{控}^* = 0.9508 > 0.95$,符合要求。

例 2.22　某船舶由探测系统、动力系统、控制系统三个部分串联组成。若要求该船舶在任务剖面下工作 10 小时的任务可靠度为 0.95,各分系统可靠性影响因素评分结果如表 2-8 所示,试用评分分配法分别确定探测系统、动力系统、控制系统的可靠度要求。

表 2-8　各分系统可靠性影响因素评分结果

分系统名称	复杂度	成熟度	重要度	环境条件
探测系统	7	6	2	4
动力系统	3	2	5	4
控制系统	5	4	1	2

解　①先计算各分系统评分及评分占比,如表 2-9 所示。

表 2-9 各分系统评分及评分占比

分系统名称	复杂度	成熟度	重要度	环境条件	各分系统评分数	各分系统评分系数
探测系统	7	6	2	4	336	0.677
动力系统	3	2	5	4	120	0.242
控制系统	5	4	1	2	40	0.081
总计					496	1.0

② 由任务可靠度要求及任务时间反算系统失效率要求：

$$R_S^* = e^{-\lambda_S^* \cdot t} \Rightarrow \lambda_S^* = \frac{-\ln(R_S^*)}{t} = \frac{-\ln(0.95)}{10} = 5.1 \times 10^{-3}/h$$

③ 计算分系统失效率要求：

$$\lambda_i^* = c_i \cdot \lambda_S^* \Rightarrow \lambda_1^* = 3.45 \times 10^{-3}/h, \quad \lambda_2^* = 1.23 \times 10^{-3}/h, \quad \lambda_3^* = 4.1 \times 10^{-4}/h$$

④ 计算分系统可靠度要求：

$$R_探^* = 0.966, \quad R_动^* = 0.988, \quad R_控^* = 0.996$$

⑤ 验算：

$$R_S = R_探^* \cdot R_动^* \cdot R_控^* = 0.9506 > 0.95$$

例 2.23 某种供氧抗荷系统包括氧气瓶、氧气开关、氧气减压器、氧气示流器、氧气调节器、氧气面罩、抗荷分系统等。试用相似产品法预计该供氧抗荷系统的平均故障间隔时间（MTBF）。

解 供氧抗荷系统新老产品可靠性指标对比如表 2-10 所列，新产品与老产品的设计差异及对可靠性的影响见备注栏，例如：氧气瓶、抗荷分系统、氧气减压器、氧气示流器、氧气调节器等单元选用了老产品，可靠性水平一致；氧气面罩、跳伞氧气调节器在老产品的基础上局部改进，可靠性水平略有提高；氧气开关、氧气余压指示器选用新产品，可靠性水平大大提高。据此得到了新产品各单元可靠性指标值，最终预计得到新产品的 MTBF 约为 154.4 小时，略高于老产品的 122.65 小时。

表 2-10 供氧抗荷系统新老产品可靠性指标对比

产品名称	老产品（MTBF）	新产品预计（MTBF）	备注
氧气瓶	15530	15530	
抗荷分系统	3400	3400	
氧气减压器	6262	6262	选用老产品
氧气示流器	2087.3	2087.3	
氧气调节器	863.7	863.7	
氧气面罩	6000	6500	在老产品的基础上局部改进
跳伞氧气调节器	6520	7000	
氧气开关	1192.8	3000	选用新产品，可靠性水平大大提高
氧气余压指示器	3578.2	4500	

2.6　故障模式影响与危害度分析

2.6.1　基本概念

所谓故障模式与影响分析(fault modes and effect analysis,FMEA)就是在产品设计过程中,通过对产品各组成单元潜在的各种故障模式及其对产品功能的影响进行分析,并把每一个潜在故障模式按它的严酷程度予以分类,提出可以采取的预防改进措施,以提高产品可靠性的一种设计分析方法。而故障模式影响与危害度分析(fault modes effects and criticality analysis,FMECA)是在 FMEA 的基础上再增加一层任务,即判断这种故障模式影响的致命程度有多大,使分析量化,因此 FMECA 可以看作是 FMEA 的一种扩展与深化。

FMEA 及 FMECA 是产品研制阶段可靠性设计与分析的重要内容,是提高产品可靠性的重要方法和措施之一。FMECA 在许多重要领域被明确规定为设计人员必须掌握的技术,FMEA 有关资料被规定为不可缺少的设计文件。例如,美国相关标准(如 MIL-STD-1543B,MIL-STD-785B)中提及,合同承包商应提供详细的 FMEA,这个分析应与设计工作一起安排和完成,以使设计能够反映分析的结果和建议,并要求把 FMEA 作为一项指导设计和为每个设计审查提供资料的连续工作来安排。美国国家航空航天局对 FMECA 也极为重视,特别是对长寿命通信卫星,几乎无一例外地采用了这一手段,他们卫星成功的关键之一就是采用了 FMECA。在我国,随着可靠性技术研究的深入和发展,FMECA 也逐渐受到重视。目前我国已制定了 FMECA 的国家标准与军用标准,对装备各个研制阶段的 FMECA 工作提出了要求。

1.分析基本格式与概念

FMECA 过程实际上是填写 FMECA 表格,其典型表格如表 2-11 所示。

表 2-11　FMECA 典型表格

组成编码	产品或功能标志	功能	故障模式	故障原因	任务阶段与工作方式	故障影响			故障检测方法	补偿措施	严酷度类别	备注
						局部影响	高一层次影响	最终影响				

由表 2-11 可以看出,FMECA 过程是人们逐步深入认识一个故障现象或故障模式的过程。在 FMECA 过程中,首先要列出所有可能的故障模式,以及产生每种故障模式的所有可能的原因。该表格有助于将可能的故障模式和故障原因逐项列出,避免仅凭个人经验和技术水平进行分析判断的问题。其次,需要分析每种故障模式在每种故障原因下的影响情况,包括该故障的局部影响、高一层次影响与最终影响,以此来判断故障模式的重要程度,为设计改进提供依据。最后,根据故障模式造成的影响情况,找出故障检测方法,确定设计改进措施或补偿措施。显然,通过 FMECA 过程,人们不仅可以发现装备设计缺陷,而且还可以为故障检测、关重件控制提供输入。

FMECA 过程涉及很多基本概念,这些基本概念的具体内涵如下:

（1）故障模式是指故障的表现形式，例如电容器的开路与短路、晶体管各极间的开路与短路、机械零件断裂等。

（2）故障（失效）机理是指导致零件失效的物理、机械或热（化学）等内在原因，如蠕变、腐蚀、磨损、冲击断裂、疲劳、发热等。

（3）危害度是对故障模式及其出现频率的严重性的程度表示。

（4）故障模式分析是指将分析系统的各单元可能发生的失效或故障分门别类，分析每一模式发生的概率大小。要求尽可能列举所有的故障模式，以便分析其影响和危害度。

（5）故障影响分析是指分析系统的元器件、零件的故障模式对组件、部件、设备、分系统和系统的影响，要特别注意分析一些后果严重的有致命性影响的故障模式。

（6）危害度分析是指将故障所产生的影响按照其后果的危害程度加以分类，并计算造成每类危害的概率（即危害度），以针对这些危害，采用各种相应的措施改进设计。

2. FMECA 方法分类

FMECA 有两种基本方法：硬件分析法和功能分析法。工作中采用哪一种方法进行分析，取决于设计的复杂程度和可利用信息的多少。对复杂装备进行分析时，可以考虑综合采用功能分析法和硬件分析法。

（1）硬件分析法。这种方法根据装备的硬件组成对每个故障模式进行评价，用表格列出各种故障模式，并对可能发生的故障模式及其影响进行分析。当装备可按设计图纸及其他工程设计资料明确确定时，一般采用硬件分析法。这种方法适用于从零部件级开始分析再扩展到系统级，即自下而上进行分析。

（2）功能分析法。这种方法认为每个产品可以完成若干功能，而功能可以按输出分类。使用这种方法时，将输出一一列出，并对它们的故障模式进行分析。当产品构成不能明确确定时，或当产品的复杂程度要求从初始约定层次开始向下分析，即自上而下分析时，一般采用功能分析法。这种方法比硬件分析法简单，但可能忽略某些故障模式。

工程上进行 FMECA 多采用的是硬件分析法。后续介绍 FMECA 工作程序时，也是以硬件分析法为例。

3. 严酷度与危害度分析

在 FMECA 过程中，需要根据故障影响情况确定每一种故障模式的严酷度类别。严酷度类别是产品故障造成的最坏潜在后果的程度表示。严酷度一般分为表 2-12 所示的四类。

表 2-12　严酷度分类

严酷度类别	故障造成的后果
Ⅰ类（灾难的）	故障会引起人员死亡或系统毁坏
Ⅱ类（致命的）	故障会引起严重的人员伤害、重大的经济损失或导致任务失败的系统严重损坏
Ⅲ类（临界的）	故障会引起轻度的人员伤害、一定的经济损失或导致任务延误或降级的系统轻度损坏
Ⅳ类（轻度的）	故障不足以引起人员伤害、一定的经济损失或系统损坏，但它会导致非计划性维护或修理

确定严酷度类别能为安排改进措施提供依据。最优先考虑的是消除Ⅰ类和Ⅱ类故障模式。应对约定层次产品的输入与输出接口进行分析，当较低约定层次产品失去输入或输出危及较高约定层次产品正常工作时，也应该采取措施加以消除或控制。当确认的Ⅰ类和Ⅱ类故

障模式无法消除或不能处于受控状态,以至于到了订购方不能接受的程度时,应向订购方提出其他控制措施和建议。

在确定每一种故障模式的严酷度类别的基础上,可以按每一种故障模式的严酷度类别及故障模式的发生概率所产生的影响对其划等分类,以便全面评价各种故障模式的可能影响。这就是故障模式的危害度分析(criticality analysis,CA)。危害度分析一般可分为定性分析和定量分析两种方法。

1) 定性分析法

在得不到产品技术状态数据或故障率数据的情况下,可以按故障模式的发生概率来评价FMECA 中确定的故障模式。如表 2-13 所示,将各故障模式的发生概率按一定的规定分成不同的等级。

表 2-13　故障发生概率分级

概率等级/特征	评判依据(在任务工作时间内)
A 级(经常发生)	故障模式发生概率处于十分之一级别,或每工作几十小时、几十次便可能发生一次
B 级(有时发生)	故障模式发生概率处于百分之一级别,或每工作几百小时、几百次便可能发生一次
C 级(偶然发生)	故障模式发生概率处于千分之一级别,或每工作几千小时、几千次便可能发生一次
D 级(很少发生)	故障模式发生概率处于万分之一级别,或每工作几万小时、几万次便可能发生一次
E 级(极少发生)	故障模式发生概率处于十万分之一级别,或每工作几十万小时、几十万次便可能发生一次

2) 定量分析法

在具备产品的技术状态数据和故障率数据的情况下,采用定量分析法,可以得到更为有效的分析结果。用定量分析法进行危害度分析时,所用的故障率数据源应与进行其他可靠性和维修性分析时所采用的故障率数据源相同。具体的计算公式为

$$CR_S = \sum_{i=1}^{m} \sum_{j=1}^{n} \alpha_{ij} \beta_{ij} \lambda_i$$

式中:α_{ij} 为元器件 i 发生第 j 种故障模式而引起的该元器件失效的故障模式的频数比,即所考虑的这种故障模式失效的次数与该元器件全部失效次数之比;β_{ij} 为损伤概率,表示元器件 i 发生第 j 种故障模式时,导致其部件发生故障的概率,也称为丧失功能的条件概率,当无法确定这些概率时,可以统一划分为四级,如表 2-14 所示;λ_i 为元器件 i 的基本失效率(查相关手册或由试验得到)。

表 2-14　故障损伤概率等级

β_{ij}	说　明
1.00	肯定能导致部件发生故障
0.50	可能导致部件发生故障
0.10	导致部件发生故障的可能性较小
0	不可能导致部件发生故障

4.可靠性关键件和重要件

FMECA 有助于确定系统的可靠性关键件和重要件,为产品(装备)的可靠性设计分析、可靠性增长试验、可靠性控制提供依据。

可靠性关键件和重要件是指其故障会严重影响系统安全性、可用性、任务成功性、维修性及寿命周期费用等的产品。

关键件是指具有关键特性的产品。关键特性是指若有故障可能危及人身安全、导致系统或完成所要求使命的主要系统故障的特性。重要件是指具有重要特性的产品。重要特性是指该特性虽不是关键特性,但若有故障,可能导致最终产品不能完成所要求使命的特性。

在装备 FMECA 过程中,应根据实际情况提出或制定可靠性关键件和重要件的判别准则。

(1)故障会导致人员伤亡、财产严重损失的产品。例如,单梁机翼飞机的大梁就是关键件,因为若大梁在空中发生故障(断裂)就可能导致机毁人亡。

(2)从寿命周期费用来说是昂贵的产品。例如,某产品的故障虽然不会严重影响系统的安全,但是它的采购费用或使用维护费用极其昂贵。那么从经济性的角度看,它也是个关键件。

(3)只要发生故障就会引起系统故障的产品。这种产品的故障虽然不一定影响系统的安全,但严重影响任务的完成。

(4)历来使用表现不理想的产品。虽然故障并不影响系统的安全,但严重影响了系统可用性,增加了维修费用及对备件的需求量。

(5)难以采购的,或由于采用新工艺而难以制造的产品。这种产品一旦发生故障,由于难以制造和采购,就可能因缺件而影响系统的可用性和任务的完成。

(6)已知需要对其进行特殊处理、储存、运输、试验或防护的产品。这种产品由于需要"特殊的注意"而成为关键件和重要件。

2.6.2　工作程序

FMECA 的工作程序主要分为系统定义、FMECA 表格填写及说明、FMECA 输出结果等步骤。

1.系统定义

系统定义包括系统在每项任务、每一任务阶段,以及各种工作方式下的功能描述。对系统进行功能描述时,应包括对主要和次要任务项的说明,并针对每一任务阶段和工作方式、预期的任务持续时间和产品使用情况、每一产品的功能和输出,以及故障判据和环境条件等,对系统和部件加以说明。

1)任务功能和工作方式

任务功能和工作方式包括:按照功能对每项任务的说明,该说明确定了应完成的工作及其相应的功能模式;应说明被分析系统各约定层次的任务功能和工作方式,当有其他方式能用来完成某一特定功能时,应规定替换的工作方式;还应规定需要使用的不同设备(或设备组合)的多种功能,并以功能-输出清单(或说明)的形式列出每一约定层次产品的功能和输出。

2）环境剖面

应规定系统的环境剖面,用以描述每一项任务和任务阶段所预期的环境条件。如果系统不只在一种环境条件下工作,还应对每种不同的环境剖面加以规定。应采用不同的环境剖面来确定应力-时间关系及故障检测方法和补偿措施的可行性。

3）任务时间

为了确定任务时间,应对系统的功能-时间要求进行定量说明,并对在任务的不同阶段中,以不同工作方式工作的产品和只有在要求时才执行功能的产品的功能-时间要求进行明确。

4）功能框图与可靠性框图

为了描述系统各功能单元的工作情况、相互影响及相互依赖关系,以便可以逐层分析故障模式产生的影响,需要建立方框图。这些方框图应标明产品的所有输入及输出,每一方框应有统一的标号,以反映系统功能的分级顺序。方框图包括功能框图及可靠性框图。绘制方框图可以与定义系统同时进行,也可以在定义系统完成之后进行。

功能框图:表示系统及系统各功能单元的工作情况和相互关系,以及系统和每个约定层次的功能逻辑顺序。

可靠性框图:把系统分割成具有独立功能的分系统之后,就可以利用可靠性框图来研究系统可靠性与各分系统可靠性之间的关系。

2. FMECA 表格填写及说明

FMECA 过程实际上就是填写 FMECA 表格的过程。典型的 FMECA 表格如表 2-11 所示,共包含十一栏数据,下面分别加以说明。

（1）第一栏（组成编码）:为了使每一故障模式及其系统功能关系一目了然,在 FMECA 表的第一栏填写被分析产品的组成编码。

（2）第二栏（产品或功能标志）:在 FMECA 表中记录被分析产品或系统功能的名称。原理图中的符号或设计图纸的编号可作为产品或功能的标志。

（3）第三栏（功能）:简要填写产品所需完成的功能,包括零部件的功能及其与接口设备的相互关系。

（4）第四栏（故障模式）:分析人员应确定并说明各产品约定层次中所有可预测的故障模式,并通过分析相应方框图中给定的功能输出来确定潜在的故障模式。根据系统定义中的功能描述及故障判据中规定的要求,分析出各产品功能的故障模式。为了确保进行全面的分析,至少应就下述典型故障状态,对每　故障模式和输出功能进行分析研究:

① 提前运行;

② 在规定的应工作的时刻不工作;

③ 间断地工作;

④ 在规定的不应工作的时刻工作;

⑤ 工作中输出消失或发生故障;

⑥ 输出或工作能力下降;

⑦ 在系统特性及工作要求或限制条件方面的其他故障状态。

《故障模式、影响及危害性分析指南》（GJB/Z 1391—2006）规定的典型的故障模式如表 2-15 所示。

表 2-15 典型的故障模式

序号	故障模式	序号	故障模式	序号	故障模式	序号	故障模式
1	结构故障(破损)	12	超出允差(下限)	23	滞后运行	34	折断
2	捆结或卡死	13	意外运行	24	输入过大	35	动作不到位
3	共振	14	间歇性工作	25	输入过小	36	动作过位
4	不能保持正常位置	15	漂移性工作	26	输出过大	37	不匹配
5	打不开	16	错误指示	27	输出过小	38	晃动
6	关不上	17	流动不畅	28	无输入	39	松动
7	误开	18	错误动作	29	无输出	40	脱落
8	误关	19	不能关机	30	(电的)短路	41	弯曲变形
9	内部泄漏	20	不能开机	31	(电的)开路	42	扭曲变形
10	外部泄漏	21	不能切换	32	(电的)参数漂移	43	拉伸变形
11	超出允差(上限)	22	提前运行	33	裂纹	44	压缩变形

(5)第五栏(故障原因):确定并说明与故障模式有关的各种原因,包括直接导致故障、物理或化学过程引起品质降低而进一步发展为故障的因素、设计缺陷、零件使用不当等情况。还应考虑相邻约定层次的故障原因。例如,在进行第二层次的分析时,应考虑第三层次的故障原因。

(6)第六栏(任务阶段与工作方式):说明发生故障的任务阶段与工作方式。当任务阶段可以进一步划分为分阶段时,则应记录更详细的时间,将其作为故障发生的假设时间。

(7)第七栏(故障影响):故障影响是指每个假设的故障模式对产品使用、功能或状态所造成的后果。除被分析的产品层次外,所分析的故障还可能影响到其他约定层次。因此,应评价每一故障模式对局部的、高一层次的和最终的影响。同时,还应考虑任务目标、维修要求、人员及系统的安全。

① 局部影响:所假设的故障模式对当前所分析约定层次产品的使用、功能或状态的影响。确定局部影响有助于为评价补偿措施及提出改进措施建议提供依据。局部影响有可能是所分析的故障模式本身。

② 高一层次影响:所假设的故障模式对当前所分析约定层次高一层次产品的使用、功能或状态的影响。

③ 最终影响:所假设的故障模式对最高约定层次产品的使用、功能或状态的总影响。最终影响可能是双重故障导致的后果。例如,只有在一个安全装置及其所控制的主要功能都发生了故障的情况下,该安全装置的故障才会造成灾难的最终影响。这些双重故障造成的最终影响应该记入 FMECA 表格中。

(8)第八栏(故障检测方法):操作人员或维修人员用以检测故障模式的方法,应记入FMECA 表中。故障检测方法应指明是目视检查、音响报警装置、自动传感装置、传感仪器或其他独特的显示手段,还是无任务检测方法。

(9)第九栏(补偿措施):分析人员应指出并评价那些能够用来消除或减轻故障影响的补偿措施。它们可以是设计上的补偿措施,也可以是操作人员的应急补救措施。其中设计补偿措施包括：

① 在发生故障的情况下，能继续安全工作的冗余设备；

② 安全或保险装置，例如能有效工作或控制系统不至于发生损坏的监控及报警装置；

③ 可替换的工作方式，例如备用或辅助设备。

为了说明为消除或减轻故障影响而需操作人员采取的补救措施，有必要对接口设备进行分析，以确定应采取的最恰当的补救措施。此外，还要考虑操作人员按照异常指示采取的不正确动作而可能造成的后果，并记录其影响。

（10）第十栏（严酷度类别）：根据故障影响确定每一种故障模式的严酷度类别。

（11）第十一栏（备注）：这一栏主要记录与其他栏有关的注释及说明，例如对改进设计的建议、异常状态的说明及冗余设备的故障影响等。

3. FMECA 输出结果

FMECA 输出结果包括：

（1）故障模式清单；

（2）Ⅰ、Ⅱ类故障模式清单；

（3）可靠性关键件和重要件；

（4）不可检测故障模式清单；

（5）危害性矩阵图；

（6）FMECA 表等。

FMECA 应注意的问题：

（1）强调"谁设计、谁分析"的原则。"谁设计、谁分析"的原则，也就是产品设计人员应负责完成该产品的 FMECA 工作，可靠性专业人员应提供分析必需的技术支持。实践表明，FMECA 工作是设计工作的一部分。"谁设计、谁分析"和及时改进是实施 FMECA 的宗旨，是确保 FMECA 有效性的基础，也是国内外开展 FMECA 工作经验的结晶。如果不由产品设计人员实施 FMECA，必然会造成分析与设计的分离，也就背离了 FMECA 的初衷。

（2）重视 FMECA 的策划。实施 FMECA 前，应对所需进行的 FMECA 活动进行完整、全面、系统的策划，尤其是对复杂的大系统，更应强调 FMECA 的重要性。其重要性体现在：结合产品研制工作，运用并行工程的原理，对所需的 FMECA 活动进行完整、全面、系统的策划，以确保 FMECA 工作与研制工作同步协调，避免事后补做的情况。对复杂的大系统，总体级的 FMECA 往往需要低层次的分析结果作为输入。

2.6.3 船舶 FMECA 实例

下面以某型船舶方向舵系统为例，给出其 FMECA 过程及结果。

1. 系统定义

某型船舶方向舵系统是单梁盒式薄壁结构，并且是由梁、小梁、肋、蒙皮所组成的双闭室剖面结构，其功能结构框图如图 2-24 所示。

2. 故障判据

该型船舶方向舵系统的故障判据如下：

（1）左、右方向舵应保持同步偏转；

（2）船舶长期稳定航行时，舵面应保持在确定的平衡位置；

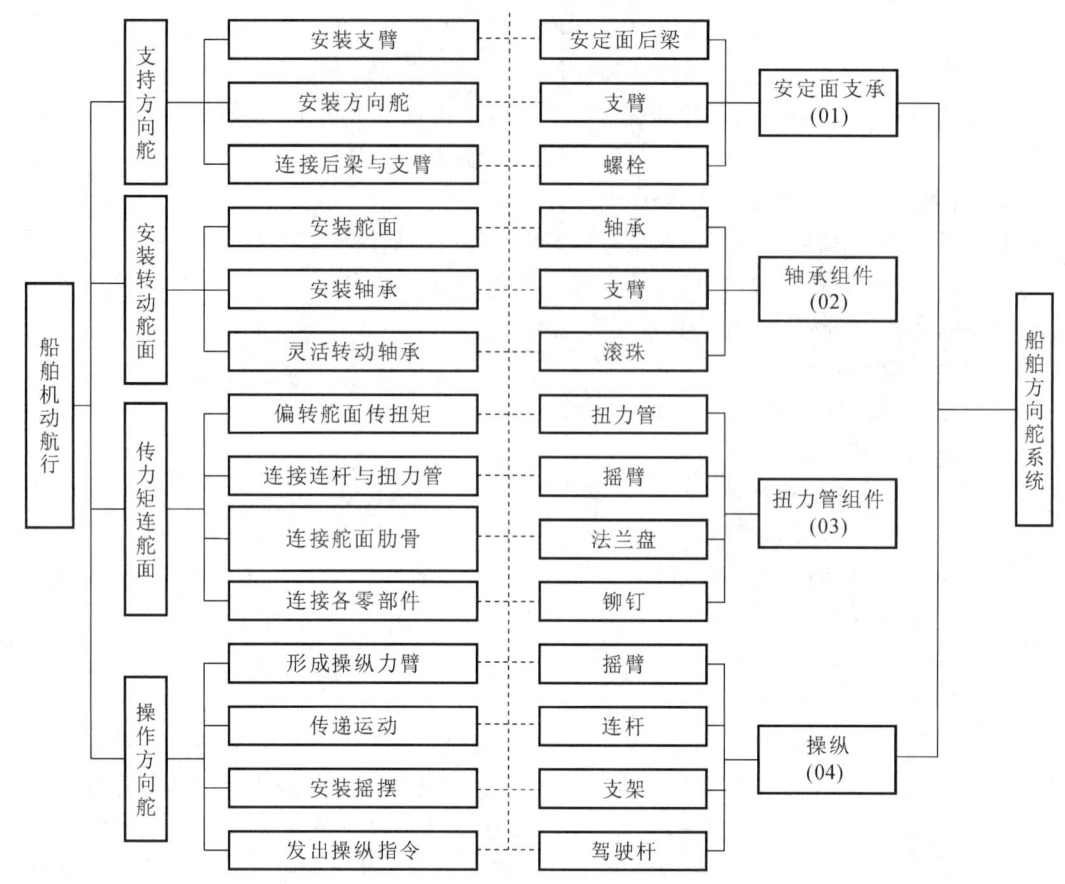

图 2-24　某型船舶方向舵系统功能结构框图

（3）舵面偏转时无卡滞现象；

（4）船舶长期稳定航行时,舵面无强烈振动现象；

（5）舵面结构满足强度、刚度要求,没有疲劳、腐蚀等导致的结构损伤。

3. 严酷度类别

该型船舶方向舵系统的严酷度类别划分如表 2-16 所示。

表 2-16　该型船舶方向舵系统的严酷度类别划分

严酷度类别	严重程度定义
Ⅰ类（灾难的）	船舶损毁及重大环境安全破坏（如重大船舶事故或重大环境破坏）
Ⅱ类（致命的）	一般船舶损伤及严重环境安全损害（如一般船舶事故及严重环境损害）
Ⅲ类（临界的）	影响任务完成（如误航、中断或取消航行、降低航行品质、增加航行困难、中等程度环境损害）
Ⅳ类（轻度的）	无影响或影响很小,增加非计划性维护或修理

4. 分析结果

（1）FMECA 表格的选取。将多个 FMECA 表合并成一个表（略）,使得表格更简明、直观。

（2）主要故障模式：舵面偏转不到位；舵面偏转困难，但无卡死现象；舵面转动不灵活，有卡滞现象；舵面有振动现象。

（3）系统在不同严酷度下的危害度：

$$C_{\mathrm{I}} = 6.001 \times 10^{-6}, \quad C_{\mathrm{II}} = 31.6724 \times 10^{-6}$$
$$C_{\mathrm{III}} = 1.4183 \times 10^{-6}, \quad C_{\mathrm{IV}} = 0.0252 \times 10^{-6}$$

针对上述主要故障模式及危害度，可以提出相应的改进措施，进而提高产品的可靠性，最终使该型船舶一次性试航成功。例如：轴承组件中滚珠容易磨损后掉出，且其危害度较大，因此更换了新型耐磨滚珠。

2.7　可靠性试验

2.7.1　可靠性试验与分类

1. 可靠性试验的基本概念

1）可靠性试验的内涵

可靠性试验是指为调查、分析和评价产品的可靠性而进行的各种试验。其目的是通过试验结果分析和故障机理分析，评估产品可靠性水平，发现产品可靠性的薄弱环节，提出有针对性的改进建议，以便提高产品的可靠性。

在产品研制与生产过程中均需要开展大量的可靠性试验。当产品生产出来后，它是否具备设计规定的功能与性能，是否能够承受使用环境下的各种应力，是否能够保证在规定工作时间内不出或少出故障，这些均是产品的可靠性问题，均需要在实践中进行检验。事实上，由于产品的复杂性，产品在设计和生产过程中往往存在这样或那样的缺陷，刚刚研制出来的产品的可靠性往往低于预定的可靠性。工程实践表明，大型电子-机械系统的首台样机的平均寿命（MTBF）仅为合同规定要求的 10% 左右。通过可靠性试验，我们可以发现设计、工艺、材料等方面存在的缺陷，并通过采取措施加以改进，使产品可靠性逐步增长，最终达到预定的可靠性水平。

2）可靠性试验的作用与目的

可靠性试验的作用与目的主要有两个，其一是通过试验结果的分析，评估产品可靠性水平；其二是暴露可靠性缺陷环节，并通过采取改进措施，实现产品可靠性的增长。

（1）通过可靠性试验可以发现产品在设计、材料和工艺等方面的各种缺陷，弄清产品的失效规律（模式），为产品的改进提供依据。

（2）通过可靠性试验可以确定产品在使用环境下的寿命分布，同时给出产品的各种可靠性数据指标，如平均寿命、可靠寿命等，以确认产品是否符合可靠性定量要求，并得出产品接收或拒收、合格或不合格等结论。

（3）可靠性试验可以为改善产品的作业完好性、提高任务成功性、减少维修费用及保障费用等提供信息。

3）可靠性试验与工程研制试验的关系

可靠性试验与（一般的）工程研制试验有着密切联系。从可靠性试验的定义可以看出，任何与产品故障有关的试验都可以认为是可靠性试验。工程研制试验以暴露问题并采取相应的改进措施为目的,可以获得一定的可靠性信息。广义来说,工程研制试验都是可靠性试验,所以很多可靠性试验可以与工程研制试验结合进行。

可靠性试验与(一般的)工程研制试验又有着很大区别。由于试验目的的不同,工程研制试验结果所提供的可靠性信息常常为"好"或"坏"之类的定性信息,而可靠性试验需要一定的试验样本量,用以定量说明产品可靠性水平或可靠性增长程度。由此可见,可靠性试验应在工程研制试验的基础上进行,换言之,在可靠性试验之前,针对产品的诸如性能试验、环境试验、系统试验等工程研制试验必须已完成且结果合格。

2. 可靠性试验的分类

1) 按照试验实施时间进行分类

为了及早分析、评估产品可靠性,发现可靠性薄弱环节,以便有针对性地采取改进措施,使产品可靠性不断提高,需要在产品研制初期就开展可靠性试验。在产品研制期间所开展的可靠性试验主要包括环境应力筛选、可靠性研制试验与可靠性增长试验等,在产品研制后期所开展的可靠性试验主要有可靠性鉴定试验和可靠性验收试验(可靠性验证试验)等。

(1)环境应力筛选:为发现和剔除不良零部件、元器件、工艺缺陷,以及防止早期故障而在环境应力下所做的一系列试验。典型的环境应力有随机振动、温度循环及电应力等。环境应力筛选是产品研制期间必须进行的可靠性试验之一,其试验方法和环境应力选择等已形成了多种规范。

(2)可靠性研制试验:以研制样机为试验对象的可靠性试验,主要通过向受试产品施加应力,将产品存在的原材料、元器件、设计和工艺缺陷等问题激发为故障,在经过故障分析定位后,采取纠正措施加以排除,实现产品可靠性增长。

显然,可靠性研制试验的最终目的是使产品尽快达到规定的可靠性要求,但直接目的在研制阶段的前后有所不同。在研制阶段的早期,可靠性研制试验侧重于充分暴露产品在设计、元器件与原材料选用、制造工艺等方面存在的缺陷,大多采用加速的环境应力筛选等试验方式,更好地将缺陷激发为产品故障,并通过采取改进措施来提高产品可靠性,如可靠性强化试验(RET)、高加速应力试验(HALT)等就是产品研制早期常用的试验方法。在研制阶段的后期,可靠性研制试验侧重于了解产品可靠性与规定要求的接近程度,并对发现的问题采取纠正措施,进一步提高产品的可靠性。因此,可靠性研制试验条件应尽可能模拟实际使用条件,大多采用综合环境条件,其中可靠性摸底试验就是一种常见的试验方法。

(3)可靠性增长试验:为暴露产品的薄弱环节,有计划、有目标地对产品施加模拟实际环境的综合环境应力及工作应力,以激发故障、分析故障和改进设计与工艺,并验证改进措施有效性而进行的试验。可靠性增长试验是产品研制阶段的重要可靠性试验之一,是实现可靠性增长的一个正规途径。显然,可靠性研制试验和可靠性增长试验均是实现产品可靠性增长的试验过程,但可靠性增长试验不仅要找到产品的可靠性薄弱环节并采取有效的纠正措施,而且还要使产品的可靠性达到预期的可靠性增长目标。因此,可靠性增长试验必须在受控的条件下进行。例如,在可靠性增长试验实施前必须制定可靠性增长试验计划,包括确定产品最终的可靠性增长目标、明确增长试验时间、选用恰当的增长模型对增长过程进行跟踪等;在可靠性增长试验实施过程中,需要对试验所使用的环境条件进行严格控制,必要时需要在试验过程中进行评审等。

(4)可靠性鉴定试验:在产品研制阶段结束时,为验证产品设计是否达到规定的可靠性要求,抽取有代表性的产品在规定条件下所进行的试验。其目的是向订购方提供产品可靠性已达到规定要求的合格证明。可靠性鉴定试验是一种统计试验,在试验实施前必须规定统计试验方案及判断可靠性是否达到规定要求的合格判据等。

(5)可靠性验收试验:为验证成批生产的产品是否达到规定的可靠性要求,在规定条件下所进行的试验。与可靠性鉴定试验类似,可靠性验收试验也是一种统计试验,必须在试验实施前规定好试验方案。由于可靠性验收试验一般抽样进行,因此在建立完善的生产管理制度后可减少抽样的频度,但为保证产品质量,不能放弃可靠性验收试验。

2)按照试验地点进行分类

(1)使用现场试验:在产品实际使用状态下所进行的可靠性试验。许多大型产品的可靠性试验都是在现场使用状态下进行的。就原理而言,这种试验最能反映产品的实际可靠性水平,因此使用现场试验所获得的试验数据是十分珍贵的。但是一般情况下,这种试验场所范围广、所需时间长,试验的组织管理工作繁重。不仅如此,由于试验数据受使用环境变化的影响,对探索产品内在的失效规律常有干扰,有时这种干扰是不可忽视的,因此在开展使用现场试验时必须对试验对象、环境条件及试验程序等进行严格控制。

(2)实验室试验:在实验室内模拟产品实际使用条件所进行的可靠性试验。这种试验所施加的环境条件和应力大小都是一致的,并受到人工控制,如电子元器件在恒温箱内进行的可靠性试验等。这种试验管理简便、投资小、有重复性,便于产品间的比较,目前几乎所有的电子元器件、机械零部件和小型设备都采用实验室试验。

但是,实验室试验也有其缺点。由于大多数产品的现场使用环境比较复杂,因此不可能在实验室内完全模拟现场使用环境条件,只能选择那些对产品可靠性有影响的环境条件进行模拟,如温度、电压、振动等。

3)按照试验施加应力方式进行分类

(1)正常工作试验:在产品实际或接近实际的使用条件下进行的试验。这种试验结果能够真实反映产品的实际情况,但试验周期较长。

(2)临界/过负荷试验:确定产品能承受的最大应力(即载荷极限)的试验,也称为极限试验或安全试验。

(3)加速寿命试验:在不改变产品失效模式、机理及分布类型的前提下,对产品施加超过正常应力水平的应力以进行的寿命试验。这种试验的特点是选择了一些比正常使用环境恶劣的应力水平,又称为加速应力水平。在这些加速应力水平下进行寿命试验时,产品的试验环境变得恶劣,从而加速了产品失效,缩短了试验时间。在获得失效数据的基础上,运用加速寿命试验,对产品在正常应力水平下的各种可靠性特征进行统计推断。加速寿命试验主要有三种类型:恒定应力加速寿命试验、步进应力加速寿命试验和序进应力加速寿命试验。

4)按照试验终止方法进行分类

(1)完全可靠性试验(又称完全寿命试验):要求样品全部失效才结束试验。这种试验可以获得完整的试验数据,统计推断结果较为可靠。但是这种试验常常需要较长时间。例如,对于可靠性较高的电子元器件,假如把样品试验到全部失效为止,则需要很长时间,甚至几年、几十年的时间,等它们全部失效,新的元器件可能又设计出来了。因此,一般情况下完全可靠性试验不常采用。

(2)定时截尾可靠性试验(又称定时截尾寿命试验或Ⅰ型截尾寿命试验):只要求试验进行到事先规定的时间就停止,这时样品的失效个数是随机的。一般来说,定时截尾可靠性试验所需的试验时间是可控制的,有利于试验计划的制定。由于定时截尾可靠性试验所得到的失效数是随机的,因此在试验时间较短的情况下,可能出现样品失效数较少,甚至可能没有样品失效(称为无失效数据)等情况,样品失效数较少会给试验数据统计分析带来很多困难。例如,对50个样品进行定时截尾可靠性试验,假设截尾时间为1000小时,那么在1000小时内样品可能失效20个,也可能失效5个,甚至可能没有样品失效。为了不使样品的失效数过少或过多,恰当地规定试验停止时间是实施定时截尾可靠性试验的关键。

(3)定数截尾可靠性试验(又称定数截尾寿命试验或Ⅱ型截尾寿命试验):只要求试验进行到指定的样品失效个数就停止,这时试验的停止时间是随机的。当试验规定的失效个数为样本量时,则这种试验就是完全可靠性试验;当试验规定有25%或80%样品失效就停止试验,则这种试验就是定数截尾可靠性试验。一般来说,定数截尾可靠性试验的样本量是固定的,便于试验数据的统计分析。但是,由于试验所需时间是随机的,若试验时间过长会为试验计划的制定带来困难。为了不使试验时间过长,恰当地规定失效个数是实施定数截尾可靠性试验的关键。

除上述几种可靠性试验外,在实际中还常常选用混合截尾可靠性试验、随机截尾可靠性试验等。

3. 可靠性试验程序

可靠性试验一般要花费大量时间及人力物力。为了确保可靠性试验达到预期目标,需要在可靠性试验前制定详细的可靠性试验计划,对可靠性试验所涉及的试验环境(条件)、故障判据、试验剖面及试验监测点等要素进行规定。可靠性试验计划的主要内容包括:

(1)明确试验目的及要求;

(2)明确试验对象和规定试验样品;

(3)明确试验地点与条件;

(4)明确制定试验方案;

(5)明确试验参加人员;

(6)制定试验记录表格及统计方法。

可靠性试验计划一般要经过各方专家反复研究并慎重制定。在试验计划确定后,还应明确可靠性试验的管理程序,如可靠性试验数据的信息收集、反馈和资料汇总等。

2.7.2　环境应力筛选

环境应力筛选为研制和生产的产品建立并实施环境应力筛选程序,以便发现和剔除不良零部件、元器件、工艺缺陷及其他原因引入的缺陷所造成的早期故障。环境应力筛选主要用于电子产品,也适用于电气、机电、光电和电化学产品等。

1. 筛选的作用与意义

产品可靠性不仅仅取决于可靠性设计,而且还与生产工艺、原材料选用、设备条件以及人为因素的波动有着密切关系,这些随机波动将使生产出的产品可能潜藏着某些缺陷,从而容易引起产品的早期故障。环境应力筛选就是通过施加各种应力,将生产工艺缺陷、元器件与原材料选用不合格等因素引起的产品早期故障进行剔除,从而使筛选后产品的可靠性高于筛选前产品的总体可靠性。譬如电子元器件的失效很多是由内部和表面的各种物理、化学变化引起的,当对产品施加高温时,元器件内部和表面的化学反应速率加快,器件的失效过程得到加速,从而可以及早发现有缺陷的元器件并加以剔除。

产品早期故障的筛选效率随筛选应力及筛选程序的不同而存在差异。在正常条件下,筛选可以使故障率降低半个或一个数量级,个别的甚至可以达到两个数量级。需要指出的是,环境应力筛选只是提高一批产品中合格品的比例,即提高批可靠性,而不能提高产品的固有可靠性。这是由于环境应力筛选只是剔除了存在早期故障的产品,并没有对产品设计与工艺进行改进。如果针对筛选暴露出来的故障采取设计或工艺上的改进措施,则可提高下一批产品的固有可靠性。

2. 常用的筛选方法

为有效剔除存在早期故障的产品,人们设计了多种筛选方法。按照筛选试验的性质来分,这些筛选方法可分为性能参数测试筛选、检查筛选、加严应力筛选、老炼筛选等。

1) 性能参数测试筛选

元器件、原材料的性能参数可能由于存在某种缺陷而产生漂移。为剔除这些性能参数漂移产生的早期故障产品,可采用性能参数测试筛选。

假设性能参数服从正态分布,设计规定的性能参数容差限按照"3σ"限准则给出,于是经测试,凡性能参数超出容差限者判为故障产品,予以剔除。

2) 检查筛选

检查筛选包括目视检查筛选、X 射线检查筛选、颗粒碰撞噪声检查筛选、密封性检查筛选等方法。

(1) 目视检查筛选:用肉眼、放大镜、显微镜检视元器件与原材料的缺陷,将缺陷程度超标者予以剔除。

(2) X 射线检查筛选:利用 X 射线检查元器件与原材料内部的缺陷,将缺陷程度超标者予以剔除。

(3) 颗粒碰撞噪声检查筛选:利用振动冲击条件检查元器件内部是否存在颗粒碰撞噪声,此法用于检查剔除存在多余物或结合不良缺陷(如瞬时短路、断路)的元器件。这在高可靠继电器、接插件和军用电子设备中是一种重要的筛选项目。

(4) 密封性检查筛选:利用液浸检漏法、氦质谱检漏法、放射性示踪法、湿度试验法检查剔除泄漏率超标的元器件。

3) 加严应力筛选

加严应力筛选就是施加较严苛的环境应力,如振动加速度、离心加速度、变频振动、疲劳振动、机械冲击、热冲击、温度循环等,以暴露元器件、组件、整机内部的缺陷,并予以剔除。譬如:

随机振动是在整个振动时间内对每个频率同时激励,有充足的时间激起有缺陷的元器件的共振,促使缺陷尽早暴露。由于单频正弦扫描是频率从低到高又从高到低地依次激振,在整个振动时间内分摊到每个频率的激振时间很短,不足以引起共振,不易激发缺陷问题。随机振动避免了单频正弦扫描的上述问题,从而可以更好地激发缺陷。图 2-25(a)所示是一个典型的随机振动频谱图。

温度循环是采用高变温率,在较大热应力作用下促使元器件、组件和整机的缺陷尽早暴露。利用温度循环对产品实施筛选实际上是利用在施加从极端高温到极端低温或从极端低温到极端高温时产生的热胀冷缩应力进行筛选,这种应力会激发内部热匹配性能不好的产品发生故障,对筛选元器件、印刷电路板缺陷、焊接问题、焊点分离、容差漂移、电气性能失调等极为有效。常用的温度循环条件:温度范围为 $-40\sim70^\circ\mathrm{C}$,变温率为 $5\sim10^\circ\mathrm{C/min}$,循环数为 $10\sim$

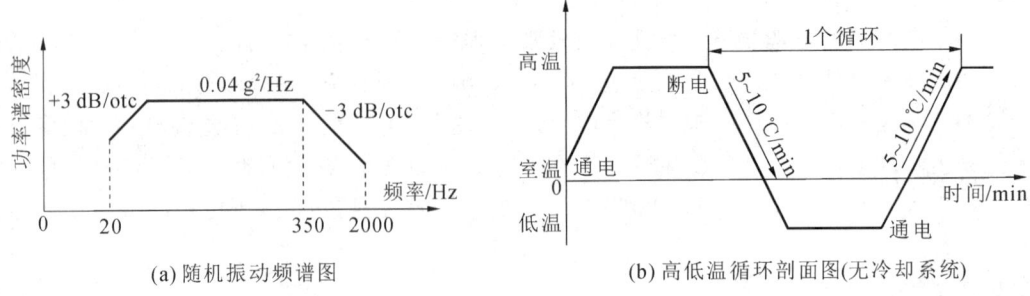

(a) 随机振动频谱图　　　　　　　　　　(b) 高低温循环剖面图(无冷却系统)

图 2-25　典型环境应力筛选剖面

15 次。图2-25(b)所示是一个典型的高低温循环剖面图(无冷却系统)。

实践证明,对激发产品缺陷而言,温度循环加随机振动最为有效。20 世纪 70 年,美国首先推行了这种混合循环应力筛选方法。对大多数电子产品而言,若没有特殊要求,环境应力筛选主要使用温度循环和随机振动这两种应力。

4) 老炼筛选

电子元器件及设备若性能稳定性较差,则需要进行老炼,即令电子元器件或设备在额定工况或加严工况下工作一段时间,使其性能稳定,然后才投入使用。老炼后仍不能获得稳定状态的产品应予以剔除。

3. 环境应力筛选方案

为有效实施环境应力筛选,必须及早制定环境应力筛选方案,明确环境应力筛选的对象、所施加的环境应力,以及筛选程序与检测方法等。

1) 基本原则及要求

(1) 筛选实际上是一种 100% 的检验程序,在筛选之前产品一般都是合格品,只有对产品施加各种应力或采取特殊的检查后,才能发现有早期故障隐患的产品。因此,应尽可能对电路板、组件和设备层次 100% 地进行环境应力筛选。

(2) 筛选所施加的环境应力应从有利于剔除产品早期故障、高效激发缺陷的角度确定,并不需要强调环境应力要与真实的寿命剖面、任务剖面和环境剖面相同,但应确保所施加的环境应力不损伤无缺陷的产品,即不能引入使用条件以外的故障机理。

(3) 筛选方案应根据制造工艺、原材料以及筛选效果等因素的变化而调整。产品从研制阶段转向批量生产阶段的过程中,制造工艺、组装技术和操作熟练程度在不断改进和完善,制造过程引入的缺陷会随之而改变,这种改变包括引入缺陷类型和缺陷数量的变化,因此应根据这些改变对环境应力筛选方案做出调整。不仅如此,随着对产品结构和应力响应特性的不断深入了解,应不断调整环境应力筛选方案,以提高筛选效果。

2) 筛选方案的主要内容

(1) 确定筛选对象的级别,即筛选是在元器件级、单板级上进行,还是在组件级、整机级上进行。

(2) 确定温度循环与随机振动等环境应力的级别、持续时间以及施加顺序等。

(3) 确定筛选程序。

(4) 规定筛选过程应力参数与性能参数检测方法。

4. 环境应力筛选程序

(1) 筛选前的准备。首先,在筛选实施前需要对接受筛选的产品性能进行测量,以保证接受筛选的产品都是合格品;其次,按筛选方案提前检查高低温箱、随机振动台及有关辅助设备的完好性;最后,将接受筛选的产品维持在对筛选有利的技术状态,例如去除防护包装物、减振装置等。

(2) 筛选实施过程。严格按照筛选方案规定进行。

(3) 筛选后处理。对于筛选结果,应按照故障报告、分析和纠正措施系统(FRACAS)要求进行故障分析及长期排除故障措施,并向设计部门反馈。但是筛选过程中所出的产品故障不能作为验收方是否接收产品的依据。

2.7.3　可靠性增长试验

1962 年,美国通用电气公司的工程师 J. T. Duane 通过分析两种液压装置及三种飞机发动机的试验数据,发现只要不断地对产品进行改进,其可靠性会不断增长,同时他也提出了重要的可靠性增长模型——Duane 模型。之后,可靠性增长试验在工程上得到了广泛应用,目前已成为可靠性工作中必须进行的一项内容。

1. 可靠性增长机制

1) TAAF 过程

随着新技术的不断涌现,产品结构越来越复杂,更新换代越来越快,可靠性问题成为产品研制过程中最为棘手的问题。对于大多数产品,在研制初期,可靠性与性能参数都不可能达到所规定的指标要求。为了在最短的时间内、用最少的经费使产品可靠性达到规定的指标,必须经过"试验—暴露—改进—再试验"(test analysis and fix, TAAF)的反复过程,使产品的设计、制造工艺、操作方法中存在的缺陷不断被暴露,并在分析和改进之后,实现产品可靠性增长,直到满足规定的指标要求。

当产品设计完成并制造出首台样机后,应借助各种试验诱发产品故障,通过故障分析找出发生故障的原因,提出改进措施,经过设计、生产工艺的改进将导致产品故障的缺陷消除;与此同时,对经过改进的产品还必须进行故障检测,其目的一方面是验证改进措施的有效性,另一方面是进一步暴露产品的故障机理。显然,正是这种反复改进的过程实现了产品可靠性的不断增长。

2) 可靠性增长方式

(1) "试验—修正—再试验"模式。试验中一旦样机发生故障,立即停止试验,分析故障原因,采取纠正措施,对样机进行改进,再对改进后的样机继续进行试验。其可靠性增长曲线如图 2-26(a)所示。

(2) "试验—暴露缺陷—集中修正—再试验"模式。当样机出现故障时,只对样机进行修

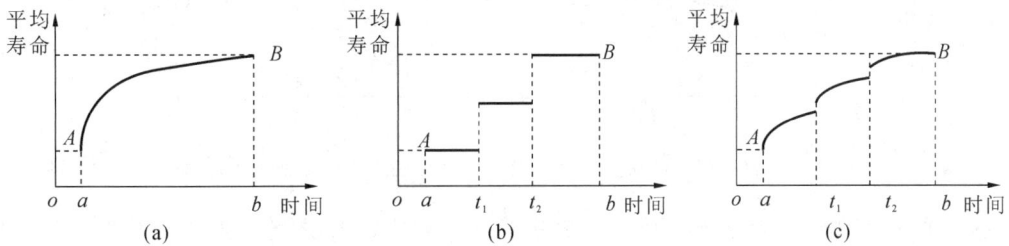

图 2-26　样机研制阶段的可靠性增长曲线

复性修理,再继续试验直到试验结束,修复后的样机可靠性并没有增长。试验结束后,技术人员对样机所出现的故障进行集中分析并采取改进措施,以消除样机存在的缺陷。其可靠性增长曲线如图 2-26(b)所示。

(3) 含有延缓修正的"试验—修正—再试验"模式。将试验中出现的故障分为两类:对于第一类故障,其一旦发生,将立即进行修正;而对于第二类故障,只有在阶段试验结束时才会进行集中修正。其可靠性增长曲线如图 2-26(c)所示。

3) 全寿命周期内的可靠性变化规律

TAAF 过程贯穿于产品全寿命周期,使得产品设计、生产工艺、使用与维修管理等不断改进与完善,产品可靠性总体呈现出不断增长的趋势。图 2-27 所示为产品全寿命周期内的可靠性变化规律曲线。

(1) $\overline{Oa}$ 为产品设计阶段,在此阶段样机尚未完成,但通过可靠性设计分析工作,已赋予了产品可靠性。例如,通过可靠性预计,技术人员预测到产品设计方案所能够达到的可靠性水平不低于 R_0。

(2) $\overline{ab}$ 为产品样机研制阶段,样机在时刻 a 诞生。由于首台样机在设计、制造工艺和操作方法等方面通常存在问题,因此需要通过各种试验来暴露产品在设计、原材料选用和使用操作等方面存在的缺陷,再经过分析改进,使产品的可靠性逐步提高。在样机研制前后,可靠性增长的实现方式会有一定差别。在样机研制初期,TAAF 过程主要结合样机的各种功能性能试验实现,也可以通过安排专门的可靠性研制试验实现;在样机研制后期,随着样机技术状态的不断固化,需要对有可靠性定量要求的、任务或安全关键的、新技术含量高的重要设备安排专门的可靠性增长试验,以便有效控制样机的可靠性增长过程。

(3) $\overline{bc}$ 为产品生产阶段,时刻 b 为产品由研制转入生产的时刻。在产品生产初期,由于制造工艺、材料质量、生产人员的操作技术与管理水平等波动的影响,可靠性会有所下降。通过改进生产环节的控制措施,消除影响产品质量生产的波动因素,从而逐步实现稳定生产且确保产品可靠性满足规定要求。

(4) $\overline{cd}$ 为产品使用阶段,时刻 c 为产品初次使用时刻。由于产品运输条件、安装工艺和使用人员操作不熟练等因素的影响,产品易在早期发生故障,产品的可靠性会再次下降。但随着使用人员和维护人员对产品越来越熟悉,加之产品内部的磨合,其(使用)可靠性将逐步回升。当达到产品使用期限时,由于产品内元器件或零部件的老化、磨损等因素的影响,产品的可靠性将逐步下降,直到产品在时刻 d 报废,结束其整个寿命周期。

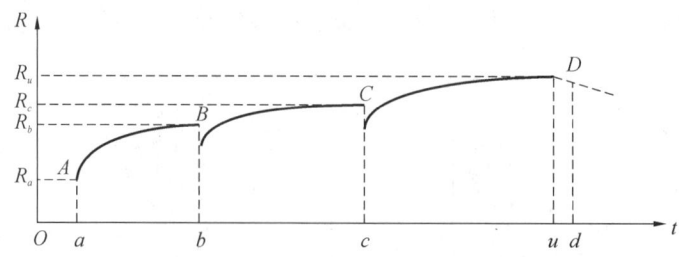

图 2-27 产品全寿命周期内的可靠性变化规律曲线

综上所述,产品在其全寿命周期内的可靠性是不断变化的,特别是在样机研制阶段,其可靠性增长将直接影响到产品的最终可靠性水平。因此,在研制阶段对产品的可靠性增长进行管理和控制是可靠性工作的重要内容之一。

2. Duane 模型

1962 年,Duane 在分析两种液压装置及三种飞机发动机的试验数据时,利用散点图分析方法,建立了著名的可靠性增长模型——Duane 模型。

1) 累积故障数据与累积故障率

自样机制造出来后,人们需要准确记录产品的各种试验信息。产品试验运行过程中能够获得的故障数据一般可表示为

$$(i, t_i, N_i), \quad i = 1, 2, \cdots \tag{2.7.1}$$

即产品第 i 项故障数据在产品累积试验时间为 t_i 时记录,此时产品已累积发生故障 N_i 次。

为方便分析故障数据式(2.7.1),工程上通常定义产品的累积故障率为

$$C(t) = E[N(t)]/t$$

式中: t 为产品的累积试验时间; $N(t)$ 为产品在时间区间 $(0, t)$ 内的累积故障次数,其数学期望为 $E[N(t)]$。显然, N_i/t_i 是产品在累积试验时间到 t_i 时累积故障率 $C(t_i)$ 的估计(值)。

2) Duane 经验模型

在进行散点图分析时,首先要绘制出故障数据的散点图。由故障数据可以得到产品在 t_i 时的累积故障率估计为

$$\hat{C}(t_i) = N_i/t_i, \quad i = 1, 2, \cdots$$

分别对 t_i 和 $\hat{C}(t_i)$ 取对数后,将 $(\ln t_i, \ln \hat{C}(t_i))$ 绘制在双对数坐标纸上,就得到了故障数据的散点图。通过观察散点图的变化趋势,可以总结出产品可靠性增长的经验规律。

Duane 在处理两种液压装置及三种飞机发动机(近 600 万台)的试验数据时,画出了这五种产品的累积故障率的散点图,如图 2-28 所示。Duane 发现这五种产品的累积故障率与累积试验时间在双对数坐标纸上均可近似为一条直线。

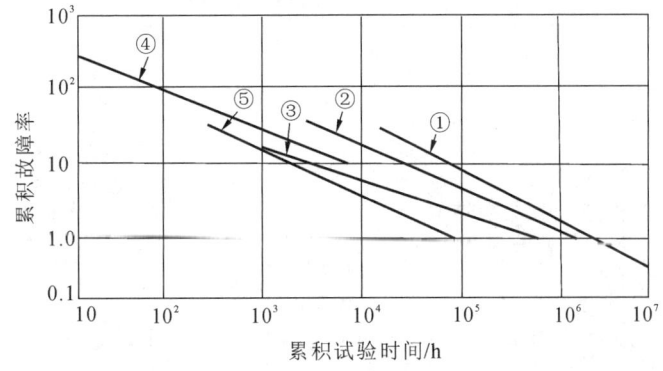

图 2-28 双对数坐标纸上的原始 Duane 试验数据散点图

正是通过这种简单的统计分析,Duane 为可靠性增长技术研究奠定了坚实基础。自 Duane 研究成果发表后,美国利用十多年的时间对大量可修产品的数据进行分析,检验了这一经验规律的适用性。

3) Duane 模型的数学描述

在上述原始试验数据的经验规律基础上,Duane 进一步给出了 Duane 模型的数学描述。按照 Duane 的经验规律,累积故障率的对数与累积工作时间的对数为线性关系,即

$$\ln C(t) = \ln a - m\ln t \tag{2.7.2}$$

式中:a 为尺度参数,$a>0$;m 为增长率,反映可靠性增长速度。当 m 越大时,表示产品可靠性增长越快;当 m 越小时,表示产品可靠性增长越慢;当 $m=0$ 时,表示产品可靠性没有增长。

(1) 瞬时故障率与累积故障率。由式(2.7.2)可知,$E[N(t)]=tC(t)=at^{1-m}$,由此可得,在时刻 t 的瞬时故障率 $\lambda(t)$ 为

$$\lambda(t) = \frac{\mathrm{d}}{\mathrm{d}t}\{E[N(t)]\} = a(1-m)t^{-m}$$

则瞬时故障率 $\lambda(t)$ 与累积故障率 $C(t)$ 间有下述关系:

$$\lambda(t) = (1-m)C(t) \tag{2.7.3}$$

(2) 瞬时 MTBF 与累积 MTBF。定义产品在时刻 t 的累积 MTBF、瞬时 MTBF 分别为

$$\overline{\mathrm{MTBF}}(t) \hat{=} 1/C(t), \quad \mathrm{MTBF}(t) \hat{=} 1/\lambda(t)$$

即

$$\overline{\mathrm{MTBF}}(t) = \frac{t^m}{a}, \quad \mathrm{MTBF}(t) = \frac{t^m}{(1-m)a} \tag{2.7.4}$$

(3) 可靠性增长起始点。在工程应用中,通常可以根据工程经验及可靠性预计等工作确定某一特定的累积故障试验时间 t_1 及其对应的产品累积 MTBF,记为 M_1,称 (t_1, M_1) 为可靠性增长起始点。此时 Duane 模型可改为如下形式:

$$\overline{\mathrm{MTBF_1}}(t) = M_1\left(\frac{t}{t_1}\right)^m, \quad \mathrm{MTBF_1}(t) = \frac{M_1}{1-m}\left(\frac{t}{t_1}\right)^m \tag{2.7.5}$$

这种改进的 Duane 模型常用于制定可靠性增长试验计划。

3. Duane 模型估计与拟合

由上述内容可知,产品可靠性增长试验数据记录表如表 2-17 所示,其中 N_i 为产品累计试验时间为 t_i 时的累积故障次数。

表 2-17　产品可靠性增长试验数据记录表

N_i	N_1	N_2	……	N_n
t_i	t_1	t_2	……	t_n

1) 参数的最小二乘估计

为了得到模型参数的最小二乘估计,让 N_i 作为 $E(N_i)$ 的估计代入模型,此时 N_i 就是 at_i^b $(i=1,2,\cdots,n)$ 的观测值,从而可以得到如下信息模型:

$$\ln N_i = \ln a + b\ln t_i + \varepsilon_i, \quad i = 1,2,\cdots,n$$

式中:$b=1-m$。为了估计参数 a 和 b,误差的平方和要达到最小,即

$$Q = \sum_{i=1}^{n}\varepsilon_i^2 = \sum_{i=1}^{n}(\ln N_i - \ln a - b\ln t_i)^2$$

达到最小。为此,利用求导方法可以得到如下方程组:

$$\begin{cases} \dfrac{\partial Q}{\partial b} = -2\sum_{i=1}^{n}(\ln N_i - \ln a - b\ln t_i)\ln t_i = 0 \\ \dfrac{\partial Q}{\partial \ln a} = -2\sum_{i=1}^{n}(\ln N_i - \ln a - b\ln t_i) = 0 \end{cases}$$

解上述方程组,可得参数 a、b 的最小二乘估计为

$$\hat{b} = \frac{l_{xy}}{l_{xx}}, \quad \hat{a} = \exp\left(\frac{1}{n}\left(\sum_{i=1}^{n}\ln N_i - \hat{b}\sum_{i=1}^{n}\ln t_i\right)\right) \tag{2.7.6}$$

式中：$l_{xy} = \sum_{i=1}^{n}\ln N_i \ln t_i - (\sum_{i=1}^{n}\ln N_i \sum_{i=1}^{n}\ln t_i)/n$；$l_{xx} = \sum_{i=1}^{n}(\ln t_i)^2 - (\sum_{i=1}^{n}\ln t_i)^2/n$。

由于产品在时刻 T 定型后不再改进，则认为定型后产品寿命服从指数分布，其 MTBF 对应的 $M(t)$ 的最小二乘估计为

$$M(t) = T^{1-\hat{b}}/(\hat{a}\hat{b}), \quad t > T \tag{2.7.7}$$

2）模型拟合检验

对于上述可靠性增长数据，必须检验其是否服从 Duane 模型。若该数据满足 Duane 模型，则 $\ln N(t)$ 与 $\ln t$ 相关曲线应呈现为直线，因此可以利用相关性检验对分组数据进行拟合检验：

$$\rho = l_{xy}/\sqrt{l_{xx}l_{yy}} \tag{2.7.8}$$

式中：$l_{yy} = \sum_{i=1}^{n}(\ln N_i)^2 - (\sum_{i=1}^{n}\ln N_i)^2/n$。若产品可靠性增长模型为 Duane 模型，则相关系数应接近 1。由此可得到 Duane 模型的拟合检验方法是：

（1）计算统计量 ρ 的值；

（2）给定显著性水平为 α，查询相关系数临界值表，得到其临界值 $R_\alpha(n)$；

（3）当 $|\rho| > R_\alpha(n)$ 时，认为该产品的可靠性增长模型为 Duane 模型；否则，认为该产品的可靠性增长模型不是 Duane 模型。

例 2.24　在调试船舶某系统时，试验进行到 123 h 时出现第 7 次故障，这 7 次故障时间可查看表 2-18。求当 $T=123$ h 时，该系统的 MTBF 的最小二乘估计。

表 2-18　船舶某系统的可靠性增长试验数据记录表

N_i	1	2	3	4	5	6	7
t_i/h	0.15	26	34.84	43.58	45	82.56	123

解　（1）利用散点图分析法对上述试验数据进行处理。在累积试验时间为横坐标、累积故障次数为纵坐标的直角坐标系中画出对应的 7 个点并用折线连接，如图 2-29 所示。从图 2-29 中可以看出：该系统的可靠性具有明显增长。

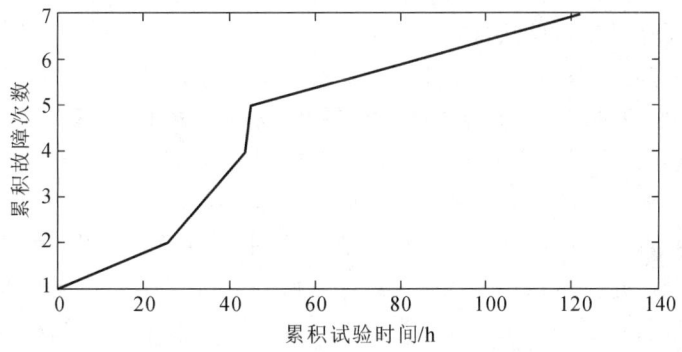

图 2-29　某产品的可靠性增长试验图

（2）Duane 模型拟合检验。由于

$$\sum_{i=1}^{7}\ln N_i = 8.5252, \quad \sum_{i=1}^{7}\ln t_i = 21.7187, \quad \sum_{i=1}^{7}\ln N_i\ln t_i = 34.7906$$

$$\sum_{i=1}^{7}(\ln N_i)^2 = 13.1965, \quad \sum_{i=1}^{7}(\ln t_i)^2 = 98.1968$$

可得检验统计量 $\rho = 0.8957$。由于 $n=7$，当取 $\alpha = 0.1$ 时，相应的临界值为 $R_a = 0.6694$，显然，利用 Duane 模型可以很好地拟合试验数据。

（3）利用式（2.7.6）可得到参数 a、b 的最小二乘估计为

$$\hat{b} = \frac{l_{xy}}{l_{xx}} = 0.2707$$

$$\hat{a} = \exp\left[\frac{1}{7}\left(\sum_{i=1}^{7}\ln N_i - \hat{b}\sum_{i=1}^{7}\ln t_i\right)\right] = 1.4594$$

当 $T=123$ h 时，系统的 MTBF 的最小二乘估计为

$$M(t) = T^{1-\hat{b}}/(\hat{a}\hat{b}) = 84.6 \text{ h}$$

2.7.4　可靠性验证试验

可靠性验证试验是为证明批产品可靠性达到规定要求而进行的一种统计试验，采用随机抽样方式抽取一定数量的受试样品进行试验，并依据受试样品的试验结果给出批产品可靠性是否满足规定要求的结论。可靠性验证试验通常包括可靠性鉴定试验和可靠性验收试验。

1. 可靠性验证的基本原理

本小节以成败型产品为例来说明可靠性验证的基本原理。成败型产品的可靠性试验结果只有成功与失败两种情况。

为了验证批产品是否达到规定的可靠性要求，最为直观的做法是全部试验法，即将生产出的所有产品逐个进行试验，依据试验结果判断产品是否达到规定的可靠性要求。这种做法最为直接，得到的验证结论也最为可信，如对于一些试验实施方便、无破坏性的关重件（产品），常常会采用这种试验方法来验证其可靠性。但是，这种做法存在着诸多弊端，譬如将所有批产品作为受试样品，不仅造成可靠性验证工作量过大、验收成本过高、工程上难以承受等问题，而且因为许多产品的可靠性验证具有破坏性，会造成订购方无法得到合格产品等问题。因此，对于大多数产品，无法采用全部试验法进行可靠性验证。

针对上述做法存在的弊端，人们提出了批产品可靠性验证的另一种做法——抽样（试验）法。在一批产品中随机抽取一定数量的受试样品，对这些受试样品进行可靠性验证试验，并依据试验结果判断这批产品的可靠性是否达到规定要求。这种做法的优点是减少了验证试验量，使试验更易于实施。抽样法是目前可靠性验证试验最为常用的试验方法。

显然，在利用抽样法进行批产品可靠性验证时，要求受试样品的可靠性必须能够真实地反映整批产品的可靠性，这是确保可靠性验证结论可信的基础。为此，一是需要合理确定受试样品的数量，并采用随机抽样的方法在整批产品中抽取受试样品，不因受试样品过少而失去代表性；二是需要合理确定受试样品的合格判定数，尽可能减少对整批产品可靠性的误判。

由此可见，可靠性验证试验的抽样方案主要由抽样（数）量与合格判定数 (n,c) 组成。其中

n 为抽取的受试样品数量（又称子样数），c 为合格判定数。当受试样品的不合格样品数 d 不大于合格判定数 c 时，则判定批产品的可靠性满足规定要求（或合格），并接收该批产品；否则判定该批产品的可靠性未达到规定的要求（或不合格），并拒收该批产品。可靠性验证试验流程框图如图 2-30 所示。

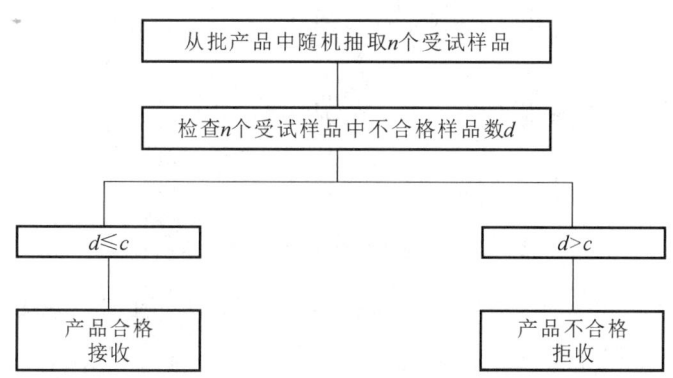

图 2-30　可靠性验证试验流程框图

2. 抽样特征曲线及验证风险

1）抽样特征曲线

在批产品可靠性验证试验中，得出接收/拒收批产品这一结论的核心因素是批产品可靠性水平的高低，除此之外还与受试样品的随机抽样有关。由于在抽取受试样品时采用随机抽取的方式，使得可靠性验证试验具有一定的随机性，因此在得出接收/拒收批产品验证结论时也具有一定的随机性。为此，我们需要研究批产品被判定为接收（或拒收）的概率与批产品的可靠度 R、抽样量 n 与合格判定数 c 之间的关系。

设批产品的可靠度（或合格率）为 R，其不合格率为 $p=1-R$。若抽取的受试样品数为 n，则 n 个受试样品中存在的不合格样品数 d 服从二项分布 $B(n,p)$。

$$P\{d=i \mid p\} = \binom{n}{i} p^i (1-p)^{n-i}, \quad i=0,1,\cdots,n$$

在使用抽样方案 (n,c) 对该批产品进行可靠性验证试验时，接收该批产品的概率是

$$P\{d \leqslant c \mid p\} = \sum_{i=0}^{c} P\{d=i \mid p\} = \sum_{i=0}^{c} \binom{n}{i} p^i (1-p)^{n-i} \tag{2.7.9}$$

则称该批产品的接收概率曲线为抽样特征曲线（OC 曲线），如图 2-31 所示。从式（2.7.9）可以看出，批产品的接收概率 $P\{d \leqslant c \mid p\}$ 是 p 的减函数，即 p 越大，则接收概率 $P\{d \leqslant c \mid p\}$ 越小。特殊情况：$P\{d \leqslant c \mid p=0\}=1$，$P\{d \leqslant c \mid p=1\}=0$。

2）两类错误

采用抽样法验证批产品可靠性是一个利用部分受试样品的可靠性信息判定整批产品可靠性是否合格的过程。由于受试样品抽取的随机性，在判定批产品可靠性是否合格的过程中存在犯两类错误的可能。

第一类错误是指拒收满足可靠性要求的批产品。当批产品的可靠性满足要求，譬如批产品可靠度达到甚至超过规定值（$R \geqslant R_0$）时，由于随机抽样的原因，得出拒收该批产品的判定，犯了第一类错误，给生产方造成了损失。

第二类错误是接收不满足可靠性要求的批产品。当批产品的可靠性不满足要求，譬如批

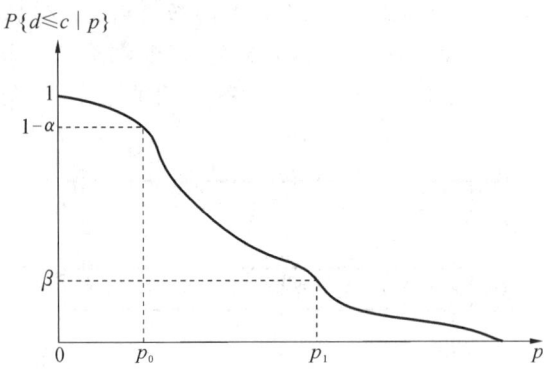

图 2-31　批产品的抽样特征曲线（接收概率曲线）

产品可靠度低于最低可接受值（$R < R_1$）时，由于随机抽样的原因，得出接收该批产品的判定，犯了第二类错误，给订购方造成损失。

3）生产方风险与使用方风险

显然，在批产品可靠性验证时，两类错误的发生是无法避免的，我们需要做的是对犯两类错误的概率进行有效控制。在工程实际中，通常将犯第一类错误的概率称为生产方风险，将犯第二类错误的概率称为使用方风险。

假设批产品的可靠度为 R，不合格率为 $p = 1 - R$。当采用抽样法对批产品进行可靠性验证时，一般通过合理选择抽样方案（n,c）来控制生产方风险与使用方风险。

当批产品可靠性满足规定要求时，即批产品的合格率较高，必须保证生产方风险较低。当批产品的合格率不低于规定值（$R \geqslant R_0$）时，其拒收批产品的概率应不高于给定的 α，即

$$P\{d \leqslant c \mid p = 1 - R_0\} \geqslant 1 - \alpha \tag{2.7.10}$$

当批产品可靠性不满足规定要求时，即批产品的合格率较低，必须保证使用方风险较低。当批产品的合格率低于最低可接受值（$R < R_1$）时，其接收批产品的概率应不高于给定的 β，即

$$P\{d \leqslant c \mid p = 1 - R_1\} \leqslant \beta \tag{2.7.11}$$

3. 成败型产品可靠性验证抽样方案

为了同时减少生产方风险 α 与使用方风险 β，可以增加抽样量 n。但这就造成可靠性验证所需要的人力、物力和财力大量增加，甚至是不可能实现的，有时也是不必要的。因此，在制定抽样方案时，需要合理选择相关参数。

（1）生产方风险 α 和使用方风险 β。一般情况下通过生产方与使用方协商确定，也可以根据有关国家标准或国家军用标准规定进行选择。一般情况下，批产品可靠性验证的双方风险 α、β 通常控制在 $5\% \sim 20\%$ 的正常风险之间，即 α、$\beta = 5\%$、10%、20%；对于需要严格控制可靠性验证成本的批产品，双方风险 α、β 可取 30% 的短时高风险。

（2）合格质量水平 R_0，也被称为批产品可靠度的目标值。合格质量水平 R_0 可以根据生产方和使用方的合同确定（规定值），也可以用最近该产品的合格批的检验记录（不包括经初次检验不合格，返工后再提交的检验批）的平均合格率确定。

（3）极限质量水平 R_1（$< R_0$），也被称为批产品可靠度的最低可接受值（门限值）。使用方根据需要、产品质量水平和验证试验抽样量等因素确定极限质量水平 R_1。一般情况下，对于较重要的产品，极限质量水平 R_1 要取大一些，使 R_1 与 R_0 较接近，这样可靠性验证试验所需的抽样量较大；对于相对不重要的产品，极限质量水平 R_1 取值可小一些，以减少抽样量，降低

可靠性验证费用。

例 2.25　按照合同规定,船舶某功能系统的可靠度目标值 $R_0=0.95$,最低可接受值 $R_1=0.85$,在双方风险分别取 $\alpha=\beta=0.20$ 的情况下,制定该产品可靠性验证试验的抽样方案。

解　由式(2.7.10)可知,当 $p=1-R_0=0.05$ 时,应满足:

$$P\{d \leqslant c \mid p=0.05\} = \sum_{i=0}^{c} \binom{n}{i} 0.05^i (1-0.05)^{n-i} \geqslant 1-0.20 \qquad (2.7.12)$$

令 $c=0$,式(2.7.12)可简化为 $(1-0.05)^n \geqslant 0.80$,从而可得

$$n \leqslant \frac{\ln(1-0.20)}{\ln(1-0.05)} = 4.3503$$

因此,当 $c=0$ 时,n 最大可取 4,式(2.7.12)的解为 $n=4$。

令 $c=1$,式(2.7.12)可简化为 $(1-0.05)^n+n0.05\times(1-0.05)^{n-1} \geqslant 0.80$,从而可得

$$n=16, \quad (1-0.05)^{16}+16\times 0.05\times(1-0.05)^{16-1}=0.8108$$

$$n=17, \quad (1-0.05)^{17}+17\times 0.05\times(1-0.05)^{17-1}=0.7922$$

因此,当 $c=1$ 时,式(2.7.12)的解为 $n=16$。类似地,当 $c=2,3,\cdots$ 时,可分别求出相应的抽样量,其结果如表 2-19 所示。

由式(2.7.11)可知,当 $p=1-R_1=0.15$ 时,应满足:

$$P\{d \leqslant c \mid p=0.15\} = \sum_{i=0}^{c} \binom{n}{i} 0.15^i (1-0.15)^{n-i} \leqslant 0.20 \qquad (2.7.13)$$

利用类似方法,可以求出当 $c=0,1,2,\cdots$ 时相对应的抽样量,其结果如表 2-19 所示。

表 2-19　可靠性验证试验抽样方案

合格判定数 c	0	1	2	3	4
按式(2.7.12)解得的 n	4	16	30	46	……
按式(2.7.13)解得的 n	10	18	28	36	……

从表 2-19 可以看出:当 $c=1$ 或 2 时,式(2.7.12)和式(2.7.13)所得 n 比较接近,所以可选择 $(18,1)$ 或 $(28,2)$ 作为该产品可靠性验证试验的抽样方案。

4. 指数型产品可靠性验证抽样方案

当产品寿命服从指数分布时,为了验证该批产品的可靠性,必须抽取部分样品进行寿命试验,并依据寿命试验结果判定批产品可靠性是否达到规定要求。

1) 抽样规则

指数型产品可靠性验证一般采用定时截尾寿命试验,其抽样方案为 (T,c),其中 T 为受试样品的总试验时间,c 为合格判定数。具体判定准则:从一批产品中随机抽取 n 个受试样品进行寿命试验,试验到事先规定的总试验时间 T 时停止试验,试验过程中出现 r 次故障。依据寿命试验结果对批产品可靠性判定如下:

(1) 当 $r \leqslant c$ 时,认为产品可靠性达到了规定要求,接收该批产品;

(2) 当 $r > c$ 时,认为产品可靠性未达到规定要求,拒收该批产品。

2) 验证风险

设批产品的平均寿命(MTBF)为 θ。若可靠性验证试验获得的试验数据为 (T,r),其中 T 为总试验时间,r 为试验过程中的故障次数,则恰好出现 r 次故障的概率为

$$P\{r = k \mid \theta\} = \frac{1}{k!}\left(\frac{T}{\theta}\right)^k \exp(-T/\theta), \quad k = 0, 1, \cdots$$

因此，若使用抽样方案(T, c)进行产品可靠性验证，接收该批产品的概率是

$$P\{r \leqslant c \mid \theta\} = \sum_{k=0}^{c} P\{r = k \mid \theta\} = \sum_{k=0}^{c} \frac{1}{k!}\left(\frac{T}{\theta}\right)^k \exp(-T/\theta) \tag{2.7.14}$$

则称该批产品的接收概率曲线为抽样特征曲线（OC 曲线）。从式（2.7.14）可以看出，批产品的接收概率 $P\{r \leqslant c \mid \theta\}$ 是 θ 的增函数，即 θ 越大，则接收概率 $P\{r \leqslant c \mid \theta\}$ 越大。利用抽样特征曲线就可以对生产方风险与使用方风险进行有效控制。

当批产品可靠性满足规定要求时，即批产品的 MTBF 较高，必须保证生产方风险较低。当批产品的 MTBF 不低于规定值（$\theta \geqslant \theta_0$）时，其拒收批产品的概率应不高于给定的 α，即 $P\{r \leqslant c \mid \theta = \theta_0\} \geqslant 1 - \alpha$。

当批产品可靠性不满足规定要求时，即批产品的 MTBF 较低，必须保证使用方风险较低。当批产品的 MTBF 低于最低可接受值（$\theta < \theta_1$）时，其接收批产品的概率应不高于给定的 β，即 $P\{r \leqslant c \mid \theta = \theta_1\} \leqslant \beta$。

3）抽样方案的制定

在给定生产方风险 α 和使用方风险 β 的情况下，指数型产品可靠性验证试验的抽样方案满足如下方程组：

$$\begin{cases} P\{r \leqslant c \mid \theta = \theta_0\} = 1 - \alpha \\ P\{r \leqslant c \mid \theta = \theta_1\} = \beta \end{cases} \tag{2.7.15}$$

求解方程组即可得到抽样方案(T, c)。

上述定时截尾寿命试验的抽样方案在工程使用过程中需要注意以下问题：

（1）定时截尾寿命试验的抽样方案规定了总试验时间 T 和合格判定数 c，并没有规定受试样品数量。由于指数型产品寿命具有无记忆性，因此可以将多个受试样品的试验时间等效地折算为一个受试样品的试验时间，反之亦然，即指数型产品可靠性验证可以采用单台试验的方式，也可采用多台同步试验的方式。从有效控制总试验时间的角度，应尽可能采用多个受试样品同步试验的方式。在无具体规定时，《可靠性鉴定和验收试验》(GJB 899A—2009)规定至少应有两台产品接受试验。

（2）定时截尾寿命试验的双方风险通常由生产方与订购方协商确定，一般情况下，双方风险取正常风险为 10%、20%，也可以取短时高风险为 30%。对于常见的双方风险和鉴别比（$d = \theta_0/\theta_1$），《可靠性鉴定和验收试验》列出了 12 种标准定时截尾寿命试验的抽样方案，见表 2-20。

（3）在制定抽样方案时，有时会根据订购方需要选取 LQ（极限质量）方案。该方案是在只控制生产方风险的情况下，给定合格判定数 c，即通过式（2.7.15）的下式确定。

例 2.26 船舶某型设备的双方风险分别为 $\alpha = 0.2, \beta = 0.2$，鉴别比 $d = \theta_0/\theta_1 = 3$。请设计定时截尾试验的抽样方案。

解 查表 2-20 可知，其定时截尾寿命试验的抽样方案为 $(4.3\theta_1, 2)$。

按照抽样方案 $(4.3\theta_1, 2)$ 对产品进行可靠性验证试验，需要从批产品中抽取一定数量的受试样品进行寿命试验，在试验总时间达到 $4.3\theta_1$ 时结束，共发生故障 r 次，则：

（1）当 $r \leqslant 2$ 时，认为产品可靠性达到了规定要求，接收该批产品；

（2）当 $r > 2$ 时，认为产品可靠性未达到规定要求，拒收该批产品。

表 2-20　标准定时截尾寿命试验的抽样方案

方案号	风险/(%)				鉴别比 $d=\theta_0/\theta_1$	试验时间 (θ_1 的倍数)	判别失效数	
	名义值		实际值				拒收	接收
	α	β	α'	β'				
9	10	10	12.0	9.9	1.5	45.0	37	36
10	10	20	10.9	21.4	1.5	29.9	26	25
11	20	20	19.7	19.6	1.5	21.5	18	17
12	10	10	9.6	10.6	2.0	18.8	14	13
13	10	20	9.8	20.9	2.0	12.4	10	9
14	20	20	19.9	21.0	2.0	7.8	6	5
15	10	10	9.4	9.9	3.0	9.3	6	5
16	10	20	10.4	21.3	3.0	5.4	4	3
17	20	20	17.5	19.7	3.0	4.3	3	2
（高风险方案）								
18	30	30	29.8	30.1	1.5	8.1	7	6
19	30	30	28.3	28.5	2.0	3.7	3	2
20	30	30	30.7	33.3	3.0	1.1	1	0

2.7.5　船舶可靠性试验方案编制实例

例 2.27　船舶某系统是成败型产品，选取生产方风险为 0.05，使用方风险为 0.10，可靠度的规定值 $R_0=0.975$，最低可接受值 $R_1=0.90$，分别制定 LQ 抽样方案和考虑双方风险的抽样方案。

解　根据 2.7.4 节内容，满足 (n,c) 组合，取 $c=0,1,2,3,\cdots$，分别计算满足生产方风险和使用方风险所需要的抽样量 n，如表 2-21 所示。

表 2-21　满足生产方风险和使用方风险的抽样方案

合格判定数 c	0	1	2	3	4
满足生产方风险的抽样量 n	2	15	38	69	110
满足使用方风险的抽样量 n	21	35	47	60	71

从表 2-21 中可以看出，若允许的合格判定数为 0，那么对应的 LQ 抽样方案为 (21,0)，此时的生产方风险为 0.41；若允许的合格判定数为 1，那么对应的 LQ 抽样方案为 (35,1)。

另外，从均衡双方风险的角度，则应选择 (47,2) 或 (69,3) 作为该产品可靠性验证试验的抽样方案。

由于 LQ 抽样方案只保证了使用方的利益，无法控制生产方风险，因此在选择 LQ 抽样方案进行可靠性鉴定和验收时要兼顾到双方利益，在优先保证使用方风险和试验承受能力的情

况下,尽可能地降低生产方风险。其可靠性鉴定试验方案可通过如下程序进行选择:

(1)根据使用方实际需求,确定产品的极限平均寿命(最低可接受值)θ_1 或极限质量水平 R_1,以及使用方所可能承受的最大风险 β。

(2)在综合产品试验条件及经费允许的情况下,生产方提出产品能承受的最大试验量(如总试验时间 T_{max} 或总试验次数 N_{max}),在与使用方进行充分协商的基础上,双方共同确定总试验时间。同时生产方提出自己能承受的最大风险 α,α 可等于使用方风险 β,也可大于 β,但一般不超过使用方风险的30%。

(3)对于给定的使用方风险 β,在总试验时间不大于 T_{max} 或总试验次数不大于 N_{max} 的情况下,利用式(2.7.15)的下式求出相应的 LQ 抽样方案。

(4)在获得不超过总试验时间或总试验次数,以及保证使用方风险的 LQ 抽样方案的情况下,根据给定的生产方风险 α,利用式(2.7.15)的上式求出 LQ 抽样方案对应的可接受平均寿命 θ_0。如果生产方认为 θ_0 与产品的实际设计寿命相吻合,则方案就可以确定;如果生产方认为 θ_0 远远超过其产品的实际质量水平,则要求使用方调整风险 β 或双方协商调整总试验时间或总试验次数,再重复上述过程,直到确定协商一致的方案为止。

例 2.28　使用方针对某船舶设备提出 $\theta_1=500$ h、$\beta=10\%$、总试验时间上限 5000 h。试选取一种 LQ 抽样方案。

解　为了在允许的范围内选择一个合适的 LQ 抽样方案,可以按照如下步骤确定:

(1)为了查表方便,以 θ_1 为单位,此时 $T_{max}=10$。

(2)查表 2-22 所对应的试验方案,与总试验时间 $T^*<T_{max}=10$ 最接近的方案为 1-6,其中总试验时间为 $9.3\theta_1$,即 $T^*=9.3\theta_1=9.3\times500=4650$ h。

(3)方案 1-6 对应 $\alpha=10\%$ 的鉴别比 $d=2.95$,即 $\theta_0=d\theta_1=2.95\times500=1475$ h;对应 $\alpha=20\%$ 的 $\theta_0=d\theta_1=2.38\times500=1190$ h;对应 $\alpha=30\%$ 的 $\theta_0=d\theta_1=2.05\times500=1025$ h。

(4)生产方认为在进行产品设计时,其可靠性设计与分析所预测的可接受平均寿命 θ_0 应为 1000 h,即鉴别比约为 2,同时要求生产方风险应小于 20%。从表 2-22 可以看出,当取方案 1-9,生产方风险为 20% 时,其鉴别比为 2.02,此时其对应的总试验时间为

$$T^*=12.99\theta_1=12.99\times500=6495 \text{ h}$$

比所允许的总试验时间上限多 1400 h 左右。因此可得 LQ 抽样方案为 $(T^*,c)=(6495,8)$。

表 2-22　使用方风险 $\beta=10\%$ 的定时鉴定试验方案

方案号	判决失效数		总试验时间（θ_1 的倍数）	不同生产方风险的鉴别比 d		
	接收	拒收		$\alpha=30\%$	$\alpha=20\%$	$\alpha=10\%$
1-1	0	1	2.30	6.46	10.32	21.85
1-2	1	2	3.89	3.54	4.72	7.32
1-3	2	3	5.32	2.78	3.47	4.83
1-4	3	4	6.68	2.42	2.91	3.83
1-5	4	5	7.99	2.20	2.59	3.29
1-6	5	6	9.27	2.05	2.38	2.95

续表

方案号	判决失效数		总试验时间	不同生产方风险的鉴别比 d		
	接收	拒收	(θ_1 的倍数)	$\alpha=30\%$	$\alpha=20\%$	$\alpha=10\%$
1-7	6	7	10.53	1.95	2.22	2.70
1-8	7	8	11.77	1.86	2.11	2.53
1-9	8	9	12.99	1.80	2.02	2.39

2.8　可靠性评估

2.8.1　成败型产品可靠性评估及实例

1. 成败型产品可靠性数据

成败型产品的可靠性试验结果只有成功与失败两种情况。在可靠性工程中,许多产品都是成败型产品,而机械启动、载荷发射等都是典型的成败型产品可靠性问题。通常情况下,成败型产品的可靠度被称为成功率或合格率。

为了评估成败型产品的可靠性,可靠性试验通常随机选择 n 个受试样品进行独立重复试验,其试验结果通常表示为

$$(n,s) \tag{2.8.1}$$

式中:s 是成功次数。

2. 可靠性指标估计

成败型产品可靠性数据式(2.8.1)实际上是一个 n 重伯努利(Bernoulli)试验,其概率分布为二项分布。因此其似然函数为

$$L(s \mid R) = \binom{n}{s} R^s (1-R)^r \tag{2.8.2}$$

式中:r 是失败次数,且 $r=n-s$。

相应地,其对数似然函数为

$$\ln L(s \mid R) = \ln\binom{n}{s} + s\ln R + r\ln(1-R)$$

对上述对数似然函数求导数,可以得到如下似然方程:

$$\frac{\mathrm{d}\ln L(s \mid R)}{\mathrm{d}R} = \frac{s}{R} - \frac{r}{1-R} = 0$$

解上述似然方程,就可以得到成败型产品可靠度 R 的极大似然估计(MLE):

$$\hat{R} = \frac{s}{n} \tag{2.8.3}$$

成败型产品的可靠度估计式(2.8.3)十分简单,使用极为方便。不仅如此,该估计还有许多优秀的统计性质,例如该估计不仅是一致最小方差无偏估计,而且具有渐近正态性。

$$\lim_{n \to \infty} P\left\{ \frac{\sqrt{n}(\hat{R} - R)}{\sqrt{R(1-R)}} < x \right\} = \lim_{n \to \infty} P\left\{ \frac{(s - nR)}{\sqrt{nR(1-R)}} < x \right\}$$

$$= \frac{1}{\sqrt{2\pi}} \int_{-\infty}^{x} \exp(-t^2/2) \, dt$$

上述极限就是典型的中心极限定理。由此可看出，当受试样品数量较大时，可靠度估计 $\hat{R}$ 的分布函数就可近似为正态分布，表示为 $\hat{R} \sim N(R, R(1-R)/n)$。

3. 可靠性区间估计

设成败型产品进行了 n 次试验，成功 s 次，此时产品可靠度的 MLE 为 $\hat{R} = s/n$。在 n 次成败型试验中，成功次数 S 是服从二项分布 $B(n,R)$ 的随机变量，s 是 S 的一个观测值，即

$$P\{S = s\} = \binom{n}{s} R^s (1-R)^{n-s}$$

其分布函数为

$$F(s, R) = P\{S \leqslant s\} = \sum_{k=0}^{s} \binom{n}{k} R^k (1-R)^{n-k}$$

显然，分布函数 $F(s,R)$ 是一个关于 (s,R) 的二元函数。当固定可靠度 R 时，$F(s,R)$ 是 s 的递增阶梯函数；当固定成功次数 s 时，$F(s,R)$ 是 R 的连续函数，并且还可以证明，$F(s,R)$ 是可靠度 R 的减函数。这是由于

$$\frac{\partial F(s, R)}{\partial R} = \sum_{k=1}^{s} k \binom{n}{k} R^{k-1} (1-R)^{n-k} - \sum_{k=0}^{s} (n-k) \binom{n}{k} R^k (1-R)^{n-k-1}$$

$$= \sum_{k=0}^{s-1} \frac{n!}{k!(n-k-1)!} R^k (1-R)^{n-k-1} - \sum_{k=0}^{s} \frac{n!}{k!(n-k-1)!} R^k (1-R)^{n-k-1}$$

$$= -\frac{n!}{s!(n-s-1)!} R^s (1-R)^{n-s-1} \leqslant 0$$

$$(2.8.4)$$

由于分布函数 $F(s,R)$ 是可靠度 R 的单调连续减函数。因此在给定置信水平为 $1-\alpha$ 的情况下，可靠度 R 的置信区间为 $[\hat{R}_L, \hat{R}_U]$，其中 $\hat{R}_L$、$\hat{R}_U$ 满足：

$$\begin{cases} F(s, \hat{R}_U) = \sum_{k=0}^{s} \binom{n}{k} \hat{R}_U^k (1-\hat{R}_U)^{n-k} = \dfrac{\alpha}{2} \\ F(s-1, \hat{R}_L) = \sum_{k=0}^{s-1} \binom{n}{k} \hat{R}_L^k (1-\hat{R}_L)^{n-k} = 1 - \dfrac{\alpha}{2} \end{cases} \quad (2.8.5)$$

为了便于求可靠度 R 的置信区间，利用式(2.8.4)，就可以对式(2.8.5)进行化简。其基本过程如下：

（1）解微分方程。由式(2.8.4)可得如下微分方程：

$$\begin{cases} \dfrac{\partial F(s, R)}{\partial R} = -\dfrac{n!}{s!(n-s-1)!} R^s (1-R)^{n-s-1} \\ F(s, 0) = 0 \end{cases}$$

解上述微分方程，得到分布函数的积分表达式：

$$F(s,R) = \frac{n!}{s!(n-s-1)!} \int_R^1 x^s (1-x)^{n-s-1} \mathrm{d}x$$

（2）分布函数 $F(s,R)$ 与 F 分布之间的关系。令 $f_1 = 2(s+1)$，$f_2 = 2(n-s)$，对上述分布函数的积分表达式进行如下变换：

$$x = \frac{f_1 y}{f_2 + f_1 y}$$

则有

$$F(s,R) = \int_{\frac{f_2}{f_1} \cdot \frac{R}{1-R}}^1 g(y, f_1, f_2) \mathrm{d}y$$

式中：$g(y, f_1, f_2)$ 是自由度为 f_1、f_2 的 F 分布密度函数。

$$g(y, f_1, f_2) = \frac{\Gamma\left(\dfrac{f_1+f_2}{2}\right)}{\Gamma\left(\dfrac{f_1}{2}\right)\Gamma\left(\dfrac{f_2}{2}\right)} \cdot \frac{f_1^{f_1/2} f_2^{f_2/2} y^{f_1/2-1}}{(f_1+f_2 y)^{(f_1+f_2)/2}}, y>0$$

（3）置信区间 $[\hat{R}_{\mathrm{L}}, \hat{R}_{\mathrm{U}}]$ 与 F 分布的分位数的关系。由式（2.8.5）可知，由于 $F(s, \hat{R}_{\mathrm{U}}) = \dfrac{\alpha}{2}$，则可靠度 R 的置信上限满足

$$\frac{f_2}{f_1} \cdot \frac{1-\hat{R}_{\mathrm{U}}}{\hat{R}_{\mathrm{U}}} = F_{\alpha/2}(f_1, f_2)$$

式中：$F_\alpha(f_1, f_2)$ 是自由度为 f_1、f_2 的 F 分布的 α 上分位点（可查《可靠性试验用表》）。从而可得可靠度 R 的置信上限为

$$\hat{R}_{\mathrm{U}} = \frac{f_1 F_{\alpha/2}(f_1, f_2)}{f_2 + f_1 F_{\alpha/2}(f_1, f_2)} = \frac{F_{\alpha/2}[2(s+1), 2(n-s)]}{\dfrac{n-s}{s+1} + F_{\alpha/2}[2(s+1), 2(n-s)]} \tag{2.8.6}$$

类似地，由式（2.8.5）可得可靠度 R 的置信下限为

$$\hat{R}_{\mathrm{L}} = \frac{1}{1 + \left[\dfrac{n-s+1}{s}\right] F_{\alpha/2}[2(n-s+1), 2s]} \tag{2.8.7}$$

（4）单侧置信限。在给定置信水平为 $1-\alpha$ 的情况下，可靠度 R 的置信下限为

$$\hat{R}_{\mathrm{L}} = \frac{1}{1 + \left[\dfrac{n-s+1}{s}\right] F_\alpha[2(n-s+1), 2s]} \tag{2.8.8}$$

例 2.29　设产品可靠性试验的受试样品数量为 n，受试样品的试验全部成功，即试验结果为无失效数据，可靠性试验的成功次数 $s=n$，试求产品可靠度估计及其置信下限。

解　（1）可靠度估计。由于 $s=n$，利用式（2.8.3）得到的产品可靠度估计为

$$\hat{R} = \frac{s}{n} = 1$$

这种可靠度估计为 1 的结果显然是不合适的。这种情况主要是随机因素造成的。当受试样品数量较少时，随机抽取到的受试样品很可能均为合格品，尤其对高可靠产品而言，可靠性试验常常出现无失效现象。因此，在处理小样本数据时应慎重使用可靠度估计式（2.8.3）。

（2）可靠性置信下限。对于无失效数据，利用式（2.8.5）可以得到可靠度的置信下限

满足：

$$F(s-1,\hat{R}_{\mathrm{L}}) = F(n-1,\hat{R}_{\mathrm{L}}) = \sum_{k=0}^{n-1} \binom{n}{k} \hat{R}_{\mathrm{L}}^k (1-\hat{R}_{\mathrm{L}})^{n-k} = 1-\alpha$$

利用二项分布的性质，$F(n,R) = \sum_{k=0}^{n} \binom{n}{k} R^k (1-R)^{n-k} = 1$，对上式进行等价变形，可得

$$\hat{R}_{\mathrm{L}}^n = 1-F(n-1,\hat{R}_{\mathrm{L}}) = 1-\sum_{k=0}^{n-1} \binom{n}{k} \hat{R}_{\mathrm{L}}^k (1-\hat{R}_{\mathrm{L}})^{n-k} = \alpha$$

因此，给定置信水平为 $1-\alpha$，则产品可靠度的置信下限为

$$\hat{R}_{\mathrm{L}} = \alpha^{\frac{1}{n}} \tag{2.8.9}$$

在可靠性试验结果为无失效数据的情况下，尽管难以求出合适的点估计，但利用式 (2.8.8) 可以方便地求得其置信下限。

例 2.30　船舶某功能载荷在 20 次执行任务中只有一次发射不成功导致的任务失败。此时 $n=20, s=19$，试求该功能载荷发射可靠度估计，以及置信水平为 $1-\alpha=0.9$ 时的置信下限。

解　由式 (2.8.3) 可得功能载荷发射可靠度的点估计为

$$\hat{R} = \frac{s}{n} = \frac{19}{20} = 0.95$$

给定置信水平为 $1-\alpha=0.9$ 时，由式 (2.8.8) 可得到可靠度的置信下限为

$$R_{\mathrm{L}} = \frac{1}{1+F_{0.1}(4,38) \times 2/19} = 0.819$$

2.8.2　指数型产品可靠性评估及实例

指数分布是一种最常用、最简单的寿命分布。它不仅在电子元器件、组件、整机的可靠性领域得到普遍应用，而且在复杂的电子、机械、机电的可靠性工程中也得到了广泛使用。对大多数产品而言，由于受时间与费用的限制，产品的寿命试验常常采用截尾的方式进行。不同截尾试验所收集到的可靠性数据结构也各不相同。本小节以指数型产品为例，给出典型寿命试验数据处理方法。

1. 无替换定数截尾寿命试验

1）$(n,r,无)$ 试验及数据结构

无替换定数截尾寿命试验是一种最为常见的寿命试验方式。随机抽取 n 个受试样品进行试验，直到出现 r 个失效样品就停止整个试验，这种试验方案称为 $(n,r,无)$ 试验，其可靠性数据为

$$t_1 \leqslant t_2 \leqslant \cdots \leqslant t_r \tag{2.8.10}$$

在 $(n,r,无)$ 试验中，失效个数 r 是固定不变的，但其总试验时间 $S(t_r) = t_1 + t_2 + \cdots + t_r + (n-r)t_r$ 是一个随机变量。当规定的失效个数 $r=n$ 时，上述寿命试验就是完全寿命试验。

2）似然函数

设产品的寿命 T 服从指数分布，其密度函数为

$$f(t) = \lambda \mathrm{e}^{-\lambda t}, \quad t \geqslant 0 \tag{2.8.11}$$

式中：λ 为产品失效率。则 θ 为平均寿命，$\theta = 1/\lambda$。

对于可靠性数据式(2.8.10)，其前 r 个失效样品的时间($t_1 \leqslant t_2 \leqslant \cdots \leqslant t_r$)实际上是容量为 n 的受试样品的前 r 个次序统计量。因此($t_1, t_2, \cdots, t_r$)的联合密度函数为

$$L(\lambda) = f(t_1, \cdots, t_r \mid \lambda) = \frac{n!}{(n-r)!} \prod_{i=1}^{r} f(t_i) [R(t_r)]^{n-r}$$

$$= \frac{n!}{(n-r)!} \prod_{i=1}^{r} (\lambda e^{-\lambda t_i}) (e^{-\lambda t_r})^{n-r} = \frac{n!}{(n-r)!} \lambda^r \exp[-\lambda S(t_r)]$$

式中：$S(t_r)$ 为 n 个受试样品的总试验时间，$S(t_r) = t_1 + t_2 + \cdots + t_r + (n-r)t_r$。因此，其对数似然函数为

$$\ln L(\lambda) = \ln n! - \ln(n-r)! + r\ln\lambda - \lambda S(t_r)$$

对上述对数似然函数求导，就可以得到似然方程为

$$\frac{\mathrm{d}\ln L(\lambda)}{\mathrm{d}\lambda} = \frac{r}{\lambda} - S(t_r) = 0$$

3）可靠性指标估计

利用似然方程，可得产品失效率 λ 的 MLE 为

$$\hat{\lambda} = \frac{r}{S(t_r)} \tag{2.8.12}$$

利用失效率的 MLE 就可以得到其他可靠性指标的估计，如产品平均寿命 θ 的 MLE 为

$$\hat{\theta} = \frac{S(t_r)}{r} \tag{2.8.13}$$

对于任一固定时刻 t，可靠度 $R(t) = \exp(-\lambda t)$ 的 MLE 为

$$\hat{R}(t) = \exp(-\hat{\lambda} t) = \exp\left(-\frac{rt}{S(t_r)}\right) \tag{2.8.14}$$

例 2.31　船舶某种 DC/DC(直流)变电模块的寿命服从指数分布，抽取 7 个受试样品进行(n, r, 无)试验，试验进行到有 3 个失效样品时结束。试验结果为 1200、4500、6500(单位：h)。试对该变电模块的平均寿命进行估计。

解　由于 $n = 7, r = 3$，则总试验时间 $S(t_3) = t_1 + t_2 + t_3 + (n-3)t_3 = 38200$ h，因此该变电模块的平均寿命和失效率的 MLE 分别为

$$\hat{\theta} = \frac{S(t_3)}{r} = \frac{38200}{3} = 12733.33 \text{ h}$$

$$\hat{\lambda} = \frac{r}{S(t_3)} = \frac{3}{38200} = 7.853 \times 10^{-5}/\text{h}$$

2. 有替换定数截尾寿命试验

1）(n, r, 有)试验及数据结构

随机抽取 n 个受试样品进行寿命试验，当一个样品失效后立即用同型的新样品替换并继续试验，直到有 r 个失效样品时，结束整个试验，这种试验方案称为(n, r, 有)试验，其可靠性数据为

$$t_1 \leqslant t_2 \leqslant \cdots \leqslant t_r \tag{2.8.15}$$

在(n, r, 有)试验中，失效个数 r 是固定不变的，但其总试验时间 $S(t_r) = nt_r$ 是一个随机变量。显然，在固定失效个数的情况下，(n, r, 有)试验比(n, r, 无)试验更节省试验时间。

2）似然函数

设产品的寿命 T 服从失效率为 λ 的指数分布，其密度函数为式(2.8.11)。为了利用有替

换定数截尾寿命试验的可靠性数据式(2.8.15)求得失效率 λ 的 MLE,首先需要研究试验数据的似然函数。

由于有替换定数截尾寿命试验是在 n 个试验平台上同时对 n 个受试样品进行试验,因此失效时间 t_1 是 n 个样品中的最小寿命,利用最小次序统计量可求得 t_1 的分布函数,即 $f(t_1) = n\lambda\exp(-n\lambda t_1)$。

在第 1 个样品失效后,立即用新样品替换掉失效样品继续试验。根据指数分布的无记忆性,时刻 t_1 实际上是 n 个试验平台的更新时刻,如同 n 个新样品在时刻 t_1 重新开始试验一样,因此 $t_2 - t_1$ 实际上与 t_1 是相互独立且同分布的,依此类推,可以得到对应的失效间隔时间

$$t_1, t_2 - t_1, \cdots, t_r - t_{r-1}$$

是相互独立且均服从参数为 $n\lambda$ 的指数分布的。由于 $t_i = \sum_{j=1}^{i}(t_j - t_{j-1})(i = 1, 2, \cdots, r)$,因此有 $(t_1, \cdots, t_r)$ 的联合密度函数为

$$L(\lambda) = f(t_1, \cdots, t_r \mid \lambda) = (n\lambda)^r \exp(-n\lambda t_r)$$

其对数似然函数为

$$\ln L(t_1, \cdots, t_r) = r\ln n + r\ln\lambda - n\lambda t_r$$

对上述对数似然函数求导,就可以得到似然方程为

$$\frac{\mathrm{d}\ln L(\lambda)}{\mathrm{d}\lambda} = \frac{r}{\lambda} - nt_r = \frac{r}{\lambda} - S(t_r) = 0$$

3）可靠性指标估计

利用似然方程,可得产品失效率 λ 的 MLE 为

$$\hat{\lambda} = \frac{r}{S(t_r)} \tag{2.8.16}$$

利用失效率的 MLE 就可以得到其他可靠性指标的估计,如产品平均寿命 θ 的 MLE 为

$$\hat{\theta} = \frac{S(t_r)}{r}$$

对于任一固定时刻 t,可靠度 $R(t) = \exp(-\lambda t)$ 的 MLE 为

$$\hat{R}(t) = \exp(-\hat{\lambda}t)$$

例 2.32　船舶某种变频器的寿命服从指数分布,抽取 7 受试个样品进行 $(n, r, 有)$ 试验,试验进行到有 5 个失效样品时结束。试验结果为 120、250、350、400、530（单位:h）。试对该变频器的平均寿命进行估计。

解　由于 $n = 7, r = 5$,则总试验时间 $S(t_3) = nt_r = 7 \times 530 \text{ h} = 3710 \text{ h}$,因此该变频器的其平均寿命的 MLE 为

$$\hat{\theta} = \frac{S(t_r)}{r} = 742 \text{ h}$$

3. 有替换定时截尾寿命试验

1）$(n, \tau, 有)$ 试验及数据结构

随机抽取 n 个受试样品进行寿命试验,当一个样品失效后立即用同型的新样品替换并继续试验,到时刻 τ 时结束试验,这种试验方案称为 $(n, \tau, 有)$ 试验,其可靠性数据为

$$t_1 \leqslant t_2 \leqslant \cdots \leqslant t_r \leqslant \tau \tag{2.8.17}$$

在 $(n, \tau, 有)$ 试验中,总试验时间是固定的,即 $S(\tau) = n\tau$;而失效个数 r 为一个随机变量,且服从泊松（Poisson）分布。

2) 似然函数

设产品的寿命 T 服从失效率为 λ 的指数分布,其密度函数为式(2.8.11)。为了利用有替换定时截尾寿命试验的可靠性数据式(2.8.17)求得失效率 λ 的 MLE,首先需要研究试验数据的似然函数。

由于有替换定时截尾寿命试验是在 n 个试验平台上同时对 n 个样品进行试验,因此对每个试验平台而言,在该试验平台上的总试验时间为 τ,试验期间的产品失效个数实际上服从 Poisson 分布,即

$$P(r_i = k) = \frac{(\lambda\tau)^k}{k!}e^{-\lambda\tau}, \quad k = 0,1,2\cdots$$

由于 n 个试验平台是相互独立的,根据 Poisson 分布的可加性,则 n 个试验平台上的所有的失效个数都服从 Poisson 分布,即

$$P(r = k) = \frac{(n\lambda\tau)^k}{k!}e^{-n\lambda\tau}, \quad k = 0,1,2\cdots \tag{2.8.18}$$

由于试验是有替换的,因此 $(n,\tau,有)$ 试验的总试验时间为常数,其似然函数为

$$L(r) = \frac{(n\lambda\tau)^r}{r!}\exp(-n\lambda\tau)$$

3) 可靠性指标估计

有了似然函数,就可以得到产品可靠性指标的估计,如产品失效率 λ 的 MLE 为

$$\hat{\lambda} = \frac{r}{n\tau}$$

类似的,产品平均寿命 θ 的 MLE 为

$$\hat{\theta} = \frac{n\tau}{r}, \quad r \neq 0$$

当 $r=0$ 时,即在时间 $[0,\tau]$ 内无失效发生,此时平均寿命 θ 的估计为无穷大。对于无失效数据,有人建议平均寿命 θ 的估计为 $\hat{\theta}=n\tau$,也有人建议 $\hat{\theta}=3n\tau$ 或 $\hat{\theta}=2n\tau$。

例 2.33　船舶中某种适配器的寿命服从指数分布,抽取 7 个受试样品进行 $(n,\tau,有)$ 试验,试验截尾时间 $\tau=1000$ h。试验结果为 356、487、639、830(单位:h)。试对该适配器的平均寿命和失效率进行估计。

解　由于 $n=7,r=4$,则总试验时间 $S(t_3)=n\tau=7\times1000$ h=7000 h,因此该适配器的平均寿命和失效率的 MLE 分别为

$$\hat{\theta} = \frac{S(t_r)}{r} = 1750 \text{ h}, \lambda^* = \frac{r}{S(t_r)} = 5.714\times10^{-4}/\text{h}$$

4. 无替换定时截尾寿命试验

1) $(n,\tau,无)$ 试验及数据结构

随机抽取 n 个受试样品进行试验,直到时刻 τ 结束试验,这种试验方案称为 $(n,\tau,无)$ 试验,其可靠性数据为

$$t_1 \leqslant t_2 \leqslant \cdots \leqslant t_r \leqslant \tau \tag{2.8.19}$$

在 $(n,\tau,无)$ 试验中,总试验时间 $S(\tau)=t_1+t_2+\cdots+t_r+(n-r)\tau$ 是一个随机变量,而失效个数 r 也是一个随机变量,且服从二项分布。

2) 似然函数

设产品的寿命 T 服从失效率为 λ 的指数分布,其密度函数为式(2.8.11)。对于无替换定

时截尾寿命试验的可靠性数据式(2.8.19),利用次序统计量的相关结论,可以得到试验数据的似然函数为

$$L(\lambda) = f(t_1, \cdots, t_r, C \mid \lambda) = \frac{n!}{(n-r)!} \prod_{i=1}^{r} f(t_i) [R(\tau)]^{n-r}$$

$$= \frac{n!}{(n-r)!} \prod_{i=1}^{r} (\lambda e^{-\lambda t_i}) (e^{-\lambda \tau})^{n-r} = \frac{n!}{(n-r)!} \lambda^r \exp[-\lambda S(\tau)]$$

式中:$S(\tau)$ 为 n 个产品的总试验时间,$S(\tau) = t_1 + t_2 + \cdots + t_r + (n-r)\tau$。因此,其对数似然函数为

$$\ln L(\lambda) = \ln n! - \ln(n-r)! + r \ln \lambda - \lambda S(\tau)$$

3) 可靠性指标估计

利用似然函数可以得到产品失效率 λ 和平均寿命 θ 的 MLE 分别为

$$\hat{\lambda} = \frac{r}{S(\tau)}$$

$$\hat{\theta} = \frac{S(\tau)}{r}, \quad r \neq 0$$

例 2.34　设船舶某大气数据系统寿命服从指数分布,抽取 7 个受试样品进行 $(n, \tau, 无)$ 试验,试验截尾时间 $\tau = 1000$ h。试验结果为 120、350、487、633、830(单位:h)。试对该系统的平均寿命和失效率进行估计。

解　由于 $n = 7, r = 5$,则总试验时间为

$$S(\tau) = \sum_{i=1}^{r} t_i + (n-r)\tau = [120 + 350 + 487 + 633 + 830 + (7-5) \times 1000] \text{ h} = 4420 \text{ h}$$

因此,其平均寿命和失效率的 MLE 分别为

$$\hat{\theta} = \frac{S(\tau)}{r} = 884 \text{ h}$$

$$\lambda^* = \frac{r}{S(\tau)} = 1.131 \times 10^{-3} \text{ h}$$

5. 可靠性区间估计

为了获得产品可靠性指标的区间估计,应针对不同的数据结构构造相应的枢轴量法,在此重点研究两种情况,其他情况只列出结果。

1) 无替换定数截尾寿命试验

对于无替换定数截尾寿命试验 $(n, r, 无)$,在失效率的 MLE 表达式 $\hat{\lambda} = \frac{r}{S(t_r)}$ 中,失效个数 r 是确定的,只有总试验时间 $S(t_r)$ 是连续型随机变量,则可以利用 $S(t_r)$ 构造失效率的枢轴量。为此需要研究总试验时间 $S(t_r)$ 的分布函数。

可以证明,对于无替换定数截尾寿命试验,其总试验时间 $S(t_r)$ 服从伽马(Gamma)分布,即

$$f(t) = \frac{\lambda^r}{\Gamma(r)} t^{r-1} \exp(-\lambda t)$$

易证明 $2\lambda S(t_r) \sim \chi^2(2r)$,即 $2\lambda S(t_r)$ 是一个枢轴量。给定置信水平为 $1-\alpha$,选择 χ^2 分布的两个分位数 $\chi^2_{\alpha/2}(2r)$ 和 $\chi^2_{1-\alpha/2}(2r)$,则有如下概率等式:

$$P\{\chi^2_{1-\alpha/2}(2r) \leqslant 2\lambda S(t_r) \leqslant \chi^2_{\alpha/2}(2r)\} = 1 - \alpha$$

式中：$\chi_\alpha^2(2r)$ 为自由度为 $2r$ 的 χ^2 分布的 α 上分位点。对上式进行等价变换，可得

$$P\left\{\frac{\chi_{1-\alpha/2}^2(2r)}{2S(t_r)} \leqslant \lambda \leqslant \frac{\chi_{\alpha/2}^2(2r)}{2S(t_r)}\right\} = 1-\alpha$$

由此可得失效率 λ 在置信水平为 $1-\alpha$ 时的置信区间：

$$\left[\frac{\chi_{1-\alpha/2}^2(2r)}{2S(t_r)}, \frac{\chi_{\alpha/2}^2(2r)}{2S(t_r)}\right] \tag{2.8.20}$$

（1）失效率的置信上限。在工程实际中，人们常常关心失效率的置信上限。给定置信水平为 $1-\alpha$，失效率的置信上限为

$$\lambda_U = \frac{\chi_\alpha^2(2r)}{2S(t_r)}$$

（2）平均寿命的置信下限。由于 $\theta = 1/\lambda$，则有以下概率等式：

$$P\{\lambda \leqslant \lambda_U\} = P\left\{\frac{1}{\lambda} \geqslant \frac{1}{\lambda_U}\right\} = P\left\{\theta \geqslant \frac{1}{\lambda_U}\right\} = 1-\alpha$$

因此，给定置信水平为 $1-\alpha$，平均寿命的置信下限为

$$\theta_L = \frac{1}{\lambda_U} = \frac{2S(t_r)}{\chi_\alpha^2(2r)} \tag{2.8.21}$$

（3）可靠度的置信下限。类似地，给定置信水平为 $1-\alpha$，可靠度 $R(t)$ 的置信下限为

$$R_L(t) = \exp(-\lambda_U t) = \exp\left[-\frac{\chi_\alpha^2(2r)t}{2S(t_r)}\right] \tag{2.8.22}$$

例 2.35 利用例 2.31 的寿命试验数据，求该 DC/DC 变电模块失效率和平均寿命的置信限（置信水平为 0.9）。

解 由于失效个数 $r=3$，总试验时间 $S(t_3)=38200$ h，$\chi_{0.1}^2(6)=10.645$，因此该变电模块失效率的置信上限为

$$\lambda_U = \frac{\chi_\alpha^2(2r)}{2S(t_r)} = \frac{10.645}{2 \times 38200}/\text{h} = 1.393 \times 10^{-4}/\text{h}$$

对应地，该变电模块平均寿命的置信下限为

$$\theta_L = 1/\lambda_U = 7177.1 \text{ h}$$

2）有替换定时截尾寿命试验

对于有替换定时截尾寿命试验 $(n, \tau, 有)$，在失效率的 MLE 表达式 $\hat{\lambda}=r/n\tau$ 中，总试验时间 $n\tau$ 是确定的，而失效个数 r 是一个离散型随机变量，则可以利用失效个数 r 构造失效率的枢轴量。

由于失效个数 r 服从参数为 $n\lambda\tau$ 的 Poisson 分布式(2.8.18)，则失效个数 r 的分布函数为

$$G(r,\lambda) = \sum_{k=0}^{r} \frac{(n\lambda\tau)^k}{k!}\exp(-n\lambda\tau)$$

利用分部积分法，上式可以表示为

$$G(r,\lambda) = \frac{1}{\Gamma(r+1)}\int_{n\lambda\tau}^{\infty} x^r e^{-x} dx$$

为使用方便，对上式积分进行变换，令 $x = \dfrac{y}{2}$，则有

$$G(r,\lambda) = \frac{1}{\Gamma(r+1)}\int_{n\lambda\tau}^{\infty} x^r e^{-x} dx = \frac{1}{2^r\Gamma(r+1)}\int_{2n\lambda\tau}^{\infty} y^r e^{-y/2} dy$$

显然，$G(r,\lambda)$ 是失效率 λ 的连续减函数。因此，给定置信水平为 $1-\alpha$，失效率 λ 的置信区间为 $[\lambda_L, \lambda_U]$，其中 λ_L, λ_U 分别满足：

$$G(r-1,\lambda_L) = \frac{1}{2^r \Gamma(r)} \int_{2n\lambda_L \tau}^{\infty} y^{r-1} e^{-\frac{y}{2}} dy = 1 - \frac{\alpha}{2}$$

$$G(r,\lambda_U) = \frac{1}{2^{r+1} \Gamma(r+1)} \int_{2n\lambda_U \tau}^{\infty} y^r e^{-\frac{y}{2}} dy = \frac{\alpha}{2}$$

从而得到失效率 λ 的置信区间为

$$\left[\frac{\chi_{1-\frac{\alpha}{2}}^2(2r)}{2n\tau}, \frac{\chi_{\frac{\alpha}{2}}^2(2r+2)}{2n\tau} \right]$$

类似地，可以得到可靠性指标的置信上（下）限：

（1）失效率的置信上限为 $\lambda_U = \dfrac{\chi_{\alpha}^2(2r+2)}{2S(t_r)} = \dfrac{\chi_{\alpha}^2(2r+2)}{2n\tau}$；

（2）平均寿命的置信下限为 $\theta_L = \dfrac{2S(t_r)}{\chi_{\alpha}^2(2r+2)} = \dfrac{2n\tau}{\chi_{\alpha}^2(2r+2)}$；

（3）可靠度的置信下限为 $R_L(t) = \exp(-\lambda_U t) = \exp\left[-\dfrac{\chi_{\alpha}^2(2r)t}{2n\tau} \right]$。

为方便对比与使用，以产品平均寿命为例，将指数型产品可靠性指标的 MLE、置信区间、置信下限列于表 2-23。

表 2-23　指数型产品平均寿命的 MLE、置信区间与置信下限

试验类型	MLE($\hat{\theta}$)	置信区间	置信下限
$(n,r,无)$	$\dfrac{\sum\limits_{i=0}^{r} t_i + (n-r)t_r}{r}$	$\left[\dfrac{2r\hat{\theta}}{\chi_{\alpha/2}^2(2r)}, \dfrac{2r\hat{\theta}}{\chi_{1-\alpha/2}^2(2r)} \right]$	$\dfrac{2r\hat{\theta}}{\chi_{\alpha}^2(2r)}$
$(n,r,有)$	$\dfrac{nt_r}{r}$	$\left[\dfrac{2r\hat{\theta}}{\chi_{\alpha/2}^2(2r)}, \dfrac{2r\hat{\theta}}{\chi_{1-\alpha/2}^2(2r)} \right]$	$\dfrac{2r\hat{\theta}}{\chi_{\alpha}^2(2r)}$
$(n,\tau,有)$	$\dfrac{n\tau}{r}$	$\left[\dfrac{2r\hat{\theta}}{\chi_{\alpha/2}^2(2r+2)}, \dfrac{2r\hat{\theta}}{\chi_{1-\alpha/2}^2(2r)} \right]$	$\dfrac{2r\hat{\theta}}{\chi_{\alpha}^2(2r+2)}$
$(n,\tau,无)$	$\dfrac{\sum\limits_{i=0}^{r} t_i + (n-r)\tau}{r}$	$\left[\dfrac{2r\hat{\theta}}{\chi_{\alpha/2}^2(2r+2)}, \dfrac{2r\hat{\theta}}{\chi_{1-\alpha/2}^2(2r)} \right]$	$\dfrac{2r\hat{\theta}}{\chi_{\alpha}^2(2r+2)}$

例 2.36　利用例 2.33 的寿命试验数据，求适配器失效率和平均寿命的置信限（置信水平为 0.9）。

解　由于失效个数 $r=4$，总试验时间 $S(t_3) = n\tau = 7000$ h，$\chi_{0.1}^2(10) = 15.987$，因此该适配器失效率的置信上限为

$$\lambda_U = \frac{\chi_{\alpha}^2(2r+2)}{2S(t_r)} = \frac{15.987}{2 \times 7000}/h = 1.142 \times 10^{-3}/h$$

对应地，该适配器平均寿命的置信下限为

$$\theta_L = 1/\lambda_U = 875.712 \text{ h}$$

2.8.3　系统可靠性评估及实例

1. 金字塔方法

金字塔方法是基于复杂系统存在价格昂贵、批量小，全系统可靠性试验难以大量实施的现实而提出的。该方法采用"由下而上、从单元到系统"的可靠性逐级验证与综合评估方法，从而得出复杂系统的可靠性评估结果，如图 2-32 所示。金字塔方法的基本思路是：一个系统可分解为分系统、整机、组件/部件、元器件/零部件等不同单元。为确保全系统的可靠性，人们需要对这些元器件/零部件、组件/部件、整机、分系统等单元逐级进行可靠性试验，以验证它们的可靠性。利用这些元器件/零部件、组件/部件、整机、分系统的可靠性试验信息，由下向上地逐级综合，就可以评估出全系统可靠性结果，从而通过少量全系统试验甚至不试验就可以验证复杂系统的可靠性，有效降低可靠性试验费用。

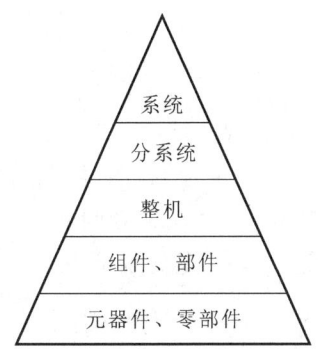

图 2-32　可靠性综合评估的金字塔方法

由此可见，利用金字塔方法评估系统可靠性必须具备以下两个条件：

（1）掌握系统组成单元的可靠性信息。将组成系统的元器件/零部件、组件/部件、整机、分系统等统称为单元，对每个单元均进行可靠性试验，并且依据这些可靠性试验数据获得单元可靠性评估结果。

（2）已知系统与其组成单元间的可靠性关系，即系统的可靠性结构函数（简称可靠性函数）。设系统由 m 个单元组成，系统的可靠性函数可表示为

$$R = h(R_1, R_2, \cdots, R_m)$$

显然，利用系统的可靠性函数得到系统的可靠性（指标）的点估计是十分方便的。即若各单元可靠度的点估计为 $\hat{R}_i (i=1,2,\cdots,m)$，则系统可靠度的点估计为 $\hat{R} = h(\hat{R}_1, \hat{R}_2, \cdots, \hat{R}_m)$。然而，在工程实际中，人们不仅关注系统可靠性的点估计，而且更关注系统可靠性的置信区间。

2. 串联系统可靠性评估的 L-M 方法

设串联系统由 m 个成败型单元组成，其中第 i 个单元试验了 n_i 次，成功 s_i 次（$i=1,2,\cdots,m$）。为了利用单元可靠性数据评估串联系统可靠性，可虚拟设想系统进行了 n 次试验，共成功 s 次。其中确定系统可靠性等效数据 (n,s) 的原则是：

（1）系统试验次数 n 与这 m 个单元中的最少试验次数相等；

（2）利用系统可靠性等效数据 (n,s) 得到的系统可靠度点估计 $\dfrac{s}{n}$ 等于 $\hat{R} = \prod\limits_{i=1}^{m} \hat{R}_i$，即串联

系统的可靠性试验等效数据为

$$\begin{cases} n = \min\{n_i, i = 1, 2, \cdots, m\} \\ s = n \prod\limits_{i=1}^{m} \dfrac{s_i}{n_i} \end{cases} \tag{2.8.23}$$

上述可靠性试验数据的综合折算方法称为 L-M 方法。L-M 方法简单易行,在我国很多复杂系统的可靠性评估中均有应用。但需要说明的是,该方法所得到的系统可靠度置信下限一般偏保守。

由于式(2.8.23)中的成功次数 s 不一定是整数,因此在求系统可靠度置信下限时需要用插值法来处理。若给定的置信水平为 $1-\alpha$,则具体做法如下:

(1)计算 R_{1L} 为

$$\sum_{k=[s]}^{n} \binom{n}{k} R_{1L}^k (1 - R_{1L})^{n-k} = \alpha$$

(2)计算 R_{2L} 为

$$\sum_{k=[s]+1}^{n} \binom{n}{k} R_{2L}^k (1 - R_{2L})^{n-k} = \alpha$$

(3)串联系统可靠度的置信下限为

$$R_{LM} = R_{1L} + (s - [s])(R_{2L} - R_{1L}) \tag{2.8.24}$$

例 2.37 设某型船舶功能载荷由三个单元串联组成,三个单元的可靠性试验数据为(48,50),(29,30),(20,20)。求该系统可靠度的置信下限。

解 利用上述数据,就可以得到系统可靠度的点估计为 $\hat{R} = 0.928$,利用 L-M 方法可以得到系统的可靠性等效数据为 (s, n),其中

$$\begin{cases} n = \min\{n_i, i = 1, 2, 3\} = 20 \\ s = n\hat{R} = 18.56 \end{cases}$$

在取置信水平为 0.9 时,可得到系统可靠度的置信下限为 0.78167。

3. 串联系统可靠性评估的 MML 方法

针对 L-M 方法得到的串联系统可靠性评估结果存在的保守问题,人们提出了修正极大似然(modified of maximum likelihood,MML)方法。MML 方法确定系统可靠性等效数据 (n, s) 的原则是:

(1)利用系统可靠性等效数据 (n, s) 得到的系统可靠度的点估计 $\dfrac{s}{n}$ 等于 $\hat{R} = \prod\limits_{i=1}^{m} \hat{R}_i$;

(2)系统可靠度的点估计 $\dfrac{s}{n}$ 的方差等于 $\hat{R} = \prod\limits_{i=1}^{m} \hat{R}_i$ 的方差。

设串联系统由 m 个成败型单元组成,已知各单元的试验数据为 $(s_i, n_i), i = 1, 2, \cdots, m$。利用串联系统的可靠性函数,可以得到串联系统可靠度的点估计为

$$\hat{R} = \prod_{j=1}^{m} \hat{R}_j = \prod_{j=1}^{m} (s_j / n_j) \tag{2.8.25}$$

为了获得式(2.8.25)的对应方差,对式(2.8.25)在 $(R_1, R_2, \cdots, R_m)$ 处进行一阶 Taylor(泰勒)展开:

$$\hat{R} = \prod_{j=1}^{m} R_j + \sum_{i=1}^{m} \frac{\partial h(R_1, R_2, \cdots, R_m)}{\partial R_i}(\hat{R}_i - R_i) + o(1)$$

$$= \prod_{j=1}^{m} R_j + \sum_{i=1}^{m} \left(\prod_{j=1, j \neq i}^{m} R_j \right)(\hat{R}_i - R_i) + o(1)$$

由于 $D(\hat{R}_i) = R_i(1 - R_i)/n_i$，则点估计 $\hat{R}$ 的渐近方差为

$$D(\hat{R}) \doteq \sum_{i=1}^{m} \left[\frac{R}{R_i} \right]^2 D(\hat{R}_i) = R^2 \sum_{i=1}^{m} \frac{(1 - R_i)}{n_i R_i} \tag{2.8.26}$$

在求串联系统可靠度的置信下限时，设想系统进行了 n 次试验，成功次数为 s。按照这种系统虚拟试验数据，可以得到系统可靠度的点估计以及该点估计的方差分别为

$$\tilde{R} = \frac{s}{n}, \quad D(\tilde{R}) = \frac{R(1 - R)}{n}$$

利用 MML 方法确定系统可靠性等效数据的原则，可得到串联系统的可靠性等效数据 (n, s) 为

$$\begin{cases} s = n \prod_{j=1}^{m} \hat{R}_j \\ n = \left(\frac{1}{R} - 1 \right) / \sum_{i=1}^{m} \frac{(1 - R_i)}{n_i R_i} \end{cases}$$

由于 R_i、R 均未知，因此在实际使用中，常常用其估计代替，由此可将上式简化为

$$\begin{cases} s = n \prod_{i=1}^{m} \frac{s_i}{n_i} \\ n = \dfrac{\prod_{i=1}^{m} n_i / s_i - 1}{\sum_{i=1}^{m} 1/s_i - \sum_{i=1}^{m} 1/n_i} \end{cases} \tag{2.8.27}$$

例 2.38　设船舶某收放系统是由四个成败型单元组成的串联系统，各单元的试验数据分别为 $(119, 120)$、$(99, 100)$、$(45, 45)$、$(30, 30)$。现求系统可靠度的置信下限。

解　利用上述数据可得到系统可靠度的点估计为 $\hat{R} = 0.98175$，由此可得到收放系统的可靠性等效试验数据为 (s, n)，其中

$$\begin{cases} n = \dfrac{\prod_{i=1}^{m} n_i / s_i - 1}{\sum_{i=1}^{m} 1/s_i - \sum_{i=1}^{m} 1/n_i} = 108.685 \\ s = n\hat{R} = 106.701 \end{cases}$$

利用该可靠性等效数据可得在置信水平为 0.9 的情况下，收放系统可靠度的置信下限为 0.94765。同样，利用 L-M 方法可得到系统可靠性等效数据为 $n = 30, s = 29.4525$，由此得到在置信水平为 0.9 的情况下，收放系统可靠度的置信下限为 0.8989。这说明用 L-M 方法所得到的系统可靠度的置信下限较为保守。

注意：在使用 MML 方法时，要求各单元试验均发生失效。当部分单元试验出现无失效时，会影响 MML 方法的近似精度。为此，人们提出了如下修正方法：

（1）当所有单元的试验均未发生失效，即 $s_i = n_i (i = 1, 2, \cdots, m)$ 时，则不能使用式（2.8.27）。此时应使用 L-M 方法，即系统的可靠性等效数据 (s, n) 为

$$n = \min_i n_i, \quad s = n$$

（2）当单元试验数据有部分是无失效数据时，设有 l 个单元的试验数据为无失效数据，记为 $1, 2, \cdots, l$，而其余单元记为 $l+1, \cdots, m$。此时 $s_i = n_i (i = 1, 2, \cdots, l)$，$s_i < n_i (i = l+1, \cdots, m)$，若

$$s_{(1)} = \min_{1 \leqslant i \leqslant l} s_i \geqslant s_{(2)} = \min_{l+1 \leqslant i \leqslant m} s_i$$

成立，即无失效数据的试验次数不是最小时，则可以直接使用式（2.8.27）。

（3）当单元试验数据有部分是无失效数据，且无失效数据的试验次数为最小，即当 $s_i = n_i (i = 1, 2, \cdots, l)$，$s_i < n_i (i = l+1, \cdots, m)$ 时，满足

$$s_{(1)} = \min_{1 \leqslant i \leqslant l} s_i < s_{(2)} = \min_{l+1 \leqslant i \leqslant m} s_i$$

此时，记与 $s_{(2)}$ 同一单元的 n_j 为 $n_{(2)}$，对 $(s_{(2)}, n_{(2)})$ 进行信息压缩，即用

$$\frac{s_{(1)}}{s_{(2)}}(s_{(2)}, n_{(2)}) = \left(s_{(1)}, \frac{s_{(1)}}{s_{(2)}} n_{(2)} \right)$$

代替 $(s_{(2)}, n_{(2)})$，与其他单元的试验数据一起代入式（2.8.27）进行综合计算。

例 2.39 在例 2.38 中，有两个单元的试验数据为无失效数据，并且无失效数据是四个单元试验数据中最小的，求该系统可靠度的置信下限。

解 利用上述信息压缩方法，可以得到压缩后的试验数据为

$$(119, 120), (30, 30.3), (45, 45), (30, 30)$$

再利用式（2.8.27），就可以得到收放系统的可靠性等效数据为 $(s, n) = (44.42036, 45.246)$。在置信水平为 0.9 的情况下，系统可靠度的置信下限为 0.93087。比例 2.38 中得到的近似评估结果要小，说明经过试验数据压缩后的系统可靠性评估结果较好。

4. 一般系统可靠性评估的 MML 方法

类似地，我们可以将 MML 方法应用于一般系统可靠性评估中。设系统由 m 个成败型单元组成，其系统的可靠性函数为 $R = h(R_1, R_2, \cdots, R_m)$。设第 i 个单元试验了 n_i 次，成功 s_i 次，则系统可靠度的点估计为

$$\hat{R} = h(\hat{R}_1, \hat{R}_2, \cdots, \hat{R}_m)$$

式中：$\hat{R}_i = s_i / n_i (i = 1, 2, \cdots, m)$。对系统可靠度的点估计进行一阶 Taylor 展开，则可得到点估计 $\hat{R}$ 的渐近方差为

$$D(\hat{R}) \doteq \sum_{i=1}^{m} \left[\frac{\partial h(R_1, R_2, \cdots, R_m)}{\partial R_i} \right]^2 D(\hat{R}_i) \qquad (2.8.28)$$

由此可得系统的可靠性等效数据 (n, s) 为

$$
\begin{cases}
\dfrac{s}{n} = h(\hat{R}_1, \hat{R}_2, \cdots, \hat{R}_m) \\[2mm]
\dfrac{R(1-R)}{n} = \sum_{i=1}^{m} \left[\dfrac{\partial h(R_1, R_2, \cdots, R_m)}{\partial R_i} \right]^2 D(\hat{R}_i)
\end{cases}
\qquad (2.8.29)
$$

解上述方程组，即可得到系统的可靠性等效数据 (n, s)。

例 2.40 求并联系统可靠度的置信下限。设系统是由 m 个成败型单元组成的并联系统，已知各单元的可靠性试验数据为 (s_i, n_i)，$i = 1, 2, \cdots, m$，其中 $f_i = n_i - s_i$。

解　由已知数据可得系统的可靠度为

$$R = 1 - \prod_{j=1}^{m}(1 - R_j)$$

对应的系统可靠度的点估计为

$$\hat{R} = 1 - \prod_{j=1}^{m}(1 - \hat{R}_j) = 1 - \prod_{j=1}^{m}(f_j/n_j)$$

由式(2.8.28)可得对应点估计 $\hat{R}$ 的渐近方差为

$$D(\hat{R}) = (1 - R)^2 \sum_{j=1}^{m} \frac{R_j}{n_j(1 - R_j)}$$

因此可得到并联系统的可靠性等效数据 (n, s) 为

$$\begin{cases} s = n\Big[1 - \prod_{j=1}^{m}(1 - \hat{R}_j)\Big] \\ n = \dfrac{\hat{R}}{(1 - \hat{R})\displaystyle\sum_{i=1}^{m}\dfrac{s_i}{n_i(n_i - s_i)}} \end{cases} \tag{2.8.30}$$

第3章　维修性工程

维修性工程是指为使装备具有良好的维修性,从立项论证阶段就开始进行的对装备的维修性分析、设计、试验、评定等各种工程活动。维修性主要取决于产品的设计,若维修性好,则维修所需的时间、人力或费用就少,既可以保证使用,又可以节省资源,即具备了"易维修"的特征。

本章主要介绍维修性基本概念,维修性建模、分配与预计,维修性试验与评估。

3.1　维修性基本概念

3.1.1　维修性及维修性工程

维修性是产品的一种质量特性,是由设计赋予的使装备维修简便、快速、经济的固有属性。它同"维修方便"这类传统的要求似乎很接近,但维修性与传统要求有着质的区别,它有其明确的定义。维修性的定义:产品在规定的条件下和规定的时间内,按规定的程序和方法进行维修时,保持或恢复到规定状态的能力。其中"规定的条件"主要指维修的机构和场所,以及相应的人员与设备、设施、工具、备件、技术资料等资源。"规定的时间"是指规定维修时间。"规定程序和方法"是指技术文件规定的维修工作类型(工作内容)、步骤、方法。在这些约束条件下完成维修,即"保持或恢复到规定状态的能力(或可能性)"就是维修性。

产品在规定约束条件下能否完成维修,取决于产品的设计和制造,比如维修部位是否容易达到、零部件能否互换、检测是否容易等。因此,维修性是产品的质量特性。这种质量特性可以用一些定性的特征来表达,也可以用一些定量的参数来表达。

维修性表现在产品的维修过程中。这里的维修包括预防性维修、修复性维修、损伤修复和保养,更全面地说还包含改进性维修以及软件的维护。因此,各种装备、民用设备都需要具有维修性。飞机、船舶、车辆、雷达等装备平时都要维修,维修性问题自然很重要。对于某类长期储存、一次性使用的装备,尽管其发射、飞行过程中不需要维修,但在储存乃至发射前都要维修,故同样需要维修性。这类产品更强调的是非工作状态的维修性。可见,各种装备都需要维修性,但可能有不同的侧重点。

为了确保装备的维修性融入设计领域,需要在研制过程进行设计、分析、验证,必须确立清晰、具体的维修性指标、要求,否则就不会有系统的维修性工作。这些指标、要求有定性的和定量的,它们是根据维修性工程总目标确定的,是由具体装备的使用需求转化来的。

在此基础上,维修性工程通过系统分析、优化设计、验证与评估等手段,确保产品或系统在出现故障时,能够迅速、有效地被恢复到正常状态。它要求工程师在设计时就充分考虑到未来的维修需求,比如采用模块化设计便于更换故障部件、预留足够的维修空间,以及采用易于识别的故障指示和维修手册等。此外,维修性工程还强调预防性维护的重要性,通过定期检查、保养和升级,以减少突发故障的发生,提高产品的可靠性和使用寿命。这种前瞻性的设计思维使得维修性工程成为现代产品设计和制造中不可缺少的一环。

3.1.2 维修性定性要求

定性要求是维修简便、快速、经济的具体化要求。定性要求有两个方面的作用:一是实现定量指标的具体技术途径或措施,按照定性要求去设计以实现定量指标;二是作为定量指标的补充,即有些无法用定量指标反映出来的要求,可以定性描述。对不同的装备,维修性定性要求应当有所区别和侧重。以下仅就共同性要求做概括性的介绍。

1. 简化产品设计与维修

"简化"是产品设计的一般原则。装备构造复杂会带来使用、维修复杂,随之而来的是对人员技能、设备、技术资料、备件器材等要求的提高,造成人力、时间及其他各种保障资源消耗的增加,增长了维修费用,同时降低了装备的可用性。因此,简化产品设计、简化维修是最重要的维修性要求。为此,可从以下方面着手:

(1) 简化功能。简化功能就是消除产品不必要乃至次要的功能。通过逐层分析每一产品的各项功能,识别并消除某个或某些不必要或次要的功能,我们就可能能省掉相应的零部件,甚至是整个装置或分系统,从而实现构造的简化。如果某项产品价值很低(功能弱、费用高,或能用装备上的其他产品完成该工作),则宜去掉该产品。

(2) 合并功能。合并功能就是把相同或相似的功能结合在一起来执行。显然,这可以简化功能的执行过程,从而简化构造与操作。为了合并功能,需要对各组成单元所需执行的各种功能和完成规定任务所涉及的产品类型进行分析,旨在通过简化操作或优化硬件设计,达到简化维修流程、节省资源的目的。

(3) 减少元器件、零部件的品种与数量。减少元器件、零部件的品种与数量,不仅有利于减少维修工作量,而且可使维修操作简单、方便,降低对维修技能的要求,并缩减备件、工具和设备等保障资源的投入。然而,从增加功能及其他工程学科的要求出发,常常又要增加元器件、零部件的品种与数量。为此,我们必须进行综合权衡,分析某种零部件、元器件的增减对维修性及其他质量特性,包括对系统效能与费用的影响,以决定其取舍。

(4) 产品与其维修工作协调设计。产品的设计应当与维修保障方案相适应。设计时要合理确定现(外)场可更换单元(LRU)、车间可更换单元(SRU),以便在既定的维修级别下能够便捷地进行更换。

2. 具有良好的维修可达性

维修可达性是指维修产品时,接近维修部位的难易程度。若可达性好,维修人员能够迅速且方便地触及维修部位并能操作自如。通俗地说,也就是维修部位能够"看得见、够得着"或者很容易"看得见、够得着",而不需要进行过多的拆装、搬动工作。显然,良好的可达性能够提高维修的效率,减少差错的发生,降低维修所需的工时和费用。

实现产品可达性的主要措施:一是合理地设置各部分的位置,要求有适当的维修操作空间,包括工具的使用空间;二是要提供便于观察、检测、维护和修理的通道。具体包括:

(1) 产品各部分的配置应根据其故障率的高低、维修的难易程度、尺寸和质量的大小以及安装的特点等进行统筹安排。凡需要检查、维护、分解或修理的零部件,都应具有良好的可达性;对故障率高而又经常维修的部位,如船舶电器设备中的保险管、电池及应急开关、通道口,应提供最佳的可达性。产品的检查点、测试点、检查窗、润滑点以及燃油、液压、气动等系统的维护点,都应布置在便于接近的位置上。

(2) 为避免产品维修时交叉作业(特别是机械、电气系统维修中的互相交叉)与干扰,可采用专舱、专柜或其他类似形式布局。

(3) 尽量做到在检查或维修任一部分时,不拆卸、不移动或少拆卸、少移动其他部分。产品各部分(特别是易损件和常拆件)的拆装要简便,拆装时零部件出进的路线最好是直线或平缓的曲线。要求快速拆装的部件都应采用快速解脱紧固件连接。

(4) 需要维修和拆装的产品,其周围要有足够的操作空间,以便使用测试接头或工具。

(5) 合理地设置维修通道。例如某型飞机,在检修时,其可打开的舱盖、窗口以及通孔多达 300 余处,实现了维修方便、迅速。维修通道口或舱口的设计应使维修操作尽可能简单方便;需要物件出入的通道口盖应尽量采用拉罩式、卡锁式和铰链式等开启快速的结构。

(6) 维修时一般应能看见内部的操作。维修通道除了能容纳维修人员的手或臂外,还应留有可供观察的适当间隙。在不降低产品性能的条件下,可采用无遮盖的观察孔;需要遮盖的观察孔应用透明窗或快速开启的盖板。

3. 提高标准化程度和互换性

实现标准化有利于产品的设计与制造,有利于零部件的供应、储备和调剂,从而使产品的维修更为简便,特别是便于装备在快速抢修中进行换件和拆拼修理。例如某船舶设备由于统一了接头、紧固件的规格等,其维修工具由老型号的 201 件减为 79 件,这就大大减轻了后勤负担,同时也提高了维修力量的机动性。

标准化的主要形式是系列化、通用化、模块化。系列化是对同类的一组产品同时进行标准化的一种形式,即对同类产品进行分析、研究,合理规划与安排其主要参数、式样、尺寸、基本结构等,协调同类产品和配套产品之间的关系。通用化是指同类型或不同类型的产品中,部分零部件相同,彼此可以通用。通用化的实质就是零部件在不同产品上的互换。模块化(设计)是实现部件互换通用、快速更换修理的有效途径。模块是指能从产品中单独分离出来,具有相对独立功能的结构整体。电子产品更适合采用模块化设计,例如一些新型雷达就采用模块化设计,它们可按功能划分为若干个各自能完成某项功能的模块,在出现故障时则能单独显示故障部位,更换有故障的模块后即可重新开机使用。

互换性是指同种产品之间在实体上(几何形状、尺寸)、功能上能够彼此互相替换的性能。当两个产品在实体上、功能上相同,能用一个去代替另一个而不需要改变产品或母体的性能时,则称这两个产品具有互换性。如果两个产品仅具有相同的功能,那就称之为具有功能互换性或功能替换性的产品。互换性使产品中的零部件能够互相替换,便于换件修理,减少了零部件的品种规格,简化了备品供应,节约了采购费用。

有关提高标准化程度、互换性的要求如下。

(1) 优先选用标准件。设计产品时应优先选用标准化的设备、工具、元器件和零部件,并尽量减少选用不同的品种、规格。

(2) 提高互换性和通用化程度。在不同产品中最大限度地采用通用的零部件,并尽量减少选用不同的品种。产品的零部件及其附件、工具应尽量选用能满足使用要求的市场产品。设计产品时,必须使故障率高、容易损坏、关键性的零部件具有良好的互换性。能安装互换的产品,必须能功能互换。当需要互换的产品仅能功能互换时,可采用连接装置来实现安装互换。不同工厂生产的相同型号的成品件、附件必须具有互换性。产品需要做某些更改或改进时,要尽量做到新老产品之间能够互换使用。

(3) 尽量采用模块化设计。产品应按其功能设计成若干个能够进行完全互换的模块,其数量应根据实际需要而定。需要在现场更换的部件更应重视模块化设计,以提高维修效率。模块从产品上卸下来以后,应便于单独进行测试。模块在更换后一般不需要进行调整,若必须调整时,应能单独进行。成本低的器件可制成弃件式的模块,其内部各组件的预期寿命应设计得大致相等,并加以标志。应明确规定弃件式模块判明报废的维修级别及所用的测试方法、报废标准。

4. 具有完善的防差错措施及标识

在维修中,产品常常会发生漏装、错装或其他操作差错,轻则延误时间,影响使用,重则危及安全。因此,我们应采取措施防止维修差错。著名的墨菲定律(Murphy's law)指出:如果某一事件存在着搞错的可能性,就肯定会有人搞错。实践证明,产品的维修也不例外,因产品设计原因,存在发生维修差错的可能性,从而造成重大事故者屡见不鲜。因此,防止维修差错主要是从设计上采取措施,保证关键的维修作业"错不了""不会错""不怕错"。所谓"错不了",就是指产品设计使维修作业不可能发生差错,比如零件装错了就装不进去,漏装、漏检或漏掉某个关键步骤就不能继续操作,发生差错立即能发现,从而从根本上消除这些人为差错的可能。"不会错"就是指产品设计应保证若按照一般习惯操作不会出错,比如螺纹或类似连接向右旋为紧,左旋为松。"不怕错"就是指设计时采取种种容错技术,使某些安装差错、调整不当等不至于造成严重的事故。

除在产品设计上采取措施防差错外,设置识别标志也是防差错的辅助手段。识别标记就是在维修的零部件、备品、专用工具、测试器材等上面做记号,以便于区别辨认、防止混乱,避免因差错而发生事故,同时也可以提高工效。

5. 确保维修安全

维修安全性是指能避免维修人员伤亡或产品损坏的一种设计特性。维修性中提到的安全是指维修活动的安全。它比使用时的安全更复杂,涉及的问题更多。维修安全与一般操作安全既有联系又有区别。因为维修中要启动、操作装备,所以维修安全意味着必须操作安全。但操作安全并不一定能保证维修安全,原因在于维修时产品往往处于部分分解状态,并可能伴随一定的故障。另外,产品有时还需要在这种状态下进行部分的运转或通电,以便诊断和排除故障。设计应保证维修人员在这种情况下工作时,不会引起电击及有害气体泄漏和燃烧,以及不会出现碰伤或危害环境等事故。因此,维修安全性是产品设计中必须考虑的一个重要问题。

为了保证维修安全,有以下一般要求。

(1) 设计产品时,不但应确保使用安全,而且应保证储存、运输和维修时的安全。要把维修安全作为系统安全性的内容。要根据类似产品的使用维修经验和产品的结构特点,采用事故树等方法进行分析,并在结构上采取相应措施,从根本上杜绝储存、运输和维修过程中可能发生的事故和对环境的危害。

(2) 设计产品时,应保证产品在故障状态或分解状态进行维修是安全的。

(3) 在可能发生危险的部位上,应提供醒目的标记、警告灯、声响警告等辅助预防手段。

(4) 严重危及安全的部分,特别是对核、生物、化学以及高辐射、高电压等危害,应有自动防护措施。不要将损坏后容易发生严重后果的部分布置在易被损坏的(例如外表)位置。

（5）凡与安装、操作、维修安全有关的地方，都应在技术文件、资料中提出注意事项。

（6）对于盛装高压气体、弹簧和带有高电压等储有很大能量且维修时需要拆卸的装置，应设有备用释放能量的结构和安全可靠的拆装设备、工具，保证拆装安全。

6. 要重视贵重件的可修复性

可修复性（reparability）是指当产品的零部件以磨损、变形、耗损或其他的形式失效后，可以对原件进行修复，使之恢复原有功能的特性。实践证明，贵重件的修复不仅可节省维修资源和费用，而且对提高装备可用性有着重要的作用。因此，产品设计中要重视贵重件的可修复性。

为使贵重件便于修复，应使其可调、可拆、可焊、可矫，满足如下要求。

（1）产品的各部分应尽量设计成能够通过简便、可靠的调整装置，消除因磨损或漂移等原因引起的常见故障。

（2）对容易发生局部耗损的贵重件，应设计成可拆卸的组合件，例如将易损部位制成衬套、衬板，以便局部修复或更换。

（3）设计需加工修复的零部件时，应保持其工艺基准不受工作负荷的影响而磨损或损坏，必要时可设计专门的修复基准。

（4）采用热加工修理的零部件应有足够的刚度，防止修复时变形。需要焊接及堆焊修复的零件，其所用材料应有良好的可焊性。

（5）对需要原件修复的零件，应尽量选用易于修理并满足供应的材料。在采用新材料或新工艺时，应充分考虑零部件的可修复性。

除一般修复外，零部件还可以通过再制造技术批量处理，恢复甚至提高其性能。零部件设计，特别是贵重件设计应使其具有再制造的特性。

7. 要符合维修中人因工程的要求

人因工程（human factors engineering）主要研究如何达到人与机器的有效结合及对环境的适应和人对机器的有效利用。维修的人因工程是研究在维修中人的各种因素，包括生理因素、心理因素、人体的几何尺寸与装备和环境的关系，以提高维修工作效率和质量、减轻人员疲劳等。其基本要求如下：

（1）设计装备时应按照使用和维修时人员所处的位置、姿势与使用工具的状态，并根据人体的测量数据，提供适当的操作空间，使维修人员有个比较合理的维修姿态，尽量避免以跪、卧、蹲、趴等容易疲劳或致伤的姿势进行操作。操作空间和通道要有足够的尺寸、允许穿着冬装及防护服的人员进行操作或出入。

（2）辐射、噪声不允许超过规定标准，如难以避免，应对维修人员设置有保护措施。

（3）对维修部位应提供适度的自然或人工的照明条件。

（4）应采取积极措施，减少装备振动，避免维修人员在超过国家规定标准的振动条件下工作。

（5）设计时，应考虑在维修操作中举起、推拉、提起及转动物体时人的体力限度。若用力超过限度，应增设机械或自动装置。

（6）设计时，应考虑维修人员的工作负荷和工作难度，以保证维修人员的持续工作能力、维修质量和效率。

3.1.3　维修性定量要求

对装备的维修性设计来说,仅有定性要求是不够的,还必须将其定量化,以便进行计算、验证和评估,并能与其他质量特性进行权衡。衡量维修性的特征量称为维修性参数,而将维修性参数要求的量值称为维修性指标。为说明维修性参数概念,先介绍有关维修性的概率度量——维修性函数。

1. 维修性函数

维修性主要反映在维修时间上。由于每次完成维修的时间 T 是一个随机变量,因此必须用概率论的方法,从维修性函数出发,研究维修时间的各种统计量。下面介绍几种维修性函数及其对时间的分布。

1) 维修度 $M(t)$

维修性用概率来表示就是维修度 $M(t)$,即产品在规定的条件下和规定的时间内,按照规定的程序和方法进行维修时,保持或恢复到规定状态的概率,可表示为

$$M(t) = P\{T \leqslant t\} \tag{3.1.1}$$

式(3.1.1)表示维修度是在一定条件下,完成维修的时间 T 小于或等于规定维修时间 t 的概率。显然 $M(t)$ 是一个概率分布函数。对于不可修复系统,$M(t)$ 等于零。对于可修复系统,$M(t)$ 是规定维修时间 t 的递增函数,即

$$\lim_{t \to 0} M(t) = 0$$
$$\lim_{t \to \infty} M(t) = 1$$

维修度可以根据理论分析求得,也可按照统计定义通过试验数据求得。根据维修度定义,有

$$M(t) = \lim_{N \to \infty} \frac{n(t)}{N} \tag{3.1.2}$$

式中:N 为维修的产品总(次)数;$n(t)$ 为 t 时间内完成维修的产品(次)数。

在工程实践中,试验或统计现场的数据 N 为有限值,用估计量 $\hat{M}(t)$ 来近似表示 $M(t)$,则

$$\hat{M}(t) = \frac{n(t)}{N} \tag{3.1.3}$$

2) 维修时间密度函数 $m(t)$

既然维修度 $M(t)$ 是关于时间 t 的完成维修的概率,那么它有概率密度函数,即维修时间密度函数,可表达为

$$m(t) = \frac{\mathrm{d}M(t)}{\mathrm{d}t} = \lim_{\Delta t \to 0} \frac{M(t + \Delta t) - M(t)}{\Delta t} \tag{3.1.4}$$

维修时间密度函数的估计量 $\hat{m}(t)$ 可由式(3.1.2)求得,即

$$\hat{m}(t) = \frac{n(t + \Delta t) - n(t)}{N \Delta t} = \frac{\Delta n(t)}{N \Delta t} \tag{3.1.5}$$

式中:$\Delta n(t)$ 为从 t 到 $t + \Delta t$ 时间内完成维修的产品(次)数。

维修时间密度函数表示单位时间内修复数与送修总数之比,即单位时间内产品预期被修复的概率。

3) 修复率 $\mu(t)$

修复率或称修复速率 $\mu(t)$ 是指在 t 时刻未能修复的产品,在 t 时刻后的单位时间内修复的概率,可表示为

$$\mu(t) = \lim_{\substack{\Delta t \to 0 \\ N \to \infty}} \frac{n(t + \Delta t) - n(t)}{[N - n(t)]\Delta t} = \lim_{\substack{\Delta t \to 0 \\ N \to \infty}} \frac{\Delta n(t)}{N_{\mathrm{S}} \Delta t} \tag{3.1.6}$$

其估计量为

$$\hat{\mu}(t) = \frac{\Delta n(t)}{N_{\mathrm{S}} \Delta t} \tag{3.1.7}$$

式中:N_{S} 为 t 时刻尚未修复数(正在维修数)。

在工程实践中,常用平均修复率或取常数修复率 μ 来表示单位时间内完成维修的次数,即用规定条件下和规定时间内,完成维修的总次数与维修总时间之比表示。由式(3.1.7)可知

$$\mu(t) = \frac{\Delta n(t)}{N_{\mathrm{S}} \Delta t} = \frac{\Delta n(t)}{N[1 - \hat{M}(t)]\Delta t} = \frac{\hat{m}(t)}{1 - \hat{M}(t)}$$

取极限得

$$\mu(t) = \frac{m(t)}{1 - M(t)} \tag{3.1.8}$$

修复率 $\mu(t)$ 与维修度 $M(t)$ 的关系可由式(3.1.8)导出,即

$$\mu(t) = \frac{m(t)}{1 - M(t)} = \frac{\mathrm{d}M(t)}{\mathrm{d}t} \cdot \frac{1}{1 - M(t)}$$

整理上式后对两边进行积分,有

$$-\int_0^t \frac{\mathrm{d}[1 - M(t)]}{1 - M(t)} = \int_0^t \mu(t)\,\mathrm{d}t$$

即

$$\ln[1 - M(t)] = -\int_0^t \mu(t)\,\mathrm{d}t$$

取反对数,得

$$M(t) = 1 - \exp\left[-\int_0^t \mu(t)\,\mathrm{d}t\right] \tag{3.1.9}$$

2. 维修时间的统计分布

实践证明,某一或某型装备的维修时间可用某种统计分布来描述。产品不同,其维修时间分布也不同,究竟是何种分布,要根据维修试验数据来进行分布检验。常用的维修时间分布有指数分布和正态分布。

1) 指数分布

指数分布的维修性函数为

$$M(t) = 1 - \mathrm{e}^{-\mu t} \tag{3.1.10}$$

$$m(t) = \mu \mathrm{e}^{-\mu t} \tag{3.1.11}$$

$$\mu(t) = \mu \tag{3.1.12}$$

此种分布的显著特征是修复率为常数,$\mu(t) = \mu$,表示在相同时间间隔内,产品被修复的机会(条件概率)也相同。

维修时间分布的特征量是数学期望 $E(T)$,即 $\overline{M}$。由均值定义可得

$$\overline{M} = E(t) = \int_0^\infty t m(t)\,\mathrm{d}t = \int_0^\infty t \mu \mathrm{e}^{-\mu t}\,\mathrm{d}t = \frac{1}{\mu} \tag{3.1.13}$$

可见指数分布下,修复率的倒数就是平均维修时间 $\overline{M}$。对应于维修度 $M(t)$ 的维修时间 t 可由式(3.1.10)求得。例如,当取 $M(t)=0.95$ 时,对应的维修时间为 $t=3/\mu=3\overline{M}$。

指数分布适用于经短时间调整或迅速换件即可修复的装备,如部分电子产品。同时,它是维修时间分布中最简单的一种分布,只要一个参数 μ 即可确定。由于它计算简便,易于进行数学处理,因此在很多产品的系统分析中,我们常把维修时间近似看成是指数分布的。

2) 正态分布

维修时间用正态分布描述时,即以某个维修时间为中心,大多数维修时间在其左右对称分布,时间特长和特短的较少。正态分布的维修性函数为

$$m(t) = \frac{1}{d\sqrt{2\pi}}\exp\left\{-\frac{(t-\overline{M})^2}{2d^2}\right\} \tag{3.1.14}$$

$$M(t) = \frac{1}{d\sqrt{2\pi}}\int_0^t \exp\left\{-\frac{(t-\overline{M})^2}{2d^2}\right\}\mathrm{d}t \tag{3.1.15}$$

式中: $\overline{M}$ 为维修时间的均值(平均维修时间),即数学期望 $E(T)$,通常取观测值 $\overline{M}=\frac{1}{n_r}\sum_{i=1}^{n_r}t_i$($t_i$ 为第 i 次维修的时间, n_r 为维修次数); d 为维修时间标准差。

维修时间方差 $d^2=E[T-E(T)]^2$,其观测值为

$$\hat{d}^2 = \frac{\sum_{i=1}^{n_r}(t_i-\overline{M})^2}{n_r-1}$$

正态分布可用于描述单项维修活动或简单维修作业的维修时间分布,但这种分布不适合描述较复杂的整机产品的维修时间分布。

例 3.1　已知某船舶的组件换件修理的维修时间为正态分布,平均修复时间 $\overline{M}_{ct}=3\ \mathrm{min}$, $d^2=0.6$,求维修度为95%的修复时间 t。

解　由标准正态分布表查得 $\Phi(1.65)=0.95$,即

$$M(t) = M(3+1.65d) = 0.95$$

故维修度为95%的修复时间 $t=3+1.65\sqrt{0.6}=4.28\ \mathrm{min}$,此时间约为平均修复时间 $\overline{M}_{ct}$ 的1.43倍。

3. 维修性参数

1) 维修延续时间参数

缩短维修延续时间是装备维修性中最主要的目标,即维修迅速性的表现。它直接影响装备的可用性、完好性,又与维修保障费用有关。由于装备的功能、使用条件不同,因此可选用不同的延续时间参数。

(1) 平均修复时间 $\overline{M}_{ct}$(mean time to repair,MTTR)。

平均修复时间即排除故障所需实际修复时间的平均值。其测量方法:在一给定期间内,修复时间的总和与修复数之比,即

$$\overline{M}_{ct} = \frac{\sum_{i=1}^n t_i}{N} \tag{3.1.16}$$

当装备由 n 个可修复项目(分系统、组件或元器件等)组成时,平均修复时间为

$$\overline{M}_{ct} = \frac{\sum_{i=1}^{n} \lambda_i \overline{M}_{cti}}{\sum_{i=1}^{n} \lambda_i} \tag{3.1.17}$$

式中：λ_i 为第 i 项目的故障率；$\overline{M}_{cti}$ 为第 i 项目故障时的平均修复时间。

注意：$\overline{M}_{ct}$ 所考虑的只是实际修理时间，包括准备时间、故障检测诊断时间、拆卸时间、修复（更换）失效部分的时间、重装时间、调校时间、检验时间、清理和启动时间等，而不涉及供应和行政管理延误的时间。

在不同维修级别（或不同维修条件）下，同一装备的平均修复时间也会有所不同。在使用此参数时，应说明装备的维修级别（或维修条件）。

平均修复时间是使用得最广泛的基本维修性量度之一，其中的修复包括对装备寿命剖面各种故障的修复，而不仅限于某些部分或任务阶段。

（2）最大修复时间 M_{maxct}。

在许多场合，尤其是当使用部门更关心绝大多数装备能在多长时间内完成维修时，即可使用最大修复时间这一参数。最大修复时间是装备达到规定维修度所需的修复时间，也是预期完成全部修复工作的某个规定百分数（通常为 95% 或 90%）所需的时间，可记为 $M_{maxct}(0.95)$，括号中数字即规定的百分数。当取规定百分数为 50% 时，$M_{maxct}(0.5)$ 即为修复时间中值。

与 $\overline{M}_{ct}$ 相同，最大修复时间不涉及供应和行政管理延误的时间。在使用此参数时，应说明装备的维修级别（或维修条件）。

（3）预防性维修时间 M_{pt}。

预防性维修同样有均值、中值和最大值，其含义及计算方法与相关修复时间相似，只是用预防性维修频率代替故障率，用预防性维修时间代替相关修复时间。

平均预防性维修时间是装备每次预防性维修所需时间的平均值。平均预防性维修时间为

$$\overline{M}_{pt} = \frac{\sum_{j=1}^{m} f_{pj} \overline{M}_{ptj}}{\sum_{j=1}^{m} f_{pj}} \tag{3.1.18}$$

式中：f_{pj} 为第 j 项预防性维修（作业）的频率，按每单位工作小时计；$\overline{M}_{ptj}$ 为第 j 项预防性维修（作业）所需的平均时间；m 为预防性维修（作业）的项目数。

预防性维修时间不包括装备在工作的同时进行的维修作业时间，也不包含供应和行政管理延误的时间。

（4）平均维修时间 $\overline{M}$。

平均维修时间是指装备（产品）每次维修所需时间的平均值。此处的维修是把两类维修结合在一起来考虑，即既包含修复性维修，又包含预防性维修。其测量方法：在规定的条件下和规定的期间内，产品修复性维修和预防性维修总时间与该产品维修总次数之比。平均维修时间 $\overline{M}$ 的表达为

$$\overline{M} = \frac{\lambda \overline{M}_{ct} + f_p \overline{M}_{pt}}{\lambda + f_p} \tag{3.1.19}$$

式中：λ 为装备的故障率，$\lambda = \sum_{i=1}^{n} \lambda_i$；$f_p$ 为装备预防性维修的频率（f_p 和 λ 应取相同的单位），f_p

$$= \sum_{j=1}^{m} f_{pj}。$$

（5）重构时间 M_{rt}（reconfiguration time，RT）。

重构时间指系统故障或损伤后，重新构成能完成其功能的系统所需的时间。对于有余度的系统，重构时间是指其发生故障后，使系统转入新的工作结构（用冗余部件替换损坏部件）所需的时间。

2）维修工时参数

维修工时参数反映维修的人力、物力消耗，直接关系到维修力量配置和维修费用，因而也是重要的维修性参数。常用的维修工时参数是维修性指数 M_I。维修性指数是指每单位工作小时的平均维修工时，又称维修工时率，即

$$M_I = \frac{M_{MH}}{T_{OH}} \tag{3.1.20}$$

式中：M_{MH} 为装备在规定的使用期间内的维修工时数；T_{OH} 为装备在规定的使用期间内的工作小时数。

减少维修工时，节省维修人力费用，是维修性要求的目标之一。因此，维修性指数也是衡量维修性的重要参数。对于各种飞机，T_{OH} 为飞行小时数。国外先进歼击机的维修性指数已由 20 世纪 60 年代的每小时 35～50 个维修工时减少到目前的每小时只需要 10 个维修工时，这表明维修人力、物力消耗已大为减少。需要注意的是，M_I 不仅与维修性有关，而且与可靠性也有关。提高可靠性，降低维修性，均可使 M_I 降低。因此，M_I 是维修性、可靠性的综合参数。

3）维修费用参数

常用的年平均维修费用是指装备在规定使用期间内的平均维修费用与平均工作年数的比值，也可用每单位工作小时的平均维修费用计算。这种参数实际上是维修性、可靠性的综合参数。为单独反映维修性，可用每次维修拆除更换的零部件费用及其他费用，计算出每次维修的平均费用，作为装备的维修费用参数。

3.1.4　维修性工程主要工作内容

根据《装备维修性工作通用要求》（GJB 368B—2009），维修性工程涉及 5 个类别共 22 个工作项目。

（1）维修性及工作项目要求的确定。协调并确定维修性定量定性要求，以满足系统作业完好性、任务成功性要求和保障资源等约束；选择并确定维修性工作项目，以可接受的寿命周期费用，实现规定的维修性要求。

（2）维修性管理。全面规划装备寿命周期的维修性工作，制定并实施维修性计划，以保证维修性工作顺利进行；制定并实施维修性工作计划，以确保产品满足合同规定的维修性要求；订购方对承制方、转承制方和供应方的维修性工作进行监督和控制，必要时采取相应的措施，以确保承制方、转承制方和供应方交付的产品符合规定的维修性要求；按计划进行维修性要求和维修性工作评审，确保维修性要求的合理性，并最终实现规定的维修性要求；建立维修性数据收集、分析和纠正措施系统，确立并执行维修性缺陷记录、分析和纠正程序，实现维修性的持续增长；制定并实施维修性增长管理计划，以实现维修性按计划增长。

（3）维修性设计与分析。建立产品的维修性模型，用于定量分配、预计和评定产品的维修

性;将产品顶层的维修性定量要求逐层分配到规定的产品层次;估计产品的维修性,评价所提出的设计方案在规定的保障条件下,是否能满足规定的维修性定量要求;确定可能的故障模式及其对产品工作的影响,以便确定需要的维修性设计特征,包括故障检测隔离系统的设计特征;分析从承制方的各种报告中得到的数据和从订购方得到的信息,以建立能够实现维修性要求的设计准则、对设计方案进行权衡、确定和量化维修保障要求、向维修保障计划提供输入,并证实设计符合维修性要求;分析评价潜在损伤的抢修快捷性与资源要求,并为抢修分析提供相应输入;将维修性的定量和定性要求及使用和保障约束转化为具体的产品设计准则,以指导和检查产品设计;为制定详细的维修保障计划和进行保障性分析准备输入,使维修性工作项目的有关输出与保障性分析的输入要求相协调。

(4)维修性试验与评价。检查并修正维修性分析与验证所用的模型及数据,鉴别设计缺陷,以便采取纠正措施,实现维修性的持续增长;验证产品的维修性(含测试性)是否符合合同规定要求;通过综合利用与产品有关的各种信息,评价产品是否满足合同规定的维修性要求。

(5)使用期间维修性评价与改进。通过有计划地收集装备使用期间的各项有关数据,为评价与改进维修性、完善使用与维修工作以及新研装备的论证与研制等提供信息;确定装备在实际使用条件下达到的维修性水平,评价装备是否满足规定的使用维修性要求;对装备使用期间暴露的维修性问题采取改进措施,以提高装备的维修性水平。

3.1.5　智能船舶维修性特点

与一般船舶相比,智能船舶在维修性方面展现出了一些独特的特点。

1. 智能平台维修性特点

(1)维修体制精简。与传统的有人平台相比,智能平台系统采用更简化的维修层级和流程,提高了维修效率。这种体制的优点在于能够快速响应,有效利用资源,并促进维修技术的改革。

(2)地面维护保障规模大。一是多维度保障,智能平台的地面维护保障不仅涉及智能平台的平台本身,而且还包括地面站和整个保障系统。二是特殊任务保障,在执行特殊任务时,智能平台地面站可能需要部署在野外隐蔽场地,这进一步增加了地面维护保障的复杂性,需要考虑运输、野外电力部署、环境隐蔽、人员生理需求等多个因素。

(3)系统设计复杂。一是高度集成化,智能平台系统取消了很多人员的保障系统,但增加了管理系统、链路系统、差分定位系统等复杂组件。二是实现自主任务,智能平台配备了大量传感器来反馈系统状态,使得整个系统更加复杂。三是地面站复杂性,地面站由多辆方舱车组成,各方舱车之间需要进行复杂的信息交互、信息采集和信息控制。

(4)人机交互方式差异大。在智能平台系统中,维护人员不仅需要了解设备状态,而且还需要向智能平台系统发送控制指令,这种人机交互方式的差异要求维护人员具备更高的专业素养和技能水平。

(5)保障质量控制要求严格。由于智能平台系统的操作人员与平台是分离的,操作人员在地面通过测控链路操控平台和任务载荷,因此无法像有人平台那样在实际运动中进行实时干预。智能平台装备更加强调事前保障,需要在每次使用前进行大量的测试、调试和检修工作,以确保平台装备零故障出发。

(6)保障对象类型多样。系统完整性:智能平台系统是一个由平台和地面(控制)站组成的完整系统。与有人平台不同,智能平台系统的地面保障车辆和车载系统、专用地面方舱车多,使得平台装备的保障对象种类多、保障内容差异大。

综上所述,智能平台在维修性方面具有维修体制精简、地面维护保障规模大、系统设计复杂、人机交互方式差异大、保障质量控制要求严格以及保障对象类型多样等特点。这些特点要求在维修保障过程中充分考虑各种因素,制定科学合理的维修保障方案,以确保智能平台的正常运行和高效使用。

2. 智能船舶维修性特点

(1)高度集成化与复杂性。智能船舶作为一个高度集成的系统,内部包含了多种功能模块,如推进系统、导航系统、通信系统、能源系统等。这些模块相互关联,共同支持智能船舶执行各种任务。技术先进:智能船舶采用了许多先进的技术,如自主导航、智能控制、高效能源利用等。这些技术的应用使得智能船舶的性能得到了显著提升,但同时也增加了维修的复杂性。

(2)维修体制与策略。智能船舶的维修体制可能根据具体型号和用途而有所不同,但通常都注重快速响应和高效维修。其中包括建立专门的维修团队、制定详细的维修手册和流程等。预防性维修:由于智能船舶在水下工作环境的特殊性,预防性维修显得尤为重要。定期检查、保养和更换易损件等预防性维修可以大大降低智能船舶发生故障的概率,提高其可靠性和延长其使用寿命。

(3)远程维修与诊断能力。远程监控:许多智能船舶都具备远程监控的能力。通过卫星通信、无线电波等方式,维修人员可以实时获取智能船舶的工作状态和故障信息,从而进行远程维修和故障诊断。自主诊断:一些先进的智能船舶还具备自主诊断能力。它们可以自动检测并报告故障信息,甚至在某些情况下自动进行故障修复。

(4)模块化设计。为了提高维修效率,许多智能船舶采用了模块化设计。这种设计使得各个模块可以独立更换和维修,而不需要对整个智能船舶进行拆解。快速更换:模块化设计还使得维修工作更加快速和便捷。当某个模块发生故障时,维修人员可以快速更换新的模块,从而恢复智能船舶的正常工作。

(5)特殊环境下的维修挑战。水下环境:智能船舶在海上工作,因此其维修工作也需要在海上进行。因为需要特殊的海上维修设备和技能,所以维修的难度和成本都增加了。深海环境:对于深海智能船舶来说,其维修工作更加具有挑战性。深海的高压、低温、黑暗等情况对维修设备和人员都提出了更高的要求。

综上所述,智能船舶的维修性特点主要体现在高度集成化与复杂性、维修体制与策略、远程维修与诊断能力、模块化设计以及特殊环境下的维修挑战等方面。为了提高智能船舶的维修效率和可靠性,需要不断研发新的维修技术和方法,并加强维修人员的培训和管理。

3.2　维修性建模、分配与预计

3.2.1　维修性建模

1. 维修性模型的作用

与可靠性模型相似,维修性模型是维修性分析与评定的重要基础和手段。维修性模型用于:

（1）进行维修性分配，把系统级的维修性要求分配给系统级以下各个层次；

（2）评价各种设计和设计方案，比较各个备选的设计构型，为维修性设计决策提供依据；

（3）当设计变更时，进行灵敏度分析，以确定系统内某一参数发生变化时，对系统维修性、可用性和费用的影响。

维修性模型还可用于分析和评定系统的维修性指标，并为保障性分析提供输入数据。

2. 维修性模型的分类

维修性模型按其反映的内容，可分为狭义模型和广义模型。狭义的维修性模型是指表达系统维修性与各组成单元维修性关系的模型和产品维修性与设计特征关系的模型。它们主要用于维修性分配、预计和评价。广义的维修性模型是指那些包含维修性的模型，除狭义的维修性模型外，还包括诸如可用度、完好性、系统效能、寿命周期费用等高层次模型，以及有关维修的 RCMA（以可靠性为中心的维修分析）、LORA（修理级别分析）等模型。这些模型主要用于设计或设计方案的评价、选择和权衡，或为维修性设计提供基础信息。本小节主要着重介绍狭义的维修性模型。按建模的目的不同，维修性模型可分为以下几种。

（1）分配预计模型：用于维修性分配、预计的模型，是最基本的模型。

（2）设计评价模型：通过对影响产品维修性的各个因素进行综合分析，评价有关的设计方案，为设计决策提供依据。

（3）综合权衡模型：以可用度最大为目标、寿命周期费用为约束，或以寿命周期费用最小为目标、可用度为约束，优化系统的可靠性、维修性等参数，确定合理的指标。

（4）试验验证模型：用于维修性试验与评定。

由于上述一些模型可以同时满足不同的目的，因此这种区分并不是很严格的。

按模型的形式不同，维修性模型可分为以下几种。

（1）框图模型：主要采用维修职能流程图、包含维修功能的层次框图等形式，标示出各项维修活动的顺序或产品层次、维修的部位和工作，判明其相互影响，以便分配、评估产品的维修性并及时采取纠正措施。

（2）数学模型：主要是为进行维修性分析、评估与综合权衡而建立的各种数学表达式。

（3）计算机仿真模型：由于维修作业的发生和持续时间具有随机性，难以用一般数学模型描述，因此可建立系统维修性的计算机仿真模型，通过仿真求解系统维修时间。

（4）实体模型：用于维修性核查、演示、验证的实体模型，比如产品或设计方案的木质模型或金属模型、样机等。

本小节主要聚焦于讨论框图模型和数学模型。

3. 维修性的框图模型

为了进行维修性分析、评估以及分配，往往需要掌握维修的实施过程及各项维修活动之间的关系。用框图形式描述维修职能可以达到这个目的。维修职能是一个统称，它可以指实施装备维修的级别划分，也可以指在某一具体级别上实施维修的各项活动，这些活动是按时间顺序排列出来的。

维修职能流程图是阐述维修要点并揭示各项职能之间内在联系的一种流程图。对某一特定维修级别来说，它是从产品进入维修时起，直到完成最后一项维修职能，使产品恢复到或保持其规定状态所进行的一系列活动的流程框图。

维修职能流程图因装备的层次、维修的级别不同而不同。图 3-1 所示为某装备系统最高层次的维修职能流程图（系统层次流程图），它表明该系统在使用期间要由操作人员进行维护。

根据维修机构实施的预防性维修或排除故障维修,需要进行的维修可分为两个级别,即使用方维修和基地级维修。

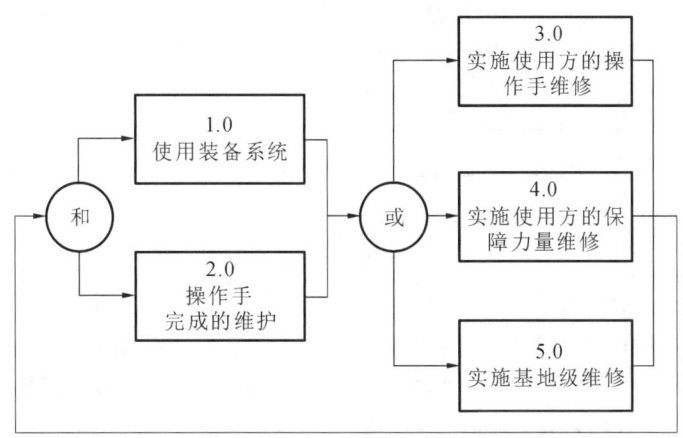

图 3-1　某装备系统最高层次的维修职能流程图

图 3-2 所示为使用方维修的一般职能流程图(基层级),它是图 3-1 中 3.0 的展开图。维修职能流程图是一种非常有效的维修性分析手段,它把装备维修活动的先后顺序整理出来,形成非常直观的流程图。如果把有关的维修时间和故障率的数值标在流程图上,就可以很方便地进行维修性的分配、预计以及其他分析。

4. 维修性的数学模型

如前所述,维修性的参数很多,而维修时间是最基本的参数,通常可据此推导出其他相关参数。维修时间的计算是维修性分配、预计及试验数据分析等活动的基础。因此,维修性的数学模型主要是指计算维修时间的模型。这里的维修时间是一个统称,它可以指修复性维修时间,也可以指预防性维修时间,为了方便,我们统称为维修时间。

由于维修时间是随机变量,它通常可以用某一统计分布形式来近似表示。维修时间的计算模型可分为两类:一类是分布计算模型,通过分析、计算得出维修时间的分布规律;另一类是特征值计算模型,用于计算维修时间的特征值,如平均值、中值、最大值等。这里仅介绍常见的维修时间计算模型。

1) 串行作业模型(累加模型)

串行作业是指一系列作业首尾相连,前一项作业完成时后一项作业才开始,既不重叠又不间断。在维修工作中,一次维修事件是由若干维修活动组成的,而各项维修活动是由若干项基本维修作业组成的。如果只有一个维修人员或维修组,且不能同时进行几项维修活动或基本维修作业的,就称为串行作业。在这种情况下,完成一次维修事件或一项维修活动的时间就等于各项维修活动或各项基本维修作业时间的累加值。

假设某项维修事件(活动)的总时间为 T,完成该项维修事件(活动)需要 n 个维修活动(基本维修作业),每项维修活动(基本维修作业)的时间为 $T_i(i=1,2,\cdots,n)$,它们相互独立,则

$$T = T_1 + T_2 + \cdots + T_n = \sum_{i=1}^{n} t_i \tag{3.2.1}$$

如果已知每项维修活动(基本维修作业)时间的分布函数,则可求得总时间 T 的分布。

例 3.2　某设备的电源模块发生故障后,其维修职能流程图如图 3-3 所示。

已知每项维修活动的时间均服从正态分布,其分布参数如下:

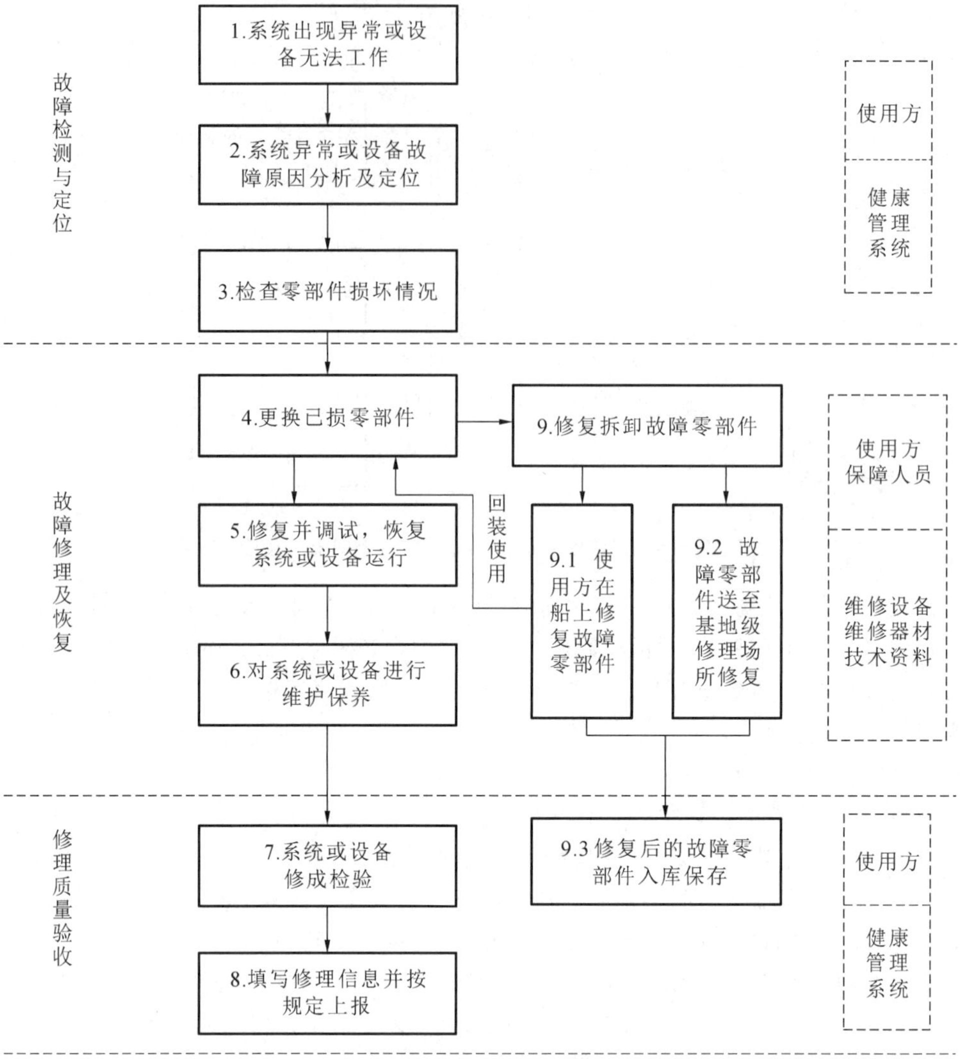
故障检测与定位
1.系统出现异常或设备无法工作
2.系统异常或设备故障原因分析及定位
3.检查零部件损坏情况
使用方
健康管理系统
故障修理及恢复
4.更换已损零部件
9.修复拆卸故障零部件
回装使用
5.修复并调试，恢复系统或设备运行
9.1 使用方在船上修复故障零部件
9.2 故障零部件送至基地级修理场所修复
6.对系统或设备进行维护保养
使用方保障人员
维修设备
维修器材
技术资料
修理质量验收
7.系统或设备修成检验
9.3 修复后的故障零部件入库保存
8.填写修理信息并按规定上报
使用方
健康管理系统

图 3-2　使用方维修的一般职能流程图

拆卸盖板
更换电源
安装盖板

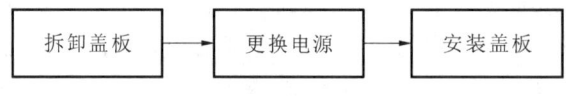

图 3-3　维修职能流程图

(1) 拆卸盖板为 $\theta_1=15$ min, $\sigma_1=3$ min;

(2) 更换电源为 $\theta_2=20$ min, $\sigma_2=5$ min;

(3) 安装盖板为 $\theta_3=18$ min, $\sigma_3=4$ min。

求修理电源的时间分布。

解　由于每项维修活动的时间均服从正态分布,则总的时间分布也服从正态分布。在每个 T_i 的均值和方差确定的情况下,总时间 T 的均值和方差可直接用以下公式确定:

$$\theta=\theta_1+\theta_2+\theta_3=53 \text{ min}$$

$$\sigma=\sqrt{\sigma_1^2+\sigma_2^2+\sigma_3^2}=7.07 \text{ min}$$

对于一般的分布函数,可以考虑用卷积计算和模拟法求解。

(1) 卷积计算:独立随机变量和的密度函数等于各随机变量的密度函数的卷积。假设两项维修活动的时间是相互独立的随机变量 T_1、T_2,其密度函数为 $m_1(t)$、$m_2(t)$,则总时间 T 的密度函数为

$$m(t) = m_1(t) * m_2(t) = \int_{-\infty}^{+\infty} m_1(t) \cdot m_2(z-t) \mathrm{d}t \tag{3.2.2}$$

当随机变量超过两个时,其卷积可分步两两计算。

(2) 模拟法求解:基本思想是利用计算机产生 $(0,1)$ 的随机数,分别反求出相应的 t_1、t_2、$\cdots$,则 $T = t_1 + t_2 + \cdots$,这样反复模拟上千次或上万次,得到大量的维修时间数据,然后把这些数据排序分组,计算其密度函数或分布函数的估算值。

2) 均值计算模型

均值是维修时间的重要特征量,也是确定维修性参数时的首选特征量。在维修性分析中,我们经常估算产品维修时间的均值。

例 3.3　某船舶的配电模块由 3 个可修部件组成,其部件平均故障间隔时间 $T_{\mathrm{bf}i}$ 及平均修复时间 $\overline{M}_{\mathrm{ct}i}$ 如下所示。

部件 1:$T_{\mathrm{bf1}} = 1000$ h,$\overline{M}_{\mathrm{ct1}} = 1$ h。

部件 2:$T_{\mathrm{bf2}} = 500$ h,$\overline{M}_{\mathrm{ct2}} = 0.5$ h。

部件 3:$T_{\mathrm{bf3}} = 500$ h,$\overline{M}_{\mathrm{ct3}} = 1$ h。

求装备的平均修复时间。

解　各部件的平均故障率为

$$\lambda_1 = \frac{1}{T_{\mathrm{bf1}}} = 0.001/\mathrm{h}$$

$$\lambda_2 = \frac{1}{T_{\mathrm{bf2}}} = 0.002/\mathrm{h}$$

$$\lambda_3 = \frac{1}{T_{\mathrm{bf3}}} = 0.002/\mathrm{h}$$

则

$$\overline{M}_{\mathrm{ct}} = \frac{\sum_{i=1}^{n} \lambda_i \overline{M}_{\mathrm{ct}i}}{\sum_{i=1}^{n} \lambda_i} = 0.8 \text{ h}$$

3) 并行作业模型

若组成维修事件(活动)的各项维修活动(基本维修作业)是同时开始的,则称为并行作业。在大型装备中,常常是多人或多组人同时进行维修,以缩短维修持续时间。如果各项维修活动(基本维修作业)是同时开始的,那就应当使用并行作业模型。

显然,并行作业的维修持续时间等于各项维修活动(基本维修作业)时间中的最大值:

$$T = \max(T_1, T_2, \cdots, T_n) \tag{3.2.3}$$

而其维修度为

$$M(t) = P\{T \leqslant t\} = P\{\max(T_1, T_2, \cdots, T_n) \leqslant t\}$$

$$= P\{T_1 \leqslant t, T_2 \leqslant t, \cdots, T_n \leqslant t\} = \prod_{i=1}^{n} M_i(t)$$

$$\tag{3.2.4}$$

即为各项维修活动(基本维修作业)维修度的乘积。

3.2.2　维修性分配

1. 分配目的、指标和产品层次

1) 分配目的

在装备研制或改进中,在有了系统总的维修性指标后,还要把它分配到各功能层次的各部分中,以便明确各部分的维修性指标,这就是维修性分配。其具体目的:

(1) 为系统或设备的各部分(各个低层次产品)研制者提供维修性设计指标,以保证系统或装备最终符合规定的维修性要求;

(2) 通过维修性分配,明确各转承制方或供应方的产品维修性指标,以便系统承制方对其实施管理。

维修性分配是装备研制与改进中一项必不可少的维修性工作。因为任何设计总是从明确的目标或指标开始的,不仅系统级如此,低层次产品也应如此,所以只有合理分配指标,才能避免设计的盲目性。合理的指标分配方案可以使系统经济而有效地达到规定的维修性目标。

2) 分配指标及产品层次

维修性分配的指标应当是关乎整体系统维修性的主要指标,它们通常规定在合同或任务书中。最常见的指标:

(1) 平均修复时间 $\overline{M}_{ct}$;

(2) 平均预防性维修时间 $\overline{M}_{pt}$;

(3) 维修工时率 M_1。

原则上说,维修性分配的产品层次和范围是指那些影响系统维修性的部分。具体产品的维修性分配要根据系统级的要求、维修方案等因素确定,而且随着设计的深入,分配的层次也是逐步展开的。如果装备的维修性指标只规定了使用方的维修时间(工时),而对其他层级没有要求,那么指标只需要分配到使用方的可更换单元。如果装备的维修性指标是使用方维修保障人员的维修时间(工时),则应分配到使用方维修保障人员的可更换单元。

2. 分配程序

1) 维修职能分析

维修职能分析是根据产品的维修方案规定的维修级别进行划分,确定各级别的维修职能,以及在各级别上维修的工作流程,并用框图的形式描述这种工作流程,图 3-1 和图 3-2 是框图的示例。

2) 功能层次分析

在一般系统功能分析和维修职能分析的基础上,对系统各功能层次及其组成部分进行分析,逐个确定其维修措施和要素,并用一个包含维修信息的系统功能层次图(同 FMECA 中的功能分析法)来表示。

3) 确定各产品的维修频率

给各产品分配维修性指标时,要以其维修频率为基础。故应确定各产品的维修频率,包括修复性维修和预防性维修的频率。显然,各产品修复性维修的频率等于其故障率,由可靠性分配或预计得到。各产品预防性维修的内容与频率可根据故障模式与影响分析,采用"以可靠性为中心的维修分析(RCMA)"等方法确定。在研制过程早期,可参照类似产品的数据,确定各产品的维修频率。

4）分配维修性指标

将给定的系统维修性指标自高向低逐层分配到各产品。

5）研究分配方案的可行性，必要时进行调整

分析各产品实现分配指标的可行性，要综合考虑技术、费用、保障资源等因素，以确定分配方案是否合理性、可行性。如果某些产品的指标不尽可行，可以采取以下措施：

（1）修正分配方案，即在保证满足系统维修性指标的前提下，局部调整产品指标；

（2）调整维修任务，即对维修职能流程图中安排的维修措施或设计特征进行局部调整，使系统及各产品的维修性指标都可以实现。但这种局部调整不能违背维修方案总的约束，并应符合提高效能、减少费用的总目标。

如果这些措施仍难奏效，则应考虑更大范围的权衡与协调。

3. 分配方法

如前所述，系统（上层次产品）与其各部分（下层次产品，以下称单元）的维修性参数 $\overline{M}_{ct}$、$\overline{M}_{pt}$、M_{maxct}、$\overline{M}_l$ 等大都为加权和的形式，如平均修复时间为

$$\overline{M}_{ct} = \frac{\sum_{i=1}^{n} \lambda_i \overline{M}_{cti}}{\sum_{i=1}^{n} \lambda_i} \tag{3.2.5}$$

其他参数的表达式也类似，以下均用 $\overline{M}_{ct}$ 来讨论。式（3.2.5）是指标分配必须满足的基本公式。但是，满足此式的解集 $\{\overline{M}_{cti}\}$ 存在多值，需要根据维修性分配的条件及准则来确定所需的解。

1）等值分配法

取各单元的平均修复时间 $\overline{M}_{cti}$ 相等，即

$$\overline{M}_{ct1} = \overline{M}_{ct2} = \cdots = \overline{M}_{ctn} = \overline{M}_{ct} \tag{3.2.6}$$

这是一种最简单的分配方法，其适用的条件：组成上层次产品的各单元的复杂程度、故障率及预想的维修难易程度大致相同；也可用在缺少可靠性、维修性信息时，作为初步的分配。

2）按故障率分配法

取各单元的平均修复时间 $\overline{M}_{cti}$ 与其故障率成反比，即

$$\lambda_1 \overline{M}_{ct1} = \lambda_2 \overline{M}_{ct2} = \cdots = \lambda_n \overline{M}_{ctn}$$

代入式（3.2.5），得

$$\overline{M}_{ct} = \frac{n\lambda_i \overline{M}_{cti}}{\sum_{i=1}^{n} \lambda_i}$$

于是，有

$$\overline{M}_{cti} = \frac{\overline{M}_{ct} \sum_{i=1}^{n} \lambda_i}{n\lambda_i} \tag{3.2.7}$$

当各单元故障率 λ_i 已知时，可求得各单元的平均修复时间 $\overline{M}_{cti}$。显然，单元的故障率越高，分配的平均修复时间就越短，反之则越长。这样可以比较有效地达到规定的可用性和完好性目标。

3）相似产品分配法

产品设计总是有继承性的,因此可借用已有的相似产品的维修性信息,作为新研制或改进产品维修性分配的依据。

已知相似产品维修性数据,计算新(改进)产品的维修性指标,可用下式：

$$\overline{M}_{cti} = \frac{\overline{M}'_{cti}}{\overline{M}'_{ct}} \overline{M}_{ct} \tag{3.2.8}$$

式中:$\overline{M}'_{ct}$和$\overline{M}'_{cti}$分别为相似产品和它的第i个单元的平均修复时间。

3.2.3　维修性预计

1.维修性预计目的和参数

维修性预计是为了估计产品在给定工作条件下的维修性水平而进行的工作。

1）维修性预计的目的

装备在研制或改进过程中进行了维修性设计,但要判断其是否能达到规定的要求,是否需要进行进一步的改进,则需要开展维修性预计。维修性预计的目的:预先估计产品的维修性参数值,了解其是否满足规定的维修性指标,以便对维修性工作实施监控。其具体作用:

(1)预计产品设计或设计方案可能达到的维修性水平,了解其是否能达到规定的维修性指标,以便做出研制决策(选择设计方案或转入新的研制过程或试验);

(2)及时发现维修性设计及保障安排方面的缺陷,作为更改装备设计或保障安排的依据;

(3)当研制过程更改设计或保障要素时,估计其对维修性的影响,以便采取适当对策。

此外,维修性预计的结果常常作为维修性设计评审的一种依据。

维修性预计是一种分析性的工作,它可以在产品试验之前、制造之前、详细的设计完成之前,对其可能达到的维修性水平进行估计。尽管这种估计往往存在很大的误差,不是验证的依据,却为研制过程赢得了宝贵的时间,以便研制方早做决策,避免设计的盲目性。

2）维修性预计的参数

维修性预计的参数应同规定的维修性指标相一致。最常预计的是平均修复时间。根据需要也可预计最大修复时间、维修工时率或预防性维修时间。

维修性预计的参数通常是系统或设备级的,以便与合同规定和使用要求相比较。而要预计出系统或设备的维修性参数,必须先求得其组成单元的维修时间或工时,以及维修频率,并在此基础上,运用累加或加权和等模型,求得系统或设备的相关参数。

2.维修性预计的程序

不同维修性预计方法的工作程序略有区别,但一般都要遵循以下程序。

(1)维修性预计是以产品设计或设计方案为依据的。因此,首先要收集并熟悉所预计产品设计或设计方案的资料,包括各种原理图、框图、可更换或可拆装单元清单,以及线路图、草图、产品图等。维修性预计又要以维修方案、保障方案为基础。因此,还要收集有关维修(含诊断)与保障方案及其尽可能细化的资料。此外,所预计产品的可靠性数据也是不可缺少的。这些数据可能是可靠性预计值或试验值。

(2)维修职能分析和功能层次分析应与维修性分配相似。在维修性预计前,要在分析上述资料的基础上,进行系统维修职能与功能层次分析,建立框图模型。

(3)确定设计特征与维修性参数值的关系。维修性预计要根据产品设计或设计方案估计其维修性参数值。这就必须了解维修性参数值与设计特征的关系。这种关系可以用图表、公式、计算机软件数据库等形式表示。

（4）预计维修性参数值。选用适当的预计方法预计维修性参数值。

3. 维修性预计的方法

维修性预计的方法有多种，本小节介绍的是适用范围较广的一些方法。

1）单元对比法

任何产品的研制都会有某种程度的继承性，在组成系统或设备的单元中，总会有些是使用过的单元。因此，可以从需要研制的产品中找到一个已知维修时间的单元，以此作基准，通过与基准单元对比，估计各单元的维修时间，进而确定系统或设备的维修时间。这就是单元对比法的思路。

（1）适用范围。

由于单元对比法不需要更多的具体设计信息，因此它适用于各类产品方案设计阶段的早期预计。单元对比法既可以预计修复性维修参数，又可以预计预防性维修参数。预计的基本参数是平均修复时间 $\overline{M}_{ct}$、平均预防性维修时间 $\overline{M}_{pt}$ 和平均维修时间 $\overline{M}$。

（2）预计需要的资料。

需要的资料：在规定维修级别可单独拆卸的可更换单元的清单；各个可更换单元的相对复杂程度；各个可更换单元的各项维修作业时间的相对量值；各个预防性维修单元的维修频率的相对量值。

（3）预计模型。

① 平均修复时间 $\overline{M}_{ct}$。

$$\overline{M}_{ct} = \overline{M}_{ct0}\frac{\displaystyle\sum_{i=1}^{n} h_{ci}k_i}{\displaystyle\sum_{i=1}^{n} k_i} \tag{3.2.9}$$

式中：$\overline{M}_{ct0}$ 为可更换基准单元的平均修复时间；h_{ci} 为第 i 个可更换单元的相对修复时间系数（见后文步骤④）；k_i 为第 i 个可更换单元的相对故障率系数。其中 k_i 的表达式为

$$k_i = \frac{\lambda_i}{\lambda_0} \tag{3.2.10}$$

式中：λ_i 与 λ_0 分别是第 i 个可更换单元和可更换基准单元的故障率。在预计过程中，k_i 并不需要由 λ_i 与 λ_0 计算，可由比较第 i 个可更换单元与可更换基准单元设计特性加以估计。

② 平均预防性维修时间 $\overline{M}_{pt}$。

$$\overline{M}_{pt} = \overline{M}_{pt0}\frac{\displaystyle\sum_{i=1}^{m} h_{pi}l_i}{\displaystyle\sum_{i=1}^{m} l_i} \tag{3.2.11}$$

式中：$\overline{M}_{pt0}$ 为预防性维修基准单元的平均预防性维修时间；h_{pi} 为第 i 个预防性维修单元的相对维修时间系数（见后文步骤④）；l_i 为第 i 个预防性维修单元相对于基准单元的预防性维修频率系数，即相对故障率系数。其中 l_i 的表达式为

$$l_i = \frac{f_i}{f_0} \tag{3.2.12}$$

式中：f_i 与 f_0 分别是第 i 个预防性维修单元和预防性维修基准单元的故障率。同样，l_i 可依

据单元设计特性的比较进行估计。

③ 平均维修时间 $\overline{M}$。

$$\overline{M} = \frac{\overline{M}_{ct0} \sum\limits_{i=1}^{n} h_{ci} k_i + f_0 \overline{M}_{pt0} \sum\limits_{i=1}^{m} h_{pi} l_i / \lambda_0}{\sum\limits_{i=1}^{n} k_i + f_0 \sum\limits_{i=1}^{m} l_i / \lambda_0} \qquad (3.2.13)$$

④ 相对维修时间系数 h_i。

第 i 个单元的相对修复时间系数 h_{ci} 或预防性维修时间系数 h_{pi}（以下用 h_i 代表）是一个由比较得到的数值。为了便于比较，预计程序把维修事件分为 4 项维修活动：故障定位隔离；拆卸组装；更换、安装可更换单元；调准检验。因为要对每项维修活动分别比较，故 h_i 也分为 4 项：

$$h_i = h_{i1} + h_{i2} + h_{i3} + h_{i4} \qquad (3.2.14)$$

h_{ij} 由第 i 个单元第 j 项维修活动时间相对于基准单元相应时间（t_{0j}）之比确定，即

$$h_{ij} = h_{0j} t_{ij} / t_{0j} \qquad (3.2.15)$$

式中：h_{0j} 是基准单元第 j 项维修活动时间占其整个维修时间的比值。显然，有

$$h_0 = h_{01} + h_{02} + h_{03} + h_{04} = 1$$

（4）预计程序。

① 明确在规定维修级别上装备的各个可更换单元。若修复性维修与预防性维修的单元不同，应分别列出。

② 选择基准单元。基准单元应的维修性参数值应是已知或能够估测的，它与其他单元在故障率、维修性方面有明显可比性。修复性维修（可更换）与预防性维修的基准单元可以是同一单元，也可以分别选取。

③ 估计各单元的各项系数 k_i、h_i、l_i。

④ 计算系统或设备的 $\overline{M}_{ct}$、$\overline{M}_{pt}$、$\overline{M}$。

例 3.4　设某装备的设计与保障方案已知，在现场维修时，可划分为 12 个可更换单元（LRU），由类似装备数据可知：单元 1 为插接式模块，其损坏时的平均修复时间为 10 min，其中平均故障检测隔离时间 4 min，拆装其外部屏蔽遮挡 3 min，更换其只要 1 min，更换后的调准需要 2 min，故障率预计 0.0005/h；单元 3 的预防性维修频率为 0.0001/h。要求预计该装备的平均维修时间是否不大于 20 min。

解　因为设计与保障方案已知，且可更换单元也已明确，故只需要先确定基准单元。显然，取单元 1 为修复性维修基准单元，单元 3 为预防性维修基准单元。单元 1 作为基准单元，其相对故障率系数 $k_0 = k_1 = 1$。由各项维修活动时间与总时间之比可得系数 $h_{01} = 0.4$，$h_{02} = 0.3$，$h_{03} = 0.1$，$h_{04} = 0.2$。该单元不需要做预防性维修，$l_1 = 0$。

然后，确定各单元的各个系数，列于表 3-1 中。假定单元 2 是一个质量较大且需用多个螺钉固定的模块，其外还有屏蔽，寿命较短。因此，其相对故障率系数高，$k_2 = 2.5$；故障检测隔离时间与基准单元相差不大，$h_{21} = 0.5$；更换时需拆装外部屏蔽遮挡，比基准单元费时间，取 $h_{22} = 1$；多个螺钉固定，更换费时，$h_{23} = 2$；调准较费时，$h_{24} = 0.6$；不需要预防性维修，$l_2 = 0$。假定单元 3 是一个小型电机，依其设计、安装情况，与基准单元对比，估计出各系数，如表 3-1 所示。因为它需要定期进行润滑、检修，故 l_3 不为零，可作为预防性维修基准单元，$l_3 = l_0 = 1$。其余各单元可照上面的方法估计各系数并列入表 3-1 中。

表 3-1　可更换单元系数表

| 单元 | k_i | h_{ij} | | | | h_i | $\sum\limits_{i=1}^{4} h_i k_i$ | l_i | $h_i l_i$ |
		h_{i1}	h_{i2}	h_{i3}	h_{i4}	$\sum\limits_{i=1,j=1}^{4} h_{ij}$			
1	1	0.4	0.3	0.1	0.2	1	1	0	0
2	2.5	0.5	1	2	0.6	4.1	10.25	0	0
3	0.7	1.8	0.3	0.5	0.7	3.3	2.31	1	3.3
4	1.5	2	1.2	0.8	0.5	4.5	6.75	0	0
5	0.5	1.2	0.5	0.3	2	4	2	0	0
6	2.8	0.4	1	0.25	0.5	2.15	6.02	2.5	5.375
7	0.8	1.3	0.7	1.2	0.8	4	3.2	0	0
8	2.2	0.2	0.5	0.4	0.3	1.4	3.08	0	0
9	3	0.6	0.8	0.6	0.5	2.5	7.5	1.5	3.75
10	0.08	5	2	2.5	3	12.5	1	0.04	0.5
11	0.9	1	2	0.8	1	4.8	4.32	0	0
12	1.4	0.6	0.3	0.4	0.5	1.8	2.52	0	0
合计	17.38						49.95	5.04	12.925

如表 3-1 所示,计算各系数之和,再代入式(3.2.9)、式(3.2.11)、式(3.2.13),计算出装备的维修性参数预计值。由于各系数均是以单元 1 为基准的,因此相关维修时间均应用单元 1 的 10 min 来计算,可得

$$\overline{M}_{ct} = 10 \times 49.95/17.38 = 28.74 \text{ min}$$

$$\overline{M}_{pt} = 10 \times 12.925/5.04 = 25.64 \text{ min}$$

$$\overline{M} = \frac{10 \times 49.95 + 0.0001 \times 10 \times 12.925/0.0005}{17.38 + 0.0001 \times 5.04/0.0005} = \frac{499.5 + 25.85}{18.39} = 28.57 \text{ min}$$

预计的平均维修时间 $\overline{M} = 28.57$ min 超过指标要求(20 min),需要更改设计方案。由上式可知,预防性维修的影响较小,可暂不考虑。若要减少平均修复时间,则应减少 $\sum\limits_{i=1}^{4} h_i k_i$,令 $\overline{M} = 20$ min,可得

$$\sum\limits_{i=1}^{4} h_i k_i = \left[\overline{M}\left(\sum\limits_{i=1}^{4} k_i + f_0 \sum\limits_{i=1}^{4} l_i/\lambda_0\right) - f_0 \overline{M}_{pt0} \sum\limits_{i=1}^{4} h_i l_i/\lambda_0\right]/\overline{M}_{ct0}$$

$$- [20 \times 18.39 - 25.85]/10 = 34.20$$

故要将 $\sum\limits_{i=1}^{4} h_i k_i$ 由 49.95 减至 34.20,由表 3-1 可知,重点应放在减少 2、4、6、9、11 等单元的修复时间上。

2) 时间累计法

时间累计法是一种比较细致的预计方法。它根据历史经验或现成的数据、图表,对照装备(产品)的设计或设计方案和维修保障条件,逐个确定每个维修项目、每项维修工作或维修活动,乃至每项基本维修作业所需的时间或工时,然后综合累加或求均值,最后预计出装备的维修性参数值。

(1) 适用范围。

用于预计各种(航空、地面、舰载及无人)电子设备在各维修级的维修性参数,也可用于任

何使用环境的其他各种设备的维修性预计。但该方法所给出的维修作业时间标准主要是电子设备的,用于预计其他设备时,需要补充或校正。

平均修复时间 $\overline{M}_{ct}$ 是预计的基本参数。还可以预计:最大修复时间 M_{maxct};每次修理的平均工时 M_{MH}/R_p;维修工时率 $M_I(M_{MH}/T_{OH}$ 或 $M_{MH}/F_H)$。

(2)预计需要的资料。

① 主要可更换单元(RI)的目录及数量(实际的或估算的)。

② 每个 RI 预计或估算的故障率。

③ 每个 RI 故障检测与隔离(FD&I)的方法(例如机内自检、外部检测设备或人工隔离等)。

④ 故障隔离到一组 RI 时的更换方案(例如全组更换,或者用交替更换继续隔离到更换层次)。

⑤ 封装特点。

⑥ 估算的或要求的隔离能力,即故障隔离到单个 RI 的隔离率或者隔离到 RI 组的平均规模(平均由几个 RI 组成)。

(3)预计的基本原理和模型。

面对一个系统或一台设备,要直接估计出其维修性参数值是不现实的。但可以把它分解开来,把每个单元发生故障后的维修过程也分解开来,针对某个单元的某项维修活动或基本维修作业,估计其时间或工时则比较现实。然后再对各个单元的时间或工时进行综合,估计出系统或设备的维修性参数值。这就是时间累计法的思路,其模型如图 3-4 所示。

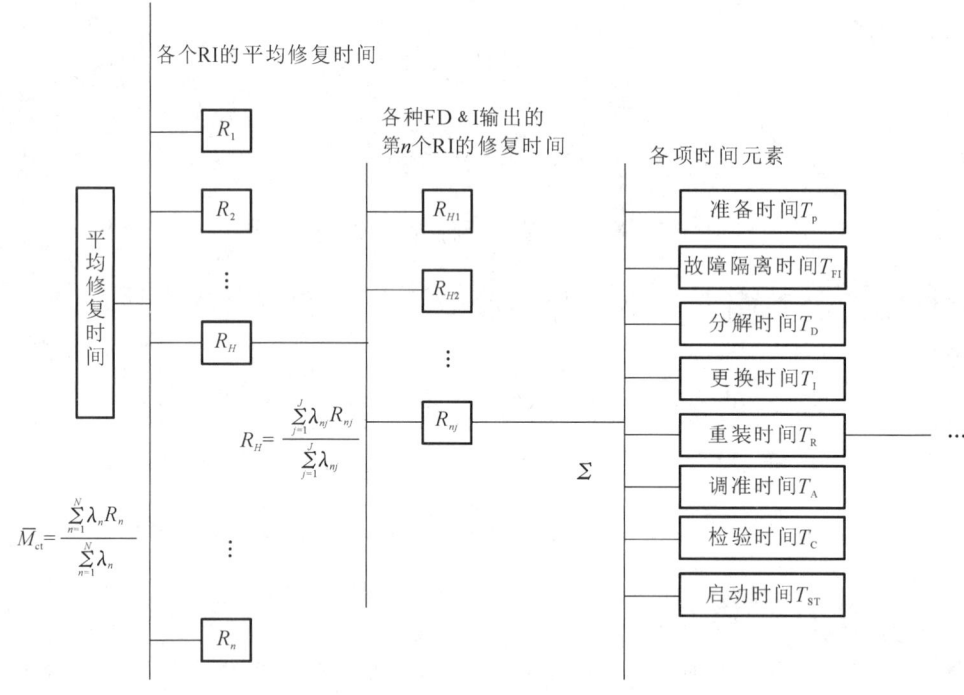

图 3-4 时间累计法模型

① 维修对象的分解。把系统或设备分解,直到获得规定维修级别的 RI。每个 RI 的故障率 λ_n 可由可靠性预计或历史资料得到。

② RI 的故障分析。一个 RI 发生故障,其故障模式可能有几种,FD&I 的方式及其输出

（即 FD&I 时得到的信号、迹象、仪表读数、打印输出等）也就不尽相同，FD&I 所需时间以及整个修复时间就会不一样。因此，要按 FD&I 输出将单元故障区分开，并确定每种 FD&I 输出下的故障率 λ_{nj} 及修复时间 R_{nj}（n 代表第 n 个单元，j 代表第 j 种 FD&I 输出）。

③ 维修时间的分解。一次维修（事件）可能包含 8 种维修活动，其时间即是修复时间元素 T_m（m 代表第 m 项活动时间）。

准备时间 T_P——在进行故障隔离之前完成的各项准备工作的时间。

故障隔离时间 T_{FI}——将故障隔离到着手进行修理的层次所需的时间。

分解时间 T_D——拆卸设备以便达到故障隔离所确定的 RI（或 RI 组）所需的时间。

更换时间 T_I——卸下并更换失效或怀疑失效的 RI 所需的时间。

重装时间 T_R——重新安装设备所需的时间。

调准时间 T_A——对设备（系统）进行校准、测试和调整所需的时间。

检验时间 T_C——检验故障是否排除、设备（系统）能否正常运行所需的时间。

启动时间 T_{ST}——确认故障已被排除后，使设备（系统）重新进入故障前的运行状态所需的时间。

④ 维修活动的分解。一项维修活动可能是由若干项基本维修作业（动作）组成的。例如，更换一个晶体管包括拆焊（3 处）、取下、清理、安装、重焊（3 处）等几个动作。这些基本维修作业占用时间短且相对稳定（时间散布不大），常见动作种类数量有限。因此，可以选择常见的基本维修作业，通过试验或现场统计数据确定其时间（工时），作为维修性预计的依据。

维修性预计则是一个反向综合过程，从估计基本维修作业的时间（工时）开始，计算各项维修活动时间（工时）、各 RI 在各 FD&I 输出的修复时间（工时）、各 RI 的平均修复时间 R_n（工时），最后估算出设备（系统）的平均修复时间 $\overline{M}_{ct}$（工时）。

在上述过程中，运用的数学模型基本上是两类：累加和均值模型。累加模型用于串行作业，在不考虑并行作业的情况下由基本维修作业时间合成为维修活动时间 T_{mnj}，再由维修活动时间合成为各 RI 在各 FD&I 输出下的平均修复时间 R_{nj}。均值模型则用于求系统平均修复时间。

3.2.4　船舶维修性分配与预计实例

1. 维修性分配实例

某船舶由平台总体系统、能源与动力系统、控制系统、任务系统、辅助系统组成，其中平台总体系统修理难度较其他四个系统大，考虑选取等值分配法作为本系统维修性指标分配方法，根据实际维修对平台总体系统的维修性指标进行适当调整。某船舶维修性分配结果如表 3-2 所示。

表 3-2　某船舶维修性分配结果

编号	产品名称	MTTR/h	
		规定值	最低可接受值
1	平台总体系统	≤4	≤6

编号	产品名称	MTTR/h	
		规定值	最低可接受值
2	能源与动力系统	≤2	≤4
3	控制系统	≤2	≤4
4	任务系统	≤2	≤4
5	辅助系统	≤2	≤4

2. 维修性预计实例

按照时间累计法,对船舶的某装备进行维修性预计,该装备分解为了 n 个 LRU。想要获取这些 LRU 基本维修活动时间的数据,首先考虑其基本维修作业的实际作业时间,其次考虑采信标准时间。在上述时间无法获取的情况下,再考虑采用类似系统的维修时间、专家判断得出的时间或其他可行的方法得到时间,得到的数据情况如表 3-3 所示。

此时,该装备的平均修复时间 $\overline{M}_{ct}$ 为

$$\overline{M}_{ct} = \frac{\sum\limits_{i=1}^{n} \lambda_i Q_i M_{cti}}{\sum\limits_{i=1}^{n} \lambda_i Q_i} \tag{3.2.16}$$

代入表 3-3 数据,计算得到该船舶的平均修复时间 $\overline{M}_{ct}$ 的预计结果为 1.51 h,达到了使用方提出的维修性指标要求。

表 3-3 船舶某设备维修性预计实例(部分)

单元名称	故障率/10^{-6}	单元数	基本维修作业平均时间/min							合计/min
LRU	λ_i	Q_i	T_P	T_{FI}	T_D	T_I	T_R	T_A	T_C	$\overline{M}_{cti}$
数据系统	350.26	2	0	0	5	5	5.09	9.91	5	30
控制器	91.273	2	0	0	10	18	7	7	6	48
计程仪	400	1	0	0	5	12	18	18	7	60
声呐	500	1	0	0	8	8	9	6	9	40
深度计	33.3	2	0	0	8	8	8	9	7	40
适配器	58.29	1	15	5	5	55	10	10	18	118

3.3 维修性试验与评估

3.3.1 目的意义及分类

1. 目的与作用

维修性试验与评估贯穿于装备全寿命过程,其在各阶段的目的和作用有明显区别。但一

般地说,维修性试验与评估的目的是考核、验证和发现缺陷。

1) 考核、验证产品维修性

从根本上说,产品的维修性应当用实际使用中的维修实践来进行考核、评估,以确定产品维修性的实际水平。然而这种考核评估又不可能都在完全真实的使用条件下,通过整个寿命周期的维修实践来完成。因此就要在研制、生产过程中采用统计试验的方法,及时给出产品维修性是否符合要求的判定,使承制方对其产品维修性"心中有数",使订购方决定是否接收该产品。事实上,维修性的考核与验证对承制部门是一种"压力",没有验证就没有压力。

2) 发现和鉴别维修性设计缺陷

在研制、生产和使用过程的维修性试验中,可以发现并鉴别在维修性方面的设计缺陷,为改进设计提供依据。特别是在研制过程中,研究人员通过各种形式的维修性核查,及早发现问题,提出改进意见,采取措施进行纠正,使产品的维修性不断改善,最终达到规定要求。所以,维修性试验与评估是完善产品维修性的必要措施。

3) 对有关维修保障要素进行评价

维修性试验对维修保障要素(包括人员及其训练、维修技术文件、备件、工具、设备、设施和计算机资源等)也是一次考核,并可能发现这些要素存在的不足,为改进和完善保障要素提供依据。

2. 时机和种类

为了提高试验效率和节省试验经费,并确保试验结果的准确性,研制、生产过程中的维修性试验与评估一般应与功能试验及可靠性试验结合进行,必要时也可单独进行。

根据试验与评估的时机、目的和要求,通常将系统级维修性试验与评估分为核查、验证和评价。系统级以下层次产品的维修性试验与评估如何划分,应根据产品具体情况确定。

1) 维修性核查

维修性核查是研制过程中的工程试验,即承制方为实现装备的维修性要求,自签订装备研制合同之日起,贯穿于从零部件、元器件到组件、分系统、系统的整个研制过程,并不断进行的维修性试验与评估工作。

维修性核查的目的是检查和修正维修性分析与验证所用的模型及数据,鉴别设计缺陷,以便采取纠正措施,实现维修性的持续增长,保证满足规定的维修性要求和便于以后的验证。根据这样的目的和试验的时机,核查的方法比较灵活,应最大限度地利用研制过程中各种试验(如功能、样机模型、合格鉴定和可靠性等试验)进行的维修作业所得到的数据,并采用较少的和置信水平较低的(粗略的)维修性试验。在研制早期还可采用木质模型或金属模型进行演示、测算。对这些数据、资料进行分析,找出维修性的薄弱环节,采取改进措施,提高维修性。

2) 维修性验证

维修性验证是一种正规的、严格的、检验性的试验评估,即为确定产品是否符合规定的维修性要求,由指定的试验机构进行或由订购方与承制方联合进行的试验与评估工作。维修性验证通常在设计定型、生产定型阶段进行,如有必要,在进行产品验收时也要进行。

验证的目的是全面考核产品是否符合规定的维修性要求。维修性验证的结果应作为批准产品定型的依据。因此,验证试验的环境条件应尽量与产品实际使用维修环境一致,或十分类似。验证试验中的维修保障要素应与正式使用时保障计划的规定一致,以保证验证结果可信。维修性验证的指定试验机构一般是专门的装备试验基地或试验场(第三方),也可以是经订购方和承制方商定的具备条件的研究所、生产厂或其他合适的单位。参加验证试验的维修人员应当是专门试验机构或订购方的现场维修人员,或是经验和技能与实际使用保障中的维修人员同等程度的人员。这些人员应经承制方适当训练,其数量和技术水平应符合规定的保障计划要求。

3) 维修性评价

维修性评价是指使用部门(订购方)在承制方的配合下,为确定产品在实际使用、维修及保障条件下的维修性所进行的试验与评估工作,通常在使用方试用时或(和)在产品使用阶段进行。

维修性评价的目的是确定产品在部署以后的实际使用与维修保障条件下的维修性水平,观察实际维修保障条件对该产品维修性的影响,检查维修性验证中所暴露的维修性缺陷的纠正情况。除重点评价实际条件下使用方的维修性外,当有基地级维修性要求时,还应评价基地级维修的维修性(在维修性核查、验证阶段是不评价的)。评价的对象即所用的实体应为已部署的产品(装备硬件、软件)或与其等效的样机。需要考核的维修作业应是实际使用中遇到的维修工作,一般不需要进行专门的故障模拟及维修。这就是说,维修性评价主要是靠统计实际维修数据、了解使用方维修状况来进行的。

3.3.2　一般程序

维修性试验与评估按程序分为准备阶段和实施阶段。

准备阶段的工作:

(1) 制定试验计划;

(2) 选择试验方法;

(3) 确定受试样品;

(4) 培训试验维修人员;

(5) 准备试验环境、试验设备及保障设备等资源。

实施阶段的工作:

(1) 确定试验样本量;

(2) 选择与分配维修作业样本;

(3) 故障的模拟与排除,即进行修复性维修试验;

(4) 进行预防性维修试验;

(5) 收集、分析与处理维修试验数据和试验结果的评估;

(6) 编写维修性试验与评估报告等。

本小节仅选择性地介绍统计试验方法的选择、样本量的确定、选择与分配维修作业样本、故障的模拟与排除等几个主要问题。

1. 统计试验方法的选择

如前所述,维修性核查和评价主要是利用各种试验或现场数据,或采用某些演示方法等,而维修性定量指标的试验验证则属于统计试验,要用正规的统计试验方法。在《维修性试验与评定》(GJB 2072—94)中规定了 11 种方法,如表 3-4 所示。选择时,应根据合同中的要求,综合考虑维修性参数、风险率、维修时间分布假设以及试验经费和进度要求等因素,在保证不超过订购方风险的条件下,尽量选择样本量小、试验费用低、试验时间短的方法。试验方法应由订购方和承制方共同商定选择,或由承制方提出经订购方同意。除上述规定的 11 种方法外,也可以选用有关国标中规定的适用方法,但都应经订购方同意。例如某新研装备合同要求平均修复时间的最低可接受值为 0.5 h,订购方风险率 β 不大于 0.10。由于是新研装备,维修时间的分布及方差都是未知的。表 3-4 中方法 9 的维修时间平均值的检验正符合上述条件,且最小样本量为 30,比别的方法少,故可选择方法 9。

表 3-4　试验方法汇总表

方法	检验参数	分布假设	样本量	推荐样本量	作业选择	需要规定的参量
1-A	维修时间平均值	对数正态,方差已知	见各试验方法的具体规定	$\geqslant 30$	自然或模拟故障	μ_0,μ_1,α,β
1-B		分布未知,方差已知		$\geqslant 30$		
2	规定维修度的最大修复时间	对数正态,方差未知		$\geqslant 30$		T_0,T_1,α,β
3-A	规定时间维修度	对数正态				P_0,P_1,α,β
3-B		分布未知				
4	装备修复时间中值	对数正态		20		$\overline{M}_{ct}$
5	每次运行应计入的维修停机时间①	分布未知		50	自然故障	$A,T_{CMD}/N$ $T_{DD}/N,\alpha,\beta$
6	每飞行小时的维修工时率(M_I)	分布未知				$M_I,\Delta M_I$
7	地面电子系统工时率	分布未知		$\geqslant 30$	自然或模拟故障	μ_R,α
8	均值与最大修复时间的组合	对数正态			自然故障或随机(序贯)抽样	均值及 M_{max} 的组合
9	维修时间平均值和最大修复时间	分布未知		$\geqslant 30$	自然或模拟故障	$\overline{M}_{ct},\overline{M}_{pt},\beta,\overline{M}_{p/c},M_{max}$
10	最大修复时间和修复时间中值	分布未知		$\geqslant 50$		$\overline{M}_{ct},\overline{M}_{pt},\beta,M_{max},M_{maxct}$
11	预防性维修时间	分布未知	全部任务完成			$\overline{M}_{pt},M_{maxct}$

注:① 用于验证装备可用度 A 的一种间接试验方法。

2. 样本量的确定

维修性统计试验中要进行维修作业,每次维修算一个样本。只有有足够的样本,才能反映总体的维修性水平。如果样本量过小,就会失去统计意义,使订购方和承制方的风险都增大。样本量应按所选试验方法中的公式计算确定,也可参考表 3-4 中所推荐的样本量。某些试验方案(如表 3-4 中试验方法 1-A 维修时间平均值的试验)在计算样本量时还应对维修时间分布的方差进行估计。表 3-4 列有不同试验方法所推荐的最小样本量,这是一种经验值。

3. 选择与分配维修作业样本

1) 维修作业样本的选择

为保证试验所做的统计学决策(接受或拒绝)具有代表性,选择的维修作业最好与实际使用中所进行的维修作业一致。对于修复性维修的试验,可选用两种方法产生的维修作业:

(1) 自然故障产生的维修作业。装备在功能试验、可靠性试验、环境试验或其他试验及使用中发生的故障,均称为自然故障。一般地说,这种自然故障发生的多少、影响的程度是符合实际的,最具代表性。因此,对于自然故障产生的维修作业,如果其次数足以满足所采用的试验方法中的样本量要求,应优先将其作为维修性试验样本。如果上述自然故障产生的维修作业在实施时是符合试验条件要求的,则当时所记录的维修时间也可以作为维修性验证时的有效数据,进行分析和判决。

（2）模拟故障产生的维修作业。当自然故障产生的维修作业次数不足时,可以用模拟故障产生的维修作业次数补足。为了缩短试验时间,经承制方和订购方商定也可采用完全基于模拟故障产生的维修作业作为样本。

预防性维修应按维修大纲规定的项目、工作类型及其间隔期确定试验样本。

2）维修作业样本的分配

当采用自然故障所产生的维修作业次数满足给定的试验样本量时,显然不需要再进行分配。当采用模拟故障时,在什么部位、排除什么故障等都需要合理地分配到各相关零部件上,以保证能验证整机的维修性。

维修作业样本的分配以装备的复杂性、可靠性为基础的。如果采用固定样本量试验法检验维修性指标,可按比例分层抽样的方法进行维修作业分配。如果采用可变样本量的序贯试验法进行检验,则应采用按故障分摊率的简单随机抽样法。所谓故障分摊率是指单元故障率与装备（产品）总故障率之比。用它乘以样本量 N 即为单元的维修作业样本数。

4. 故障的模拟与排除

1）故障的模拟

按分配的样本量随机抽取维修作业进行试验。一般采用人为方法进行故障的模拟。对不同类型的装备,可根据故障模式及其原因分析选择不同的模拟故障（或称注入故障）方法。常用的模拟故障方法有：

（1）用故障件代替正常件,模拟零件的失效或损坏;

（2）接入附加的或拆除不易察觉的零部件、元件,模拟安装错误和零部件、元件丢失;

（3）故意造成零部件、元件失调变位。

模拟故障应尽可能真实、接近自然故障。基层级维修以常见故障模式为主。可能危害人员和产品安全的故障不得模拟（必要时应经过批准,并采取有效的防护措施）。在模拟故障过程中,参加试验的维修人员应当回避。

2）故障的排除

由经过训练的维修人员排除故障,并有专人记录维修时间。完成故障检测、隔离、拆卸、换件或修复原件、安装、调试及检验等一系列维修活动,称为完成一次维修作业。在排除故障的过程中必须注意：

（1）只能使用根据维修方案规定的维修级别所配备的备件、附件、工具、检测仪器和设备,不能使用超过规定范围的或使用上一维修级别所专有的设备;

（2）按照本级维修技术文件规定的修理程序和方法进行维修;

（3）人工或利用外部测试仪器查找故障及其他作业所花费的时间均应计入维修时间中。

第4章 测试性设计

测试性指产品(系统、子系统、设备或组件等)能及时准确地确定其状态(可工作、不可工作或性能下降程度),并隔离其内部故障的一种设计特性。船舶测试性设计是指对所属装备进行测试性建模、分配、预计、设计和评价,以及测试方案、诊断方案、健康管理方案设计等。

本章主要介绍测试性基本概念、测试性分配和预计,以及测试诊断方案设计。

4.1 测试性基本概念

4.1.1 测试及测试性

测试是一个非常广义的概念,笼统地说,凡是对产品进行的检查、测量、试验都可以称为测试。在产品研制、生产、使用(含储存)、维修乃至报废过程都有测试。例如,在研制和生产过程中,经常要对零部件、组件乃至成品的性能或几何、物理参数等进行检查、测量,以判断它们是否符合规定要求。在使用过程中,对装备要定期进行检查和测试,以便确定其状态,判断其是否可以完成规定的功能,即发现故障存在的过程,称为故障检测。如果有工作状态不正常的迹象,就要进一步找出发生故障的部位再隔离故障,以便排除故障,恢复装备良好状态。故障检测与隔离合称为故障诊断。测试的目的也是多种多样的。例如调试与校准、验证与评价、检测与隔离故障(以上3种在研制、生产、使用、维修过程中都有),以及产品验收、装备质量监控(使用阶段)等。就装备使用与保障以及可靠性、维修性的范畴来说,测试的重点是要掌握产品的状态并隔离故障。这种确定产品状态(可工作、不可工作或性能下降程度)并隔离其内部故障的活动就是产品的测试。

为了完成测试,需要有测试系统(对于武器系统而言,它是一个分系统)。其一般的功能应包括如下几项:

(1)激励的产生和输入。产生必要的激励并将其施加到被测单元(unit under test,UUT)上,以便得到要测量的响应信号。必要时还要模拟产品运行环境,把 UUT 置于真实工作条件下。

(2)测量、比较和判断。对 UUT 在激励输入作用下产生的响应信号进行观察和测量,再与标准值比较,并按规定准则或判据判定 UUT 的状态乃至确定故障部位。

(3)输出、显示和记录。将测试结果用仪表指示、显示器图文、音响和警告灯等显示方式输出,并可用各种存储器、磁带、打印机等记录。

(4)程序控制。对测试过程中每一操作步骤的实施和顺序进行控制。最简单的程序控制器是操作者或维修人员,复杂的程序控制器是计算机及其接口装置。

具备上述测试功能基本要素,测试系统还需要有相应的组成部分,其组成如图 4-1 所示。

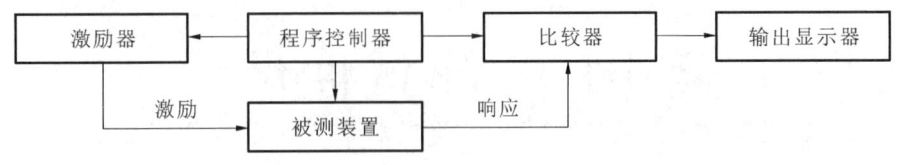

图 4-1　测试系统的组成

随着装备的现代化、复杂化,其测试越来越困难,并消耗大量的时间和资源,甚至成为影响维修时间的主要因素。因此,为了有效解决测试问题,必须从产品设计层面着手研究,这也就提出了对测试性的要求。

装备的测试性主要表现在:

(1)自检功能强。装备本身具有专用或兼用的自检硬件和软件,能自己监测工作状况,检测与隔离故障,而且检测隔离比例高,可指示故障、报警,且虚假报警少。

(2)测试方便。测试设备或装置便于维修人员、使用掌握,方便检查和测试,可自动记录存储故障信息,可查询,故障显示清晰明确、便于理解,可按需要检查系统各部分并隔离故障。

(3)便于使用外部测试设备(ETE)进行检查测试。装备上有足够的测试点和检查通路,与自动测试设备(ATE)或通用仪器的接口简单、兼容性好,专用测试设备少。

总的来说,就是要求装备便于进行测试和(或)其本身就能完成某些测试功能。提高装备测试性的主要途径是进行固有测试性设计,并提高机内测试能力。

4.1.2　测试分类

从不同的维度,可将测试分类如下:

(1)系统测试与分部测试。这是按照测试对象 UUT 是整个系统还是它的组成部分(外场或现场可更换单元(LRU)、车间可更换单元(SRU)或更小的单元(SSRU))来区分的。

(2)静态测试与动态测试。这是按照输入激励的类型区分的:激励为常数的,称为静态测试;激励为变量的,称为动态测试。例如尺寸、质量测量是静态测试,而使用过程测试、车辆行驶中测试是典型的动态测试。

(3)开环测试与闭环测试。这是按照测试系统中有无反馈区分的,有反馈的是闭环测试,无反馈的是开环测试。

(4)机内测试(BIT)与外部测试。这是按照测试系统与装备任务系统的关系来区分的。

(5)在线测试与离线测试。装备处于工作状态时进行的测试是在线测试,装备处于非工作状态时进行的测试是离线测试。

(6)定量测试与定性测试。按测试的输出来分,可分为定量测试与定性测试。定性测试也称为通过或不通过测试。

(7)自动测试、半自动测试与人工测试。这是按照测试控制的方式来区分的。

在以上众多的测试方式中,使测试简便、迅速的一条重要途径是在装备内部专门设置测试硬件和软件,或利用部分任务功能部件来检测和隔离故障、监测系统本身状况,这使得装备能确定其自身是否在正常工作,确定其发生了故障的部分,这就是 BIT。所以,BIT 可定义为系统或设备(装备)自身具有的检测和隔离故障的自动测试功能。完成 BIT 功能的、可以进行识别的部分叫机内测试设备(BITE)。

按启动和执行方式的不同,BIT 可分为:

(1) 连续 BIT。连续地监测系统工作状况,并在发生故障时给出信号或指示的一类 BIT。它不需要专门启动即可自动工作。

(2) 周期 BIT。以某一频率周期性地进行故障检测与隔离的一类 BIT,如在规定的处理器空闲时间执行 BIT 软件。它也不需要专门启动即可自动工作。

(3) 启动 BIT。仅在外部事件激励(如操作者接通开关等)后才能执行故障检测与隔离的一类 BIT。系统每接通一次电源就运行一遍规定的检测程序,这样的 BIT 称为加电 BIT,它是启动 BIT 的特例。

按运行的时机和目的的不同,BIT 可分为:

(1) 任务前 BIT(飞行前、工作前 BIT)。主要用于执行任务前的装备状态检测,以确定其是否可以正常工作。若装备性能下降超过门限或发生故障,则给出指示或告警(NO-GO);否则,给出检查通过指示(GO)。

(2) 任务中 BIT(飞行中、工作中 BIT)。在执行任务过程中连续地或周期性地检测装备各组成部分的工作状况,特别是对安全和任务关键的部件,并存储故障数据,必要时给出指示或告警。

(3) 维修 BIT。主要是在装备执行任务以后用来检查可能存在的故障情况,在进行故障检测与隔离或维修时,对装备状况进行的全面检测。这种 BIT 应有方便的人-机接口,比前两种 BIT 有更强的故障诊断能力。

4.1.3 测试性定性要求

与维修性相似,测试性的定性要求既是定量要求的补充,又是落实定量要求的技术措施。测试性的定性要求一般包括以下内容:

(1) 产品划分的要求。把装备按照功能和结构合理地划分为 LRU、SRU 等易于检测和更换的单元,以提高故障隔离能力。

(2) 测试点要求。在装备上,根据需要设置充足的内部和外部测试点,以便各级维修测试时使用,测试点应有明显标记。

(3) 性能监控要求。对装备使用安全和关键任务有影响的部件,应能进行性能监控和自动报警。

(4) 原位测试要求。对无充分 BIT 测试能力的装备,应考虑采用机(车)载测试系统进行原位检测,及时发现故障、隔离故障,以便尽快修复。

(5) 测试输出要求。故障指示、报告、记录(存储)要求。

(6) 兼容性要求。被测试项目与计划用的 ETE 应具有兼容性,这涉及性能和物理上的接口问题。如果不能用 BITE,最好能用通用的 ETE。

(7) 综合测试能力要求。依据维修方案和维修人员水平,应考虑用 BIT、ATE 和人工测试或它们的组合,以确保各级维修获得全面的测试能力。应当在各种测试方式、测试设备之中进行权衡,以取得最佳性能费用比。

对不同的装备,测试性要求的具体内容、侧重点有所不同,应根据其使用需求、装备类型等确定。

测试性要求的确定,与维修性要求确定的程序、方法大体一致。在此过程中,测试性的指标、要求要同其他维修性要求、可靠性要求进行权衡,使之协调一致,以较少的寿命周期费用达到装备所需的完好性、可用性要求。

4.1.4　测试性定量要求

测试性定量要求是一系列的指标,而指标是测试性参数的要求值。常用的测试性参数有故障检测率、故障隔离率、虚警率。

1. 故障检测率

测试性要求能把装备的故障都检测出来,能检测出来的比例越大越好。这就要用到检测率的概念。故障检测率是指在规定条件下和规定期间内,用规定方法正确检测出的故障数与被测试项目发生的全部故障数之比,以百分数表示,即

$$r_{FD} = \frac{N_D}{N_T} \times 100\% \tag{4.1.1}$$

式中:N_T 为在规定期间内发生的全部故障数(故障总数);N_D 为在规定期间内,在规定条件下用规定方法正确检测出的故障数。

这里的"被测试项目"可以是系统、设备、LRU 等。"规定期间"是指用于统计发生故障总数和检测出故障数的时间区间,此时间应足够长。"规定条件"是指测试的时机(任务前、任务中或任务后)、维修级别、人员水平等。"规定方法"是指 BIT、专用或通用 ETE、ATE、人工测试或几种方法的组合,应根据具体被测试项目而定。在规定故障检测率指标时,以上这些规定内容应表述清楚。

对于电子系统、设备以及一些复杂装备,在进行测试性分析、预计时,可取故障率(λ)为常数,式(4.1.1)可变为

$$r_{FD} = \frac{\lambda_D}{\lambda} = \frac{\sum \lambda_{Di}}{\sum \lambda_i} \times 100\% \tag{4.1.2}$$

式中:λ_i 为被测试项目中第 i 个部件或故障模式的故障率;λ_{Di} 为可检测的故障率。

从式(4.1.2)中可以看出,设计时应优先考虑故障率高的部件或故障模式的检测问题。

2. 故障隔离率

测试性要求应尽量找到检测出的故障的具体故障部位,即隔离到损坏的单元。这就要用故障隔离率来表示。故障隔离率是指在规定期间内,在规定条件下用规定方法能够正确隔离到规定个数(L)以内可更换单元的故障数与被测试项目已被检出的全部故障数之比,以百分数表示,即

$$r_{FI} = \frac{N_L}{N_D} \times 100\% \tag{4.1.3}$$

式中:N_L 为在规定期间内,在规定条件下用规定方法正确隔离到小于或等于 L 个可更换单元的故障数。

$L=1$ 时为确定(非模糊)性隔离,要求直接将故障确定到需要更换以排除故障的那一个单元。$L>1$ 时为不确定(模糊)性隔离,即 BIT 或其他检测设备只能将故障隔离到 $1 \sim L$ 个单元,到底是哪个单元损坏还需要采用交替更换等方法来确定。所以,L 表示隔离的分辨能力,也称为模糊度。

与故障检测率类似，分析和预计故障隔离率时可用数学模型：

$$r_{FI} = \frac{\lambda_L}{\lambda_D} = \frac{\sum \lambda_{Li}}{\sum \lambda_{Di}} \times 100\% \tag{4.1.4}$$

式中：λ_{Li} 为可隔离到小于或等于 L 个可更换单元的第 i 个部件或故障模式的故障率。

3. 虚警率

BIT 或其他检测设备指示被测试项目有故障，而实际该项目无故障的现象称为虚警（false alarm，FA）。虚警虽然不会造成装备或人员的损伤，但会增加不必要的维修工作，降低装备的可用度，甚至延误任务。所以，一般要求测试设备或装置的虚警越少越好。这就提出了虚警率的要求。所谓虚警率是指在规定期间内发生的虚警（次）数与故障指示总（次）数之比，以百分数表示，即

$$r_{FA} = \frac{N_{FA}}{N_F + N_{FA}} \times 100\% \tag{4.1.5}$$

式中：N_{FA} 为虚警（次）数；N_F 为真实故障指示（次）数。

与故障检测率类似，分析和预计虚警率时可用数学模型：

$$r_{FA} = \frac{\sum \delta_i}{\sum \lambda_{Di} + \sum \delta_i} \times 100\% \tag{4.1.6}$$

式中：δ_i 为第 i 个导致虚警事件的频率，包括会导致虚警的 BITE 故障模式的故障率和未防止的其他因素、事件发生的频率等。

除了上面的三个主要参数外，常见的定量参数还包括故障检测时间、故障隔离时间、不能复现率、重测合格率等。

其中：故障检测时间是指从故障发生时开始检测，到检出故障并给出指示所经过的时间，这是反映检测快速性的指标；故障隔离时间是指从检出故障到完成隔离程序，指出要更换的故障单元所经过的时间，这是反映隔离快速性的指标；不能复现（cannot duplicate，CND）率是指 BIT 和其他检测设备指示被测试项目有故障，但在现场维修检测时故障不能重现的比例；重测合格（retest OK，RTOK）率是指在现场识别出有故障的项目，在中继级或基地级维修测试中是合格的比例。

虚警与 CND、RTOK 的区别在于：虚警主要是针对不存在故障的情况，用于工作中测试；而 CND 和 RTOK 所涉及的还包括有故障未检出的情况，主要用于各级维修测试。

在上述参数中经常被选用的参数是故障检测率、故障隔离率和虚警率。目前要求和达到的一般水平是系统、设备工作中和外场维修用 BIT 测试，即 $r_{FD} = 90\% \sim 98\%$，$r_{FI} = 90\% \sim 99\%$（隔离到 1 个 LRU），$r_{FA} = 1\% \sim 5\%$。LRU 在中继级维修用 BIT＋ATE 测试，即 $r_{FI} = 70\% \sim 90\%$（隔离到 1 个 SRU），$80\% \sim 95\%$（隔离到 2 个 SRU），$90\% \sim 100\%$（隔离到 3 个 SRU）。

除上述系统测试性参数外，机内测试设备、外部专用测试设备、自动测试设备自身还有可靠性、维修性、体积、重量和功耗等要求。这些要求与测试性有关，但不是系统测试性的要求。

4.1.5　船舶测试性工作内容

根据《装备测试性工作通用要求》（GJB 2547A—2012），船舶测试性工程涉及 5 个类别共

21 个工作项目。其项目类别及工作目的如下：

（1）测试性及工作项目要求的确定。协调并确定装备诊断方案和测试性定量与定性要求，以满足装备作业状态完好性、任务成功性、安全性要求和保障资源等约束；选择并确定测试性工作项目，以合理的费用实现规定的测试性要求。

（2）测试性管理。全面规划装备寿命周期中的测试性工作，制定并实施测试性计划，以保证测试性工作顺利进行；明确合理地安排工作项目，以确保装备满足合同规定的测试要求；订购方对承制方、承制方对转承制方和供应方的测试性工作进行监督与控制，以确保承制方、转承制方和供应方有效完成测试性工作项目，交付的产品符合规定的测试性要求；按计划进行测试性要求和测试性工作评审，确保测试性要求和设计的合理性，以及测试性工作按合同要求和工作计划进行，并最终实现规定的测试性要求；收集、分析和管理研制、生产和使用过程中与测试性有关的数据，为测试性设计分析、评价和改进提供信息；及时发现测试性问题并安排纠正措施，以实现测试性增长。

（3）测试性设计与分析。建立产品的测试性模型，用于分配、预计、设计和评价产品的测试性；根据诊断方案、可靠性、任务关键性和技术风险等要求，将产品的测试性定量要求逐层分配到规定的产品层次，以明确各层次产品的测试性定量要求；根据测试性设计资料估计产品的测试性水平是否能满足规定的测试性定量要求；在故障模式影响及危害度分析的基础上，收集和分析相应的故障检测和故障隔离等方面的相关资料，为产品的测试性设计、分析及试验与评价提供相关信息；将测试性要求及使用和保障约束转化为具体的产品测试性准则，以指导和检查产品设计；从设计早期阶段开始，将固有测试性设计到产品中，并对设计结果进行分析和评价；进行嵌入式诊断设计和外部测试设计，以满足规定的产品测试性指标要求。

（4）测试性试验与评价。识别测试性设计缺陷，以便采取纠正措施，实现测试性的持续改进与增长；验证产品的测试性是否符合规定的要求；通过综合利用产品的各种有关信息，分析评价产品是否满足规定的测试性要求。

（5）使用期间测试性评价与改进。通过有计划地收集装备使用期间的各项有关数据，为使用期间测试性评价与测试性改进，以及新研装备的论证与研制等提供信息；评价装备在实际使用条件下达到的测试性水平，确定是否满足规定的测试性要求，为改进测试性、完善使用与维修工作以及新研装备的论证等提供支持；对装备在使用期间暴露的测试性问题采取改进措施，以提高装备的测试性水平。

4.1.6　智能船舶测试性特点

对智能船舶而言，自主性和智能化是其突出特点，而这些对外呈现的优良性能是以智能船舶内在的测试性设计为基础的。

1. 自主性与测试性的关系

（1）相互促进。自主性的提高要求智能船舶具备更强的自我诊断和自我修复能力，这促使测试性设计更加注重故障的快速定位和修复。同时，良好的测试性设计能够确保智能船舶在研发和生产阶段能及时发现并修复潜在问题，从而提高其自主性和可靠性。

（2）相互依赖。自主性的实现依赖于智能船舶内部复杂的控制系统和算法，这些系统和算法的运行需要各种测试传感器提供数据输入，其正确性和可靠性需要通过严格的测试来验证。测试性设计则为这些测试提供了必要的基础和条件，确保测试的有效性和准确性。

（3）共同影响装备的性能。自主性和测试性设计的优劣直接影响智能船舶的整体性能。高自主性和良好的测试性设计能够提高智能船舶的任务执行效率、降低故障率、延长使用寿命，并降低维护成本。

2. 智能化与测试性的关系

智能船舶的智能化是指通过集成先进的传感器、处理器、算法和自主决策系统，使装备具备更高的自主感知、认知、决策和执行能力。智能化的装备能够更准确地理解环境、更高效地执行任务，并具备更强的适应性和灵活性。智能化是装备技术发展的重要方向之一，它能够提高装备的任务执行效率、降低操作风险，并拓展装备的应用领域。随着人工智能、大数据、云计算等技术的不断发展，装备的智能化水平将不断提高，为海洋探测、资源开发、环境监测等领域带来革命性的变化。智能化的提升要求智能船舶具备更复杂的控制系统和算法，这些系统和算法的正确性和可靠性需要通过严格的测试来验证。因此，测试性设计在智能船舶的研发过程中显得尤为重要。

4.2　测试性分配与预计

4.2.1　测试性分配方法

同可靠性、维修性相似，为了把测试性指标要求设计到装备中去，首先必须把系统级的指标分配到各个分系统、LRU、SRU。测试性分配的目的、时机、程序等与维修性分配相似。测试性分配的指标一般是故障检测率、故障隔离率，而虚警率通常不分配。以下介绍的是故障检测率和故障隔离率的分配方法。

1. 故障率分配法

这种方法与维修性分配中的按故障率分配相似。在组成系统的各部件中，故障率高的部件应有较高的自动故障检测与隔离能力，以便减少维修时间，提高装备的可用性。所以，设计早期阶段可按故障率高低来初步分配测试性指标。其步骤如下：

（1）根据系统功能的划分情况，画出系统功能层次图。

（2）获得各组成部分的故障率数据 λ_i。

（3）计算各组成部分的分配值：

$$P_{ia} = P_{sr} \cdot \frac{\lambda_i \sum\limits_{i=1}^{n} \lambda_i}{\sum\limits_{i=1}^{n} \lambda_i^2} \tag{4.2.1}$$

式中：P_{sr} 为要求的系统测试性指标。

（4）权衡、调整计算所得的 P_{ia} 值。

（5）验算分配结果，将各分配值代入式（4.2.2）计算系统指标，如 $P_s > P_{sr}$，则分配工作完成，否则重复步骤（4）、（5）。

$$P_s = \frac{\sum\limits_{i=1}^{n} \lambda_i P_{ia}}{\sum\limits_{i=1}^{n} \lambda_i} \tag{4.2.2}$$

按故障率分配法比较简单,从确保可用性角度也是合理的。然而,当各 λ_i 值相差比较大时,计算的各 P_{ia} 值也相差比较大,从可行性考虑未必合适,需要的调整量过大。

2. 加权分配法

按故障率分配仅考虑了一个因素,而加权分配则是考虑多个因素,并给出相应的加权系数,用来计算分配指标。在测试性分配中,此处考虑 5 个因素,取加权系数如下:

k_{i1}——故障率系数,即故障分摊率,为单元故障率与系统总故障率之比;

k_{i2}——故障影响系数,故障影响严重的单元取较大的值(可用各单元的 1、2 类故障数与系统总的 1、2 类故障数之比来表示);

k_{i3}——修复时间系数,单元分配的修复时间指标较小的,修复时间系数应取较大的值;

k_{i4}——自动测试难易系数,实现 BIT 较容易而用人工测试比较困难的单元应取较大的值;

k_{i5}——成本系数,实现自动测试成本较低的单元应取较大的值。

将 5 个系数相加,可得单元的加权系数:

$$k_i = k_{i1} + k_{i2} + k_{i3} + k_{i4} + k_{i5} \tag{4.2.3}$$

单元测试性指标的分配值为

$$P_s = P_{sr} \cdot \frac{k_i \sum_{i=1}^{n} \lambda_i n_i}{\sum_{i=1}^{n} n_i \lambda_i k_i} \tag{4.2.4}$$

式中:n_i 为第 i 个部分(可更换单元)的个数。

3. 相似产品分配法(装备中有部分现成产品时的分配法)

新研装备往往选用部分已有的现成产品,其故障率和测试性指标为已知数据,只是新设计的部分产品需要分配测试性指标,这时可按如下方法进行分配。

(1)计算新品部分总指标:

$$P_{SN} = \frac{P_{sr}\lambda_s - \sum_{j=1}^{n-k} \lambda_j P_j}{\sum_{i=1}^{k} \lambda_i} \tag{4.2.5}$$

式中:λ_s 为装备总故障率;k 为新设计产品数;λ_i 为新设计产品故障率;λ_j 为现成产品故障率;P_j 为现成产品测试性指标。

(2)按式(4.2.1)或式(4.2.4)将 P_{SN} 分配给各新设计产品。

4.2.2 测试性预计方法

同维修性预计相似,测试性预计的目的是根据设计方案或设计资料估计测试性设计参数是否达到了指标要求,以便及早发现设计薄弱环节,研究纠正措施。测试性预计是指按系统组成情况,由 SRU 到 LRU,再到子系统,最后估计出系统的测试性参数值。

1. BIT 参数预计

BIT 参数预计在 BIT 设计基础上进行,预计 BIT 故障检测与隔离能力,分析防止虚警的可能措施。主要步骤如下:

(1)准备测试性框图。结合系统功能分析和固有测试性设计结果绘制测试性框图,以表示出各组成单元之间的功能关系、信号流向、设置的测试点和 BITE 等,必要时给出各功能方框的描述和说明。

（2）BIT 方案分析。分析任务前 BIT、任务中 BIT 和维修 BIT 的工作原理、电路、检测的范围、启动和结束测试的条件、故障显示与记录等情况。

（3）BIT 算法分析。对所有的 BIT 算法、软件进行分析，以识别各种 BIT 模式可检测和隔离的功能单元、部件或故障模式。

（4）故障模式分析。根据 FMECA 和可靠性预计结果，取得各功能单元（LRU、SRU）及组部件的故障模式、影响、故障率和故障模式频数比。

（5）故障检测分析。根据前面步骤所得数据和分析结果，确定每个功能单元和组部件的各故障模式能否由 BIT 检测到，具体指出是由哪一种 BIT 模式检测出的，并识别出不能检测的故障模式。

（6）故障隔离分析。分析 BIT 检测出的故障模式能否用 BIT 隔离，若可以，则可隔离到几个可更换单元（LRU 或 SRU）上。

（7）虚警分析。根据 BIT 算法和有关电路分析结果，鉴别虚警防止措施的有效性；分析故障判据、测试容差（门限值）设置是否合理；分析可能导致虚警的相关因素、事件的频率；分析 BITE 的故障模式和影响，找出会导致虚警的相关故障模式的故障率。

（8）填写 BIT 预计工作单。把所得相关数据和分析结果（各种 BIT 可检测和隔离的故障率等）填入 BIT 预计工作单中，如表 4-1 所示。

表 4-1　BIT 预计工作单（示例）

① LRU（分系统）：　　　　　　　　　　LRU$_1$ 分析者：　　　　　　　　　日期：

②项目		③组成部件		④故障率			⑤检测 λ_D				⑥隔离 λ_i					⑦虚警 δ	⑧测试编号	备注
序号	名称代号	编号	λ_p	FM	α	λ_{FM}	PBIT	IBIT	MBIT	UD	1SRU	2SRU	3SRU	1LRU	2LRU			
1	SRU_1	U_1	120	FM_{11}	0.3	36	36	36	36		36			36				
				FM_{12}	0.3	36	36	36	36			36		36				
				FM_{13}	0.4	48	48	48	48				48	48				
2	SRU_2	U_2	40	FM_{21}	0.6	24	24	24	24		24			24				
				FM_{22}	0.4	16	0	16	16		16			16				
3	SRU_3	U_3	28	FM_{31}	0.5	14	14	14	14			14		14				
				FM_{32}	0.5	14	0	0	0	14								
故障总计						188	158	174	174	14	124	50		174				
预计值/（%）							84.0	92.6	92.6	7.4	71.3	29.7		100				

其中，第④栏填写各部件的故障模式（FM）、故障模式频数比（α）及其故障率（λ_{FM}），后二者与部件故障率 λ_p 的关系是

$$\lambda_{FMi} = \alpha_i \lambda_p \quad \sum \alpha_i = 1 \cdot \sum \lambda_{FMi} = \lambda_p$$

第⑤栏填写 BIT 可检测的故障模式的故障率 λ_D；PBIT 栏为任务中 BIT 可检测的故障模式的故障率；IBIT 栏为任务前 BIT 可检测的故障模式的故障率；MBIT 栏为任务后 BIT 可检

测的故障率；UD 栏为 BIT 不能检测的故障模式的故障率。

第⑥栏填写 BIT 可隔离的故障模式的故障率 λ_i：1SRU(1LRU)、2SRU(2LRU)、3SRU 分别表示可隔离到 1 个 SRU（或 LRU）、2 个 SRU（或 LRU）、3 个 SRU。

第⑦栏填写未防止的可导致虚警事件的频率 δ，也包括 BITE 失效导致虚警的故障率。

（9）计算预计结果。分析预计工作单上各栏的故障率总和，再计算 BIT 故障检测率、故障隔离率和虚警率。应当说明的是预计虚警率是很困难的，其结果是粗略的，但可用来检查虚警防止措施的有效性。

（10）综合系统 BIT 预计结果。根据各 LRU 指标计算系统的指标预计值（可用式(4.2.2)）；比较预计值与要求值，判断是否满足要求；列出 BIT 不能检测和不能隔离的故障模式与功能单元，并分析它们的影响；必要时提出 BIT 改进建议。

2. 系统测试性预计

系统（设备）的测试性预计是指根据系统设计来估计故障检测与隔离能力，所用的检测方法包括 BIT、操作者判断、维修人员的计划维修检测等。系统测试性预计的主要工作及其工作单的格式和填写方法与 BIT 预计工作单类似，只是工作单中第⑤栏"检测 λ_D"不按 BIT 分类填写，而是直接填写可检测的故障模式的故障率，其中包括：

（1）B 表示 BIT 可检测的；

（2）P 表示操作者、驾驶员可判断的；

（3）M 表示维修时可检测出的；

（4）UD 表示以上 3 种方法都检测不到的；

（5）d 表示可检测系数（例如，肯定可检测到时，$d=1$；完全检测不到时，$d=0$；某故障模式的检测不能完全肯定，还依赖其他条件和因素，不容易判定（如有渗漏情况是否判为故障）时，$d=0.5$）；

（6）λ_d 表示产品故障模式可检测的故障率，$\lambda_d = d\lambda_{FM}$。

系统中的 LRU 和 SRU（特别是电子类的）也应进行测试性分析，一方面为系统级测试性预计打下基础，另一方面可评定检查 LRU 和 SRU 的设计特性能否满足测试性要求。即要根据 BIT 软硬件设计、内部和外部测试点、输入与输出（I/O）信息、连接器以及 ETE (ETE)等，分析故障检测与隔离能力，并填写相应的测试性预计工作单，方法与系统测试性预计类似。

4.2.3　船舶测试性分配实例

测试性分配工作的主要任务是选用适当的方法将系统的故障检测率（FDR）和故障隔离率（FIR）指标，以及虚警率（FAR）的定量要求，分配给需要规定测试性指标的产品层次，并纳入其设计规范，以便进行测试性设计的技术管理与评价。测试性分配的主要内容包括故障检测率指标的分配、故障隔离率指标的分配、虚警率要求值的分配。

设计阶段，考虑到船舶各组成之间特性差别不大，通常采用等值分配方法，船舶各个组成单元的测试性指标要求等于船舶测试性指标要求，在此给出测试性指标分配实例，如表 4-2 所示。

表 4-2　船舶某动力系统各二级系统测试性指标分配表

序号	组成	故障检测率		故障隔离率		虚警率	
		最低可接受值	规定值	最低可接受值	规定值	最低可接受值	规定值
1	分系统 1	≥85%	≥90%	≥85%	≥90%	≤5%	≤3%
2	分系统 2	≥85%	≥90%	≥85%	≥90%	≤5%	≤3%
3	分系统 3	≥85%	≥90%	≥85%	≥90%	≤5%	≤3%
4	分系统 4	≥85%	≥90%	≥85%	≥90%	≤5%	≤3%
5	分系统 5	≥85%	≥90%	≥85%	≥90%	≤5%	≤3%
6	分系统 6	≥85%	≥90%	≥85%	≥90%	≤5%	≤3%
7	……	—	—	—	—	—	—

4.3　测试诊断方案设计

4.3.1　测试点的定义及分类

测试点(test point,TP)是指测量 UUT 状态信息和特征量的位置。在电量测量中,测试点是测量或注入信号的电气连接点。在非电量测量中,有时需要先用传感器把非电量变成电量,再将其引到方便测量的测试点。无论采用 BIT、ATE 或人工测试,都需要引入激励和输出信息,故都需要测试点。所以,测试点通常包括:

(1) BIT 用 TP。用于完成 BIT 功能的测试点,一般设在产品内部或用工作连接插头传出故障信息。

(2) 外部 TP。用于引入、引出信息到 LRU 的外壳检测插座或工作插座上,与 ETE 配合使用。

① 原位检测用 TP:在外场用于原位故障检测与隔离、调整校准或检验的 BIT,可将信号引到检测插头上。

② 中间级检测用 TP:拆换下来的 LRU 用于车间检修,可将信号引到工作插头或检测插头上,应能与 ATE 方便连接。

(3) 内部 TP。LRU 内部 SRU 上设置的 TP,用于对拆换下来的 SRU 进行检测,提供信号输入、输出路径,把故障隔离到元件、零部件上。

4.3.2　确定测试点的方法及优化

1. 测试点确定

测试点的选择和确定应在确定了产品设计方案、维修方案和测试方案后进行。其具体步骤如下。

1) 分析被测对象的性能和特点

(1) 分析有关设计资料和使用要求,如系统构成和功能说明、原理图、FMEA、故障率数据,以及各级维修的测试要求等。分析应从整体到局部,逐步细化,明确各级的测试对象。

(2)分析每一级测试对象的功能、性能特性参数及其极限值、特征量数据、输入输出信号、故障影响和故障率等,这些都是测量参数的候选对象和选择的依据。

(3)确定各测试对象的每一种功能的故障定义及表示各个故障模式的特征量。

2)选择各级测试对象的测量参数

(1)根据对系统、子系统或设备的分析结果选出Ⅰ级测量参数,含检测用参数(FD1)和隔离用参数(FI1)。Ⅰ级测量参数用于高层次产品测试。

(2)根据对各LRU的分析结果选出相应的Ⅱ级测量参数,含检测用参数(ED2)和隔离用参数(FI2)。

(3)根据对各SRU的分析结果选出相应的Ⅲ级测量参数,含检测用参数(FD3)和隔离用参数(FI3)。

这样逐级细化地分析和选择测量参数的方法,可减少工作量并避免重设测试点。

3)确定测试点的位置并优化

(1)初定测试点。在一般情况下,把各功能单元的信号输出点定为测试点,系统总的输出点是故障检测用测试点的候选对象,系统内各功能单元的输出点是故障隔离用测试点的候选对象。若某个参数测量很困难,可考虑用另外的测试点代替。

(2)测试点优化。将各功能单元输出点作为测试点,可以测试各单元的输出信号,进而判断其状态,但可能有些点是不必要的。所以,有必要对初定的测试点进行优化,以便用最少的测试点、最少的测试工作满足诊断要求。

2. 测试点优化

在初定测试点后,可利用故障信息表进行测试点的优化。

1)按初定测试点,编制故障信息表

(1)将初定测试点标注在功能框图上。如上所述,根据测量参数分析结果,选择初定测试点后,把它们标注在功能框图上,以一个7单元组成的系统及其初定测试点为例,如图4-2所示。

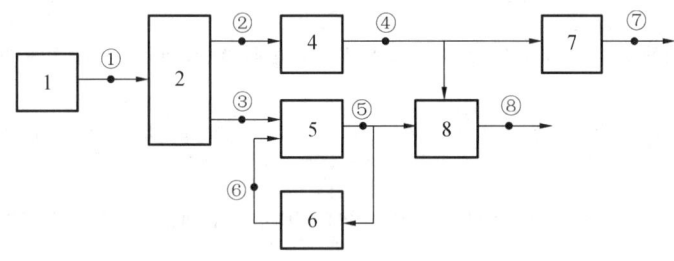

图 4-2　功能框图(①、②、…为初定测试点)

(2)编制故障信息表。为分析方便,假设是单个故障的情况,或者在串联情况下,某个可更换单元(LRU)发生故障时,至少其前面的LRU未同时发生故障。逐个分析每个LRU故障时对各测试点的影响,若在某测试点上有反应,即故障对单元输出有影响,表明可在该点检测到故障,用"1"表示;若测试点上无反应,则用"0"表示。将故障信息标注在表上,以图4-2所示系统为例,其故障信息表如表4-3所示。各f_i表示第i个单元故障,各行的"0、1"数码表明了各单元故障对应在各测试点上的故障信息,可作为测试点优化的基础。

(3)简化故障信息表。由表4-3可知,单元5和6故障时(即f_5、f_6)对应的两行相同,测试点(TP)②和③对应的两列相同,测试点⑤和⑥对应的两列也相同。这就是说,测试点②和③或⑤和⑥所能检测、隔离的故障单元完全相同,故可去掉二者之一。这样去掉冗余部分,就可得到简化的故障信息表,如表 4-4 所示。按照简化后的故障信息表,测试点②(或③)和⑤(或⑥)可以省去,而单元 5 和 6 仅靠现有测试点和功能框图无法区别(隔离)开来。

表 4-3 故障信息表(1)

TP / LRU	1	2	3	4	5	6	7	8
f_1	1	1	1	1	1	1	1	1
f_2	0	1	1	1	1	1	1	1
f_4	0	0	0	1	0	0	1	1
f_5	0	0	0	0	1	1	0	1
f_6	0	0	0	0	1	1	0	1
f_7	0	0	0	0	0	0	1	0
f_8	0	0	0	0	0	0	0	1

表 4-4 故障信息表(2)

TP / LRU	1	2(3)	4	5(6)	7	8
f_1	1	1	1	1	1	1
f_2	0	1	1	1	1	1
f_4	0	0	0	0	1	1
f_5/f_6	0	0	0	1	0	1
f_7	0	0	0	0	1	0
f_8	0	0	0	0	0	1
W_{FDi}	1	2	3	3	4	5

2) 确定故障检测用测试点

检测故障是为了发现产品的故障。有了简化的故障信息表,就可以利用它来确定检测故障需要哪些测试点。显然,由表 4-4 可知,测试点应能检测出所有故障,同时数量又应当尽可能少。为此,需要比较各测试点对各可更换单元故障反应的"敏感"程度,我们把它称为检测权值,第 i 个测试点的检测权值可以表示为

$$W_{FDi} = \sum_{j=1}^{m} t_{ij} \tag{4.3.1}$$

式中:t_{ij} 为第 i 个测试点对第 j 个可更换单元故障的反应,即故障信息表中对应的数值;m 为可更换单元数。

检测权值实际上就是故障信息表中各测试点那一列数值的和,可将其记录在故障信息表

最下面一行,如表 4-4 所示。很明显,测试点的检测权值越大,所能检测出的故障单元就越多。为了用尽量少的测试点获得尽可能高的检测能力,当有多个测试点时,应优先选用检测权值大的测试点。对于图 4-2 所示的例子,测试点⑧的检测权值最大,可检测到除单元 7 以外的所有可更换单元故障,而要检测单元 7 只能用测试点⑦。所以故障检测选用测试点⑧和⑦即可。

3)确定故障隔离用测试点

在检测出故障后,还要将其隔离到可更换单元。这可利用测试点对各单元故障反应的差别来完成。同样,在确定故障隔离用测试点时,应当使之尽可能能隔离所有单元故障,且所需测试点最少。从表 4-4 可知,利用 6 个测试点可以把单元 1、2、4、7、8 与 5 及 6 隔离开来,但是,其中单元 5 与 6 分不开,单元 2 的两个输出端分不开。所以,这样的几个测试点并不是最好的选择。

为提高故障隔离分辨能力,实现正确的隔离,应打开反馈回路和分析有多输出方框的具体组成结构。在表 4-3 中,测试点⑤和⑥所提供的故障信息相同,$f5$ 和 $f6$ 在各测试点上的故障反应也一样,不能区分具体故障单元,这是因为存在反馈回路。想解决这个问题,只需要在隔离时打开反馈回路,比如在反馈电路中加一个开关即可。测试点②和③所提供的故障信息相同,这是因为图 4-2 中方框 2 有两个输出端,导致方框 2 故障时测试点②和③都同时有反应。但实际上有时并非如此,对有多输出的方框组成结构应进一步分析。若方框 2 是由两个并联部件组成的,则可分开画出,这样就得到了改进后的功能框图,如图 4-3 所示。这时的故障信息表 4-5 中不再有相同的行和列,即各单元故障均可隔离开来。但是,这需要 8 个测试点,并不是最优解。

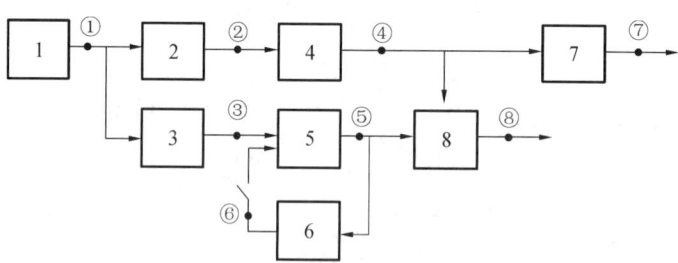

图 4-3 改进后的功能框图

为了能用最少的测试点达到故障隔离要求,我们将引入隔离权值的概念。第 i 个测试点的隔离权值可表示为

$$W_{\text{FI}i} = \sum_{k=1}^{l} (N_{0i} \cdot N_{1i})_k \qquad (4.3.2)$$

式中:N_{0i} 为故障信息表中第 i 个测试点对应列中"0"的个数;N_{1i} 为故障信息表中第 i 个测试点对应列中"1"的个数;l 为可更换单元分组数。

按式(4.3.2)计算出 8 个测试点的隔离权值列于表 4-5 的最下面一行。在确定故障隔离用测试点时,优先选用已选定的故障检测用测试点和隔离权值大的测试点。显然,测试点⑦是首先应当选取的,因为它是隔离检测用测试点且隔离权值最大(16)。将选用的测试点用"*"标出。按所选出的测试点的故障信息重新排列故障信息表:故障反应为"1"的为一组,故障反应为"0"的为另一组,如表 4-6 所示。

表 4-5 故障信息表（3）

TP / LRU	1	2	3	4	5	6	7*	8
f_1	1	1	1	1	1	1	1	1
f_2	0	1	0	1	0	0	1	1
f_3	0	0	1	0	1	1	0	1
f_4	0	0	0	1	0	0	1	1
f_5	0	0	0	0	1	1	0	1
f_6	0	0	0	0	0	1	0	0
f_7	0	0	0	0	0	0	1	0
f_8	0	0	0	0	0	0	0	1
W_{Fli}	7	12	12	15	15	16	16	12

表 4-6 故障信息表（4）

TP / LRU	⑦	1	2	3	4	5*	6	8
f_1	1	1	1	1	1	1	1	1
f_2	1	0	1	0	1	0	0	1
f_4	1	0	0	0	1	0	0	1
f_7	1	0	0	0	0	0	0	0
f_3	0	0	0	1	0	1	1	1
f_5	0	0	0	0	0	1	1	1
f_6	0	0	0	0	0	0	1	0
f_8	0	0	0	0	0	0	0	1
W_{Fli}		3	4	6	3	7	6	6

　　然后按式（4.3.2）重新计算各测试点的隔离权值并列在表 4-6 中最下面一行。选取隔离权值最大的测试点⑤为又一故障隔离用测试点。再根据测试点⑤的故障反应按"1"或"0"把各组一分为二，重新排列故障信息表，如表 4-7 所示，对每个测试点（除已定的故障隔离用测试点外）重新计算，得到新的隔离权值。4 组单元中单元 1 是单独的一组，即它已经可以隔离出来，但其他 3 组中各包含 2 个或 3 个可更换单元，故还要继续分组。由表 4-7 可以看到，测试点⑧的隔离权值最大，故选其为又一故障隔离用测试点，并按其对各单元故障的反应再进行分组，得到表 4-8。此时，8 个单元已被分为 6 组，其中单元 1、7、6、8 各为一组，单元 2 与 4、单元 3 与 5 各为一组。从表 4-8 中可知，单元 2 与 4 可由测试点②来鉴别，单元 3 与 5 可由测试点③来鉴别。这样，选用 5 个测试点⑦、⑤、⑧、②、③就可以把 8 个单元的故障都隔离出来。

表 4-7　故障信息表（5）

TP LRU	⑦	⑤	1	2	3	4	6	8*
f_1	1	1	1	1	1	1	1	1
f_2	1	0	0	1	0	1	0	1
f_4	1	0	0	0	0	1	0	1
f_7	1	0	0	0	0	0	0	0
f_3	0	1	0	0	1	0	1	1
f_5	0	1	0	0	0	0	1	1
f_6	0	0	0	0	0	0	1	0
f_8	0	0	0	0	0	0	0	1
W_{Fli}	—	—	0	2	1	2	2	3

表 4-8　故障信息表（6）

TP LRU	⑦	⑤	⑧	1	2	3	4	6
f_1	1	1	1	1	1	1	1	1
f_2	1	0	1	0	1	0	1	0
f_4	1	0	1	0	0	0	1	0
f_7	1	0	0	0	0	0	0	0
f_3	0	1	1	0	0	1	0	1
f_5	0	1	1	0	0	0	0	1
f_6	0	0	0	0	0	0	0	1
f_8	0	0	1	0	0	0	0	0
W_{Fli}	—	—	—	0	1	1	0	0

4.3.3　确定测试诊断方案及设计

当确定了产品的测试点后,还需确定合理的测试程序,以便能正确且快速地检测和隔离出故障。

如前所述,诊断包括故障检测与隔离。从顺序上说,总是先检测故障再把故障隔离到可更换单元。

1. 故障检测

在诊断过程中,首先要对检测用的测试点逐一进行检测,发现所有的故障。当产品有多个测试点时,就需要确定一个合理的检测顺序。检测顺序可按不同的原则、方法确定:

(1)按测试点检测权值从大到小的排列顺序。先用检测权值大的测试点进行检测,然后依次把各个测试点都检测一遍。

（2）按测试点所能检测故障的总故障率从大到小的排列顺序。某个测试点所能检测故障的总故障率实际上就是表 4-4 中故障检测用测试点（⑦和⑧）对应列中反应为"1"的各单元故障率之和。故障率大的应当先检测。

（3）按测试点的可达性排序。各故障检测用测试点中，可达性好的先检测，可达性差的后检测。

当有多个故障检测用测试点时，不论用上述哪种方法排序，都要考虑序贯检测。就是说，原则上按上述各种方法排序均可，但排序后要做必要的调整，使操作能够有序地进行，而不必来回调动位置。

在检测故障时，系统的反馈通路应当处于闭合状态。

2. 故障隔离

故障隔离的顺序应当为选定测试点的顺序，例如图 4-2 示例中除两个故障检测用测试点⑧和⑦，其余按⑤、②、③的顺序。在隔离故障时，常常需要打开反馈通路，以便能把故障隔离到有反馈通路的可更换单元。

3. 诊断树与故障字典

在确定了故障检测与隔离的程序后，为了制定诊断手册或编制诊断程序软件，可以采用故障诊断树或故障-测试代码表（故障字典）的形式，更加生动、形象地反映诊断过程。

1）诊断树

诊断树实际上是一种反映故障诊断的逻辑过程的树形图（在一般管理学中称为"决策树"）。它表示如何按照一定的路径，利用每个测试点输出信息（0，1），判断产品有无故障及故障单元在哪里。图 4-4 所示为图 4-2 示例诊断过程的故障诊断树。虚线左边是检测过程，利用⑧和⑦两个测试点判断系统有无故障以及单元 7 是否有故障。虚线右边为隔离过程，利用⑤、②、③三个测试点进一步隔离故障到各单元，其中单元 6 与 8 要再次利用测试点⑧进行判断。

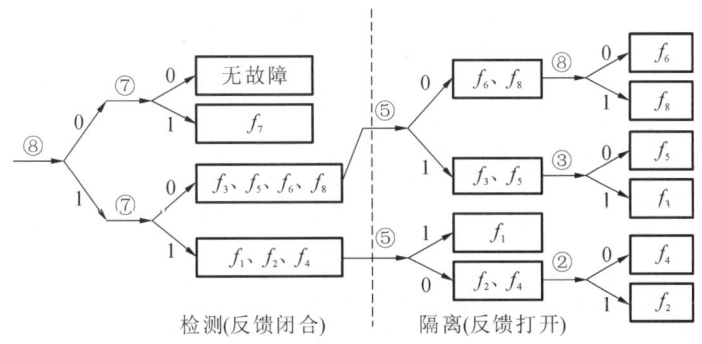

图 4-4　故障诊断树

2）故障-测试代码表

为了把测试点与所能检测、隔离的故障单元联系起来，可采用代码表或故障字典。这种故障-测试代码表实际上就是前面确定测试点时采用的故障信息表，只不过它仅包含了已确定的测试点的那些部分，并且按检测和隔离的顺序排列。表 4-9 所示为图 4-2 系统的故障-测试代码表，f_6 中带括号的数码是隔离时的结果，也就是打开反馈环后的故障信息。

表 4-9　故障-测试代码表

TP LRU	⑧	⑦	⑤	②	③
f_1	1	1	1	1	1
f_2	1	1	0	1	0
f_3	1	0	1	0	1
f_4	1	1	0	0	0
f_5	1	0	1	0	0
f_8	1	0	0	0	0
f_6	1(0)	0	1(0)	0	0
f_7	0	1	0	0	0

由表 4-9 很容易看出,进行故障检测时,即反馈通道闭合的情况下,只要测试点⑧有故障反应,就表明单元 1~6 或 8 有故障;如果测试点⑧没有故障反应,就表明系统没有故障或是单元 7 有故障。再利用测试点⑦的信息,就可判断是无故障(⑦无反应)或是单元 7 有故障。然后进行故障隔离,即将反馈通道打开,再利用测试点⑤的信息,做进一步的判断。由表 4-9 可知,当测试点⑧、⑦、⑤均有故障反应时,表示单元 1 出故障。利用三个测试点⑧、⑦、⑤的其他反应组合,把其他 6 个单元分为 3 组,各两个单元(2 与 4、3 与 5、6 与 8)为一组,再分别利用测试点②、③或⑧,就可将它们隔离开来。

故障-测试代码表的代码是二进制的,因此很容易利用计算机软件或硬件来实现。在此基础上,可以设计出 BITE 或 ATE 诊断软件或电路。

第5章 保障性分析

保障性是指装备的设计特性和计划的保障资源能满足平时作业和使用要求的能力,其中装备的设计特性涵盖了一系列与装备本身及保障有关的各种特性,具体包括可靠性、维修性、测试性、运输性、人机综合特性、生存性、安全性、自保性及可部署性等。保障性反映了为保证装备正常运行,充分发挥其效能所需要的人力、物力等保障资源的获取难易程度。保障性分析是指在装备的研制、生产与使用过程中处理与保障性有关工程技术和管理的分析工作,是贯穿于装备全寿命周期的一种工程活动。

本章主要介绍保障性分析、以可靠性为中心的维修分析(RCMA)、修理级别分析(LORA)、使用和维修工作分析(O&MTA),为开展船舶装备保障性分析提供理论和技术支撑。

5.1 保障性分析基本概念

5.1.1 概述

保障性分析作为综合保障工程中最为核心的一项技术工作,蕴含的工程技术内容和工程价值极为丰富。保障性分析不仅在装备立项论证阶段(或方案设计阶段早期)被视为演绎装备综合保障顶层要求的一项重要技术应用,而且在装备的方案设计、工程研制、生产定型直至使用等不同阶段,它都是权衡确定保障方案和保障资源要求时,一个极其重要且不可或缺的因素。与传统的单一专业维度的工程分析相比,保障性分析具有以下四类技术特点。

1. 多专业、多接口的综合性分析

如图 5-1 所示,保障性分析具有典型的系统工程综合分析特征,其涉及的专业众多,除了综合保障工程专业外,还包括设计工程、软件工程、可靠性工程、维修性工程等。此外,高质量的保障性分析工作必须建立在充分的信息交互的基础上,通常包括综合保障工程与设计工程、软件工程等其他工程专业间的信息交互接口。

2. 多阶段、多轮次的渐进性分析

保障性分析并不能在某一阶段一次性完成。如图 5-2 所示,由于装备在立项论证、方案设计、工程研制等不同阶段可获得的分析输入信息的内容深度和颗粒度不同,因此在相应阶段采用的分析手段和方法也会有所不同,进而使得不同阶段的保障性分析输出目标和结果不尽相同。保障性

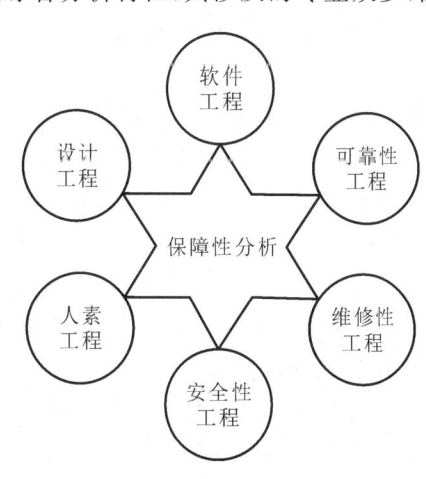

图 5-1 保障性分析的综合性

分析是需要在全寿命周期的各阶段反复多轮次开展的一项综合性技术分析工作。

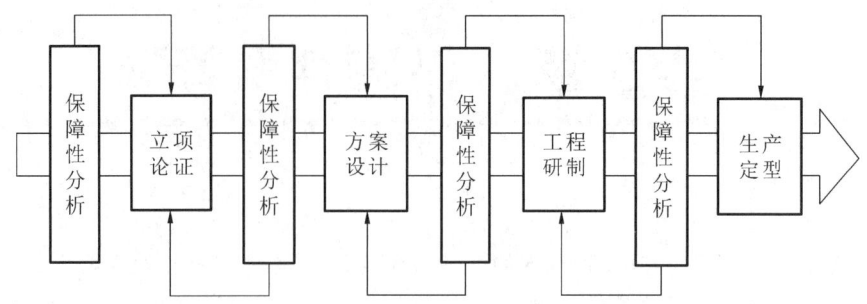

图 5-2　保障性分析的渐进性

3. 影响设计和保障的协调性分析

如图 5-3 所示,保障性分析既面向装备自身的设计与研制,又同步作用于装备配套的保障系统的设计、研制与后期建设,且在两者之间起到重要的"桥梁"作用。装备不同阶段的保障性分析输出结果通常可作为全系统设计与保障力量建设全局优化的关键技术约束条件,用于影响装备及其配套保障系统的研制与设计决策。

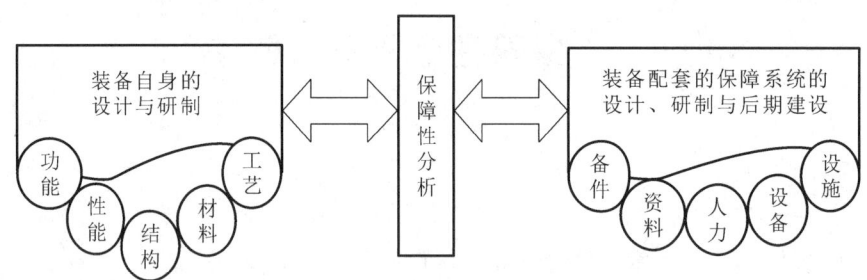

图 5-3　保障性分析的协调性

4. 兼顾定量、定性特征的耦合性分析

如图 5-4 所示,保障性分析既包括故障模式影响分析、以可靠性为中心的维修分析、使用与维修工作分析等定性分析工作,又涵盖寿命周期费用分析、(经济性)修理级别分析等定量分析工作。工程上,我们需要通过不断迭代分析,并综合吸收定量分析和定性分析的耦合结果,逐步实现保障费用等的最佳平衡。

5.1.2　信息接口

长期的综合保障工程实践表明,为确保保障性分析工作结果的准确性与有效性,必须以充实的、来自不同保障渠道的精准交互信息为基础。与保障性分析相关的信息接口主要包括保障性分析与其他专业工程间的信息交互接口、综合保障工程内部各关键要素间的信息交互接口、保障性分析与装备承制方内部各执行部门间的信息交互接口以及与装备承制方和装备订购方的信息交互接口等。

1. 保障性分析与其他专业工程间的信息交互接口

保障性分析与其他专业工程间的信息交互接口如图 5-5 所示。以保障性分析与测试性工程间的信息交互为例:测试性分析明确的测试性要求及相关测试过程的约束条件是维修工作

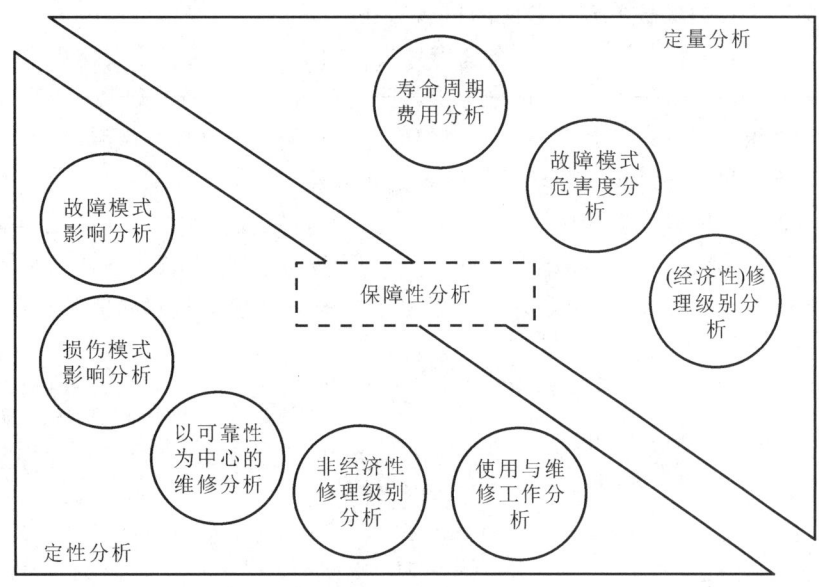

图 5-4　保障性分析的耦合性

分析(MTA)中确定维修技术步骤和维修资源保障条件的重要输入信息;MTA 的最终结果是验证测试性分析工作是否准确,以及是否进一步优化新研装备测试性设计的重要反馈信息。同时,测试性工程中面向不同维修级别的测试性建模与分配结果是保障性分析中开展 MTA,确定维修人力类别、技能、数量以及维修配套保障资源所必须满足的目标约束条件。保障性分析中,MTA 最终给出的工程中可实现的详细维修测试工艺步骤与维修保障资源要求,是验证测试性分配算法与分配结果是否合理的重要反馈信息,也是进一步优化新研装备测试性设计的重要反馈信息。

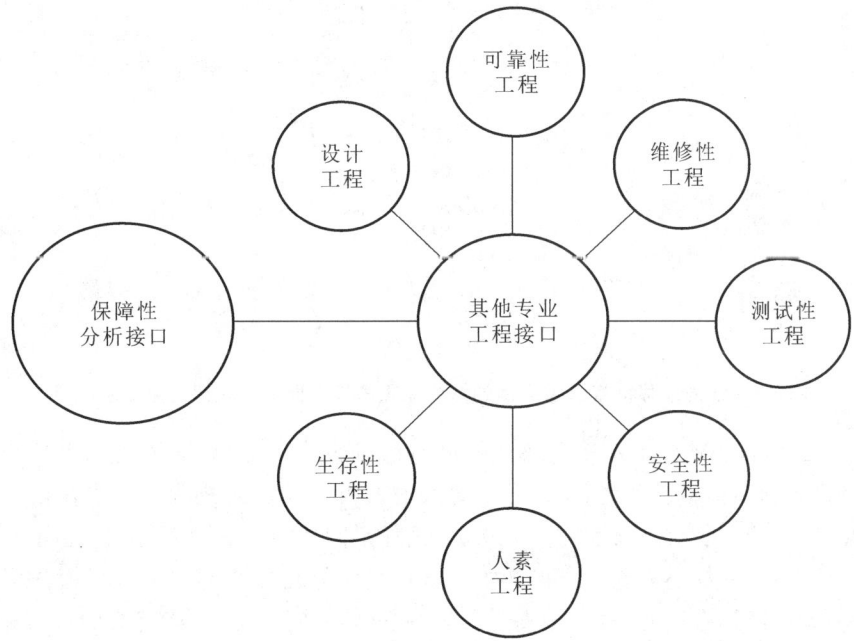

图 5-5　保障性分析与其他专业工程间的信息交互接口

2. 综合保障工程内部各关键要素间的信息交互接口

保障性分析中,综合保障工程内部各关键要素间的信息交互接口主要体现为人力和人员、技术资料、供应保障、工具设备、保障设施等要素间的信息交互接口。以某一故障排查诊断活动中的各类综合保障工程内部各关键要素间的信息交互关系为例进行说明。

装备故障后实施故障排查诊断活动需要人力和人员、工具(仪器仪表)设备、技术资料、训练资源、供应保障、保障设施等保障资源,其中每一类保障资源都对应一类综合保障工程要素活动,且不同工程要素活动间互相耦合关联,存有信息交互关系,如图5-6所示。图5-6中"实线"箭头标识代表存有单向信息交互关系,"虚线"箭头标识代表存有双向信息交互关系。

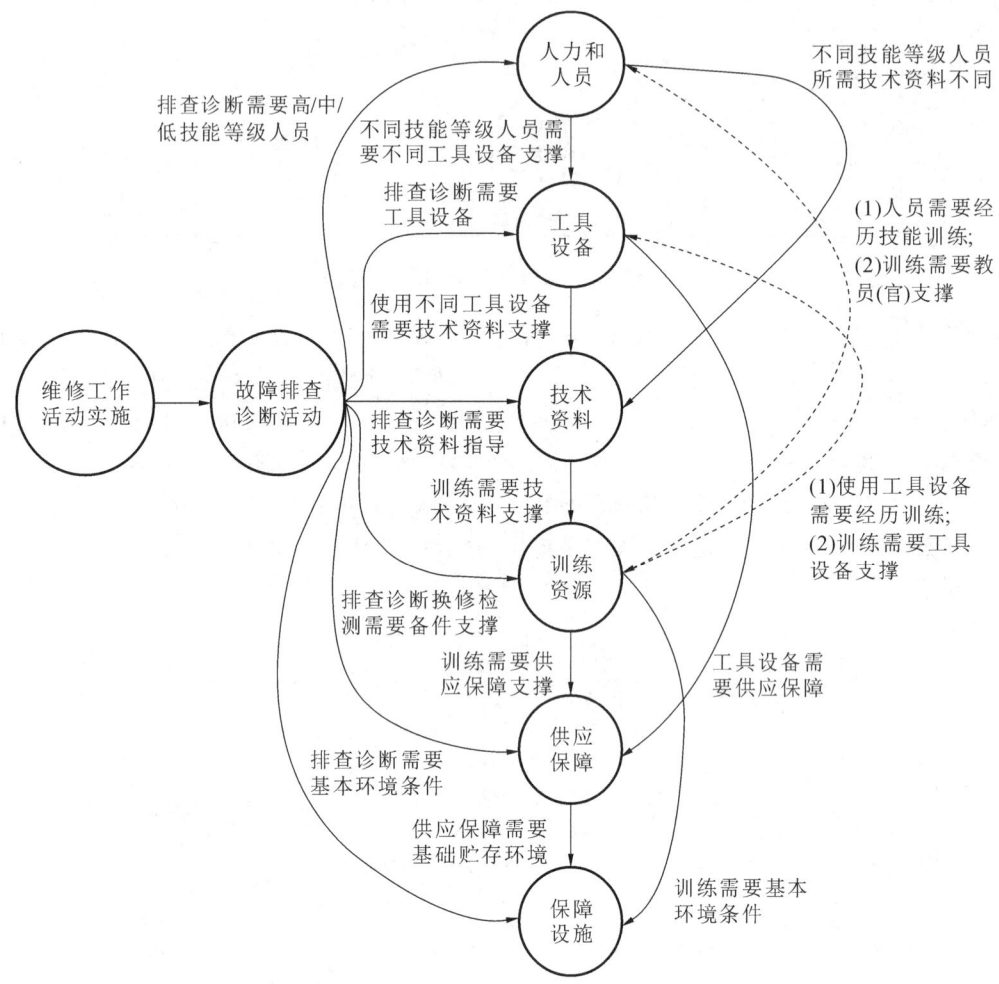

图5-6　面向故障排查诊断活动的综合保障工程要素间的内部信息交互接口

(1) 实施故障排查诊断活动需要不同技能等级的人力和人员,而人力和人员并不能孤立地实现故障排查诊断活动。首先,不同技能等级的人力和人员的技能发挥往往依赖于其所能支配的工装具、仪器仪表、修理设备等;其次,为确保不同技能等级的人力和人员的故障排查诊断活动的高效实施,往往还需要配备与人力和人员技能等级相匹配的具有足够深度与指导性的技术资料,如故障排查手册、故障排查规程等;此外,为确保不同技能等级的人力和人员的故障排查诊断活动规范、熟练,相关人力和人员还需要经历具有足够强度的类似故障排查技能训练。

（2）实施故障排查诊断活动需要具有不同功能的工装具、仪器仪表、修理设备配合，而仅单独拥有工装具、仪器仪表、修理设备并不能有效实施故障排查诊断活动。

（3）实施故障排查诊断活动需要历经必要的基础训练和专业训练，过分依赖个人主观经验的单次排查诊断探索模式并不具备普遍推广价值。

（4）实施故障排查诊断活动需要换修备件、辅助耗材、基础能源（电、水、油、气）等必要的供应保障，也需要为相关供应保障资源提供必要的基础贮存环境，如仓库、货架、移动式转运设备等。

3. 保障性分析与装备承制方内部各执行部门间的信息交互接口

保障性分析与装备承制方内部各执行部门间的信息交互接口如图 5-7 所示。装备保障性分析工作具备系统工程过程的典型渐进式迭代特征，需要反复多次在装备硬件设计、软件设计、系统综合设计、配套保障资源设计、研制进度、研制费用等因素间进行综合权衡，进而确定最终的优化设计方案（包括装备设计方案和装备保障方案）。其中有关装备硬件设计、软件设计和系统综合设计的综合权衡内容是实施装备技术状态管理的重要核心内容。同时，在装备技术状态管理中，对装备功能、性能的目标状态管控内容又是装备不同阶段开展保障性分析权衡优化工作所必须满足的重要约束条件。

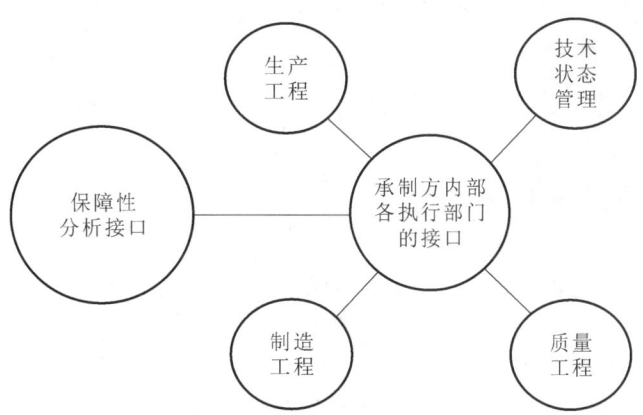

图 5-7　保障性分析与装备承制方内部各执行部门间的信息交互接口

以装备制造工程为例，其核心技术活动是明确装备不同组部件、机械/电气/电子单元的逐级装配与组合顺序，而这一系列装配与组合技术活动，在工桯上也可被视为装备维修保障工程中拆卸、分解、排查、定位装备故障部位等相关技术活动的"逆"过程。为此，装备制造工程中对于装备装配与组合工艺的分析和优化，与装备保障性分析工作中对于装备维修工艺的分解与剖析实际上互为"同频"工作，可互为信息输入与输出。

4. 保障性分析与装备承制方和装备订购方的信息交互接口

装备保障性分析工作与装备承制方和订购方均密切相关，并在两者之间起到关键的"保障信息桥梁"作用。具体表现为：装备订购方论证提出的装备综合保障顶层要求，是装备承制方在装备研制的各个阶段开展装备保障性分析工作的重要输入信息；装备承制方开展装备保障性分析工作的关键输出结果，如装备保障方案、保障计划、保障资源要求、定型技术状态等，必须经过装备订购方的审查，确保相关技术内容充分满足装备综合保障顶层要求和装备交付用户使用后的现实保障要求。综上，装备承制方与装备订购方间的信息交互主要通过各类装备保障性分析工作(项目)的信息交互实现。工程上,为确保此类信息交互内容在不同责任主体间能够保持"认知"与"实施"上的一致性,往往又需要将这些"技术层次"的信息交互转化为"管理层次"的信息交互。如图 5-8 所示,保障性分析与装备承制方和装备订购方的信息交互手段主要以技术合同、工作会议和指令文件等形式体现。但无论采用哪种管理形式的信息交互手段,都应保证发布的保障性分析信息及时、准确、有效且可随时溯源。

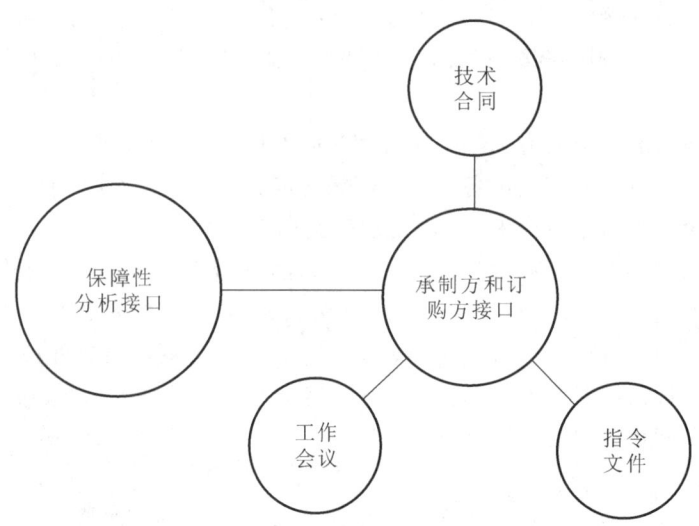

图 5-8　保障性分析与装备承制方和装备订购方间的信息交互接口

5.1.3　船舶保障性分析特点

1. 智能船舶保障性分析特点

智能船舶的保障性分析除了要遵循保障性分析的基本原则和方法外,在分析过程中还有一些特殊的地方需要重点把握。

(1)复杂性。主要是指智能船舶作为高科技装备,其结构复杂、技术先进,保障性分析需要深入理解其工作原理、系统架构和关键部件。

(2)强调预防性与前瞻性。对智能船舶而言,为确保其任务的完成,特别强调要在任务前开展预防性维修工作。因此,智能船舶保障性分析注重预防性措施的制定和实施,以便早期识别潜在问题并采取相应措施,降低故障发生的概率和影响力。同时,随着技术的不断发展和作业需求的不断变化,保障性分析需要具有前瞻性,可以考虑未来可能出现的新问题和挑战,为智能船舶的持续发展提供支撑。

(3)强调模块化与可重构性。模块化是指智能船舶的保障性分析需要考虑到模块化设计的需求,确保各个模块之间易于拆卸、更换和升级,降低维修难度和成本。可重构性则是指随着任务的变化和需求的调整,智能船舶可能需要重新配置或升级其系统或部件。保障性分析需要支持这种可重构性,确保在重构过程中不会引入新的保障性问题。

综上所述,智能船舶的保障性分析具有复杂性、强调预防性与前瞻性、强调模块化与可重构性等特点。这些特点共同构成了智能船舶保障性分析的基础和框架,为智能船舶的稳定运行和高效使用提供了有力保障。

2. 船舶不同专业中保障性分析特点

船舶保障性分析中一项非常重要的工作是故障模式影响与危害度分析（FMECA），但这项内容在可靠性工程中已有介绍。虽然 FMECA 可应用于不同的专业工程中，但其基本概念、核心技术方法和步骤是完全一样的，在这里主要简单介绍 FMECA 在不同专业工程中的核心应用，以便解决读者的困惑。

在可靠性工程中，FMECA 是一种设计评定方法，其结果用于判定故障的严重程度和发生的可能性，以及对相关组部件或单元的影响，进而通过设计消除故障或将故障发生频率降低到某一可接受的程度，最终降低故障的危害程度，其核心是提高产品的可靠性以及降低故障的危害程度。

在综合保障工程中，FMECA 的核心应用：

（1）确定修复性维修项目和要求。分析研究 FMECA 得到的故障发生部位、对装备功能的影响程度、发生的概率以及是否可以采取预防性维修措施加以消除或减缓等故障信息，确定应进行的修复性维修工作项目和要求，为修理级别分析及维修工作分析等提供输入。

（2）确定预防性维修工作类型。FMECA 可为故障后果的评定，特别是影响任务和影响安全的故障后果的评定，提供最基础的信息，进而可协助以可靠性为中心的维修分析工作，进行预防性维修逻辑决断。

（3）确定保障资源要求的输入信息。FMECA 可确定修复性维修项目和预防性维修工作类型，据此可以进行使用和维修工作分析，从而确定出保障资源要求。

5.2　以可靠性为中心的维修分析

5.2.1　基本概念

1. 维修思想变迁

维修策略的演变是一段从被动应对到主动预防，再到智能决策的深刻变革。起初，维修工作主要围绕着故障修理展开，这是一种"亡羊补牢"式的策略，即在设备出现故障后进行修复，虽能解决问题，但往往伴随着高昂的维修成本和生产中断的风险。

随着工业技术的进步和管理理念的更新，定期预防性维修逐渐兴起。这种策略通过设定固定的维修周期，对设备进行定期的检查和维护，旨在预防故障的发生，减少因故障导致的损失。然而，定期预防性维修也存在一定的盲目性，因为它不考虑设备的实际运行状况和故障发生的概率，可能会导致维修资源的浪费。

随后，以可靠性为中心的维修分析（reliability-centered maintenance analysis，RCMA）理念应运而生。RCMA 强调以设备的可靠性为目标，通过故障模式与影响分析（FMEA）等方法，识别出设备的关键部件和潜在故障模式，进而制定针对性的维修策略。这种策略更加注重数据的分析和预测，使得维修工作更加精准和高效。

如今，随着物联网、大数据等技术的快速发展，视情维修逐渐成为维修领域的新趋势。视情维修通过实时监测设备的运行状态和性能参数，结合先进的算法和模型，对设备的健康状况进行评估和预测，从而在设备性能下降或故障发生前进行及时的维修和干预。这种策略不仅能够最大限度地减少生产中断的风险，还能够实现维修资源的优化配置和成本的降低。

综上所述,从故障修理到定期预防性维修,再到 RCMA,最终迈向视情维修的演变过程,是维修策略不断向智能化、精准化和高效化方向发展的体现。

其中,RCMA 是遵循以最少的维修资源消耗来保持装备固有可靠性和安全性原则,并通过应用逻辑决断的方法确定装备预防性维修要求的过程。预防性维修要求一般包括:预防性维修产品、预防性维修工作类型、预防性维修工作间隔和修理级别建议。由于 RCMA 与安全性关联,与故障规律匹配,因此在工程上易于实施,迄今仍具有较强实用价值。

2. 故障分类

故障是指产品或其一部分不能或将不能完成规定功能的事件或状态。清晰的故障定义是划分故障种类、评定故障后果和确定产品可靠性水平的基础。故障通常可以分为功能故障与潜在故障。

1) 功能故障

所谓功能故障,是指产品不能完成规定功能的事件或状态。要确定产品的功能故障,需要弄清产品的全部功能。一个系统有几个功能,实际使用中也就可能会有几个不同的功能故障发生。在进行产品的故障模式与影响分析时,要针对具体产品考虑所有的功能故障。功能故障又可细分为明显功能故障和隐蔽功能故障。

明显功能故障是指故障发生后,正常使用装备的人员能够发现的功能故障。

隐蔽功能故障是指正常使用装备的人员不能发现的功能故障,且必须在装备停止使用时进行检查或测试后才能发现。隐蔽功能故障还可分为两种情况:① 正常情况下工作的产品,其功能的中断对于正常使用装备的人员是不明显的;② 正常情况下不工作的产品,其使用状态是否良好对于正常使用装备的人员是不明显的。

2) 潜在故障

所谓潜在故障,是指产品将不能完成规定功能的可鉴别的状态。许多产品的故障模式有一个发展过程,在临近功能故障之前,可以确定其将不能完成规定功能的状态,这就是潜在故障。

“潜在”两字的特殊含义:① 功能故障临近前的产品状态,而不是功能故障前任何时刻的状态;② 产品的这种状态是经过观察或检测可以鉴别的。否则,该产品就不存在潜在故障。零部件、元器件的磨损、疲劳、老化等故障模式大都存在由潜在故障发展到功能故障的过程。

提出潜在故障的观点后,我们可以知道开展预防性维修工作的意义就在于,通过检查、更换等维修活动消除潜在故障,确保潜在故障不继续发展为功能故障。

另外,根据故障的相关关系,可将故障分为单个故障与多重故障。所谓多重故障,是指由连贯发生的两个或两个以上的独立故障组成的故障事件,它可能造成其中任一独立故障所不能引起的后果。多重故障与隐蔽功能故障有密切的联系。如果没有及时发现和排除隐蔽功能故障,其就会造成多重故障,可能产生重大后果。因此,在 RCMA 中分析故障后果时,除讨论单个故障的发生及其影响外,还应考虑到两个或更多独立故障同时发生的影响,即多重故障的影响。

3. 故障后果

故障后果通常可以分为三类,即安全性影响、任务性影响和经济性影响。

1) 安全性影响

(1) 明显的安全性影响指的是明显功能故障或由该故障所引起的二次损伤,对使用安全的直接不利影响,即会直接导致人员伤亡或装备的严重损坏。

（2）隐蔽的安全性影响指的是一个隐蔽功能故障和另一个（或多个）功能故障的结合所产生的多重故障，对使用安全的有害影响。它与明显的安全性影响的差别：它不是一个故障的直接影响，而是多个故障的影响。

2）任务性影响

（1）明显的任务性影响指的是明显功能故障直接产生的影响装备完成任务的故障后果。每当出现此类故障就需要停止执行计划的任务。

（2）隐蔽的任务性影响指的是一个隐蔽功能故障和另一个（或多个）功能故障的结合所产生的多重故障，对任务能力的有害影响。

3）经济性影响

（1）明显的经济性影响指的是明显功能故障不影响使用安全和任务完成，而只会造成较大的经济损失。

（2）隐蔽的经济性影响指的是一个隐蔽功能故障和另一个（或多个）功能故障的结合所产生的多重故障，会造成的较大经济损失。

5.2.2　工作程序

1. 分析对策

在装备的实际使用中，故障是不可避免的。早期故障和偶然故障更是不可能靠维修来预防的。对有安全性或任务性后果的偶然故障，如果故障率超过可接受水平，则只能改进产品的设计。耗损性故障也不必全部预防，只对会产生严重后果的故障进行预防即可。因此，针对故障我们应根据其性质和后果进行分析，再采取相应的维修对策。

1）对策一：划分重要和非重要（功能）产品

重要产品是指其故障会有安全性、任务性或经济性后果的产品。应对它们进行详细的分析，以确定适当的预防性维修工作要求。

装备上除重要产品以外的产品即为非重要产品。其中有些产品可能也需要一些简单的预防性维修工作，如一般目视检查等。但这类预防性维修工作应严格控制在最小的范围内，使之不会显著地增加总的维修费用。

2）对策二：按故障后果和原因确定预防性维修工作和更改设计的必要性

对重要产品的故障模式、原因和后果进行分析，以判断其是否需要进行预防性维修工作。准则：

（1）对会有安全性或任务性后果的故障，必须确定有效的预防性维修工作。

（2）对只会有经济性后果的故障，只有在需要经济核算时才进行预防性维修工作。

（3）根据产品故障的原因以及各类预防性维修工作的适用性和有效性准则，确定有无既适用又有效的预防性维修工作可做。若无既适用又有效的预防性维修工作可做，对有安全性故障后果的产品，必须更改其设计；对有任务性故障后果的产品，一般也要更改其设计。

3）对策三：根据故障规律及影响，选择预防性维修工作类型

预防性维修工作是指利用一种或一系列的维修作业，发现或排除某一隐蔽或潜在故障，防止潜在故障发展成功能故障。通常所采用的预防性维修工作类型有：保养、操作人员监控、使用检查、功能检测、定时拆修、定时报废以及它们的综合工作。

这些工作类型对明显功能故障来说，是预防故障本身发生；对隐蔽功能故障来说，并不只

是预防故障本身的发生,更重要的是预防该故障与别的故障结合形成多重故障,以防产生严重的后果。

(1)保养:为保持产品固有设计性能而进行的表面清洗、擦拭、通风、添加油液或润滑剂、充气等作业,但不包括功能检测和使用检查等工作。

(2)操作人员监控:操作人员在正常使用装备时对其状态进行的监控。其目的在于发现产品的潜在故障。例如对装备所做的使用前检查、对装备仪表的监控、通过感觉辨认异常现象或潜在故障等。

(3)使用检查:按计划进行的定性检查(或观察),以确定产品能否执行规定功能。其目的在于发现隐蔽功能故障。

(4)功能检测:按计划进行的定量检查,以确定产品功能参数是否在规定限度内。其目的在于发现潜在故障。

(5)定时拆修:产品使用到规定的时间则予以拆修,使其恢复到规定的状态。

(6)定时报废:产品使用到规定的时间则予以废弃。

(7)综合工作:实施上述的两种或多种类型的预防性维修工作。

上述预防性维修工作类型的排列,实际上是依据对其消耗资源、费用和实施难度、工作量大小、所需技术水平的综合考量而定的。在保证可靠性、安全性的前提下,从节省费用的目的出发,预防性维修工作的类型应按顺序选择。

2. 技术步骤和信息准备

1)RCMA 的分析步骤

RCMA 的主要技术步骤:

(1)信息收集及分析计划制定。

(2)确定重要功能产品。对装备中的系统和设备做粗略的划分,剔除明显不重要的产品,只将故障影响安全性、任务性或严重影响经济性的产品选为重要功能产品,以便进行深入的分析。

(3)应用逻辑决断图确定预防性维修工作类型。应用逻辑决断图按所确定的每个功能故障的故障模式和故障原因,对功能故障进行决断分析,选择适用又有效的预防性维修工作。对找不到适用又有效的预防性维修工作的产品,必须按故障后果的性质和影响程度来确定其处理措施。

(4)确定预防性维修工作的维修间隔期。

(5)提出预防性维修工作修理级别的建议。

(6)进行维修间隔期探索。通过分析使用和维修数据、试验数据以及技术手册所提供的信息,确定产品可靠性与使用时间的关系,调整产品预防性维修工作类型及维修间隔期。

2)RCMA 信息准备

为保证 RCMA 工作的顺利进行,应尽可能收集以下相关信息:

(1)产品的概况信息。例如产品的构成、产品的功能(包括隐藏功能)和余度等。

(2)产品的故障信息。例如产品的故障模式、故障原因和故障影响,产品可靠性与使用时间的关系,预计的故障率,潜在故障判据,产品由潜在故障发展到功能故障的时间,检测功能故障或潜在故障的方法。

(3)产品的维修信息。例如维修的方法和所需的人力、设备、工具、备件等。

(4)产品的费用信息。例如产品预计或计划的研制费用、预防性维修和修复性维修费用,以及维修所需保障设备的研制和维修费用等。

3. 逻辑决断及预防性维修工作类型分析

由于重要功能产品的逻辑决断分析工作是 RCMA 的核心工作，因此下面对其进行重点介绍。

逻辑决断图是一类用于权衡确定最优"定期"预防性维修工作类型的逻辑分析流程图，由一系列方框和矢线组成，图 5-9 所示为面向明显功能故障的逻辑决断图，面向隐蔽功能故障的逻辑决断图与其基本类似，仅将图 5-9 中的"操作人员监控"方框置换为"使用检查"方框即可。决断的流程始于逻辑决断图的顶部，然后根据对问题的回答（"是"或"否"）确定分析流程的走向。

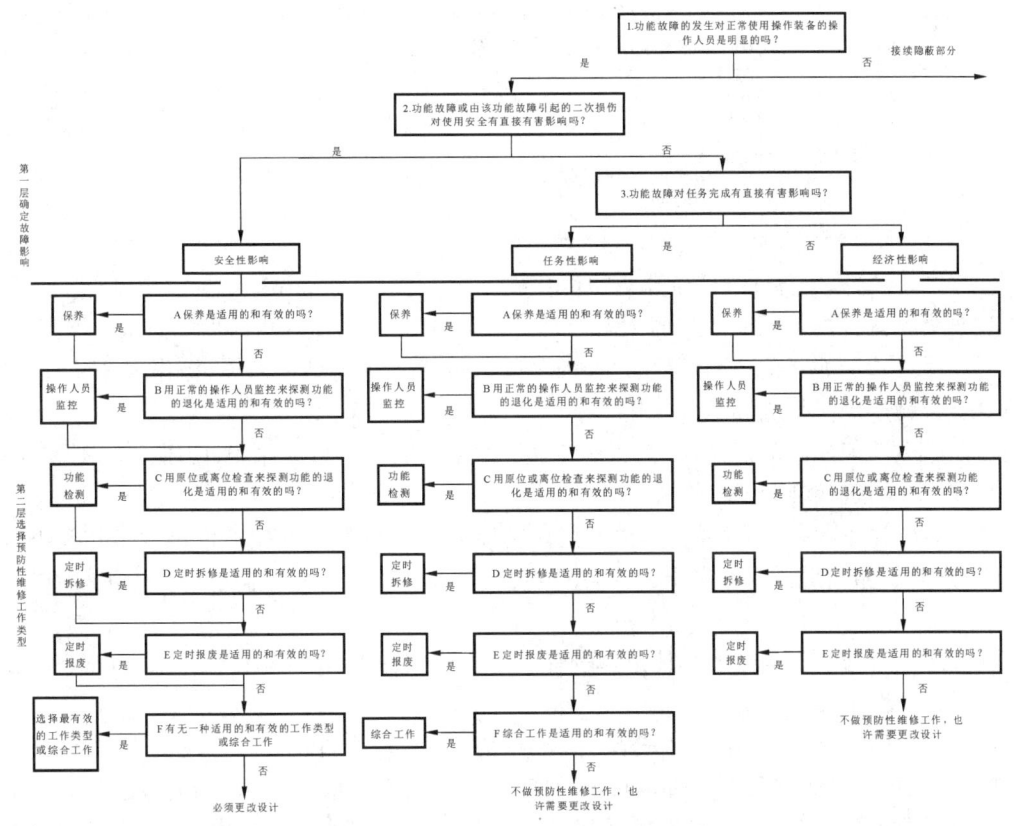

图 5-9 面向明显功能故障的逻辑决断图

逻辑决断图可分为两层：第一层用于确定故障影响，第二层用于选择预防性维修工作类型。

1）第一层确定故障影响的过程

逻辑决断图根据故障模式和影响分析，确定各功能故障的影响类型，即将功能故障的影响划分为明显的安全性、任务性、经济性影响和隐蔽的安全性、任务性、经济性影响。

特别说明：逻辑决断图问题 2 中提到的对使用安全的直接有害影响是指某故障或它引起的二次损伤会直接导致危害安全的事故发生，而不是与其他故障结合后才会导致危害安全的事故发生。另外，故障影响的逻辑决断编码释义如表 5-1 所示。

表 5-1　故障影响的逻辑决断编码释义

序号	逻辑决断编码					逻辑决断信息释义	备注
	1	2	3	4	5		
1	Y	Y				当前分析单元的故障模式属于明显功能故障类别,故障发生后将会对装备使用产生安全性影响	
2	Y	N	Y			当前分析单元的故障模式属于明显功能故障类别,故障发生后不会对装备使用产生安全性影响,但会产生任务性影响	
3	Y	N	N			当前分析单元的故障模式属于明显功能故障类别,故障发生后不会对装备使用产生安全性和任务性影响,但会产生经济性影响	
4	N			Y		当前分析单元的故障模式属于隐蔽功能故障类别,故障发生后将会对装备使用产生安全性影响	
5	N			N	Y	当前分析单元的故障模式属于隐蔽功能故障类别,故障发生后不会对装备使用产生安全性影响,但会产生任务性影响	
6	N			N	N	当前分析单元的故障模式属于隐蔽功能故障类别,故障发生后不会对装备使用产生安全性和任务性影响,但会产生经济性影响	

2) 第二层选择预防性维修工作类型的过程

逻辑决断图根据各功能故障的原因,选择每一重要功能产品的预防性维修工作类型。

对于明显功能故障的产品,可供选择的预防性维修工作类型为保养、操作人员监控、功能检测、定时拆修、定时报废和综合工作。

对于隐蔽功能故障的产品,可供选择的预防性维修工作类型为保养、使用检查、功能检测、定时拆修、定时报废和综合工作。

这里需要注意的是,明显功能故障和隐蔽功能故障可供选择的预防性维修工作类型虽然都是六种,但是相关工作并不完全相同,差别主要体现在"操作人员监控"与"使用检查"的选用上。

在预防性维修工作类型的具体选择过程中,应以产品的故障及其特性为依据,选择既适用又有效的预防性维修工作类型。

(1) 安全性影响分支:故障的安全性影响最为严重,必须加以预防。因此,在该分支的逻辑决断分析中,必须回答其中的所有问题,然后从各适用而有效的工作中,选择最为有效的工作。在逻辑决断分析后,如果没有既适用又有效的预防性工作类型可供选择,则必须更改设计。安全性影响的逻辑决断编码释义如表 5-2 所示。

表 5-2　安全性影响的逻辑决断编码释义

序号	逻辑决断编码						逻辑决断信息释义	备注
	A	B	C	D	E	F		
1	Y	N	N	N	N	N	对于预防当前分析的具有安全性影响的功能故障而言,仅"保养"工作是既适用又有效的	
2	Y	Y	N	N	N	N	对于预防当前分析的具有安全性影响的功能故障而言,"保养"工作和"操作人员监控(使用检查)"工作是既适用又有效的	

序号	逻辑决断编码						逻辑决断信息释义	备注
	A	B	C	D	E	F		
3	Y	N	Y	N	N	N	对于预防当前分析的具有安全性影响的功能故障而言，"保养"工作和"功能检测"工作是既适用又有效的	
4	Y	N	N	Y	N	N	对于预防当前分析的具有安全性影响的功能故障而言，"保养"工作和"定时拆修"工作是既适用又有效的	
5	Y	N	N	N	Y	N	对于预防当前分析的具有安全性影响的功能故障而言，"保养"工作和"定时报废"工作是既适用又有效的	
6	Y	N	N	N	N	Y	对于预防当前分析的具有安全性影响的功能故障而言，"保养"工作和"综合工作"是既适用又有效的	
7	Y	Y	Y	N	N	N	对于预防当前分析的具有安全性影响的功能故障而言，"保养"工作、"操作人员监控（使用检查）"工作和"功能检测"工作均是既适用又有效的	
8	Y	N	Y	Y	N	N	对于预防当前分析的具有安全性影响的功能故障而言，"保养"工作、"功能检测"工作和"定时拆修"工作均是既适用又有效的	
9	Y	N	Y	N	Y	N	对于预防当前分析的具有安全性影响的功能故障而言，"保养"工作、"功能检测"工作和"定时报废"工作均是既适用又有效的	
⋮								
32	Y	Y	Y	Y	Y	Y	对于预防当前分析的具有安全性影响的功能故障而言，"保养"工作、"操作人员监控（使用检查）"工作、"功能检测"工作、"定时拆修"工作、"定时报废"工作和"综合工作"均是既适用又有效的	

（2）任务性影响分支：一般来说，任务性影响虽不及安全性影响严重，但对使用者来说也是极为重要的。开展逻辑决断分析时，应从上往下进行，除保养工作外，若对某一问题的回答为"是"时，则分析结束，即所选的预防性维修工作类型能够满足要求。

如果所有问题的回答都是"否"，则说明无适用的预防性维修工作可做。此时，对装备而言，要从故障对任务的影响程度来考虑更改设计的问题；对民用产品而言，则应根据任务损失与更改设计费用之间的经济性加以权衡，考虑是否更改设计。任务性影响的逻辑决断编码释义如表 5-3 所示。

表 5-3 任务性影响的逻辑决断编码释义

序号	逻辑决断编码						逻辑决断信息记录释义	备注
	A	B	C	D	E	F		
1	Y	N	N	N	N	N	对于预防当前分析的具有任务性影响的功能故障而言，仅"保养"工作是既适用又有效的	

序号	逻辑决断编码						逻辑决断信息记录释义	备注
	A	B	C	D	E	F		
2	Y	Y					对于预防当前分析的具有任务性影响的功能故障而言，"保养"工作和"操作人员监控（使用检查）"工作是既适用又有效的	
3	Y	N	Y				对于预防当前分析的具有任务性影响的功能故障而言，"保养"工作和"功能检测"工作是既适用又有效的	
4	Y	N	N	Y			对于预防当前分析的具有任务性影响的功能故障而言，"保养"工作和"定时拆修"工作是既适用又有效的	
5	Y	N	N	N	Y		对于预防当前分析的具有任务性影响的功能故障而言，"保养"工作和"定时报废"工作是既适用又有效的	
6	Y	N	N	N	N	Y	对于预防当前分析的具有任务性影响的功能故障而言，"保养"工作和"综合工作"是既适用又有效的	

（3）经济性影响分支：该分支的分析等同于任务性影响分支。不同之处在于，当无适宜的预防性维修工作可做时，可考虑将更改设计的着眼点，集中为对故障损失与更改设计费用的权衡。

另外不同的是，经济性影响分支不考虑采用综合工作来预防故障。经济性影响的逻辑决断编码释义如表 5-4 所示。

表 5-4 经济性影响的逻辑决断编码释义

序号	逻辑决断编码					逻辑决断信息释义	备注
	A	B	C	D	E		
1	Y	N	N	N	N	对于预防当前分析的具有经济性影响的功能故障而言，仅"保养"工作是既适用又有效的	
2	Y	Y				对于预防当前分析的具有经济性影响的功能故障而言，"保养"工作和"操作人员监控（使用检查）"工作是既适用又有效的	
3	Y	N	Y			对于预防当前分析的具有经济性影响的功能故障而言，"保养"工作和"功能检测"工作是既适用又有效的	
4	Y	N	N	Y		对于预防当前分析的具有经济性影响的功能故障而言，"保养"工作和"定时拆修"工作是既适用又有效的	
5	Y	N	N	N	Y	对于预防当前分析的具有经济性影响的功能故障而言，"保养"工作和"定时报废"工作是既适用又有效的	

3）可供选择的预防性维修工作类型

针对可供选择的预防性维修工作类型，具体介绍其适用性和有效性的判别方法。预防性维修工作类型的适用性主要取决于产品的故障特性。

（1）保养工作的适用性条件：必须是产品设计所要求的；必须能降低产品功能的退化

速率。

（2）操作人员监控工作的适用性条件：产品功能退化必须是可探测的；产品必须存在一个可定义的潜在故障状态；产品从潜在故障发展到功能故障，必须经历一定的可以预测的时间；必须是操作人员正常工作的组成部分。

（3）功能检测工作的适用性条件：产品功能退化必须是可探测的；产品必须存在一个可定义的潜在故障状态；产品从潜在故障发展到功能故障，必须经历一定的可以预测的时间。

（4）定时拆修工作的适用性条件：产品必须有可确定的耗损期；产品工作到确定的耗损期仍有较大的残存概率；必须有将产品修复到规定状态的可能。

（5）定时报废工作的适用性条件：产品必须有可确定的耗损期；产品工作到确定的耗损期仍有较大的残存概率。

（6）使用检查工作的适用性条件：必须能够确定产品使用状态良好与否。

预防性维修工作类型的有效性主要取决于该类工作对产品故障后果的消除程度。一是对于有安全性和任务性影响的功能故障，若该类预防性维修工作能将单个故障或多重故障发生的概率降低到规定的可接受水平，则被认为是有效的。二是对于有经济性影响的功能故障，若该类预防性维修工作的费用低于产品故障引起的损失费用，则被认为是有效的。三是对于保养工作，只要适用就是有效的。

4. 预防性维修间隔分析

明确了相关产品的预防性维修工作类型之后，马上需要解决的另一个问题就是"如何科学合理地确定不同预防性维修工作的维修间隔期"。

如图 5-10 所示，预防性维修间隔期的确定比较复杂，涉及各个方面的工作，一般先分析各种预防性维修工作类型，再经过综合研究并结合修理级别分析和实际使用进行调整。首先应确定各类预防性维修工作类型的维修间隔期，然后归并成产品或部件的维修间隔期，再与修理级别分析相协调，必要时还要更改设计，并要在实际使用和试验中加以考核，逐渐调整和完善。

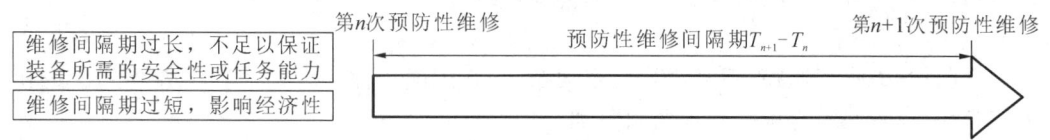

图 5-10　预防性维修间隔期

维修间隔期的确定直接与工作效能有关。维修间隔期过长将不足以保证装备所需的安全性或任务能力；维修间隔期过短，则会影响经济性。

因此，恰当的维修间隔期是很重要的。但往往由于信息不足，维修间隔期难以一开始就定得很恰当。其一般开始定得保守一些，在装备投入使用后，会通过探索再做调整。

维修间隔期的确定：一般根据类似产品以往的经验和承制方对新产品维修间隔期的建议，由有经验的工程人员判断确定；在能获得适当数据的情况下，还可以通过分析和计算确定。

1）使用检查

对于使用检查工作，维修间隔期的确定一定要能够保证产品在控制间隔期内，并具有所要求的可用度。

$$A_v = \frac{1}{T_c} \int_0^{T_c} A(t) \mathrm{d}t \tag{5.2.1}$$

式中：$A(t)$ 为产品的瞬态可用度；T_c 为产品的使用检查间隔期；A_v 为产品的平均可用度，不能低于产品使用期间的可用度要求。

如果产品在使用检查间隔期内不进行修理,且产品的故障间隔时间服从指数分布,故障率取为 λ ,则产品使用检查间隔期的计算方法,可改由下式确定:

$$A_v = \frac{1}{\lambda T_c}[1 - e^{-\lambda T_c}] \tag{5.2.2}$$

2) 功能检测

对于功能检测工作,维修间隔期的确定必须将故障发生概率控制在规定可接受水平内,确保使用安全性和任务能力。

$$\begin{cases} n = \dfrac{\ln P_{ac}}{\ln(1-P)} \\ T_c = \dfrac{T}{n} \end{cases} \tag{5.2.3}$$

式中: T_c 为产品的功能检测间隔期; T 为产品的任务时间; P 为一次功能检测能检出潜在故障的概率; P_{ac} 为产品的故障概率可接受值; n 为 T 时间内功能检测的次数。

3) 定时拆修/定时报废

对于定时拆修和定时报废工作,维修间隔期的确定也必须将故障发生概率控制在规定可接受水平内,确保使用安全性和任务能力。工程一般在式(5.2.3)的基础上,还附加式(5.2.4)所示约束条件,要求定时拆修或定时报废的间隔期 T_c 必须小于平均耗损期(T_w),且要确保产品的故障概率小于 0.1% 。

$$\begin{cases} T_c < T_w \\ P_{ac} \leqslant 0.1\% \end{cases} \tag{5.2.4}$$

4) 保养

由于表面清洗、擦拭、通风、添加油液、充气等保养工作一般是产品设计中固定必须进行的工作,且费用较少,因此保养工作的间隔期不必计算,按承制方提出的要求执行即可。

5) 操作人员监控

使用前检查、仪表监控、感官辨认异常现象、潜在故障等操作人员监控工作均属于操作人员的正常职责,不必另行确定工作的间隔期。

5. 其他分析工作

1) 重要功能产品分析

重要功能产品的分析和确定主要依托表 5-5 所示的重要功能产品分析表,关键数据是其中框出的第 7~10 项数据。

表 5-5　重要功能产品分析表

组成编码	产品单元	功能		故障模式		严酷度类别	风险优先数	安全性影响(Y/N)	任务性影响(Y/N)	经济性影响(Y/N)	重要功能产品(Y/N)	备注
		编号	功能	编号	模式							
(1)	(2)	(3)		(4)		(5)	(6)	(7)	(8)	(9)	(10)	(11)

安全性影响:填写故障模式发生后,是否导致安全性影响的逻辑判别结果,使用符号"Y"或"N"标识。原则上,Ⅰ类故障模式,均应列入安全性影响范畴;Ⅱ类故障模式,可视情列入安全性影响范畴。

任务性影响:填写故障模式发生后,是否导致任务性影响的逻辑判别结果,使用符号"Y"

或"N"标识。原则上，Ⅱ类故障模式，均应列入任务性影响范畴；Ⅲ类故障模式，可视情列入任务性影响范畴（导致的任务延误不可接受）。

经济性影响：填写故障模式发生后，是否导致经济性影响的逻辑判别结果，使用符号"Y"或"N"标识。此处所述经济性影响是指故障模式发生后，产生的相关费用远大于实施"事前"换件修理的费用。

重要功能产品：填写当前分析的产品单元是否纳为装备重要功能产品的逻辑判别结果，使用符号"Y"或"N标识。纳为重要功能产品的，其故障模式影响应至少符合安全性、任务性和经济性影响中的一项。

2）非重要功能产品的预防性维修

前述 RCMA 工作主要是针对各重要功能产品进行的。但可以注意到，在确定预防性维修要求时，完全不考虑非重要功能产品的预防性维修工作是不合适的。

某些非重要功能产品也可能需要进行一定的简易的预防性维修工作。对这些产品不需要进行深入的分析，可以根据以往类似项目的经验，确定适宜的预防性维修工作要求；对采用新结构或新材料的产品，其预防性维修工作可根据承制方的建议确定。

3）维修间隔期的探索

装备投入使用后，应进行维修间隔期探索，即通过综合实际使用与维修数据和研制过程信息，确定产品可靠性与使用时间的关系，视情调整产品预防性维修工作类型及其维修间隔期。

维修间隔期的探索可通过抽样考察规定数量的产品来进行。在调整产品的预防性维修工作类型和维修间隔期时，应特别重视以下信息：一是所分析产品的设计、研制试验结果和以前的使用经验；二是类似产品以前的抽样结果；三是所分析产品的抽样结果。

5.2.3　RCMA 的输出结果

1. 分析结果

1）重要功能产品清单

给出能够反映装备重要功能产品分析与确定过程的信息表格，并在此基础上，梳理明确装备的重要功能产品清单。表 5-6 所示为某船舶控制驱动装置的重要功能产品清单。

表 5-6　某船舶控制驱动装置的重要功能产品清单

分析装备：XXXX 控制驱动装置

组成编码	重要功能产品	产品功能	故障后影响类型			备注
			安全性	任务性	经济性	
×.××1	参数测试模块			√		
×.××2	操管控制模块			√		
×.××3	综合电源模块			√		
×.××4	主控电源模块			√		
×.××5	均压阀		√			
×.××6	密封圈			√		
⋮						

2）逻辑决断分析表

给出能够全面记录装备 RCMA 过程以及预防性维修工作类型决策结论的分析表。表 5-7 所示为某船舶控制驱动装置的逻辑决断及预防性维修工作类型分析表。

表 5-7　某船舶控制驱动装置的逻辑决断及预防性维修工作类型分析表

分析装备：XXXX 控制驱动装置

产品编码	产品名称	故障原因	故障影响					安全性影响						任务性影响						经济性影响					预防性维修工作类型
			1	2	3	4	5	A	B	C	D	E	F	A	B	C	D	E	F	A	B	C	D	E	
×.××1	参数测试模块		Y	N	Y									Y	N	Y									功能检测
×.××2	操管控制模块		Y	N	Y									Y	N	Y									功能检测
×.××3	综合电源模块		Y	N	Y									Y	N	Y									功能检测
×.××4	主控电源模块		Y	N	Y									Y	N	Y									功能检测
×.××5	均压阀		N		Y			Y	Y	N	N	N	N												使用检查
×.××6	密封圈		Y	N	Y															Y	N	N	N	Y	定时报废

3）预防性维修大纲

给出可用于直接指导装备日常预防性维修工作的重要功能产品的预防性维修大纲。大纲内容应至少涵盖维修工作类型、维修工作项目、维修工作内容、维修间隔期等关键技术内容。表 5-8 所示为某船舶控制驱动装置的预防性维修大纲。

表 5-8　某船舶控制驱动装置的预防性维修大纲

分析装备：XXXX 控制驱动装置

序号	产品单元	组成编码	维修工作类型	维修工作项目	维修工作内容	维修间隔期	修理级别	备注
1	⋮							
2	密封圈	×.××6	定时报废	定时报废更换密封圈	拆卸 XXX 管密封圈，报废更换新密封圈，并实施压力密封完好性验证	a	基层级	
3	⋮							

2. 注意事项

前面介绍了实施装备 RCMA 的具体步骤，下面简要介绍分析过程中几类常见的问题和注意事项。

1）分析工作的有效性

RCMA 中潜藏着两个重要的技术问题。一是对于装备重要功能产品的全部故障模式，是否一定可以找出与之对应的既适用又有效的预防性维修工作类型？答案是否定的。通常只有具备明显耗损特征的故障模式，才能通过恰当的预防性维修工作，充分消除其潜在的各类工程风险。这也从另一个侧面印证了预防性维修工作的主要功用在于阻止装备的"潜在故障"逐步劣化为装备的"功能故障"。同时,对根本不存在"潜在故障"阶段的故障模式,是无法通过开展特定类型的预防性维修工作,予以充分有效抑制的。为此,对装备的早期故障模式和偶然故障模式不需要开展 RCMA 工作。二是对于装备重要功能产品的故障模式,即便能够找出与其对应的既适用又有效的预防性维修工作类型,在装备综合保障工程实践中,是否实施相应的预防性维修工作就一定是最优的保障决策?答案也是否定的。对固有可靠性过差、故障率过高的装备重要功能产品,频繁安排预防性维修工作会使其失去工程经济性价值,只有及时改进设计,才是更为明智的保障决策。

2)分析结论的具体应用

RCMA 的输出结论通常以"装备预防性维修大纲"的形式体现,并随着装备一并交付给用户。需要说明的是,该"大纲"仅是研制人员从理想使用的角度,给出的预防性维修工作技术建议,在大多数情况下,由于装备会受到不同使用环境和现实管理制度的约束,因此不能照搬照抄该"大纲"。通常,装备用户会调整不同维修工作项目的维修间隔期,例如视情提前维修或视情归并多个维修时间相近的类似维修工作项目等。

3)忽视产品分类,"无用功"过多

"忽视或不重视重要功能产品分析"已成为 RCMA 的技术"顽疾",主要原因是没有吃透预防性维修工作在综合保障工程中的"源发"需求,只是简单地将其看作一个例行环节,面向装备功能单元毫无区别地开展逻辑决断分析工作,耗费了大量的工作精力。实际上,对于发生故障后没有安全性、任务性和重大经济性影响的"三无"装备功能单元,在"事前"实施预防性维修工作的工程意义不大,更不需要针对其开展专题逻辑决断分析。因此,重要功能产品分析可以看作是 RCMA 的"第一分析评判逻辑"。

4)分析欠规范,决断过程与输出不匹配

逻辑决断分析是 RCMA 的核心技术工作,分析质量直接决定着分析结果的好坏,因此必须在分析的技术细节上给予充分关注。常见的逻辑决断分析问题主要有三类。一是编码不规范。没有严格按照编码释义填写逻辑决断编码,导致携带的有效评判信息失真。二是评判原则失准。没有将安全性影响、任务性影响等的逻辑决断分析进行区分,存在互相混淆的情况,导致输出不理想的维修工作类型决策结论。三是决断过程与结论不匹配。提交的逻辑决断分析编码信息与最终输出的预防性维修工作类型决策结论互相矛盾,导致分析的技术可信性和工程应用价值大大降低。表 5-9 所示为逻辑决断问题示例。

表 5-9　逻辑决断问题示例

序号	组成编码	名称	故障原因		逻辑决断回答(或 Y)				维修工作		维修间隔期	修理级别建议
			编号	原因	故障影响 1 2 3 4 5	故障影响 A B C D E F	任务性影响 A B C D E F	经济性影响 A B C D E	维修工作类型	维修项目		
1	0101	显示单元	1A1	显示器故障	Y N Y	(Y)N Y	Y N Y		操作人员监控	更换显示器	U	中继级
2			2A1	单板计算机模块故障	Y N Y		N Y		操作人员监控	更换单板计算机模块	U	基层级
3			2A2	电源模块故障	Y N Y	(Y)N Y	Y Y		操作人员监控	更换电源模块	U	基层级
4	0102	操控单元	3A1	通用键盘模块故障	Y N Y		Y Y		操作人员监控	更换通用键盘模块	U	中继级
5			4A1	武器射控模块故障	Y N Y	(Y)N Y	Y Y		操作人员监控	更换武器射控模块	U	基层级
6			5A1	电源控制模块故障	Y N Y		Y Y		操作人员监控	更换电源控制模块	U	基层级
7	0103	处理单元	6A1	异步串口板故障	Y N Y		(Y N N N Y)		可信度检查	更换异步串口板模块	U	基层级
8			7A1	单板计算机模块故障	Y N Y		N Y		操作人员监控	更换单板计算机模块	U	基层级
9			8A1	电源模块故障	Y N Y		(Y N N N Y)		操作人员监控	更换电源模块	U	基层级
10			8A2	保险丝故障	Y N Y		Y Y		操作人员监控	更换保险丝	U	基层级
11			8A3	电源开关故障	Y N Y		Y Y		操作人员监控	更换电源开关模块	U	基层级

5) 间隔期不合理,难以付诸实践

针对定时拆修、定时报废等预防性维修工作实施维修间隔期的分析与估算,应遵循功能故障的发展规律,并综合权衡实际使用管理要求和经济可承受性。为此,维修间隔期的确定往往是一个需要综合多方面约束因素的权衡评判问题,既要符合特定组成单元功能故障的发展变迁特点,又要满足现实工程的可实现要求。过于依赖耗损规律的维修间隔期估算结果很可能导致经济性欠佳或出现不具现实操作性的"理想"维修间隔期,这显然不是综合保障工程所期望获得的目标结论。

5.3　修理级别分析

5.3.1　基本概念

本小节旨在解决装备不同维修需求在具体工程实现过程中的责任主体确定问题。引入另一类装备保障性分析新技术——(装备)修理级别分析(LORA),以经济性或非经济性因素为依据,开展系统化的专题分析与工程决断评价,力求能够为各种维修活动的最佳修理级别给出合理建议。

1. 修理级别

修理级别也称维修级别,是指在装备使用阶段,根据所承担的特定维修工作(活动),对维修组织机构进行的层级划分。综合保障工程中,最为常见的维修组织机构层级划分为二级,分别为使用方维修和基地级维修。由于不同层级的维修组织机构所承担的维修工作任务不同,其配备的维修设备、设施、工具、仪器仪表、技术资料、备品备件、人力和人员等保障资源条件也不尽相同。

1) 使用方维修

使用方维修包括操作员维修和保障队维修。

(1) 操作员维修(基层级):一般指由装备的使用操作人员和所属分队的保障人员组成的维修组织机构。在这一修理级别中,只限定完成较短时间的简单维修工作,如装备的保养、检查、测试及更换简单的部件等。操作员维修配备有限的保障设备,由操作人员和少量维修人员实施维修。

(2) 保障队维修(中继级):一般拥有数量较多和能力较强的人员与保障设备,具有比操作员维修更高的维修能力,承担操作员维修所不能完成的维修工作。与操作员维修相比,保障队维修的维修保障能力更强,相应维修保障资源的配置一般具有以下特点:

① 配有数量较多的维修设备、工具、仪器仪表、备品备件等;

② 配有一定数量的维修技能较高的专职人员;

③ 配有一定数量的操作技术要求较高的专用维修设备、工具、仪器仪表等;

④ 配有一定数量的专业化维修设施,可供实现装备部分组部件、功能单元的深度拆解,其内含可更换的零部件、元器件。

2) 基地级维修

一般指具有更高修理能力的维修组织机构,能承担装备大修和大部件的修理、备件制造以及中继级所不能完成的维修工作。与基层级和中继级相比,基地级维修的维修保障能力最高,

需要承担的维修工作深度与技术难度也是最高级别的,相应维修保障资源的配置必须满足以下要求:

(1) 维修设备、设施、仪器仪表、工具、备品备件、技术资料等保障资源的总体配置,应以满足装备全寿命期潜在的全部维修保障需求为目标。

(2) 对备品备件的筹、储、供,除了要考虑实施本级维修保障活动的现实需求以外,还应综合考虑前出支援保障、年度周转保障以及阶段长周期保障的潜在需求。

(3) 技术资料的种类配备要齐全、技术深度要达标,应能满足装备全部维修活动细节的知识获取与技术导引需求。

(4) 人力和人员、维修设备、维修设施等的数量和规模配备应能满足装备不同专业、不同技术深度的维修保障工程实践要求。

2. 非经济性分析和经济性分析

非经济性分析是指不考虑实施维修活动所需的经费消耗,仅从安全性要求、技能要求、资源保障条件要求、包装运输要求等非经济性约束因素出发,评判装备各类维修工作项目的最佳修理级别的一种工程分析方法。非经济性分析的成效好坏,在很大程度上取决于用于权衡决策不同修理级别的非经济性约束因素是否恰当,以及对应的工程决策分辨率是否充分满足要求。在综合保障工程中,往往将非经济性分析方法作为装备修理级别分析的首选分析方法,只有在非经济性分析方法不能有效确定装备相关维修工作项目的最佳修理级别时,才需要进一步考虑使用经济性分析方法。

经济性分析是指通过比较分析装备各类维修工作项目在所有可行修理级别上的维修费用,并以最低费用消耗标准评判相关维修工作项目的最佳修理级别的一种工程分析方法。经济性分析的成效好坏,在很大程度上取决于用于权衡决策不同修理级别的费用分解结构是否合理,以及相关费用单元的建模与计算方法是否准确。综合保障工程中比较常见的装备维修费用单元包括备件费用、耗材费用、能源费用、人力费用、设备费用、仪器仪表费用、工具费用、运输与包装费用、训练费用、设施费用、技术资料费用等。由于经济性分析方法需要准确计算装备的不同维修项目的维修经费消耗,而有些费用单元信息在装备的研制早期不易准确确定,因此在综合保障工程中,往往将经济性分析方法作为装备修理级别分析的辅助分析方法,并在装备技术状态基本固化的研制阶段中后期使用。

5.3.2　工作程序

装备综合保障工程中,修理级别分析的实施技术步骤主要包括技术准备、制定基础分析策略、非经济性分析、经济性分析、确定维修项目修理级别、输出分析报告,如图 5-11 所示。

1. 技术准备

技术准备是指与修理级别分析相关的技术准备工作,主要包括基础信息收集和分析计划制定。

1) 基础信息收集

(1) 维修项目信息。含 FMECA 分析得到的修复性维修项目信息、RCMA 分析得到的预防性维修项目信息等。

(2) 维修编制体制信息。含现行维修组织机构信息以及不同机构的维修能力定位、维修工程范围、维修设施、人力和人员等配套保障资源信息等。

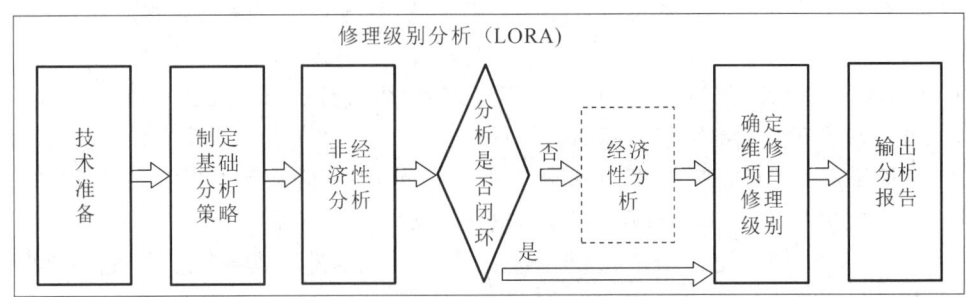

图 5-11　修理级别分析工作程序

（3）类似项目的修理级别信息。含类似装备组成单元的修理级别信息、关键技术约束信息等。

（4）维修任务技术信息。含装备组成单元相关维修项目的技术步骤信息和工艺要求信息等，以及任务所需的设施设备、人力和人员等保障条件信息。

2）分析计划制定

为确保装备修理级别分析工作的高效顺畅实施，必须在装备设计研制的早期制定详细周密的修理级别分析工作计划，并将其纳为装备承制方实施修理级别分析工作的强制性指令技术文件。一般来说，制定的装备修理级别分析工作计划应至少包括以下技术约束内容：

（1）新研装备日常修理工作的不同维修组织机构的修理层级与修理能力划分；

（2）新研装备最佳修理级别评判的基本策略；

（3）新研装备修理级别非经济性分析的标准表现形式及其分析规范；

（4）新研装备修理级别非经济性分析的各类约束因素说明；

（5）新研装备修理级别经济性分析的标准表现形式及其分析规范；

（6）新研装备修理级别经济性分析的各类费用单元解算说明；

（7）新研装备修理级别分析中不同输入信息的规范来源及其信息提供责任方。

2. 制定基础分析策略

以各级维修组织机构为例，说明实施相关装备故障单元维修项目的修理级别分析策略，如图 5-12 所示。

（1）考虑故障单元是否具备由使用方操作员原位修理的可能，如果"可能"，则直接纳入使用方操作员原位修理范畴，结束分析评判；否则，继续分析评判。

（2）考虑故障单元是否具备由使用方整件报废并更换新件（或整件换修）的可能，如果"可能"，则直接纳入使用方整件报废更换（或整件换修）范畴，结束分析评判；否则，继续分析评判。

（3）考虑故障单元是否必须在基地级才能实现修理，如果"必须"，则直接纳入基地级维修范畴，结束分析评判；否则，继续分析评判。

（4）考虑故障单元是否明显地应在使用方保障队进行修理，如果"明显"，则直接纳入使用方保障队维修范畴，结束分析评判；否则，继续分析评判。

（5）对尚不能在使用方保障队维修和基地级维修间明确相应修理级别的装备故障单元，应充分考虑不同修理级别下实施相关故障修理的经费消耗，并引入经济性分析方法，分析明确相关故障单元的最佳修理级别。

相关故障单元维修项目的修理级别分析策略同样适用于分析单元在发生故障前所需开展的预防性维修项目，此时将"故障件"改为"预防单元"，"修理"改为"维护"即可。另外，使用方

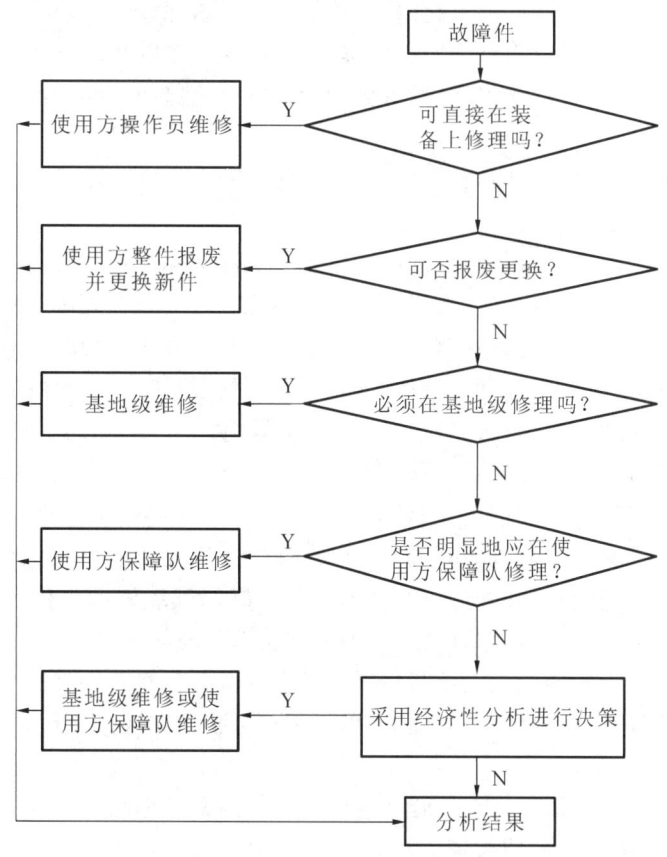

图 5-12　修理级别分析策略

整件换修工作并没有实现维修工作的闭环,为此还需要针对换下故障单元的后续维修工作,再次开展单独的修理级别分析,以进一步确定其实施技术状态恢复性修理的最佳修理级别。

3. 非经济性分析

非经济性分析是装备修理级别分析的首选分析方法,也是研制早期可供选择的最为有效的分析方法。非经济性分析逐条罗列了工程实践中限制不同修理级别实现的典型非经济性因素及其约束判据,并将其与不同维修项目的具体实现过程进行对照分析,以求在逻辑实现层面推导出相关维修项目的最佳修理级别。综合保障工程中,基于非经济性因素的修理级别分析多以表格形式体现,如表 5-10 所示。

表 5-10　修理级别分析的非经济性分析表

维修项目	(1)	维修项目编号		(2)
非经济性因素	非经济性因素的约束判据	单因素修理级别建议		限制修理级别的原因
		基层级	中继级	基地级	
(3)	(4)	(5)			(6)
修理级别分析结果		(7)		是否报废	(8)

第一栏(维修项目):填写有关当前分析的维修项目的名称,名称应与装备的《故障模式、影响及危害性分析报告》和《以可靠性为中心的维修分析报告》中的相应维修项目名称保持一致。对于维修工作内容完全一致的维修项目,例如故障后更换与定期更换,可视情归并为同一维修项目。

第二栏(维修项目编号):填写当前分析的维修项目的唯一序列化标识,编号总数目应与归并优化后的维修项目总数目保持一致。

第三栏(非经济性因素):填写用于逐项实施非经济性修理级别分析的各类(评判)因素,一般包括安全性、保密性、状态完好性、任务成功性、保障工具、人力和人员、保障设施等因素。

第四栏(非经济性因素的约束判据):填写基于各类非经济性(评判)因素,评判最佳修理级别在技术要求层面的具体约束判据。例如:该修理级别是否具有足够数量的维修技术人员等。

第五栏(单因素修理级别建议):基于当前分析行所述的非经济性因素的约束判据所开展的修理级别分析,填写可供综合保障工程技术人员参考使用的最佳修理级别建议。仅能在基层级、中继级和基地级间进行单一选择,具体选择逻辑:针对相关非经济性因素的约束判据,若有多个修理级别可以满足,则仅勾选最低修理级别即可;若仅在非基层级的修理级别可以满足,则应在勾选相应修理级别的同时,一并给出相关限制修理级别的具体原因。例如,若仅在基地级可以满足,则必须同步给出基层级、中继级不能满足的具体原因。

第六栏(限制修理级别的原因):填写某修理级别不能满足修理要求的具体原因,是对前述单因素修理级别建议的补充说明。对于基层级修理可以满足的情况,不需要填写;其他情况,则必须填写。

第七栏(修理级别分析结果):在综合考量前述各单因素修理级别建议的基础上,给出的适用于当前分析的维修项目的最佳修理级别结论。

第八栏(是否报废):填写故障单元是否会直接报废的相关信息。对需要直接报废的,大多安排为基层级的整件报废并更换新件;对非直接报废的,则需要闭环分析换下的故障单元的最佳修理级别。

4. 经济性分析

经济性分析指通过逐项估算维修费用,并选择最低费用消耗修理级别作为维修项目的最佳修理级别的分析方法。

1) 维修费用分解结构

(1) 人力和人员费用。执行装备维修任务(修复性维修和预防性维修任务)所需支付的人员工时费用,通常采用消耗的人工时数与人员小时工资的乘积结算。

(2) 资源消耗费用。执行维修任务中,因消耗保障资源而产生的费用,一般包括备件消耗费用、能源消耗费用等。其中,备件消耗涉及初始备件、周转备件及长周期储备备件等,能源消耗涉及燃油、电力等。

(3) 资源使用费用。执行维修任务中,因使用保障资源而产生的费用,一般包括专用设备、设施使用费用等。其中,专用设备涉及维修设备、运输设备、仪器仪表等,专用设施涉及使用、维修、存储设施等。

(4) 维修管理费用。执行维修任务中,因开展计划、组织、监督、协调、控制等各项维修工作实施而产生的管理费用,一般按照其与非管理费用的比例直接折算获得。

2) 维修费用估算方法

明确维修费用分解结构后,可根据不同的数学模型分别估算不同修理级别的工程实践费用。以备件/耗材年度消耗费用为例,介绍工程上常见的费用估算方法。

$$C_{s-1} = \sum_{k=1}^{n} f_k \sum_{r=1}^{m} N_{1(k,r)} C_{1(k,r)} \tag{5.3.1}$$

式中:n 为完成某类维修项目所需实施的保障事件种类数;k 为实施的保障事件种类计数变量;m 为完成某类保障事件所需消耗的备件/耗材种类数;r 为消耗的备件/耗材种类计数变量;f_k 为第 k 类保障事件的年度发生频次;$N_{1(k,r)}$ 为第 k 类保障事件中第 r 种备件/耗材的消耗数量;$C_{1(k,r)}$ 为第 k 类保障事件中第 r 种备件/耗材的单价。

类似的还有能源年度消耗费用、资源年度供应费用的计算等。

3)维修费用敏感性分析

在确定最佳修理级别时,除了需要遵循费用消耗最低原则外,还应考虑哪些因素对费用消耗起主导作用等问题。为此,需要针对费用估算结果开展敏感性分析,其步骤如下:

(1)选择分析参数。选择(初步判断)可能对维修项目的费用消耗估算产生较大影响的参数,以及数据来源不可靠或准确性难以确保的参数。

(2)设定数值扰动。敏感性分析参数的数值扰动应覆盖全部可能变化的数值范围,非敏感性分析参数的数值通常取其平均值。

(3)解算维修费用。基于选择的分析参数及其数值扰动设定,解算不同扰动下维修项目的费用消耗,并统计分析其数值变化特征。

(4)给出分析结论。当前估算模型及其估算数值的可信性;影响较大的参数的确定及其可能的改进措施;当前修理级别决策的潜在风险;不同费用消耗约束下的最佳修理级别决策的备份方案。

5.3.3　修理级别分析的输出结果

1.分析结果

1)待分析维修项目清单

按照维修工作内容完全一致可视情归并的原则,给出装备优化归并后的待分析维修项目清单,如表 5-11 所示。不恰当或过度的逻辑归并可能导致部分装备单元的重要维修项目遗失,因此待分析维修项目清单中应保留未归并前的原始维修项目信息及其逻辑归并记录。

表 5-11　船舶某装置待分析维修项目清单

序号	组成单元	组成编码	修复性维修项目	预防性维修项目	是否归并	归并后维修项目	维修项目编号	备注
1	⋮							
2	密封圈	×.××6	更换密封圈	定时报废更换密封圈	是	更换密封圈	MT02	
3	安全阀	×.××7		使用检查安全阀	否	使用检查安全阀	MT03	
4	安全阀	×.××7	更换安全阀	—	否	更换安全阀	MT04	
5	变压器	×.××8	更换变压器	—	否	更换变压器	MT05	
6	变压器	×.××8	检修变压器	定时拆修变压器	是	检修变压器	MT06	
7	⋮							

2）非经济性分析表

应给出能够全面反映装备修理级别非经济性分析与确定过程的表格。表格中所述非经济性因素的约束判据务必足够翔实且具有工程可操作性，并能有效区分使用方和基地级间的维修能力差距。如果表格中当前分析行的单因素修理级别建议并非使用方维修，则务必给出相关限制修理级别的具体原因。

3）经济性分析表

对不能利用非经济性分析方法评判出最佳修理级别的维修项目，应给出相关维修项目修理级别的经济性分析表，如表 5-12 所示。

表 5-12　船舶某变压器检修项目经济性分析表

维修项目	检修变压器	维修项目编号		MT06
经济性因素	维修费用单元	费用单元估算值/万元		基础估算模型
		中继级	基地级	
人力和人员费用	人员工时费用	0.05	0.1	人数×工时×每小时工价
⋮				
资源消耗费用	备件消耗费用			
	资源供应费用			
	耗材消耗费用			
	能源消耗费用			
⋮				
资源使用费用	专用设备使用费用			
	专用设施使用费用			
	专用技术资料使用费用			
⋮				
维修管理费用	计划、组织、监督、协调、控制等各项维修工作实施的管理费用			
⋮				
维修费用合计		x_1	x_2	$x_2 \leqslant x_1$
修理级别分析结果		$\checkmark$		总费用

4）修理级别汇总表

应给出能够总体反映装备不同单元修理级别情况的汇总表，表中内容能直接反映相关装备单元拆/换、修理、报废等维修工作的责任主体要求。

2. 注意事项及常见问题

前面介绍了实施修理级别分析的具体步骤，下面简单说明在实施过程中常见的一些技术问题。

1）分析方法的选择

装备修理级别分析以非经济性分析方法作为首选，只有在该方法无效时，才考虑使用经济性分析方法进行辅助分析。原因在于：

（1）实施非经济性分析所用的工程代价较低，且对大部分维修项目而言，可以通过分辨率足够的定性约束判据，清晰区分不同修理级别。

（2）为了适应经济性分析的自身技术特征。在装备研制早期很难获得足够详细的维修费用信息，此时非经济性分析方法是较优的选择。

2）同使用与维修工作分析协调开展

在应用非经济性分析方法进行装备修理级别分析时，除了部分实施技术难度明显很低或很高的维修项目容易判别外，大部分维修项目都需要详细掌握维修技术步骤、工艺要求以及保障资源条件要求后，才能经过对比分析，科学评判出其可实现的最佳修理级别。然而，这些评判信息主要来自另外一项保障性分析技术——使用与维修工作分析技术。为此，单独开展装备修理级别分析并不科学，较理想的做法是同使用与维修工作分析一并开展。

3）混淆不同步骤，分析判据失准

对装备单元待分析维修项目的关键维修工艺步骤应有明确的定位，以确保相关非经济性分析决策判据的有效性。比较容易混淆的工艺步骤有"更换"与"拆修"等。

（1）"更换"强调整件更换的方式，而"拆修"更关注于拆卸后的技术状态恢复性修理问题，能完成"拆修"的技术人员，一定能完成"更换"，但反之则不然，两者的修理级别安排可能大不相同。

（2）类似地，"检测"工艺步骤仅是"检修"工艺步骤的一部分，在工程实践中经常出现维修人员能够利用专用工具发现故障，但并不具备原位修理以恢复装备单元技术状态能力的情况。

4）费用估算不合理，分析结果失信

制定科学合理的维修费用分解结构，选择适用的维修费用估算模型与估算方法，是有效实施经济性分析的基本前提。工程上几类常见的费用估算误区包括：

（1）不重视预防性维修费用的估算。对定期拆修、定期报废等可能产生较大费用消耗的预防性维修工作缺乏细致考量。

（2）忽视维修设备的使用与管理费用。仅关注备件消耗费用、人员工时费用等，没有足够的分辨率。

（3）不进行维修费用的敏感性分析。过分依赖模型与算法，导致修理级别决策结论存在潜在失信风险。

5.4　使用和维修工作分析

5.4.1　基本概念

使用与维修工作分析（O&MTA）是指将新研装备的使用与维修工作分解为作业步骤而进行的详细分析，用以确定各项保障工作所需资源要求。由于要对每项工作进行分析，因而分析工作的工作量很大。同时又因为要与保障性分析中的很多方面进行协调工作，编制大量的文件，所以分析工作是十分烦琐和复杂的。虽然分析工作需要耗费大量的人力与资金，但若能由分析得出准确的结果，则可以避免因估计资源要求的臆测性和经验法所引起的资源浪费或短缺，是非常有意义的。

　　开展使用与维修工作分析的主要目的包括：为每项使用与维修工作确定保障资源要求；确定运输性方面的要求；从保障资源方面为评价备选保障方案提出依据；为备选设计方案提供保障方面的资料，以减少保障费用，提高完好性；为制定各种保障文件，如技术手册、操作规程、训练计划及人员清单等提供原始资料；为修理级别分析提供输入信息。

　　装备的使用与维修工作大体可分为使用工作任务、预防性维修工作任务、修复性维修工作任务。

　　（1）使用工作任务：为保障装备在预定的环境中使用和执行预定的任务所需的保障工作。使用工作任务通常包括装备启动前准备、装备动用、保养、检查校正，以及电、油、液、气等的补充、储存与运输等。这些工作是根据装备的功能和按照作业与训练任务要求而制定的。由于装备特性不同，因此使用工作任务的范围和内容也不同。

　　（2）预防性维修工作任务：为预防某一潜在故障或发现隐蔽功能故障而进行的工作。预防性维修工作类型通常有保养、操作人员监控、使用检查、功能检测、定时拆修、定时报废和上述工作类型的综合工作。在制定预防性维修工作任务方案时，可结合修理级别的划分和使用方实际执行维修作业时的不同工作类型，综合制定各种维修和保养工作。

　　（3）修复性维修工作任务：根据 FMECA 结果确定需要进行的修复性维修工作任务，这种维修工作任务通常是非计划性的，一般包括更换、周转件修复、原件修复、机上直接修复等。

5.4.2　工作程序

　　在综合保障工程中，装备使用与维修工作分析的实施技术步骤主要包括技术准备、制定基础分析策略、使用任务分析、维修任务分析、确定保障资源要求、输出分析报告，如图 5-13 所示。

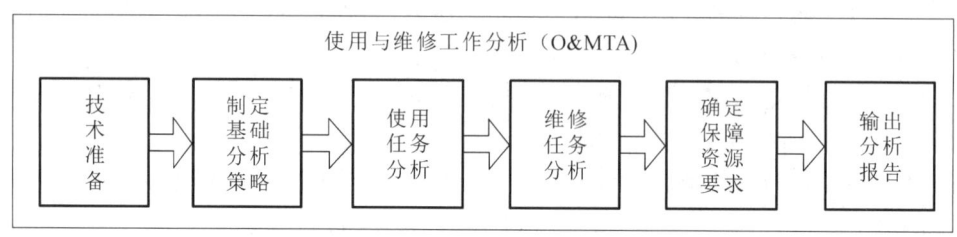

图 5-13　装备使用与维修工作分析工作程序

1. 技术准备

同使用与维修工作分析相关的技术准备工作，主要包括基础信息收集和分析计划制定。

1）基础信息收集

由于使用与维修工作分析需要大量的信息源支撑，因此必须要做好相关信息收集工作。这也是分析步骤中技术准备的核心工作内容之一。

　　（1）装备功能要求和备选保障方案分析文档中提出的使用与维修要求信息。

　　（2）已有装备类似的使用与维修现场数据和资料。

　　（3）初始修理级别分析所拟定的各修理级别的维修工作内容。

　　（4）用以权衡与优化保障资源或评价备选保障方案的费用资料。

　　（5）当前保障资源方面的新技术，如新型测试设备、先进工艺方法等。

（6）相关运输方面的信息,如运送待修件的距离、使用的运输工具与包装要求等。

2）分析计划制定

为确保装备使用与维修工作分析的高效顺畅实施,必须在装备设计研制的早期制定详细周密的使用与维修工作分析工作计划,并将其纳为装备承制方实施使用与维修工作分析的强制性指令技术文件。一般来说,制定的装备使用与维修工作分析工作计划应至少包括以下技术约束内容:

（1）新研装备使用与维修工作分析的基本策略;

（2）新研装备最佳保障资源要求决策评判的核心原则;

（3）新研装备使用任务分析的标准表现形式及其分析规范;

（4）新研装备待选保障资源的各类基本属性信息说明;

（5）新研装备使用与维修工作分析中不同输入信息的规范来源及其信息提供责任方;

（6）新研装备使用与维修工作分析输出报告的基础内容纲目;

（7）其他和新研装备使用与维修工作分析具体实施、过程管控、质量管控、进度管控等相关的系列工作要求。

2. 制定基础分析策略

在综合保障工程中开展装备使用与维修工作分析的策略主要包括:

（1）基于不同工况下的装备使用要求,以及 FMECA 报告和 RCMA 报告的输出内容,确定待分析的装备使用任务与维修任务,有时也称使用与维修项目。

（2）查询同装备使用与维修相关的原始技术资料,包括装备设计说明书、不同组成单元的装配拆卸说明书、样机试验中的故障修理记录和预防性维修记录等,力求将每一使用与维修项目的实现过程详细解构为一系列可单独作业的技术步骤。

（3）按照安全、便捷、高效、可行的原则,对装备使用与维修项目的不同作业步骤进行科学排序,形成适用于装备不同项目的最佳作业工序。

（4）在人员、备件、耗材、能源、工具、仪器仪表、设备、设施、技术资料、计算机资源等方面,确定完成每一使用与维修作业工序的必备保障资源要求。

（5）汇总每一使用与维修作业工序的保障资源要求,形成有关使用与维修项目的保障性分析记录;结合不同修理级别的保障资源配置约束条件,对保障资源进行综合权衡与全局优化分析,进而确定能够有效满足装备使用与维修工作任务需求的保障资源要求。

3. 使用任务分析

开展装备使用任务分析,应至少涵盖装备正常运行、异常处置和应急操作的相关使用任务分析内容,如图 5-14 所示。

1）正常运行

给出在正常情况下,为实现本层级装备的每一项任务功能所需或可采用的全部运行方式、模式、状态,以及为实现各种方式、模式、状态所需的各种操作使用项目,一般可分为五类:

（1）使用前的技术准备;

（2）启动;

（3）运行方式、模式或状态的调整与转换以及操作人员监控;

（4）停机;

（5）停机后的技术恢复。

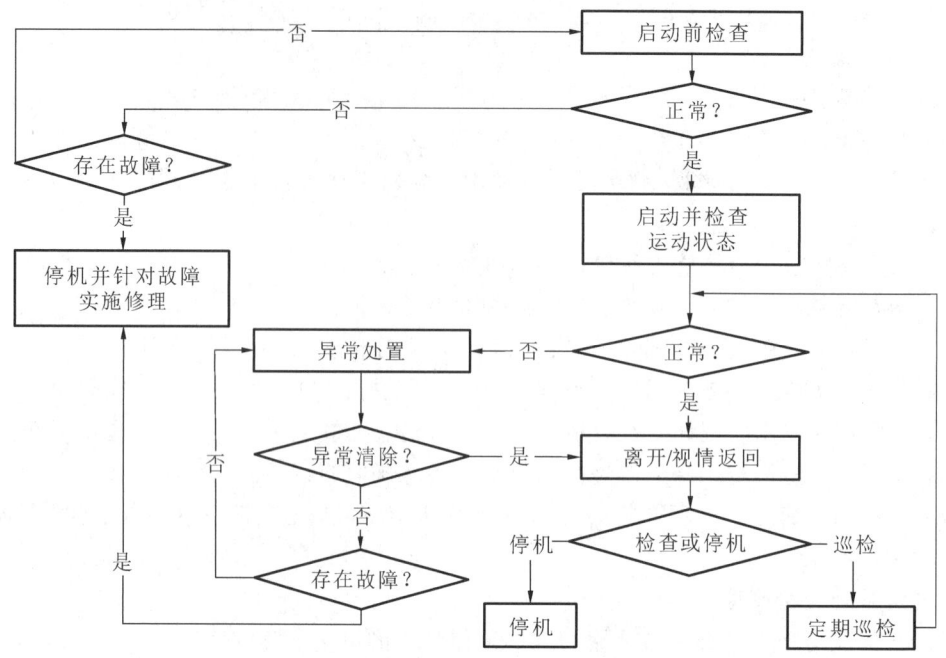

图 5-14　船舶装备操作使用流程图示例

2）异常处置

装备异常处置情况下的使用任务分析，主要用于解决部件之间运行状态不匹配（装备中某个或某些部件的工作条件准备不足、工作状态设定不当等问题所导致的）所产生的、经过简单操作就可恢复必要任务功能的装备运行异常问题。而部件发生故障导致装备运行异常的系列处置工作内容，属于装备故障排查和维修范畴，相关处置项目纳入装备维修工作项目分析中。

3）应急操作

应针对装备全部应急备用任务功能，提供超出设计基准条件、局部发生故障等各种应急情况下的装备操作使用方法。应急操作流程编写要求主要包括两个方面：一是必须明确表达出"什么具体情况下、为了达到什么样的目的才允许按照本应急操作使用方法使用装备"等信息；二是必须就不同特定情况下实施此类操作的最长连续工作时间、最大工作载荷、最高保留技术性能等给出明确的技术约束要求。

在综合保障工程中，装备使用任务分析一般以表格形式体现。表 5-13 所示是比较常见的一类装备使用任务分析表。

表 5-13　装备使用任务分析表（样例）

使用项目			使用工序		人力和人员			耗材/能源			工具/仪器仪表/设备			设施		技术资料		计算机资源		安全注意事项		
序号	项目编号	名称	作业序号	作业步骤	专业	技能等级	数量	名称	型号	数量	名称	型号	数量	名称	功能	名称	技术内容	名称	功能	警告	注意	注释
(1)			(2)		(3)			(4)			(5)			(6)		(7)		(8)		(9)		

第一栏(使用项目):填写装备为完成期望任务功能(正常运行、异常处置和应急操作等),所需开展的全部使用项目(从技术准备开始到停机后技术恢复)的序号、项目编号与名称。

第二栏(使用工序)填写装备为完成特定使用项目所需按序开展的全部使用工序的作业序号和作业步骤。应按照时间先后顺序,从观察判断并确认允许操作开始,一直到不需要人员操作与检查、操作员可以离开为止,给出使用项目的具体作业步骤。

第三栏(人力和人员):填写为完成当前分析行的作业步骤所需配置的人力和人员类保障资源信息,内容涵盖人员的专业、技能等级和数量,例如机械专业、高级技能、1 名。

第四栏(耗材/能源):填写为完成当前分析行的作业步骤所需消耗的耗材、能源类保障资源信息(不含备件),内容涵盖名称、型号和数量,例如高温润滑油、××牌号、××毫升。

第五栏(工具/仪器仪表/设备):填写为完成当前分析行的作业步骤所需使用的工具、仪器仪表、设备类保障资源信息,内容涵盖名称、型号和数量,例如启动盘车设备、×××型、1 台。

第六栏(设施):填写为完成当前分析行的作业步骤,所需建设的设施类保障资源信息,内容涵盖设施的名称和功能,例如防静电工作台架、提供基础工作环境条件。

第七栏(技术资料):填写为完成当前分析行的作业步骤所需参考的技术资料类保障资源信息,内容涵盖名称和技术内容,例如《×××使用规程》、提供明确使用作业步骤完成质量的技术内容。

第八栏(计算机资源):填写为完成分析行的作业步骤所需的计算机资源类保障资源信息,内容涵盖名称和功能,例如××嵌入式状态监测管理软件、提供作业步骤完成情况的在线自反馈。

第九栏(安全注意事项):填写在实施当前分析行的作业步骤过程中,使用操作人员必须关注的警告、注意和注释。其中:警告信息用于给出需要特别强调的事项,如果违背这些事项,就可能导致人员伤亡或健康危害、装备严重损伤、环境破坏等事故性后果;注意信息用于给出需要特别提醒的事项,如果违背这些事项,就可能会影响装备使用寿命或导致装备不能正常运行;注释信息用于对前述相关事项做进一步解释。

4. 维修任务分析

装备维修任务分析一般也以表格形式体现,这里给出的是比较常见的一类装备维修任务分析表,如表 5-14 所示。在全部十九栏数据中,前七栏数据引用自 FMECA、RCMA、LORA,第十一、十四、十五、十七至十九栏数据与使用任务分析表中相关数据类似,区别在于服务对象变更为维修保障。下面对不同的数据进行介绍。

表 5-14　装备维修任务分析表(样例)

组成编码	(1)	产品单元	(2)		维修项目	(3)	维修项目编号	(4)	维修空间/(m×m×m)		
修理级别	(5)	故障原因		(6)		维修间隔期		(7)	位置	(8)	空间 (9)
维修工序		人力和人员			维修时间/h	人工时/h	工具/仪器仪表/设备		设施		备件/耗材/能源				技术资料		计算机资源		安全注意事项		
作业序号	作业步骤	专业	技能等级	数量			名称	型号	数量	名称	功能	编码	名称	型号	数量	名称	技术内容	名称	功能	警告	注意	注释
(10)		(11)			(12)	(13)	(14)			(15)		(16)				(17)		(18)		(19)		

第八栏(维修空间-位置):填写当前表格分析维修项目所需的最小物理实施空间的起算原点,一般指产品单元的正面、侧面、背面、上方、下方等。

第九栏(维修空间-空间):填写当前表格分析维修项目完成全部维修工序所需的最小物理实施空间,一般以"m×m×m"方式表达。

第十栏(维修工序):填写为完成当前表格分析维修项目所需按序开展的全部维修工序的作业序号和作业步骤。由于作业步骤是影响当前分析的核心内容,且涉及的工程技术内涵极其丰富,其填写要求也很高,例如:应以"动宾结构祈使句"的格式表述每一个作业步骤,并用宾语体现作业步骤的具体对象;在需要根据现场情况确定下一步如何操作的作业步骤之前,必须首先给出判断现场情况的具体方法。

第十二栏(维修时间):填写单人单次完成当前分析行的作业步骤所需耗费的维修工时,例如 0.5 h、20 min。

第十三栏(人工时):填写为完成当前分析行的作业步骤所需耗费的人工时数,一般由"人数×单人单次工时"估算获得。

第十六栏(备件/耗材/能源):填写为完成当前分析行的作业步骤所需消耗的备件、耗材、能源类保障资源信息,内容涵盖编码、名称、型号和数量。

5. 确定保障资源要求

与装备使用和维修相关的保障资源要求,可通过汇总全部使用与维修项目的保障资源,并经特殊约束条件优化权衡后确定。详细的优化权衡过程将在综合保障方案设计中介绍,这里仅说明优化一般应考虑的两个方面问题:

(1) 利用使用与维修工作任务分析的结果,确定出规划的使用与维修工作在时间、资源和安全与环境方面是否能够满足所制定的保障资源要求,从而得出:哪些工作可以简化或需要优化,以减少使用与保障费用;哪些保障资源需要优化,以减少危险物资、有害废料、污染物排放对环境的影响。

(2) 分析每一种保障资源的类型,确定是否有重复的保障资源要求。例如:能用一种测试设备完成全部所需的测试功能,就不能有两种测试设备;新装备中使用的多种不同尺寸的紧固件应尽量标准化,确保仅用少量工具就可实现拆卸。

5.4.3 使用与维修工作分析输出结果

1. 分析结果

1) 使用任务分析记录

给出全部使用项目的任务分析记录。每一使用项目应对应一张独立的使用任务分析表,并按要求填写表中内容,船舶某汽轮机的使用任务分析表如表 5-15 所示。表 5-15 中,人力和人员、耗材/能源、工具/仪器仪表/设备、安全注意事项等使用任务分析内容,原则上,务必在每一分析行上保持与每一使用工序的一一对应关系,以确保相关使用任务分析过程记录具有足够的保障工程分辨率,进而能够有效展现和指导相关使用保障工作的技术细节;对设施、技术资料、计算机资源等具备全时序保障特征的使用任务分析内容,可视情采用总体归并的方法表述相关使用任务分析过程记录。

表 5-15　船舶某汽轮机的使用任务分析表（部分）

序号	项目编号	名称	作业序号	作业步骤	专业	技能等级	数量	耗材名称	型号	数量	工具名称	型号	数量	设施名称	功能	技术资料名称	技术内容	计算机名称	功能	警告	注意	注释
1	OT001	使用前技术准备	(1)	检查机组外部,清理杂物,维护场地	机械	初级	2	清洁布	—	1				专用操作间	确保汽轮机操作使用安全,相对独立,不受其他装置操作使用干扰	《×××汽轮机使用规程》	汽轮机从技术准备开始到停机恢复为止的全部使用项目的使用工序说明				与上次测试值相比,差别不应超过±0.05mm	
			(2)	前后推动汽轮机转子,用专用千分尺测量汽轮机转子的轴向位移	机械	中级	1				专用千分尺		1									
			(3)	用专用千分尺测量汽轮机转子的下沉量	机械	中级	1				专用千分尺		1									
			(4)	观测油检查仪是否通油	机械	初级	1	滑油		×L/min												需要开启汽轮滑油泵
			⋮																			

2) 维修任务分析记录

给出全部维修项目的任务分析记录。每一维修项目应对应一张独立的维修任务分析表，并按要求填写表中内容，船舶某汽轮机的维修任务分析表如表 5-16 所示。表 5-16 中，人力和人员、耗材/能源、工具/仪器仪表/设备、安全注意事项等维修任务分析内容，原则上，务必在每

表 5-16　船舶某汽轮机的维修任务分析表（部分）

组成编码	0702×××	产品单元	汽轮机轴承箱	维修项目	更换油封圈	维修项目编号	MT00×	维修空间/(m×m×m)	
修理级别	基地级	故障原因	密封材料老化、性能下降	维修间隔期	2a	位置　正面		空间 0.5×0.5×0.5	

作业序号	作业步骤	专业	技能等级	数量	维修时间/h	人工时/h	工具名称	型号	数量	设施名称	功能	备件编码	名称	型号	数量	技术资料名称	技术内容	计算机名称	功能	警告	注意	注释
(1)	拆卸与轴承箱连接的油管路和温度传感器	机械	中级	2	4	8	专用扳手套件		1													
(2)	…									专用机械修理间	提供汽轮机深度修理全部保障资源条件					《×××汽轮机维修手册》	×××汽轮机全部潜在维修项目的维修工序与维修工艺说明					
(3)	拆卸轴承箱盖紧固件,起吊轴承箱盖	机械	中级	2	2	4	专用扳手套件 / 手拉葫芦		1 / 1			hc.×××	铜棒		1							
(4)	…						尖口钳		1			bj.×××	油封圈		1							
(5)	更换油封圈	机械	中级	1	0.5	0.5	平口螺丝刀		1													

一分析行上保持与每一维修工序的一一对应关系,以确保相关维修任务分析过程记录具有足够的保障工程分辨率,进而能够有效展现和指导相关维修保障工作的技术细节;对于设施、技术资料、计算机资源等具备全时序保障特征的维修任务分析内容,可视情采用总体归并的方法表述相关维修任务分析过程记录。另外,还应就确保当前分析维修项目高效实施的最佳维修空间预置需求给出量化说明,以免影响装备交付用户使用后的工作现场空间布局。

3) 使用保障资源汇总

在使用任务分析记录的基础上,进行使用保障资源汇总。同时,还应就后续优化权衡使用保障资源要求所需考虑的约束条件给出说明,一般包括实操人员编制、保障设施建设条件、保障资源共享可能性等,表 5-17 所示为船舶某汽轮机的使用保障资源汇总。

表 5-17　船舶某汽轮机的使用保障资源汇总

序号	操作位置	职责	专业	人数	备注
1	A 设备旁	A 设备的技术准备、启动、运行状态监测、工况调整、异常状态临时处置、停机,以及应急状态下的系列特殊操作使用	机械	1	

装备使用技术资料要求(示例)

序号	资料名称	技术用途	服务类型	适用场合	备注
1	《使用手册》	用于指导装备不同操作位置的使用人员,严格按照技术要求完成相关规范化操作使用技术动作	操作使用	装备实操	也可命名为《使用规程》或《使用说明书》
2	《使用安全手册》	用于指导装备不同操作位置的使用人员,严格按照安全风险防范要求完成相关规范化的操作使用技术动作	安全防范	装备实操	

装备使用工具、仪器、设备清单(示例)

序号	名称	型号	规格	使用保障用途	单位	数量	单价/万元	装箱尺寸/(m×m×m)	重量/kg	备注
1	专用千分尺		测量精度 0.001 mm	××装置关键部位启动前技术状态例行检查	把	1	0.2	0.2×0.1×0.05	0.8	

装备使用耗材、能源清单(示例)

序号	名称	型号	规格	使用保障用途	数量	单位	单价/万元	备注
1	滑油	VG-××	40℃ 黏度× mm²/s	×××装置正常运行时,润滑××部件	××	升	0.25	

装备使用设施清单(示例)

序号	名称	使用保障用途	物理空间要求/(m×m×m)	空间环境(温度、相关湿度、通风、照明、振动、电磁干扰)	能源接口要求(液、电、气)	备注
1	××工作间	确保×××操作使用安全,相对独立,不受其他装置操作使用干扰	5×5×5	温度 20±5 ℃;相关湿度 ≤75 %;照明 150~400 lx;振幅≤4 μm,速度≤0.2 mm/s	××油路管道、日用灰水管道;AC 220V 50Hz;高压空气管路:0.4 MPa	

装备使用计算机资源清单(示例)

序号	名称	使用保障用途	研发语言	操作系统	当前版本	备注
1	××嵌入式使用状态监控软件	提供当前作业步骤是否高质量完成的实时在线自反馈及警示信息	Java	Win××.××	s1.0	

4) 维修保障资源汇总

在维修任务分析记录的基础上,进行维修保障资源汇总。同时,还应就后续优化权衡维修保障资源要求所需考虑的约束条件给出说明,一般包括维修人员编制、保障设施建设条件、保障资源共享与替代使用可能、年度保障频次、保障技能要求、保障机构设置、保障能力层次划分等,表 5-18 所示为船舶某汽轮机的维修保障资源汇总。

表 5-18　船舶某汽轮机的维修保障资源汇总

装备维修保障人员要求(示例)

序号	维修专业	高级技能	中级技能	初级技能	备注
1	机械专业	2	4	3	

装备维修技术资料要求(示例)

序号	资料名称	技术用途	服务类型	适用场合	备注
1	《维修手册》	用于指导基层级或中继级装备维修人员,严格按照相关维修工艺步骤开展装备日常维修工作,以确保装备维修工作质量	日常维修	装备维修	也可命名为《维修规程》或《维修说明书》
2	《修理技术要求》	用于指导基地级装备维修人员,严格按照相关维修工艺步骤开展装备较高等级的维修工作,以确保装备维修工作质量	高等级修理	装备维修	

装备维修工具,仪器,设备清单(示例)

序号	名称	型号	规格	维修保障用途	配置数量 基层级	配置数量 中继级	配置数量 基地级	单位	单价/万元	装箱尺寸/(m×m×m)	重量/kg	备注
1	超声波焊缝探伤仪		材料声速1000～9999 m/s,测厚分辨率0.2 mm;…	用于装备维修工作中,相关焊接维修部位的工艺质量检查	0	1	1	台	0.8	0.05×0.05×0.03	5	

装备维修备件清单(示例)

序号	产品单元编码	产品单元	年工作强度/h	备件编码	备件名称	型号	规格	装机总数	占空比	MTBF/MTTF h	供货周期/天	年度储备数量 基层级	年度储备数量 中继级	年度储备数量 基地级	单位	单价/万元	装箱尺寸/(m×m×m)	重量/kg	存放要求	备注
1	0702×××	汽轮机轴承箱	3600	bj.××	油封圈			2	1	16800	180	1	0	1	个	2			窗封、防潮、20℃	

装备维修设施清单(示例)

序号	名称	维修保障用途	建设建议			物理空间要求/(m×m×m)	空间环境(温度、相关湿度、通风、照明、振动、电磁干扰)	能源接口要求(液、电、气)	备注
			基层级	中继级	基地级				
1	机修工作间	用于实现板、柱、块、管状等普通金属或非金属材料、半成品等的深度加工,以制作结构较为复杂、精度较高的机械零部件和维修工装具	√	√		5×5×5	温度20±5 ℃;相关湿度≤75 %;照明150~400 lx;振幅≤4 μm,速度≤0.2 mm/s	××油路管道;日用灰水管道;AC 220V 50Hz;高压空气管路:0.4 MPa	数控多功能车床、摇臂钻床、锯工作台、桁吊等

装备维修计算机资源清单(示例)

序号	名称	维修保障用途	配置建议			研发语言	操作系统	数据库	当前版本	备注
			基层级	中继级	基地级					
1	××嵌入式状态监控与故障诊断软件	用于装备日常运行状态的实时在线监控,以及装备故障发生后的辅助诊断与维修决策	√			Java	Win××.××	SQL-××	s1.0	
2	××供应保障信息管理系统	用于实现装备日常保障所需备件、耗材、工具、仪器仪表等保障资源筹、储、供工作的信息化管理			√	C++	Win××.××	Oracle	d1.0	

2. 分析特点及常见问题

前面介绍了实施使用与维修工作分析的具体步骤,下面简单说明在实施过程中常见的一些技术问题和使用与维修工作分析的一些突出特点。

1) 分析深度更广,耗费精力更多

使用与维修工作分析需要将不同使用与维修项目的全部作业步骤逐层、逐项分解,并逐一给出相应的保障资源条件,这对结构复杂、修理工艺步骤烦琐的装备而言,意味着分析工作量的大幅增加。因此,通常需要更多的"通质"技术人员耗费更多的工作精力才能完成。从装备全寿命期保障的视角来看,在设计阶段投入大量的人力,开展内容翔实的使用与维修工作分析,这虽然会增加早期费用,但能够大幅提升交付阶段的保障工作成效,避免保障资源浪费,从而有效降低全寿命期的总费用。

2) 分析交互更强,结论影响更广

使用与维修工作分析需要 FMECA 提供修复性维修工作分析对象,需要 RCMA 提供预防性维修工作分析对象,需要 LORA 提供保障资源多层级全局优化配置目标。为此,只有在四者充分交互的基础上,才能使工作高效保质实施。此外,使用与维修工作分析输出的能够满足不同类型保障工作需求的保障资源要求,不仅是编制装备使用说明书、维修说明书、备品备件清单、修理设备清单、工具清单、能源供应品清单等技术资料的基础支撑,还是装备交付阶段面向特定任务要求编制有效保障方案的重要信息参考。

3) 分析分辨率低,缺乏技术指导性

使用与维修工作分析过程的分辨率,主要体现在分析条目的颗粒度和分析内容的精准性

两方面。在综合保障工程中,在缺少信息的条件下,"通质"技术人员有时会采取降低分辨率的技术行为,具体表现在:

(1) 将本应切分为多个独立作业步骤的使用或维修工序简化归并为一个工序,仅对工序的触发前提和工序的完成结果给出描述,而对如何完成相关工序作业只字未提。

(2) 将实施多个独立作业步骤所需的应在不同时序点上按序投入的不同型号规格的工具、仪器仪表、修理设备、备件等保障资源合并"混排",仅对保障资源的总体需求给出说明,而忽略了资源运用的技术细节。

上述这些降低分析分辨率的技术做法往往会降低分析工作的成效,并产生较大的"副作用":首先,缺乏足够技术细节的分析结论丧失了其保障工程实施的技术指导性;其次,分析输出颗粒度不足的保障资源要求不仅不能促进保障系统的同步建设,而且还很可能导致部分保障资源的建设发展偏离正轨;最后,少量关键保障资源属性信息模糊度过大可能会直接导致其在综合保障工程约束条件下的权衡与优化结果千差万别。

4) 局限于资源演绎,忽视对设计的影响

使用与维修工作分析除了输出与装备保障工作相契合的最佳保障资源要求,还是装备设计方案是否可行的重要判据。对工程上不可实现或不可长期承受的保障资源要求,通常需要转变思路,在装备的固有特性设计层面寻求解决答案。

(1) 分析发现某装备的部分贵重单元的固有可靠性差,且不具备修复可能,任务周期内的换件修理需求过高,长期保障维修经费不可承受。

(2) 分析发现某装备的关键功能组部件是引进件,存在价格昂贵、供货周期过长等问题,国际动荡局势下相关备件的保障很可能被"卡脖子"。

对于上述情况,最佳的工程解决方案不应再局限于装备的保障资源配置优化层面(例如多投入经费、多购置储备),而应放宽视野在优化装备的可靠性、维修性、保障性等固有特性设计层面,以及优化装备组成结构和核心功能单元设计层面,另辟蹊径,寻求突破。但在现实中,增加保障经费及保障资源储备的决策往往更易被管理者选择,而更改装备设计的决策往往会遭遇较大的工作"阻力"。

第6章 维修器材保障

维修器材是指为保障训练、使用和作业等需要,用于装备维护、修理的所有零部件、元器件、附件、原材料以及消耗材料等的统称。维修器材是船舶维修保障极其重要的维修资源,当前船舶使用方(现地)维修基本采用换件修理方式,基地级维修的大部分工程项目也主要采用车间可更换单元的换件修理方式,维修器材是使用阶段船舶维修保障的重点内容。

本章主要介绍维修器材基本概念,维修器材保障指标、维修器材筹措标准和智能船舶维修器材保障。

6.1 维修器材基本概念

6.1.1 维修器材定义

根据器材是否可修复,可将器材分为可修器材和不可修器材。在上述维修器材定义中,元器件也称元件,是电子设备中的基本单元制品,如晶体管、集成电路块等;零部件,是装备中不可再分解的单个制件,是装备构成的基本单位,如螺栓、螺帽等;组件,是由一些零部件组成的制品,通常可以作为一个单独机件进行拆装和维修;部件,是装备中由若干零部件装配成的独立的组成部分,如显控台的主机、柴油机的机油泵等。

6.1.2 维修器材分类

随着船舶装备复杂程度越来越高,维修器材的品种与数量也越来越繁多。在实际的装备维修器材保障过程中,为便于管理,人们根据其维修性、结构属性、寿命分布等对维修器材(后可简称器材)进行分类。常见的分类方法主要有以下几种:

(1) 按维修性划分,可分为可修复器材、不可修(消耗性)器材;

(2) 按使用性质划分,可分为储备器材、周转器材和随机器材;

(3) 按结构属性划分,可分为电子类器材、机械类器材、机电类器材等;

(4) 按重要度划分,可分为关键器材、非关键器材;

(5) 按需求划分,可分为紧急需求器材、普通需求器材;

(6) 按使用寿命分,可分为一次件、三次件、五次件等;

(7) 按存放时的状态划分,可分为待修器材、准备发放器材等;

(8) 按装备寿命周期阶段划分,可分为安装器材、初始器材、后续器材;

(9) 按维修级别划分,可分为使用方器材、基地级器材;

(10) 按寿命分布划分,可分为指数分布型器材、威布尔分布型器材、正态分布型器材等。

6.1.3　常见器材的寿命分布

在研究器材需求预测、器材配置问题时,准确掌握器材的故障规律并确定各类器材的重要程度是一切的基本前提,解决这个问题就需要从器材的寿命分布类型入手。器材的寿命分布类型如下:

(1) 指数分布型器材。电子类器材的寿命分布一般服从指数分布,例如印制电路板插件、电阻、电子部件、电容、集成电路等。

(2) 威布尔分布型器材。对于大部分机电类器材,如滚珠轴承、开关、继电器、断路器、某些电容器、电子管、磁控管、电位计、陀螺、电动机、航空发电机、蓄电池、液压泵、空气涡轮发动机、齿轮、活门、材料疲劳件等,其部件失效常常是磨损累计失效造成的,其寿命分布一般服从威布尔分布。

(3) 正态分布型器材。对于机械类器材,如变压器、晶体管、灯泡、汇流环、齿轮箱和减速器等,其故障常常是腐蚀、磨损、疲劳所引起的,其寿命分布一般服从正态分布。

上述器材(部件)的寿命分布类型的分类是一个比较概略的分类。在实际工作中,部件的具体寿命分布类型是很难确定的,有两个主要原因:一是有些部件的结构组成不易界定,很难将其简单地归类为电子类、机电类或是机械类;二是随着制作工艺的提升、使用材料的升级,部件的寿命分布也受到影响。比较可靠、准确的方法是通过大量的工程试验来确定具体部件的寿命分布类型,但是实际操作上也存在困难,少数部件价格昂贵且失效率很低,确定其寿命分布类型的经济效益不高,因此通过分析装备使用数据信息来确定部件的寿命分布类型是一个很好的方式。

6.2　维修器材保障指标

器材保障活动贯穿于船舶装备全寿命期,涉及器材的筹措、储存、供应、管理与修理等不同环节,与装备的使用方式和维修保障方式等密切相关,因此需要充分考虑影响器材保障能力的各种因素,选择并确定器材保障指标,并建立相关指标的数学模型。本节以船舶携运行维修器材保障指标与器材供应保障指标为例,介绍船舶器材保障指标体系构建原则与方法。

6.2.1　船舶器材保障指标体系构建原则

针对船舶器材保障活动的多样性,人们提出了多种器材保障指标,常见的器材保障指标有器材保障概率、器材利用率、器材满足率、期望短缺数和可用度等。实际上,不同的器材保障指标反映的器材保障能力是不同的,因此器材保障指标需要与器材保障过程关联起来,以便更加准确地反映器材保障能力。在构建器材保障指标体系时一般应遵循:

1. 充分体现器材保障活动的特点

以船舶携运行维修器材保障指标的选择为例,该类器材是船舶在海上执行任务期间维修保障最主要的物质资源。从保障船舶任务完成的角度来看,任务完成需求是携运行维修器材保障的根本要求,也是装备论证、器材规划等工作需要考虑的核心问题。携运行维修器材保障的目的就是在携运行能力有限且不考虑补给的条件下,依靠相关维修力量,通过合理配备携运行维修器材,尽可能地提高装备系统的完好性。携运行维修器材配备的目标是尽可能保证当装备发生故障需要修理时,有足够的器材可供使用,是装备可靠性的重要补充,与装备可靠性共同作用,以保障船舶完好性。由此可见,携运行维修器材保障指标应落脚到单器材的保障度量指标上,如器材满足率、器材保障概率、器材利用率等。

2. 充分考虑器材保障活动的重要影响因素

在器材保障过程中,不同参与者关注的重点是不同的。例如:器材的供应方往往更加关心反映器材供应能力的指标,如器材初始保障概率(也称器材保障概率)、供应可用度、期望短缺数等;而作为器材的使用方,则更关心反映器材的状态完好性的指标,如完好率、平均延误时间、使用可用度等。因此,单一的器材保障指标难以全面反映器材的保障能力,我们需要从不同角度来选择合适的器材保障指标。

3. 始终保持指标体系的完整性和有效性

从指标体系的完整性和有效性等角度来看,所建立的携运行维修器材保障指标体系既要尽可能避免指标之间含义上的重复,即减少指标的关联性、提高指标的独立性,同时又要使指标尽可能从不同角度全面地反映器材保障能力。譬如,对于携运行器材而言,保障人员最为关心的是所配置的携运行维修器材在执行任务期间的保障能力。因此,相比于器材供货周期等器材保障指标,器材保障概率、器材需求量、期望短缺数、器材满足率和利用率等才是保障人员关注的重点指标。

需要说明的是,对于同一器材保障指标,其在器材保障的不同阶段也可能具有不同的含义。例如,在器材储存和供应阶段,器材满足率可以用来衡量某一器材仓库所储备器材能够满足器材需求的程度,即接到(多个)保障对象的器材需求时,器材仓库能够按时满足该需求的能力。然而在器材使用阶段,特别是船舶在海上执行任务期间,器材满足率则是指在保障任务周期内,携运行维修器材满足使用需求的能力。

6.2.2　船舶携运行维修器材保障指标

携运行维修器材作为保障船舶日常维护和临时抢修的物质资源,其器材保障指标主要包括器材保障概率、器材满足率与器材利用率等。本小节将重点分析这些指标的定义及其所对应的数学模型。

1. 器材保障概率及其模型

由于携运行空间的限制,器材的维修条件极其有限,因此在研究携运行维修器材配置时通常给出如下假定:

(1)携运行维修器材为不可修器材,即发生故障的器材在船舶上不进行修复;

(2)器材保障对象(部件)的寿命服从指数分布,失效率为 λ,则其寿命分布为

$$F(t) = 1 - e^{-\lambda t}, \quad t > 0 \tag{6.2.1}$$

(3)船舶任务时间为 T,在执行任务期间,器材的保障对象(部件)始终处于工作状态。当部件出现故障时,利用器材进行部件更换的更换时间暂时不予考虑。

在执行任务期间,假设船舶携带的某种部件(替换器材)数量为 m,器材保障概率就是在规定的任务时间 T 内,需要器材时不缺器材的概率。假设在任务时间 T 内,部件的故障次数为 $N(T)$,则器材保障概率为

$$P(m, T) = P\{N(T) \leqslant m\} \tag{6.2.2}$$

假设在船舶执行任务期间,部件的工作时间为 T,部件在工作时间 T 内发生的故障次数 $N(T)$ 应服从泊松分布,即随机变量 $N(T)$ 的分布列为

$$P\{N(T) = k\} = \frac{(\lambda T)^k}{k!} e^{-\lambda T}, \quad k = 0, 1, 2, \cdots$$

由此可见,器材保障概率可表示为

$$P(m, T) = \sum_{k=0}^{m} P\{N(T) = k\} = \sum_{k=0}^{m} \frac{(\lambda T)^k}{k!} e^{-\lambda T} \tag{6.2.3}$$

2. 器材满足率及其模型

器材保障概率是从在需要器材时不缺器材的角度衡量器材保障能力,即关注器材保障任务是否成功。但在实际器材保障过程中,由于部件故障是随机的,人们更关心器材保障的满足程度,为此人们定义了器材满足率指标。

1) 器材满足率定义

假设携运行配备了 m 个相同器材,如果将装备上的原部件本身也视为 1 个器材,则携运行所携带的实际器材数量为 $m+1$ 个。在船舶执行任务期间,如果部件发生的故障次数为 $N(T)$,则可求上述保障行为的器材满足率:

(1) 当 $0 \leqslant N(T) \leqslant m$ 时,即部件实际发生的故障次数小于器材数时,则器材满足率为 1;

(2) 当 $N(T) > m$ 时,即部件实际发生的故障次数大于器材数时,则器材满足率为

$$(m+1)/[N(T)+1]$$

式中:分子加 1 表示将原部件本身看作 1 个器材;分母中的 1 表示为保证装备正常运行,器材的需求量要比部件故障次数多 1 个。

为了直观地说明器材满足率 Y 与故障次数 $N(T)$ 的关系,表 6-1 列出了器材满足率 Y 与故障次数 $N(T)$ 的关系。

表 6-1　器材满足率 Y 与故障次数 $N(T)$ 的关系

$N(T)$	0	1	$\cdots$	m	$m+1$	$m+2$	$\cdots$
Y	1	1	$\cdots$	1	$\dfrac{m+1}{(m+1)+1}$	$\dfrac{m+1}{(m+2)+1}$	$\cdots$

综合上述,器材满足率 Y 可表示为

$$Y = \begin{cases} 1 & 0 \leqslant N(T) \leqslant m \\ \dfrac{m+1}{N(T)+1} & N(T) > m \end{cases} \tag{6.2.4}$$

从式(6.2.4)可以看出,器材满足率是从满足器材需求数量与器材配置数量的角度来度量器材保障能力,反映了携运行维修器材配置的满足程度,这正是人们在实际器材保障过程中所关心的。

2) 器材满足率的统计方法

由于部件故障是随机的,因此器材满足率实际上是一个随机变量。为了更为准确地估计器材满足率,通常需要统计多次执行任务期间的器材消耗数据,并利用这些器材消耗数据估计器材满足率。假设某种器材在 n 次任务期间的器材满足率分别为 $Y_1, Y_2, \cdots, Y_n$,则其器材满足率的估计为

$$\overline{Y} = \frac{1}{n} \sum_{i=1}^{n} Y_i \tag{6.2.5}$$

3）器材满足率与器材保障概率的关系

从器材满足率与器材保障概率的定义可以看出，两者都是反映器材保障能力的指标，但两者的侧重点不同。器材保障概率反映了器材保障任务的成功性，而器材满足率实际上是器材在器材配置数量上的满足程度，更为直观地反映了使用者对保障的要求。

进一步地，可以证明器材满足率是器材保障概率的平均值，即

$$P_f(m,T) = E(Y) = \frac{1}{T} \int_0^T P(m,t) \mathrm{d}t \tag{6.2.6}$$

因此，有人将器材满足率也称为平均器材保障概率。由于器材保障概率 $P(m,T)$ 是任务时间 T 的减函数，因此器材满足率与器材保障概率满足如下关系：

$$P_f(m,T) > P(m,T) \tag{6.2.7}$$

即器材满足率大于器材保障概率，这说明器材保障概率所反映出的器材保障能力实际上是较为保守的。

3. 器材利用率及其模型

在船舶维修保障过程中，保障人员不仅关心开展器材保障活动时能否及时获取器材，同时还关心器材的利用情况，以便在经费、空间等有限的条件下充分发挥配置器材的作用，提高船舶的有效载荷。

器材利用率是指在规定的级别上和规定的时间内，实际使用的器材数与该级别实际拥有的器材数之比。对于指数型不可修器材，假设其失效率为 λ，则在给定任务时间 T 内，当该级别配置器材数量为 m 时，其器材利用率为

$$L(m,T) = \frac{\lambda}{m} \int_0^T P(m-1,t) \mathrm{d}t \tag{6.2.8}$$

式中：$P(m-1,t)$ 实际上表示在配置有 m 个器材时，前 $m-1$ 个器材所对应的器材保障概率。

6.2.3　船舶器材供应保障指标

船舶器材供应保障指标主要用来反映或衡量器材储存与供应过程中的管理效益。本小节基于器材仓库的角度分析船舶器材供应保障指标体系。

作为船舶器材供应保障的主体，器材仓库储存器材的最终目的就是保障器材需求得到及时满足，因此器材供应满足率是反映器材仓库供应保障能力的一个重要指标。为了储存器材，在器材筹措过程中必然花费大量采购经费，在器材储存过程中也会产生库存费用，并且若储存的器材未及时使用，则会导致器材的积压和经费的浪费，因此采购经费、库存费用和器材供应利用率是衡量器材仓库管理效益的重要度量指标。通过对器材仓库不同角度的分析，我们可以确定器材供应保障指标主要包括器材供应满足率、器材供应利用率、采购经费、成功发付率、平均库存费用、器材完好率等。

1. 器材供应满足率

对于单种器材，器材供应满足率可以用来衡量器材仓库中某种器材存量能够满足器材使用单位需求的程度。对于船舶器材供应保障问题，由于单个仓库的保障对象可能涉及多个基层单位，因此单种器材供应满足率指标应定义为在一定保障周期内该种器材满足所有需求程

度的平均值,即

$$\overline{S}_k = \frac{1}{n} \sum_{i=1}^{n} S_{k,i} \qquad (6.2.9)$$

式中:$\overline{S}_k$ 为仓库 k 储备的某种器材的器材供应满足率;$S_{k,i}$ 为该仓库所保障的第 i 个保障对象在一定保障周期(例如一年)内关于该种器材的器材供应满足率;n 为该仓库保障对象的数量。

对于器材仓库整体的器材供应满足率,则应在单种器材供应满足率的基础上求平均值。若需要区分不同器材的重要程度,则可以依据器材是否为关重件、器材经费等设置不同权重。

2. 器材供应利用率

单种器材供应利用率主要用来衡量器材仓库中某种器材被保障对象有效利用的程度。与器材供应满足率类似,由于单个仓库的保障对象可能涉及多个基层单位,因此单种器材供应利用率指标应定义为在一定保障周期内该种器材供应利用率的平均值,即

$$\overline{R}_k = \frac{1}{n} \sum_{i=1}^{n} R_{k,i} \qquad (6.2.10)$$

式中:$\overline{R}_k$ 为仓库 k 储备的某种器材的器材供应利用率;$R_{k,i}$ 为该仓库所保障的第 i 个保障对象在一定保障周期内(例如一年)关于该种器材的器材供应利用率;n 为该仓库保障对象的数量。

从库存管理的角度来看,仓库器材供应利用率是指该仓库中储存器材被保障对象使用的程度。因此,在单种器材供应利用率指标的基础上,仓库(整体的)器材供应利用率应定义为该仓库中储备器材的器材供应利用率的平均值,即

$$R = \frac{1}{n} \sum_{k=1}^{n} \overline{R}_{k,i} \qquad (6.2.11)$$

式中:$\overline{R}_{k,i}$ 为仓库 k 储备的第 i 种器材的器材供应利用率;n 为该仓库储存器材的品种数。

3. 采购经费

船舶器材采购实行年度订货策略,即订货数量和价格一年一定,采购经费的拨款也是按年度进行的。因此,在进行年度器材采购时,必须合理设置年度采购经费限额。

4. 成功发付率

成功发付率指标来源于供应链理论,主要用于衡量存在运输差错、标签差错或其他原因等情况的器材发付的准确程度。该指标可看作是衡量仓库管理者的库存管理质量的一个指标。针对船舶器材供应保障工作特点,可将仓库 k 对保障对象 i 的成功发付率定义为

$$F_{k,i} = \frac{n}{m}$$

式中:n 为在一定保障周期(例如一年)内仓库 k 成功交付给保障对象 i 的器材总量;m 为保障对象 i 在该保障周期内的器材需求总量。

由于单个仓库可能对应多个保障对象,因此仓库 k 在一定保障周期内的成功发付率指标可定义为该仓库针对各保障对象的成功发付率的平均值,即

$$\overline{F}_k = \frac{1}{n} \sum_{i=1}^{n} F_{k,i} \qquad (6.2.12)$$

式中:$\overline{F}_k$ 为该仓库在一定保障周期(例如一年)内的整体成功发付率;$F_{k,i}$ 为该仓库所保障的第 i 个保障对象在该保障周期内的成功发付率;n 为该仓库保障对象的数量。

5. 平均库存费用

由于库存费用是随着装备部署数量和使用强度不同而不断变化的一个动态指标,因此在

难以动态监控的情况下,可以用平均库存费用来反映库存器材所占用的费用情况。即平均库存费用是指仓库在一个周期内储存器材的库存费用的平均值,可以用来反映储存在仓库中的器材所占用的平均成本。

6. 器材完好率

器材完好率用于衡量交货时器材的完好程度。对于某一次器材供应而言,器材完好率＝交货时完好的器材数量/应交付器材总量。对于仓库而言,其在一定周期(例如一年)内的器材完好率应定义为该周期内各次交付器材的器材完好率的平均值。

6.3　维修器材筹措标准

船舶维修器材筹措标准是指与器材筹措活动相关的标准,目的是规范维修器材储备、配置等保障工作。船舶维修器材筹措标准制定的核心是确定器材需求量,器材需求量的计算与器材可靠性指标、器材保障概率要求密切相关。

6.3.1　船舶维修器材筹措标准类型

船舶维修器材分为周转维修器材、携运行维修器材,对应的维修器材标准包括周转维修器材筹措标准(包括周转维修器材消耗标准、库存限额)、携运行维修器材配备标准。

1. 周转维修器材筹措标准

船舶周转维修器材是指为保障使用方平时使用、训练、作业等需要,用于装备维护、修理的所有零部件、元器件、附件以及原材料、消耗材料等的统称,包括用装备购置费购买的随机维修器材和用装备维修管理费购买、修复、自制的维修器材。

船舶周转维修器材消耗标准是指使用方按照规定条件使用单台(套)装备,在一年内维护保养、日常检修以及临时抢修所消耗器材的品种、数量的统一规定,不包含等级修理所用器材,是各级装备保障单位开展装备维修器材能力建设的基本标准。

船舶周转维修器材库存限额是装备保障单位依据装备实力、维修保障任务、单装消耗标准和供应周期制定的,主要用于上报年度维修器材需求与年度订货计划。

2. 携运行维修器材配备标准

船舶携运行维修器材是指存放于使用方的用于装备日常维护和临时抢修的维修器材。携运行维修器材配备标准是指在规定的任务剖面下和任务时间内,应随装备配备的器材品种、数量。船舶维修器材使用方携运行标准是指为满足使用方作业等任务装备保障需要,而对所需携运行维修器材的品种、数量等所作的统一规定,可结合使用方实际和装备特点分别制定或统一制定。其主要为使用方异地机动执行任务制定装备维修器材携运行方案提供参考。

6.3.2　船舶周转维修器材消耗标准编制方法

作为装备维修器材需求预测的基础,周转维修器材消耗标准是基于单型号装备的年度平均使用条件测算得到的维修器材消耗量,反映了单型号装备维修器材的年平均消耗,也是编制维修器材库存限额的基础和依据。

为有效提高船舶周转维修器材消耗标准的科学性与准确性,应全面收集维修器材实际消耗信息,不断总结维修器材消耗规律,并按照装备维修器材相关管理规定,及时对周转维修器材消耗标准进行更新。其中:对使用时间较长的装备,应准确完整收集维修器材实际消耗数据,统计维修器材的年均消耗量,并据此编制周转维修器材消耗标准;对使用时间较短的新型装备,在无法收集维修器材实际消耗数据时,应按照维修器材消耗规律,利用装备研制过程中获得的可靠性、维修性、保障性设计信息进行理论测算,编制周转维修器材消耗标准,作为周转维修器材的初始消耗标准。后续再根据维修器材实际消耗对消耗标准进行动态调整。

1. 利用实际消耗数据测算年均消耗量的计算方法

对已使用 5 年及 5 年以上的装备,利用维修器材的实际消耗数据测算年均消耗量,制定装备周转维修器材消耗标准。假设装备周转维修器材消耗数据可表示为

$$(N_i, x_i), \quad i = 1, 2, \cdots, n \tag{6.3.1}$$

式中:n 为该型装备使用时间(年);x_i 为该型装备的某种维修器材在第 i 年度的消耗数量;N_i 为该型装备在第 i 年度的装备实际数。则周转维修器材的年均消耗量为

$$R = \frac{1}{n} \sum_{i=1}^{n} \frac{x_i}{N_i} \tag{6.3.2}$$

2. 利用组合数据测算年均消耗量的计算方法

对使用时间不到 5 年且维修器材实际消耗数据较少的装备,此时,仅利用维修器材实际消耗数据估计年均消耗量可能存在较大偏差。因此,需要利用实际消耗数据和理论消耗数据共同测算维修器材的年均消耗量,制定周转维修器材消耗标准。

一般而言,装备周转维修器材消耗信息包括三类,即年平均理论消耗量 L、年平均现场消耗量 R、年平均经验消耗量 Y。

1) 年平均理论消耗量

年平均理论消耗量一般依据装备设计阶段的理论失效率计算得到。其计算公式如下:

$$L = [\lambda_P t_0 + \lambda_d (T_0 - t_0)]n \tag{6.3.3}$$

式中:λ_P 为维修器材的工作失效率;λ_d 为维修器材的非工作失效率;n 为维修器材的单装安装数;T_0 为该装备的年度在位时间(即工作与非工作时间总和),若该装备不需要考虑维修时间,则取 $T_0 = 8\,760\ \mathrm{h}$;t_0 为维修器材的年平均工作时间。维修器材的年平均工作时间可以通过调查装备的年平均工作时间(包含正常训练时间、作业时间、例行检修时间及维护保养时间等)得到。

在无法获得非工作失效率时,维修器材的年平均理论消耗量可按照如下公式计算:

$$L = \lambda_P [t_0 + \mu (T_0 - t_0)]n \tag{6.3.4}$$

式中:对非电子零部件,可取 $\mu = 0.1$;对电子零部件,可取 $\mu = 0.02$。

2) 年平均现场消耗量

年平均现场消耗量是维修器材每年的平均实际消耗量,反映了维修器材每年的实际消耗,由维修器材现场消耗数据确定。维修器材现场消耗数据可少于 5 年,但原则上不少于 2 年,具体计算公式为式(6.3.2)。

3) 年平均经验消耗量

年平均经验消耗量是通过收集有关专家实际经验确定的年平均维修器材消耗量。调查的专家应包括参与设计、使用维修该装备且具有丰富经验的人员,一般不少于 5 位。

对于某一型号装备的某维修器材,聘请 n 位专家填写该器材平均每 10 年的消耗数据估算值(或平均每 10 台的年消耗量):$m_1, m_2, \cdots, m_n$。将它们从小到大排序:$m_{(1)} \leqslant m_{(2)} \leqslant \cdots \leqslant$

$m_{(n)}$，则年平均经验消耗量为

$$Y = \frac{1}{10(n-2)} \sum_{i=2}^{n-1} m_{(i)} \qquad (6.3.5)$$

有了上述三类周转维修器材信息，就可以利用下式计算得到周转维修器材年消耗标准：

$$Z = K_1 L + K_2 R + K_3 Y \qquad (6.3.6)$$

式中：K_1、K_2、K_3 为模型权重系数。

3. 利用理论数据测算年均消耗量的计算方法

对刚开始使用的无维修器材实际消耗数据，或者无法收集到维修器材实际消耗数据的装备，采用下述方法测算维修器材的年均消耗量。

(1) 对具有一定维修器材保障经验的器材，可使用式(6.3.5)确定年平均经验消耗量 Y，再利用式(6.3.3)或式(6.3.4)测算年平均理论消耗量 L。在此基础上，按照下式测算周转维修器材消耗标准(量)：

$$Z = C_1 L + C_2 Y \qquad (6.3.7)$$

式中：C_1、C_2 为模型权重系数。

(2) 对缺乏维修器材保障经验的器材，年平均理论消耗量 L 就是周转维修器材消耗标准(量)。

6.3.3　船舶携运行维修器材配备标准编制方法

携运行维修器材配备标准在船舶使用 3～5 年后，可通过统计分析装备维修器材的实际消耗数据，在初始携运行维修器材配备标准的基础上进行编制，能更好地适应装备完好性的需要，是船舶任务期间携运行维修器材配备的主要依据。

在具有较准确的器材消耗规律与器材可靠性指标，且给定器材保障概率 P 的情况下，携运行维修器材的器材需求量可通过下式计算：

$$P = \sum_{j=0}^{S} \frac{(N\lambda t)^j}{j!} \exp(-N\lambda t) \qquad (6.3.8)$$

式中：S 为装备中某零部件的器材需求量；N 为装机数量；λ 为失效率，也称故障率，$\lambda = 1/MTBF$；t 为累计工作时间(h)；P 为器材保障概率，关重器材保障概率 $\geqslant P_0$，一般器材保障概率 $\geqslant P_1$（P_0、P_1 根据具体标准选取）。

6.4　智能船舶维修器材保障

6.4.1　智能船舶维修器材保障特点

智能船舶维修器材保障，除了具备物资保障工作的普遍特性外，还具有其自身独有的特点。只有熟悉维修器材保障的特点，才能进一步探索维修器材管理的规律，科学制定和执行有关标准制度，更好地为装备维修提供器材保障。智能船舶维修器材保障客观存在保障空间区域广阔、保障时效性要求高、不可预见性因素多等显著特点，因此器材保障工作面临保障强度大、难度高、要求严，以及保障活动组织实施复杂、协调控制困难、管理决策风险大等巨大压力。

1. 保障空间区域广阔

智能船舶的使用地点分布在我国由北至南的整个海岸线,部分使用方还驻守在海岛,维修器材保障呈现出点多、线长、面广的特点。智能船舶机动性强,经常远离岸基执行任务,因此维修器材保障范围十分广阔,拓展了保障空间。另外,智能船舶作业空间主要集中在海上,这也导致智能船舶运用和部署前伸,促使装备保障空间范围扩大。为确保远离岸基的海上任务装备得到充分的器材保障支援,智能船舶维修器材的保障空间也随之进一步扩大。

智能船舶维修器材保障空间区域广阔,为了保障装备的作业行动,维修器材保障必须具备能同时或先后在陆地和海上、近岸和近海、近海和远海对几个方向、多种类型智能船舶器材保障的能力,维修器材保障的组织实施工作十分复杂。

2. 保障时效性要求高

现代高技术环境下,作业呈现出快节奏、高损耗的特点,这促使智能船舶必须在海上频繁进行机动操作,维修器材的保障必须紧密跟随智能船舶的使用节奏,力争做到装备行进到哪里,保障就跟进到哪里,因而对维修器材保障的时效性提出了极高的要求。维修器材是装备维修的重要物质基础,缺少维修器材,则装备将降低或失去作业能力;反之,高效的维修器材保障能迅速恢复故障装备的性能,使之重新形成作业能力。因此从保持和恢复智能船舶作业能力的角度出发,要求维修器材保障能提供及时有效的器材供应。

智能船舶维修器材保障的高时效性特点还包括必须能提供及时可靠的器材供应保障。要达成器材快速供应的目的,不仅需要开展供应手段的配套建设,而且还涉及仓库布局优化、器材信息掌控、管理模式创新等一系列工作,这些工作技术难度大、组织实施要求高,因此器材供应保障的任务十分繁重。

3. 不可预见性因素多

新的使命任务要求智能船舶能随时遂行多样化作业任务,而多样化作业任务具有显著的任务时机不确定、任务规模不确定、任务持续时长不确定等特点。相应的,维修器材保障的时机、规模、时间等影响器材保障活动的因素也具有较强的不确定性,从而要求维修器材保障必须具备较强的快速反应能力。为应对随时可能出现的器材保障需求,必须在平时加大器材保障储备、加强器材快速供应条件建设,但这些措施又可能导致器材积压、供应条件建设成果无用武之地等问题。智能船舶维修器材保障是一个开放的系统,无时无刻不在与外部环境发生着交互,包括作业环境、科技环境、经济环境、社会环境和自然环境等。这些外部环境带有明显的不确定性,受其影响和制约的器材保障活动也必然面临诸多不可预见性因素。在实施智能船舶维修器材保障时,必须综合考虑器材保障活动全部内在的和外在的影响因素。智能船舶维修器材保障不可预见性因素多的特点,决定了各项器材保障活动都是在效能与代价之间进行的博弈,这一过程涉及大量的决策工作。决策需要考虑的影响因素的不确定性强,决策对器材保障效益的影响巨大,因此器材保障活动的决策难度很高、要求很严。

同时,与一般(有人)船舶相比,智能船舶的维修器材保障在多个方面存在不同,这些差异主要体现在以下几个方面:

(1) 器材种类与数量的确定方面:智能船舶的器材准备主要是基于任务需求来确定的。由于智能船舶通常执行特定任务,因此器材种类和数量会紧密围绕这些任务进行变化。智能船舶的技术含量较高,器材可能包括先进的传感器、通信模块、动力系统等,这些器材的获取和储备需要考虑到技术更新和迭代的速度。然而,一般船舶的器材准备需要综合考虑多种因素,包括装备的整体性能、作业环境、人员配置等。器材种类和数量通常更加广泛和多样。同时,一般船舶的器材准备还会参考历史使用和维护记录,以预测和应对可能出现的故障和损坏情况。

（2）器材质量与可靠性的要求方面:由于在智能船舶执行任务时无法实时进行人工干预,因此对其器材的质量和可靠性要求更高。器材需要能够在极端环境下稳定运行,且具备较长的使用寿命。智能船舶在执行任务时可能遇到各种突发情况,因此器材准备需要考虑到快速响应和替换的需求,以确保装备能够迅速恢复工作状态。然而,一般船舶的器材质量和可靠性要求同样重要,但可能会受到更多因素的影响,如人员的操作技能、装备的维护水平等。因此,在使用过程中可以根据实际情况灵活调整器材的使用和储备策略。

（3）器材存储与管理的差异方面:智能船舶的器材可能需要存储在特定的环境中,如防潮、防尘、防静电等,以确保其性能和可靠性不受影响。为了实时监控智能船舶的状态和器材使用情况,可能需要建立远程监控和管理系统。然而,一般船舶的器材存储和管理通常更加注重现场的实际操作和便利性。器材可以方便地获取和使用,以满足装备的日常维护和紧急维修需求。

（4）器材更新与替换的考虑方面:智能船舶的技术更新速度较快,因此需要密切关注技术发展趋势,及时更新换代器材。智能船舶的器材更新和替换需要进行长期规划和预算安排,以确保器材供应的连续性和稳定性。而一般船舶的器材更新和替换会综合考虑多种因素,如装备的使用寿命、维修成本、作业需求等。在船舶器材更新和替换过程中,通常会采取逐步替换的策略,以确保装备的连续作业能力。

综上所述,就维修器材保障而言,智能船舶与一般船舶在器材种类与数量的确定、器材质量与可靠性的要求、器材存储与管理的差异以及器材更新与替换的考虑等方面都存在显著差异。这些差异反映了智能船舶在技术、使用和保障等方面的不同特点。

6.4.2　智能船舶维修器材保障的作用

随着装备的发展,维修器材保障在装备保障中的地位也越来越重要。在信息化条件下,智能船舶技术密集度进一步提高,其保障地位更加突出,现场修理、换件修理越来越重要,器材供应将处于优先地位。

1. 维修器材保障是智能船舶保障能力的重要组成部分

装备全系统的观点指出,主装备与保障要素共同构成装备系统,它们之间存在有机联系,是一个不可分割的整体,如果失去某一要素,系统就不能完成预定的功能。可见,装备的能力不仅取决于主装备本身,还与装备的综合保障系统密切相关。维修器材作为保障系统中最重要的要素之一,无疑是智能船舶保障能力的重要组成部分。

完好性是装备在平时和任务使用条件下,能随时开始执行预定任务的能力,是衡量智能船舶能力的重要指标。完好性与装备可靠性、维修性等固有设计特性相关,也与装备维修保障能力密切相关。现代高技术条件要求装备应具有较高的完好率,维修器材保障是保持和恢复装备完好性、提高装备完好率,从而保持智能船舶能力的重要因素。

智能船舶的使用和维修都需要大量的维修器材。得不到维修器材保障的装备不会具有高的完好率,也不具有持续的作业能力。随着智能船舶复杂性和保障费用的不断提高,维修器材保障对于提高装备的完好率具有更加重要的作用。新型的初始维修器材保障和后续保障问题,对装备能否处于完好状态、能否尽早形成能力起着至关重要的作用。在特殊时期,智能船舶大量投入使用,损伤装备的修复、故障的排除和应急改装都需要有可靠的维修器材保障作为后盾。

因此,维修器材保障是智能船舶保障能力形成的重要基础,是装备工作的重要内容,是作业活动的重要组成部分,影响着智能船舶使用方案的制定和运用。

2. 维修器材保障是智能船舶作业效能发挥的重要基础

智能船舶作为能独立遂行作业任务的基本作业单元,长时间远离岸基执行任务是智能船舶的显著特点。受保障母船空间和人员维修能力的约束,智能船舶海上维修以换件修理为主。实践证明:换件修理能使保障效率普遍提高两倍以上,而且操作简单,方便易行,适宜就地进行,还可以相对减少零件的组装、磨配等工序,利于保证质量。因此,快速、持续的维修器材保障是智能船舶履行使命任务、发挥作业效能的重要基础。

由于多样化作业任务产生的时机、样式、规模等具有不确定性、突发性,而且往往伴随着破坏性大、难以预测等特点,因此智能船舶要想执行多样化作业任务,必须具备快速出动能力、持续作业能力、机动作业能力。上述能力的形成,都离不开维修器材保障的支撑。这是因为:作业行动发起突然,准备时间短促,要求维修器材保障必须具备很强的快速反应能力;作业海域广阔,机动频繁,要求维修器材保障必须具备很强的跟进和伴随保障能力;作业环境瞬变,损失消耗巨大,要求维修器材保障必须具备很强的持续保障能力。

因此,智能船舶能始终保持较强的机动作业和持续作业能力,且有效发挥其作业效能,在一定程度上取决于智能船舶维修保障的效率,而维修保障效率又在很大程度上依赖于可靠的维修器材保障。

3. 维修器材保障是智能船舶寿命周期费用的重要影响因素

寿命周期费用是指在装备预期的寿命周期内,为其论证、研制、生产、使用与保障以及报废处置所支付的所有费用之和。寿命周期费用的观点指出,装备性能的改进和提高不仅使其采购费用大幅度增加,更导致其使用与保障费用大幅度上扬,甚至达到采购费用的数倍以上。有人曾发出过这种感叹:"被费用压垮的船舶远比被作业任务压垮的多。"

维修器材保障也是一种经济活动。随着智能船舶现代化程度的不断提高,装备保障费用在其寿命周期费用中所占的比重越来越大。高质量的维修器材保障不仅能使智能船舶保持高水平的作业完好率,最大限度发挥其作业效益,而且能在一定程度上降低智能船舶寿命周期费用。这主要体现在通过树立智能船舶维修器材保障效益观,在掌握智能船舶维修器材保障需求规律的基础上,建立起畅通的维修器材筹措渠道、合理的储备体系及高效的供应体系,以最少的时间、最低的消耗,满足智能船舶维修器材保障需求。一方面直接减少维修器材保障经费开支,另一方面,高效的维修器材保障可修复故障器材、延长器材使用寿命,大大节省费用开支,产生可观的经济效益。

因此,维修器材保障是智能船舶寿命周期费用的重要影响因素,其不仅自身是寿命周期费用的一项费用单元,而且还通过器材供应活动影响着智能船舶的寿命周期费用。

6.4.3　智能船舶维修器材保障的任务

智能船舶维修器材保障的基本任务是对维修器材保障工作实施全系统、全寿命管理,以达到及时、经济、有效地供应,满足使用方装备维修的需要。维修器材保障工作的实质是根据使用方作业任务、装备数量及其技术状况、器材消耗规律、经济条件和市场供求变化趋势等,运用科学的管理理论和方法,对维修器材的筹措、储存、供应、使用等环节进行计划、组织、协调和控制,机动、灵活、快速、有效地保障智能船舶技术保障所需的器材。根据器材保障任务的性质,可将维修器材保障的任务分为器材保障建设、器材保障实施及管理两类。

1. 器材保障建设的主要内容

器材保障能力建设是维修器材保障的基础性工作,要完成好维修器材保障的基本任务,就必须做好器材保障能力建设方面的工作。围绕器材保障能力的构成要素,器材保障能力建设的主要内容包括器材保障理论技术研究、器材保障法规制度建设、器材保障仓库建设、器材保障人才队伍建设、器材保障信息化建设等。

(1) 器材保障理论技术研究。器材保障理论研究为器材保障工作实践提供理论指导,是器材保障工作的重要基础性工作。器材保障理论研究的核心在于收集器材的使用和消耗信息、总结器材消耗规律、研究器材保障工作的形势,其中涵盖了现有器材供应的渠道及供应能力、器材库存情况、目前的器材保障能力和水平、使用方的器材保障需求及其发展趋势等多个方面。基于当前器材保障工作的形势,研究旨在提出器材保障能力建设的中长期规划建议,并为器材保障年度工作安排提供依据。器材保障理论技术攻关主要是针对制约器材保障能力形成的关键技术开展研究,提升器材保障效率和效益。

(2) 器材保障法规制度建设。器材保障法规制度建设是器材保障工作的重要内容,是提高器材保障工作效率和效益的重要保证。器材保障法规制度建设的核心在于根据订购方法律法规,制定器材保障工作的相关条例、规章和制度,科学确定器材的消耗和供应标准,使器材保障工作有法可依。

(3) 器材保障仓库建设。器材保障仓库是器材保障力量的重要实体,承担着维修器材的接收、储存、维护保养、发放和配送任务,其储存能力、仓储设施、地理位置等对器材保障能力具有重大影响。器材保障仓库建设的主要任务包括统筹规划仓库布局、完善基础配套建设、加强安全防护建设等,并不断强化仓库信息化、机械化配套建设。其中基础配套建设包括储存供应条件建设、维护保养及检测条件建设、包装条件建设等。

(4) 器材保障人才队伍建设。器材保障人员是器材保障的主体,对于器材保障效益发挥起主导作用,主要包括各级器材保障指挥人员、管理人员、采购人员、保管人员等。器材保障人才队伍建设的基本要素是器材保障人员的数量、质量和整体结构,目标是整体素质优良、人才结构合理、管理机制完备,初步形成一支稳定的与智能船舶发展和维修器材保障要求相适应的人才队伍。其中,整体素质包括政治思想素质、专业素质、身心素质等,人才结构包括专业结构、年龄结构、职务结构等,管理机制包括人才培养机制、人员考核评价机制、选拔任用机制等。

(5) 器材保障信息化建设。器材保障信息化是指在器材保障活动中充分利用信息技术,开发利用器材保障信息资源,促进信息交流和知识共享,提高器材保障效益,推动器材保障向可视化、集约化、精确化转型的进程。器材保障信息化建设的目标是业务处理全程可视化、信息传输网络化、档案管理电子化、资料查询实时化、机关办公自动化,主要内容包括器材基础信息数字化建设、信息网络建设、信息系统建设、器材保障可视化建设等。

2. 器材保障实施及管理的主要活动

智能船舶维修器材保障是一项有计划的复杂的系统工程,其核心是通过积极筹措、合理储备、及时供应、科学管理等一系列活动,满足智能船舶维修对器材的需求。它要求在遵循客观规律的条件下,在维修器材的筹措、储存、供应等各个阶段,运用科学的方法,对维修器材保障过程中的人力、物力和财力进行科学的计划、组织、指挥、决策、监督和调节,以求用最少的资源消耗,取得最好的作业经济效益。

器材保障实施是在各类器材保障计划的引领下所开展的筹措、储存、供应、回收修复、报废处理等工作。器材保障管理蕴含于器材保障的各项工作之中,具体包括器材保障计划、筹措、储存、供应、回收修复、报废处理、科研、训练、经费和信息管理等活动。

(1)器材保障计划及管理。器材保障计划是器材保障活动中编制的各种计划的统称,计划管理工作包括计划的编制、上报、审核、下达、执行与监督等活动。器材保障计划管理的主要任务是依据器材的消耗规律、需求情况、筹措和供应特点,并结合器材保障计划,科学制定器材的筹措和供应计划并采取有效措施落实相关工作,满足智能船舶保障工作对器材的需求。

(2)器材筹措及管理。器材筹措是指通过各种形式和渠道,有组织、有计划、有选择地进行的申请、采购、订货、生产等一系列筹集活动。器材筹措管理的主要任务是根据规定的器材筹措管理权限以及器材保障工作需要,制定器材采购和储备计划,组织开展器材的研制工作,向各器材供货商订货,并根据订货合同严格验收器材数量和质量,确保器材采购和储备计划圆满实现。

(3)器材储存及管理。器材储存是指对器材进行有计划的预先储存。器材储存管理的主要任务是根据装备的器材保障需求和器材筹措的实际情况,科学制定器材的储存方案,确定器材保障仓库的布局,制定仓库的库存品种和数量标准,优化仓库的库存控制策略,加强器材的储存条件建设,强化器材储存期间的维护保养等工作。

(4)器材供应及管理。器材供应是指及时、准确、优质、安全地向使用方提供器材的活动。器材供应管理的主要任务:根据相关器材供应标准或供应计划,适时组织计划供应;根据所保障使用方器材临时需求,结合库存情况,及时组织临时供应。高效的计划供应与临时供应相结合的方式能确保智能船舶保障工作顺利开展。

(5)器材回收修复及管理。器材回收是指对老旧的智能船舶可拆卸利用的、改换装过程中更换的,以及使用方开展智能船舶临时修理工作过程中,按照交旧领新制度上交的器材进行回收的活动。器材修复是指依据确保质量、就近选择、节约成本的原则,对回收的可修复器材组织实施修复的活动。器材回收修复管理的主要任务是为节约器材经费而开展的器材回收、器材修理、质量验收、入库管理、报废处理、经费管理等工作。

(6)器材报废处理及管理。器材报废是指从器材示例中核销已淘汰、成为废品和不能再利用的积压器材的活动。器材处理是指针对待报废器材采取的调拨、变卖、销毁等活动。器材报废处理管理的主要任务是对待报废器材的质量状况、技术性能、使用价值、处理价格进行技术鉴定和评估,提出处理意见,对符合报废条件的器材进行相应处理。

第7章 综合保障方案

综合保障方案是维修保障系统建设的重要参考和输入,对装备使用和维修相关技术资料编制起到支撑作用。

本章简要介绍了综合保障方案基本概念,并重点阐述使用保障方案、维修保障方案和保障资源方案的主要内容和编制要求。

7.1 综合保障方案基本概念

7.1.1 定义与用途

综合保障方案建议书是技术设计及施工设计阶段研制方必须提交的设计文件,是关于装备使用保障、维修保障、保障力量建设以及保障组织实施等保障系统配套建设的建议性文件,用于指导相关各方开展装备的综合保障工作,以保证装备满足其完好性与任务成功性要求。装备的综合保障方案内容庞杂,有相关标准明确其编制内容要求,其核心内容主要包括使用保障方案、维修保障方案和保障资源方案。

(1)使用保障方案:装备保障系统中关于使用保障完整的总体描述,包括使用保障任务、力量、流程、资源要求。

(2)维修保障方案:装备保障系统中关于维修保障完整的总体描述,包括维修保障体制、策略、任务及条件要求。

(3)保障资源方案:装备保障系统中关于保障资源完整的总体描述,包括保障资源各要素的集成优化配置建议。

综合保障方案是装备研制末期及交付初期,装备保障系统和保障能力建设的指导性文件,其编制质量直接影响到保障能力能否及时形成和保障系统能否同步开展建设。综合保障方案的主要用户是使用和维修保障的管理人员,以及装备维修技术人员。

综合保障方案的编制时机通常安排在装备样机研制完成之后,此时设计工作已固化,通用质量特性设计与分析结果已经过多轮迭代,并开展了初步的通用质量特性验证工作。因此,一般在技术设计后期启动综合保障方案的编制工作,并可在施工建造及使用阶段进行迭代优化。

7.1.2 信息准备

综合保障方案的编制主要包括各类信息准备、使用保障方案编制、维修保障方案编制、保障资源方案/配置建议编制、权衡优化及迭代、输出综合保障方案六个基本步骤。

在编制综合保障方案的过程中,对信息的准备和解读主要体现在对使用方相关要求的解读以及研制单位相关信息的收集上。主要包括以下几个方面。

（1）标准法规要求：使用方在装备研制过程中对综合保障方案的相关法规、标准等要求。

（2）综合保障要求：使用方针对某装备的部署设想与综合保障要求。诸如装备部署条件与相关约束等，这些要求的收集与分析决定了综合保障方案是否真实可用，是综合保障方案贴近使用方实际要求的重要体现。

（3）通用质量特性设计与分析结果：研制单位通用质量特性设计与分析结果。重点是明确在保障性分析结果中应提取的具体内容，以保证 5A 分析结果（FMECA、RCMA、LORA、O&MTA）与综合保障方案的一致性，如维修器材的可靠性信息、维修项目的修理级别等。

（4）类似产品信息：研制单位开展相似装备的保障信息收集与分析。其中，改进和沿用设备的保障信息是比较充分且可信的。

7.2　使用保障方案

在编制使用保障方案时，应遵循一定的原则，主要包括：一是要充分考虑新研装备的特点以及相应的使用保障需求，以满足新研装备的使用保障要求；二是应与同型装备或同类装备进行充分的类比分析，使所制定的使用保障方案比现行同类装备的使用保障方案更有效；三是要充分考虑装备的维修保障以及相应的保障资源，使装备的使用保障方案与其他保障方案相协调；四是要不断细化完善，编制使用保障方案是一个逐步细化、深入和完善的过程，应在全寿命期内不断深化和完善，以保证使用保障方案满足保障需求。

随着对装备/产品认识的不断深入，应针对不同阶段编制不同信息粒度的使用保障方案版本。方案设计阶段要研究使用方输入，在借鉴同类型装备经验的基础上，经过对比分析，制定初始使用保障方案，进一步明确使用保障约束条件和需求。技术设计阶段要通过使用工作分析和对初始使用保障方案的评价，在装备设计方案和使用保障方案之间进行协调和权衡，优化形成最终的使用保障方案，并着手研制配套的使用保障资源。施工建造阶段要对装备进行保障性试验与评价，验证使用保障资源与装备的匹配性和协调性，对完好性进行初步评估，并结合装备及保障资源研制、建设情况，进一步修订、完善使用保障方案。鉴定定型阶段要：验收装备及其使用保障资源，部署实施使用保障；利用现场使用、维修数据，对装备保障系统的使用保障能力等进行现场评估，并对使用保障方案、使用保障资源进行修订和完善。

7.2.1　主要内容

一份完整的装备使用保障方案通常包括以下四个方面的内容：任务剖面、使用保障任务、使用保障资源要求、使用保障组织实施。

（1）任务剖面：应根据使用方对装备/产品的使命任务要求和功能要求确定其任务剖面。例如：某种对海超短波电台具有多种工作波形，能满足视距范围内的话音、数据通信需求；某种水下发射系统能够根据需求发射多种不同口径的器材。这些任务剖面的内容是确定使用保障方案的重要输入。

（2）使用保障任务：装备动用准备任务，如发射、发动、启动、展开等；能源补充任务，如油气液电加注供应等；装挂任务，如装添加挂等；贮存任务，如室内、室外、特殊条件贮存等；运输任务，如陆运、空运、水运等。对于不同类型的装备，其使用保障任务各有侧重。例如：对于长期工作的船舶装备,其使用保障任务的重点是操作使用(即动用准备)的保障,装备的动用方式包括正常运行、异常处置以及应急操作等;对于智能船舶,其使用保障任务的重点主要应聚焦于技术准备和装备的布放回收等。

(3) 使用保障资源要求:应明确所有使用保障任务涉及的各种保障资源的需求/要求,包括保障人员、技术资料、保障设施设备、供应保障、训练和训练保障、包装/装卸/贮存和运输要求、信息化等。各种保障资源的需求/要求主要通过保障性分析中的OTA(使用工作分析)以及其他类似分析工作得到。

(4) 使用保障组织实施:在有资源保障的前提下,为确保使用保障的顺利实施,还至少应明确使用保障力量和流程等内容。使用保障力量,即按步骤流程实施使用保障的主体,主要指装备使用操作人员(基层级)和负责贮存、转运及技术准备的保障人员。对于水面大型平台,使用保障力量还涉及港口码头保障人员及海上机动保障人员等。使用保障流程按具体任务可分为装备动用流程、能源补充流程、装挂流程、运输贮存流程等。对于水面大型平台,其可按实施地点分为平台使用保障流程、岸基使用保障流程、海上补给使用流程等。使用保障流程同样是通过保障性分析中的OTA以及其他类似分析工作得到的。该内容是使用保障能否高效有序实施的关键核心信息。以装备动用流程为例,其中应至少涵盖装备正常运行、异常处置和应急操作的相关动用流程。正常运行使用流程应给出在正常情况下,可采用的全部运行方式、模式、状态,以及所需的各种操作使用流程,一般包括了使用前的技术准备流程、启动流程、运行方式和模式等的调整与转换以及操作人员的监控流程、停机流程、停机后的技术恢复流程等主要操作。

7.2.2　编制要求

在使用保障方案的编制过程中,有以下四个方面的问题需要引起注意:

(1) 要重视信息需求。使用保障方案不是凭空编制的,而是以一定的信息输入为基础的。在众多的信息源中,有两类信息非常重要:一是OTA确定的使用保障流程及保障资源需求;二是类似装备的使用保障条件与经验。因此,编制使用保障方案应当扎实开展OTA工作以及广泛收集类似装备的相关信息。

(2) 要注意输出结果及表现形式。由于不同类型装备的使用保障任务各有侧重,因此使用保障方案的输出重点各不相同。例如:长期工作装备主要输出各种工作模式、油液电气加注所需的使用保障资源及操作使用流程;某智能船舶主要输出装挂、贮存、运输所需的使用保障资源及操作使用流程。

(3) 要注意不同层级装备的处理。在使用保障方案编制过程中,要分别把握不同层级装备使用保障方案重点:设备级主要是提出设备的使用保障需求;系统级主要是从使用部门的角度出发,对使用保障要素进行优化集成;海洋大型(总体)平台级则需要综合考虑岸基港口保障、海上补给等条件下的使用保障任务及保障资源需求。

(4) 要注重统筹协调。不仅包括使用保障与维修保障各种保障要素的统筹,如使用人员和维修人员,还包括与其他装备对象的统筹,如保障设备中的万用表、示波器以及工具套装等。

7.3　维修保障方案

7.3.1　主要内容

维修保障方案的编制原则与编制程序要求和使用保障方案类似。一份完整的维修保障方案通常包括维修保障体制、维修保障策略、维修任务及条件要求等内容。

1. 维修保障体制

维修保障体制主要根据装备研制情况、部署使用方案、编制序列及相关标准规范综合权衡确定,通常包括装备的修理级别和修理力量。现行法规明确了装备维修保障包括使用方维修、基地级维修两种维修作业级别。

使用方维修是指由装备使用操作人员和所属维修保障人员实施的修理级别,通常限定完成较简单的维修工作,并承担一定范围内的抢修工作。使用方维修力量主要包括装备操作使用方以及使用方所编配的专职维修力量,主要依靠相关维修设施设备、工具和技术资料等对装备进行日常维护保养,对故障设备进行规定范围的修理。

基地级维修是指具有更高修理能力的修理级别,主要承担装备大修、大部件的修理、备件制造以及其他使用方维修所不能完成的维修工作。基地级维修力量包括装备维修工厂、生产厂家等的专业人员,主要完成无法拆离平台修理设备的现场修理、系统联调,以及从平台上拆下来的机械、电气、电子设备中的故障模块修理等工作。在维修保障方案中一般应明确装备所属各设备的技术责任单位和生产厂家等。

2. 维修保障策略

维修保障策略从广义上来说,是指在确保装备完好率满足相关要求的前提下,为了以最低费用提供所需保障而采用的实现目标的方案集合,通常包括修理模式和修理结构等内容。

1) 修理模式选择

修理模式主要是指装备修理时机及修理方式的策略集合。

传统的装备修理主要采用的是一种基于日历时间的定期修理模式。这种定期修理模式的核心体现在:按预先确定的日历时间(基本修理间隔期)实施装备各类别等级修理。平台修理是各类别修理工程的重要组成部分,基本修理间隔期主要依据所属平台修理需求确定。传统修理模式一定程度上存在着过修、失修等问题。

近年来,小型船舶装备、船舶有些选取了"基于状态的视情维修"等修理模式。与传统定期修理模式的主要区别有:不再定期安排等级修理,由使用周期确定平台修理时机;对配置有健康管理或故障诊断系统的装备,根据装备技术状态确定修理时机;对没有配置健康管理的装备,尽量与平台的修理时机解耦,将预防性维修工作安排在平时完成。

2) 修理结构设计

修理结构是保证装备合理使用和适时修理的基础。传统模式下,单装修理结构一般与平台修理相同,而平台的修理结构通常是固定、刚性的,与装备使用需求匹配度低。现在通常选取的修理结构方案是动态、柔性的,合理安排平台等级修理时机,以匹配装备或平台使用需求。

3. 维修任务及条件要求

确定装备的维修任务及条件要求是维修保障方案的关键内容,总的来说,就是要根据总体、上级系统下达或自行选取的维修保障体制和维修保障策略,针对具体装备,利用其 RC-MA、LORA、MTA 分析结果,综合确定每个修理级别上的全部维修项目,以及维修项目所选择的维修方式(故障修理或预防性修理)和所需要的维修资源。

使用方维修任务:按维修项目的类型一般可以分为维护保养、预防性维修和故障修理等类别。维护保养是指为使装备在规定的使用期限内保持完好状态,能够随时用于遂行任务而采取的技术保障措施,通常涉及装备的检查、修理、配装等,由使用方人员实施。使用方的预防性维修任务应从 LORA、RCMA 和 MTA 中得到,需要明确谁来做、什么时候做、怎么做以及需要什么资源。

基地级维修任务:主要指装备使用期间使用方不能完成的预防性维修及故障修理等维修项目,以及等级修理相关维修任务。等级修理根据修理范围和修理深度,还可以进一步分为不同级别的修理。在综合保障方案中一般不展开说明等级修理的具体内容、方法步骤和所需资源,相关内容在编制基地级修理文件时明确。

7.3.2　编制要求

在维修保障方案的编制过程中,有以下几个方面的问题需要引起注意:

(1)要重视信息需求。维修保障方案的编制同样需要大量输入信息作为支撑,否则编制工作就是"空中楼阁""无米之炊",文件编制质量也不容乐观。这些支撑维修保障方案编制的关键信息包括:保障性分析的输出结果,如 RCMA 中确定的预防性维修项目及维修间隔、LO-RA 中确定的维修项目修理级别、MTA 中确定的维修项目所需资源及维修步骤等;类似装备发生过的故障模式及其维修保障信息。

(2)要注意输出结果及表现形式。维修保障方案的主要输出:根据装备特点确定好的维修保障体制、维修保障策略,以及涵盖预防性维修及故障维修的任务清单,包含维修项目名称、修理级别、维修间隔期(预防性维修项目)。

(3)要注意不同层级装备的处理。不同层级装备维修保障方案应各有侧重:设备级主要是明确设备的维修任务,提出设备的保障资源配套需求;系统级主要是从全系统的角度出发,对维修保障要素进行优化集成,并作为保障资源方案的输入;总体平台级则需要再次对各系统的维修保障资源要素进行集成。

(4)要注重统筹协调。除了使用保障方案编制中提到的统筹协调工作外,维修保障方案还需要重视以下统筹协调环节:维修项目对保障资源的需求将作为输入在保障资源方案中进行集成;维修项目中有关维修步骤的信息将作为输入在维修手册中进行集成。

7.4　保障资源方案

7.4.1　主要内容

装备使用保障和维修保障涉及的保障要素有很多,包括人力和人员、供应保障、保障设备、保障设施、训练与训练保障、包装/装卸/贮存和运输、技术资料、计算机资源等。本小节主要从人力资源、物质资源以及信息资源三个方面展开介绍。

1. 人力资源

保障资源方案中的人力资源主要指描述使用和维修保障所需的人力资源配置建议,主要包括专业类型、技能等级、人员数量等。

专业类型指完成每项工作所需人员的技术专业,一般包括机械专业、电气专业或电子专业。专业类型确定是指根据装备类型及特点确定人员专业类型,如电力装备通常是电气专业、动力装备多涉及机械专业和液压专业、信息装备多为电子专业等。

技能等级是指完成某项使用和维修工作对人员的技能要求,包括高级、中级或初级等。一般简单易操作的使用(如开机、关机)和维修(更换板件)工作由初级人员承担;技术密集型使用和维修工作由中高级人员承担。

人员数量是指完成某项使用和维修工作所需人员的数量。人员数量确定需要综合考虑人员编制、装备数量、装备动用及工作强度、故障发生频次、使用和维修保障任务工作量等因素。

人力资源统筹包括使用人员和维修人员的统筹、系统内多个装备之间人员的统筹等。使用人员和维修人员的统筹针对大部分装备是"用修一体"的,即装备职掌人员不仅负责装备日常的维护保养和操作使用,还要负责其维修保障。只有对维修技能要求特别高的平台或装备,才需要设置专门的维修保障部门或人员。在系统内多个装备之间人员的统筹中,人员的安排受到编制体制的约束,不可能给每个装备都安排独立的保障人员,而是按照专业划分,在使用时序不冲突时进行统筹,可能会出现单个人员负责多个装备保障的安排。

2. 物质资源

物质资源主要是指装备使用保障和维修保障中涉及的维修器材和保障设施设备。

1) 维修器材

维修器材的有关分类和指标体系在上一章中已有阐述,在这里主要简单介绍维修器材配置过程以及器材利用率与满足率的相互制约关系。

(1) 维修器材配置过程。例如,船舶某维修器材的 MTBF 为 20000 h(故障率为 5×10^{-5}/h),保障时间为 2160 h(90 天),装机数量为 1,那么根据计算模型,配置数量为 0 时的器材满足率为 0.897。当器材满足率要求不大于 0.8 时,配置建议为 0 个。

(2) 器材利用率与满足率的相互制约关系。例如,当保障时间为 960 h,器材故障率为 $\lambda = 0.005$/h 时,器材利用率与满足率的变化趋势如图 7-1 所示。此外,当 λT 较小(如:$\lambda T < 0.1$)时,相同保障时间下的器材利用率与满足率存在互斥性,不能同时达到较高指标要求(如:均为 0.8)。

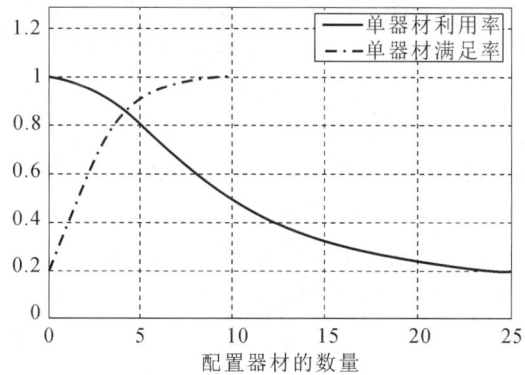

图 7-1　器材利用率与满足率的变化趋势

2）保障设施设备

保障设施是指使用和维修装备所需的永久性和半永久性的建筑物及其配套设备。保障设备是指使用和维修装备所需的设备，包括测试设备、维修设备、计量与校准设备、搬运设备、拆装设备等。在保障资源方案中，一般应明确保障设施的主要任务和用途、组成及样式，以及保障设备的需求及配套方案、保障设备研制与采购计划等。

同时，在保障资源方案中，保障设施设备配置方案应以使用保障方案和维修保障方案的资源要求为输入，经过权衡、统筹确定。

3. 信息资源

信息资源主要包括技术资料和计算机资源。

技术资料是使用和维修装备所需的说明书、手册、规程、细则等的统称。在保障资源方案中，应规划其种类、数量和质量要求，并以清单的形式呈现，常见的技术资料如下所示。

（1）基本构造类：技术说明书、图解结构目录、完工图册等。

（2）操作使用类：使用说明书、操作使用规程等。

（3）维护修理类：维修说明书、维修手册、维护保养规程等。

（4）安装、调试说明类：装置安装、调试技术文件及施工图样等。

（5）试验验收类：试验大纲、试验细则、试验记录资料及报告等。

（6）质量证明类：验收合格证明文件、履历簿等。

（7）保障力量建设类：随机器材清单及携带标准、维修设备工装具清单、操作使用培训教材等。

计算机资源是指使用与维修装备中计算所需的设施、硬件、软件、固件、文档等。对计算机资源保障而言，一般应采用统一的计算机语言、技术成熟的硬件系列、标准化的总线体制和统一的接口方式。

7.4.2　编制要求

一份好的综合保障方案，能够给装备订购方的保障系统建设工作提供有效的输入，使得该项工作脉络清晰，其中"怎么用""怎么修"以及"怎么配置"保障资源都是非常明确的。订购方仅需要根据自身的编制体制进行适当优化、调整及统筹，就可以形成装备的保障系统建设方案或保障方案。反之，面对一份不好的综合保障方案，订购方会觉得相关建议不可信，然后仅凭个人经验去建设保障系统，不仅浪费了人力和时间，而且建成的保障系统是否适配也是存疑的。为了避免做无用功，除了前面提到的内容，还需要处理好保障性分析的借鉴与统筹、保障系统适配性评价以及与技术资料编制的关系等。

（1）保障性分析的借鉴与统筹。综合保障工作属于系统工程，综合保障方案的编制不应从"0"开始，而应以保障性分析（RCMA、LORA、O&MTA）的结果为输入，进行适当的权衡和统筹。这种统筹不仅包括使用保障和维修保障中各类工作和资源的统筹，还包括不同装备层级（如平台、系统）的统筹。编制工作既要参考借鉴，又不能仅仅是"订书机"。例如：船舶某平台配置有类似的 8 台控制终端，其中某个模块是通用件，在每台终端中装配 4 个。若该模块的 MTBF 为 10000 h（故障率为 10^{-4}/h），保障时间为 2160 h（90 天），器材满足率的要求为0.9。当进行单独考虑时，我们需为每台终端配置 2 个备件（共计 16 个），才能达到器材满足率的要求。当进行统筹考虑时，我们则只需要共计配置 10 个备件，器材满足率就能达到 0.9076。

（2）保障系统适配性评价。对保障系统适配性的评价能够有助于发现保障系统建设中存在的问题，进而优化迭代综合保障方案。该项工作通常在装备交付订购方后开展，通过收集使用数据（如保障系统同使用和维修保障工作的适配信息）再运用统计方法得到。评价的重点是各类物质资源（如维修器材、保障设施、保障设备）的满足及利用情况。在装备设计阶段，由于无法收集到使用信息以进行统计与评价，因此可以用类似产品故障模式及工作方式的覆盖程度作为保障系统适配性评价的参考。当综合保障方案中对类似产品故障模式或工作方式覆盖程度较低时，则需要对综合保障方案进行重新梳理。

（3）与技术资料编制的关系。在完成了一份高质量的综合保障方案的编制后，便会发现综合保障工程中的很多工作都随之变得容易了。这不仅是因为使用手册和维修手册的编制素材已备齐，维修工装及设施、器材清单也已经整理完善，而且相关的维修器材配置也有了明确的参考建议。此外，类似型号装备的综合保障工程也为我们提供了诸多可以参考借鉴的方面。

第8章　维修保障管理

管理是指组织为了更有效地实现组织目标而对各种资源进行计划、组织、控制、领导的一系列协调活动过程。管理是对组织的管理,组织是管理的载体;管理是一项有目的的活动,管理的目的是实现组织的目标;管理是由一系列活动构成的,是一个追求有效性的过程,其实质是协调。管理的主要职能包括计划、组织、控制、领导、协调等。

本章重点介绍维修保障组织管理、维修保障质量管理、维修保障技术管理。

8.1　维修保障组织管理

8.1.1　修理规划计划管理

修理规划计划管理是装备维修保障组织管理的重要内容,是确保装备保障体系正常运行和保障工作正规有序、高效顺利开展的前提条件。通过科学严格的修理规划计划管理,各级机关和保障单位能够协调一致地工作,不断优化保障体系和保障工作流程,提高保障效率和效益,节约保障资源,提高保障能力。

修理规划计划管理的任务是通过编制、执行、检查和修订维修保障规划计划,来推进装备保障体系建设,规范装备维修保障工作,提高装备维修保障能力和水平。其工作内容主要包括:全面掌握装备技术状况、技术设施设备状况、保障器材和保障人员队伍情况,为科学地制定维修保障规划计划提供依据;根据装备的保障需求和保障体系现状,结合使用方在训练和执勤中对装备使用的需求,科学制定维修保障规划计划;建立和完善保障工作组织计划管理信息网络,推进维修保障规划计划管理工作的信息化、规范化、标准化建设,提高装备维修保障组织管理能力;根据保障过程中的新情况、新问题,及时调整维修保障规划计划的内容并保证落实。

1. 修理结构

装备修理中的等级修理(厂修)耗时长、动用资源多、经费开支大,是修理规划计划管理的重点,其核心是确定装备修理结构。

装备修理结构是指装备等级修理类别、在修时间、修理间隔的排列组合,其是保证装备合理使用和适时修理的基础,是有效实施装备全寿命技术保障的前提,关系到保障资源建设的科学性、实施修理的有效性以及装备的完好性,同时关系到装备使用效能的有效发挥。

装备修理结构设计原则:针对装备寿命期修理活动规划影响深远、涉及因素多、统筹权衡难的情况,根据装备使命任务、预期运用等情况,综合考虑船体防护性能、主要装/设备使用年限或运行时间预测,以及装备技术特性等因素,以保证装备在航率和完好率为目标,以装备使用要求为牵引,以装备维修需求为固有约束条件,以定期修理为基础,以视情修理为辅助,以装备任务为依据"量体裁衣",准确把握装备等级修理的科学性和针对性。不同型装备根据装备特性和任务特点采取不同修理结构,同型装备根据装备使用需求、使用强度和技术状态也可以采用不同修理结构。

船舶装备修理结构设计方法如图 8-1 所示。

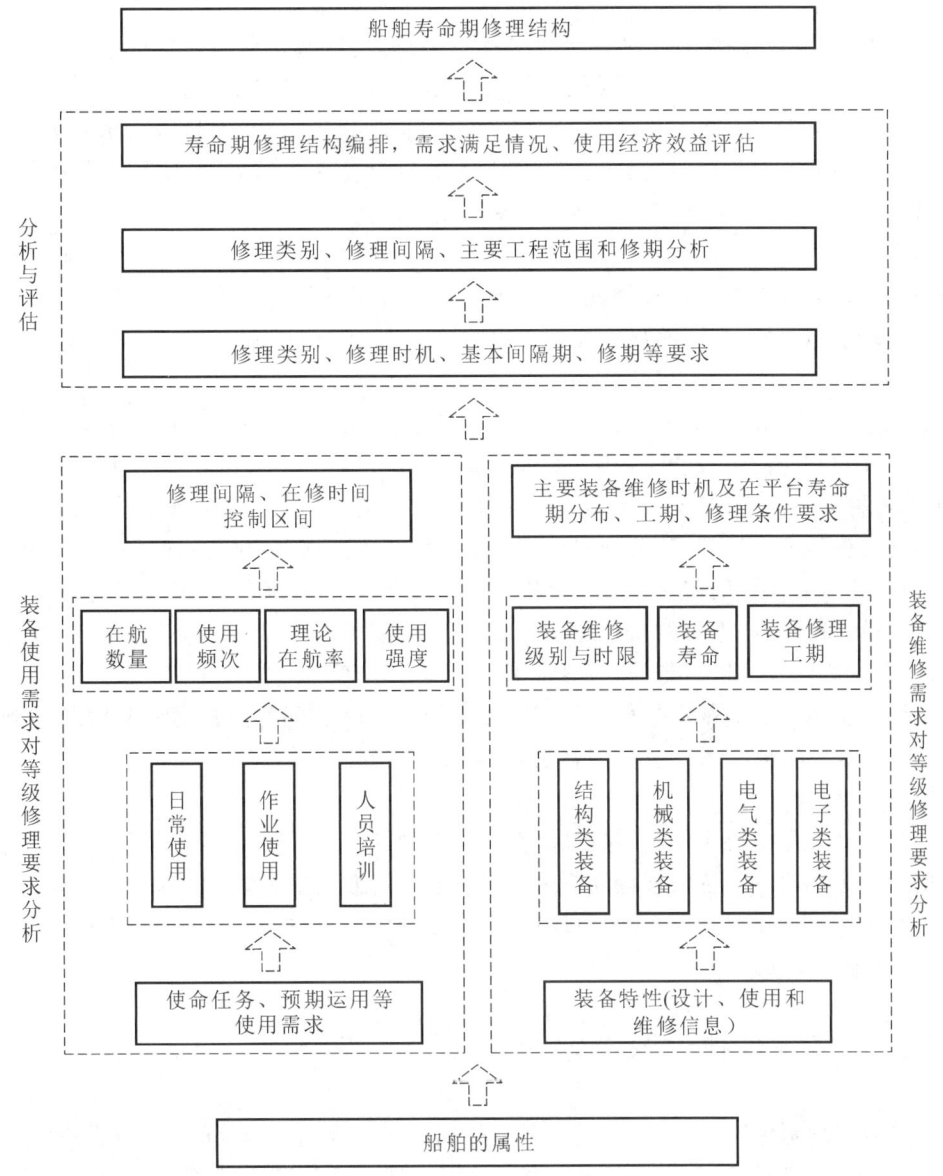

图 8-1　船舶装备修理结构设计方法

（1）分析装备使用需求对等级修理的要求。根据装备使用需求,确定装备日常使用、作业使用、人员培训要求,分析明确装备在航数量、使用频次、理论在航率和使用强度（的目标值）,测算同系列主要装备使用强度,运用仿真方法,确定装备等级修理的修理间隔、在修时间控制区间。

（2）分析装备维修需求对等级修理的要求。研究装备设计、使用和修理信息,确定有进坞要求、对动力和电力供应有重大影响且修期长、对安全影响大且修理涉及面广、对系统性能影响大的主要装备;将主要装备划分为结构类、机械类、电气类、电子类,采用各类装备的一般维修需求分析与有明确维修时限要求的主要装备维修需求分析相结合的方法,确定装备定期修理要求。结合装备实际情况和测算使用强度,用图表形式列出修理时机需求在装备寿命期分布情况,运用综合平衡、突出重点的方法,分析装备寿命期需要安排的等级修理的规模以及时机要求,初步确定装备等级修理的修理间隔(基本间隔期)。

(3) 分析与评估。综合装备使用需求和维修需求,论证确定装备等级修理类别和主要工程范围,科学选择需修装备,有效控制工程总量。制定各类装备等级修理活动序列图,结合以往修理、建造信息,测算装备修期。确定装备寿命期基本修理结构,编排寿命期修理结构可行方案,分析装备使用需求和维修需求满足情况,综合评估使用经济效益,确定最优的装备修理结构方案,提出装备寿命期修理活动规划方案及配套措施。

2. 修理规划

装备维修保障通常要制定长期规划(10 年以下)、中期规划(3~5 年)。在上述规划中,要确定相应阶段装备维修保障的目标,安排规划周期内装备维修保障工作以及器材筹措、经费预测与供应、保障体系建设和人员培训等。

中、长期发展规划的主要任务:确立规划期内保障体系建设的方向、重点和目标,并为实现预期的目标确定相应的方针、政策和实施步骤等。在制定装备维修保障中、长期发展规划的过程中,主要考虑如下内容:装备规模、需求预测及其发展规划;装备维修保障需求的发展预测;保障体系现有保障能力评估、装备维修保障力量的发展建设规划与措施;确定各型装备的相关保障责任单位;维修经费的需求预测与分析;重点装备的增、改、换装安排;主要器材、设备的需求预测与筹措方案;维修人员的需求规模与培训措施;装备维修保障面临的重难点问题与科研规划;规划和计划的落实措施与效果评估。

装备维修保障规划的制定一般由使用方各级维修保障管理部门根据任务情况,依据修理结构、装备技术状态,科学预计装备修理任务,合理编报修理规划。

3. 修理计划

装备修理计划是指特定年度装备维修保障工作的具体安排,是对中、长期维修保障规划的进一步明确和具体化。装备修理计划应由各级装备使用方依据装备修理规划、装备技术状态、装备使用时间以及有关要求,结合装备执行年度训练以及其他重要任务安排,合理确定船舶修理需求,编报修理计划。

8.1.2　等级修理组织管理

装备等级修理是保持和全面恢复船舶装备技术性能和可靠性指标、提高装备完好率的重要手段,也是装备维修保障工作的重要内容。等级修理组织管理实行统一领导、分工管理、按级负责的原则。装备等级修理主要包括修前准备、工程管理、试验验收等工作。

1. 修前准备

船舶进厂实施装备等级修理前,使用方应当依据下达的修理计划,适时开展等级修理能力评估,督促有关单位进行修前准备,主要包括修理工程单编报、工程勘验、技术方案制定和评审、承修单位遴选、合同订立、施工计划编制、器材筹措等工作。

2. 工程管理

装备等级修理工程管理包括坐墩或进出坞、设备拆检鉴定、修理工程增减等内容。

近海船舶一般吨位比较小,通常情况下岸基坐墩或厂房坐墩方式就可以满足水线以下结构和装置修理需要;大型船舶可根据需要安排进厂进坞。船舶坐墩或进出坞前,总承修单位应完成各项准备工作,并编制坐墩或进出坞方案。

3.试验验收

装备等级修理试验验收包括试验大纲编制、试验组织和验收等内容。

8.1.3　临时修理组织管理

装备临时修理是日常保障工作的重要内容,也是保持和提高装备完好性的重要手段。在组织装备临时修理的时候,既要保证装备完好性水平,也要考虑经费供应和承修单位的工期安排,既要注重使用效益,也要注重经济效益。因此,要合理控制临修的工程范围,严格设置临修工程单的审批权限和标准,同时要加强使用方修理能力的培养,尽可能通过使用方操作人员维修排除装备故障。另外,对临近装备等级修理前的临时修理要合理控制。

在安排船舶装备临时修理时,要尽可能在低的修理级别上完成修理工作。船舶装备临时修理组织管理主要内容一般包括上报修理工程单、修理工程单审批、修理组织实施、完工验收、工程结算与保修等。

8.1.4　使用方自修组织管理

使用方自修的主要任务:承担日常维护、保养、检查调试,对部分具备现场更换条件的部件进行换件修理,即力所能及地进行故障排查和修复。因船舶受操作人员的维修技术能力、职责分工以及现场条件等限制,而无法完成的修理任务应及时上报,申请专职维修技术支持或转为临时修理。

8.2　维修保障质量管理

装备维修保障质量管理是对装备修理、维修器材订购等维修保障活动全过程实施的质量监督及控制。船舶装备维修保障质量管理应当参照现行装备维修保障质量管理要求,按照分级负责、全程管控、严格标准的原则,建立健全维修质量管理与监督体系。本节主要参照装备维修保障质量管理要求,介绍船舶装备维修保障质量管理的概念、内涵、特点、基本要求和主要任务,并从维修保障质量的波动性、维修保障全面质量管理、维修工作质量控制三方面介绍维修保障质量管理的基本过程,还涉及维修质量管理的工具和方法。

8.2.1　维修保障质量管理内涵

质量:按国际标准 ISO 9000:2005 的定义,质量表示一组固有特性满足要求的程度。

装备质量:装备具有的一组固有特性所满足的明确的、隐含的或必须履行的需求或期望的程度。这一组固有特性包括装备的作业性能、可生产性、可靠性、维修性、保障性、安全性、经济性、时间性、环境适应性等。如果从全寿命周期的角度来看,装备质量则涵盖了装备的设计质量、生产制造质量、服务质量以及维修质量等。

装备维修保障质量:通过维护和修理所达到的装备满足使用要求的程度。随着装备的复杂化、智能化、体系化,维修保障已成为装备功能的一个有机组成部分,直接关系到装备能力的生成与发挥、装备使用的经济性和有效性。为保证装备具有较高的可用性和经济性,有效控制装备使用寿命,必须对装备维修过程中的质量状况、信息数据进行监控和分析处理,预测可能出现的偏差,分析存在的问题,及时采取有效的管理措施,保证维修工作的优质高效。因此,装备维修保障质量管理的概念应运而生。

装备维修保障质量管理:对装备维修保障活动全过程实施的质量监督及控制,以及通过维护和修理,使维修的装备保持或恢复到新装备规定的质量指标的全部过程管理。装备的维修质量是由维修工作质量决定和保证的,因此在整个全寿命周期中,都应该重视维修过程中的质量管理。在装备全寿命维修活动过程中,维修管理人员为了有效地对维修质量进行控制,需要及时发现偏差,进行纠正,而这些工作往往要借助一定的手段、方法,通过一定的作用途径对维修系统的运行实施管理。装备维保障修质量管理模式就是维修管理人员对维修系统的运行实施控制的作用方式,包括控制模型的选择、工作步骤的确定、信息反馈的样式等。

质量是产品或服务满足明确或隐含需求的能力及其特征和特性的总和。维修质量是装备保障工作的生命线,而装备的维修质量要通过相应的质量管理工作来实现。因此,装备保障的质量管理工作是装备维修保障工作的重要内容,在近年来越来越受到各级装备指挥机关和装备承修单位的重视。

装备维修保障质量包含两个方面的内容:

(1) 装备维修工作的质量,包括维修工作计划的科学性、组织调度的合理性、采用技术的先进性、修理工艺的成熟性、质量管理体系的完备性、质量检验的严格性、信息采集的全面性、信息处理和发布应用的及时性,以及人员队伍的技术水平和工作责任心等各个方面。

(2) 装备本身的质量和可靠性水平,即装备技术性能指标和可靠性的恢复程度。

这两个方面的内容相辅相成,前者是后者的基础和前提,后者则是前者各因素综合作用的必然结果。要保证装备维修后的质量合格,则必须在保证维修工作质量全面合格方面下功夫,以提高维修工作质量来保证产品的维修质量。

由于装备本身及其保障体系的复杂性,影响装备维修保障质量的因素很多,依靠传统的质量管理观念和手段很难对这些因素进行有效的控制,装备维修保障的质量也很难得到有效的保证,因此维修保障工作对科学、系统、全面的质量管理体系的需求日益迫切。目前,西方发达国家在装备维修保障质量管理方面已经建立起了完善的质量管理体系,并开始了有效的运作,取得了显著的成效,装备的维修质量得到了有效的保证,保持了较高的在航率和作业完好率。我国历来重视装备的维修质量,近年来在建立健全维修保障工作质量管理体系方面进行了有益的尝试,并取得了良好的效果,积累了丰富的经验,为提高装备维修保障质量奠定了坚实的基础。

质量管理体系是指一个单位或系统(在质量管理标准中统称为"组织")为了实施有效的质量管理、保证所有工作和产品的质量满足相应的要求,而建立的组织结构、法规体系、工作程序、管理标准和资源体系的总称。质量管理体系是一个组织能够稳定且持续地改进其工作和产品质量、全面满足用户要求的必要条件和重要保证。

8.2.2　维修保障质量管理基本要求和主要任务

1. 维修保障质量管理基本要求

装备维修保障质量管理的基本要求包括：

（1）满足用户要求。全面恢复装备的技术性能指标和可靠性指标，满足使用方训练和作业的需要，是装备保障工作的根本目标，也是对装备维修保障质量管理工作的基本要求。这一要求与现代质量管理体系中坚持"用户满意"为中心的理念是完全一致的。为了全面满足使用方训练和作业的需要，要注意以下几点：一是要全面深入地了解使用方训练和作业对装备维修保障工作的需求，包括技术性能指标和可靠性指标需要恢复到的程度和水平，以及保障的时效性要求等；二是要将这些总体性的指标和要求按照装备结构层次、保障体系结构层次和保障工作程序进行分解，明确每一部门、每一工序的工作要求和验收标准与程序；三是要严格检验验收标准，对不合格的工序要制定出切实可行的整改方案并监督落实，以各工序、装/设备、分系统维修保障工作的合格来保证整个系统维修质量的全面合格，确保满足使用方训练和作业工作的需要，实现"用户满意"的目标。

（2）加强过程控制。装备维修保障的质量是在装备维修的工作过程中实现的，要确保装备维修保障的质量，就必须加强对装备维修保障过程的控制。为了加强对装备维修保障过程的控制，要注意以下几点：一是要建立起完善的质量控制网络，在每一个部门、每一道工序都设置质量控制网络的节点，将装备维修保障工作的所有环节都置于质量管理体系的监控和管理之下；二是要建立起完善的质量控制工作程序与要求、质量信息采集和处理程序与要求，使整个质量控制网络和每个质量控制节点的质量控制工作都能够顺利、高效地展开，并确保管理层能够及时全面地掌握质量信息；三是要建立起完善的控制反馈和考核评估机制，实施不间断的质量工作监督考核，形成闭环的质量控制循环，确保质量问题早发现、早解决，将质量隐患消灭在萌芽状态，并尽可能地降低质量控制成本；四是要建立质量控制记录制度，全面、准确、清晰地记录质量控制工作情况，以提供质量管理体系符合要求和有效运行的证据，保证质量管理工作的可追溯性。

（3）把握关键环节。装备维修保障的关键环节是指维修工作中对装备的维修质量具有重大影响、一旦出现不合格情形将严重影响维修质量和效果的工序和过程。关键环节一旦出现质量问题，将对整个维修保障工作产生重大的不利影响，大大降低维修保障的质量、效率和效益。因此，在装备维修保障过程中，要注重把握关键环节，以有效控制关键环节来保证维修质量。为了有效控制关键环节，要注意以下几点：一是要识别关键环节，编制关键环节明细表，并编制和执行关键环节的控制文件；二是要对维修保障工作中的关键环节进行标识，让相关人员能够清楚地了解关键环节的设置情况；三是要在关键环节设置控制点，对过程参数和产品的关键（或重要）特性进行监视和控制；四是要对产品的关键（或重要）特性实施百分之百的检验（包括自检和专检），并进行详细的实测记录；五是要应用统计技术对关键环节的控制情况进行分析，探索关键环节的质量控制规律，建立完整的质量记录档案，保持关键环节质量控制工作的可追溯性。

（4）注重持续改进。持续改进是现代质量管理体系的灵魂，是维持质量管理体系活力和有效性的重要手段。在装备维修保障工作中，要特别注重质量管理工作和质量管理体系本身的持续改进，并要通过质量管理体系本身的持续改进来促进和保证质量管理工作的持续改进。

在质量管理体系和质量管理工作的持续改进中,要注意以下几点:一是要密切跟踪质量工作动态,及时发现问题,并全面深入地分析,掌握问题产生的根本原因;二是要加强与使用方(用户)的沟通,掌握使用方的需求,并以使用方的需求为牵引来改进质量管理体系和质量管理工作;三是要在质量管理体系的顶层规划过程中,科学预测未来装备保障需求的趋势,构建起可持续发展的装备维修保障质量管理体系框架,为质量管理体系和质量管理工作的持续改进奠定基础;四是要加强对质量管理工作的研究,掌握质量管理工作的规律和趋势,确保质量管理体系和质量管理工作改进的科学决策。

2. 维修保障质量管理主要任务

装备维修保障质量管理的主要任务:各有关单位应当按照国家和订购方有关装备维修质量管理及其体系建设要求,建立健全质量管理体系,实施全面质量管理,提高质量保证能力。具体包括:

(1)相关质量监管机构应当对订购方装备修理工厂和地方承担装备维修保障任务单位的维修质量工作实施全过程监管,对重要装备的分系统、总成、部件的修理及关键环节等进行重点监督,及时组织修竣装备维修质量验收,总结质量监管经验,指导承修单位不断完善维修质量管理制度。

(2)承修单位应当做好装备进场(厂)、维修实施、装备修竣、质量验收等环节的质量管理工作,如实记录装备维修质量情况,及时报告发现的装备质量问题,提出加强维修质量的意见建议。

(3)送修单位应当加强装备跟修工作,对装备维修全过程实施技术跟踪,参与修竣装备维修质量验收交接等工作,及时反馈修后质量情况。

(4)各级保障部门、技术责任单位和承制承修单位应当加强维修质量信息的采集、分析、管理和应用,掌握装备故障、维修器材消耗等规律,实现装备承制、承修、使用单位的维修质量信息共享。

(5)装备维修保障机构应当定期开展维修专业培训,提高相关人员的维修技术水平,积极采用维修新理论、新技术、新材料、新工艺,运用现代故障诊断、检测手段和先进的维修策略方法,确保装备维修质量。

装备质量问题是指装备质量特性未满足要求而引发或可能引发的负面影响及潜在损失的事件。装备质量问题按照偏离要求的严重程度和发生损失的大小通常分为三类,即一般质量问题、严重质量问题、重大质量问题。对承修单位发生装备质量问题的处理应当遵循公开、公平、公正的原则,按照有关处理准则、程序和要求组织实施。

(1)一般质量问题是指质量原因导致的事件,这类事件不构成严重、重大质量问题,仅对装备的性能有轻微影响,或者造成一般损失、存在安全隐患,以及产生一般经济影响。

(2)严重质量问题是指质量原因导致的事件,这类事件不构成重大质量问题,但可能导致装备使用性能严重降低,或者造成严重损失。

(3)重大质量问题是指质量原因导致的人身安全,或者导致装备主要技术性能丧失,或者造成重大损失的事件。

装备建造质量管理体系是装备维修保障质量管理体系的基础,而装备维修保障质量管理体系则是装备建造质量管理体系的继承和发展。由于装备承制单位往往要承担部分装备的维修保障任务,因此两个质量管理体系在组织结构上也有部分的重叠和交叉,两者的关系如下:

(1)装备建造质量管理工作影响维修保障质量管理体系的建设要求。装备的质量和可靠性主要取决于装备的设计和建造阶段,其质量和可靠性指标要通过建造工作来实现,因此装备建造质量管理工作对装备的质量和可靠性有着重要的、决定性的影响。而装备维修保障质量管理体系的建设要服从和服务于装备维修保障工作的需要,装备维修保障工作的顶层设计又要以装备的保障需求为基础和依据,保障需求取决于装备的技术性能、使命任务、结构特点、质量与可靠性水平等因素的综合作用和影响。因此,在进行装备维修保障质量管理体系建设的时候,要全面了解装备建造质量管理工作情况,深入分析装备的特点、质量和可靠性水平,充分考虑装备的保障需求,确保满足使用方的需要。

(2) 装备建造质量管理体系为维修保障质量管理体系建设提供参照和指导。由于装备建造体系和维修保障体系在专业设置方面的相似性和工作性质上的继承性,以及对产品质量和可靠性要求方面的一致性,因此在装备维修保障质量管理体系建设的过程中,无论是质量管理体系的顶层设计、组织结构的确立、相关文件标准的编制,还是质量管理体系的运行管理,都可以以装备建造质量管理体系为参照和指导。对装备建造质量管理体系的参考和借鉴,可以优化装备维修保障质量管理体系的体系结构、降低建设成本、提高体系建设的效率和效益。

(3) 装备维修保障质量管理工作将为改进建造质量管理体系提供经验和支撑。在保证装备维修保障质量的同时,通过对装备维修保障全过程的监督和管理,可以发现在装备设计和建造过程中遗留下的缺陷和质量问题,并通过消除这些缺陷和质量问题,为改进装备的设计和建造工作提供经验和数据,还可查找出装备建造质量管理体系中存在的问题和不足,为改进装备建造质量管理体系提供经验和支撑。

8.2.3　维修保障质量管理基本过程

1. 维修保障质量的波动性

在长期的生产实践和管理过程中,人们发现装备质量和自然界的事物一样,没有两个绝对相同的事物,总是或多或少地存在着差异,这就是质量变异的固有特性——波动性。

对装备维修保障质量波动性的理解包括两层含义:同一型号不同装备的维修质量可能各不相同,同一装备不同时期的维修质量也有差异。因此,维修质量波动性是客观存在的,只有掌握了维修质量波动的客观规律,才能对维修质量实施有效的控制保障。维修质量波动性的原因可从来源和性质这两个不同的角度进行分析。

1) 维修质量波动性来源

引起维修质量波动性的原因通常概括为"5M1E",具体包括:

(1) 材料(material)。材料成分、物理性能与化学性能等。

(2) 装备(machine)。装备型号的差异、批次的不同、技术状态的差异等。

(3) 方法(methods)。维护、保养不当或者维修人员操作不当等。

(4) 操作者(man)。技术水平的差异、熟练程度、工作态度、身体条件以及心理素质等。

(5) 测量(measure)。存在测量设备落后、检测方法错误、试验手段落后等情况,不能保证质量性能指标的统一和稳定。

(6) 环境(environment)。温度、湿度、亮度、清洁条件,以及其他装备作业使用环境等。

2) 维修质量波动性性质

根据以上维修质量波动性六方面("5M1E")的来源原因,按其性质可归纳为两类:偶然性原因和系统性原因。

（1）偶然性原因：诸如维修工具的正常磨损、操作或维修人员细微的不稳定性等这样一些原因，它们的出现是随机性因素造成的，不易识别和测度。随机因素是不可避免且经常存在的，是一种经常起作用的无规律的原因。

（2）系统性原因：诸如刀具严重磨损、装备不正确调整，以及操作或维修人员偏离操作、维修规程、标准等这样一些原因，它们容易被发现和控制，采取措施后容易消除。这些因素是有明显倾向性或一定规律的，是可以避免且不允许存在的，是一种不经常起作用的有规律的原因。

维修质量波动性特性包括正常波动和异常波动。正常原因所造成的质量特性值的波动称为正常波动，并称这时的维修过程处于统计的控制状态或处于控制状态。异常原因所造成的质量特性值的波动称为异常波动，并称这时的维修过程是处于非统计的控制状态或处于非控制状态。

维修过程处于控制状态，维修数据具有统计规律性；维修过程处于非控制状态，维修数据的统计规律性就受到破坏。因此，维修质量控制的重要任务之一就是要分析维修质量特性数据的规律性，从中发现异常数据并追查原因，消除异常因素，把重点从"事后把关"转移到"事前控制"上来，减少或预防故障与事故的发生。

2. 维修保障全面质量管理

全面的装备维修保障质量管理是应用全面质量管理的理论、方法与手段对装备维修质量实施的管理过程与管理体系。按照美国著名质量管理专家费根堡姆的定义，全面质量管理（TQM）是一种新型的质量管理模式。它不是一种简单的管理方法，而是一种学说。它是一整套管理思想、管理理念、技术手段和科学方法的综合体系，而不只是传统的检测技术或统计分析技术。

1）维修保障全面质量管理的特点

根据全面质量管理的理论、方法和手段，装备维修保障全面质量管理具有以下特点。

（1）全面的管理：广义的质量除了装备质量之外，还包括工作质量。装备维修保障全面质量管理所指的质量是广义的质量，即不仅是指装备的维修质量，而且还包括影响装备维修质量的工作质量。

（2）全过程的管理：装备维修质量与装备质量具有直接关系。装备质量是装备寿命周期过程中各种管理和技术活动的综合结果，是一个完整过程所形成的。维修质量和质量一样是设计出来、生产出来的，而不是靠事后检验得来的。根据这一规律和认识，装备维修保障全面质量管理要求从装备维修质量形成的全过程，从设计、生产制造一直到使用和维修保障等各个环节来进行有效管理，做到防检结合，以防为主。

（3）全员的管理：维修质量贯穿装备寿命周期全过程，是各种因素相互作用的结果，也是装备寿命周期过程中每一成员工作质量的综合结果。因此，装备维修保障全面质量管理需要群众的参与，从管理人员到操作人员，从直接设计、生产人员到使用、维修保障人员，都有一定的维修质量管理职能。同时，装备维修保障全面质量管理也需要所有部门的共同努力，建立以质量管理为中心环节的保障体系，将各部门的工作有机组织起来，做到人人必须保证维修质量，人人都在为增强维修质量管理恪尽职守。

（4）综合性的管理：装备维修保障全面质量管理采用的方法是全面的、多样的，是一个由多种管理技术、管理手段和科学方法所组成的综合性的管理体系。装备维修保障全面质量管理有一套完整的质量保证体系，包括质量管理职能、责任和信息反馈控制制度、质量标准和管理程序等。

2) 维修保障全面质量管理的运行

装备维修保障全面质量管理是一个不断地、连续地维修质量改进过程,这一过程也称为计划(plan)执行(do)检查(check)处理(act)过程,即 PDCA 循环。由于该循环是美国的戴明所提出的,所以又称戴明循环。因为过程改进的出发点是更好地满足用户需求,所以首先必须从用户的角度来选择应予改进的问题或质量特性,并确定改进的目标和指标,然后依次进行规划、执行、检查和处理。改进过程一般可分为四个阶段、八个步骤,具体过程分析如下:

(1) 计划阶段。制定质量目标、活动计划和实施方案。维修质量问题可能来自上级指令、制造单位通报或本单位在使用维修中的发现。计划阶段又可分为下述四个步骤。

第一,找出质量问题:根据目标,采用直方图、控制图等工具,找出存在的质量问题。

第二,分析质量问题原因:采用因果分析图、散布图等工具,分析质量问题的原因或影响因素。

第三,找出主要原因所在:从各种原因中,用帕累托图、散布图等工具,找出影响质量的主要原因,分析原因的主次。

第四,制定计划措施:针对影响质量的主要原因,提出计划,制定措施,预计效果,并确定具体的执行者、时间、进度、地点、部门、完成方法和成本等。

以上步骤是计划阶段的工作程序,也是 PDCA 循环的前四个工作步骤。

(2) 执行阶段。按预定计划和措施要求执行,以贯彻和实施计划目标和任务。这是 PDCA 循环的第五个步骤。

(3) 检查阶段。对照执行结果和预定目标,检查计划执行的情况是否达到预期的效果,并梳理清楚哪些措施有效、哪些措施效果不好、成功的经验是什么、失败的教训又是什么、原因是什么,所有这些问题都应在检查阶段调查清楚。这是 PDCA 循环的第六个步骤。

(4) 处理阶段。根据上阶段检查的结果,完成两步操作:总结经验教训,吸取成功的经验,制定或修改有关的标准或规范,以供今后遵循;反馈问题,把尚未解决的问题反馈到下一个 PDCA 循环中去,再从第一个步骤开始循环。这是 PDCA 循环的第七和第八个步骤。

PDCA 循环使人们认识到,装备维修保障全面质量管理是一个持续的、不断发展提高的管理过程,并按照 PDCA 循环周而复始不断循环,如图 8-2 所示。

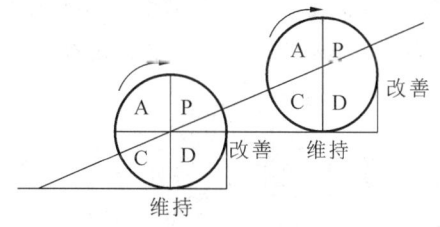

图 8-2　装备维修保障全面质量管理按照 PDCA 循环不断循环

3. 维修工作的质量控制

维修工作质量:与维修质量有关的工作对于维修质量的保证程度。维修质量涉及一个维修组织中的所有部门和人员,体现在维修组织的各种活动之中,高效优质的维修质量必须以高效优质的维修工作质量来保证和满足。

维修工作质量的闭环控制:装备维修工作可看成是将一系列输入经过系统过程变换为一

系列输出的活动,其质量控制是通过有效的反馈机制来保证实施的。一般维修系统的主要输入有维修程序和标准、人员、材料和备件、设备和工具等要素。

维修工作质量影响因素分析与控制:维修工作质量是维修机构管理工作和工作质量的总称,是维修质量的保证和基础。因此,上述维修系统主要输入的四个因素是影响维修工作质量的关键。同时,维修工作质量的关键因素就是对重要的、不可重复的工作建立工作质量标准。如果维修工作不符合标准,可运用因果分析图来调查这个维修工作不合格的根本原因。

维修质量控制活动的效果如何,设计的控制系统是否完善,是管理人员在行使控制职能时所面临的基本问题。为了更好地解决这个问题,人们提出了许多控制模型,这里主要介绍两种:

(1)传统控制模式。根据预定的目标或标准,探查偏差,给予更正的过程。

(2)反馈控制模式。自然界物质经由信息反馈来发现错误,并引发更正错误的行为过程,以此来控制它们本身。装备维修保障质量管理也不例外,维修管理活动往往借助于信息反馈,不断地分析过去的信息,以此指导将来的发展进程,从而实现维修方针和维修目标。

8.2.4　维修保障质量管理方法

质量管理过程控制方法源于1924年美国贝尔电话实验室,其首次在设备质量管理中以数理统计图表的方式应用,经过多年的实践和发展,也已成为质量管理的重要内容。应用概率论和数理统计的原理和方法来研究设备质量变化的客观规律,目前已发展出了多种方法和技术工具。在维修保障质量管理过程控制中,常用的主要有直方图、因果分析图、帕累托图、散布图、控制图等工具。

1. 直方图

直方图是表示发生的频数与相对应的数据点关系的一种图形,是频数分布的图形表示。

直方图有助于形象化地观察数据分布、形状以及离差。它的一个主要应用就是确认数据的分布,常用于装备维修时间分布、装备故障时间分布、装备停机时间分布等情形。因此,直方图可用于确认重要维修活动的分布,并可以直观地观察和粗略地估计出正常波动的统计规律或异常波动的特性。

应用直方图进行统计分析:首先将所收集的数据按大小顺序分成若干间隔相等的组;其次以组距为横轴,以各组数据频数为纵轴,将其按比例绘制成若干直方柱排列的图。质量管理直方图如图 8-3 所示。

2. 因果分析图

因果分析图是表示质量特性与原因关系的一种图形,它把对某项质量特性具有影响的各种主要因素加以归类和分解,并在图上用箭头表示相互关系,因而又称为特性要因图、树枝图、鱼刺图等。因果分析图中的后果指的是需要改进的质量特性以及这种特性的影响因素。因果分析图通常可用于装备故障、装备停机时间等原因的确认与分析。

因果分析图的结构:因果分析图由质量特性、要因和枝干三部分组成。质量特性是指期望改善或进行控制的某些属性,如合格率、缺陷率、故障率、维修工时等。要因是指对质量特性施加影响的主要因素,要因一般是导致质量波动性异常的几个主要来源,如维修质量的要因可归纳为"5M1E"。枝干是指因果分析图中的联系环节:把全部要因同质量特性联系起来的是主干,把个别要因同主干联系起来的是大枝,把逐层细分的因素(细分到可以采取具体措施的程

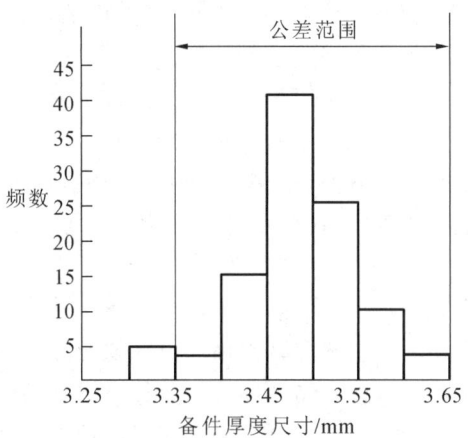

图 8-3　质量管理直方图

度为止)同各个要因联系起来的是中枝、小枝和细枝。

如图 8-4 所示,质量管理因果分析图的分析步骤:

(1) 确定质量特性和需要分析的后果,并将其写在右侧方框内,再从左至右画一长箭头指向质量特性。

(2) 确定影响质量特性或后果的要因,并将其标绘在主干上方。要因线和主干线的夹角一般为 60°～75°。

(3) 对大枝的要因进行细分,逐步画出中枝、小枝、细枝。大枝线和中枝线的夹角以及中枝线和小枝线的夹角仍为 60°～75°。检查确认所有要因及其相互关系是否恰当,所分析的各层次的关系必须是因果关系,要因应一直分析到能采取具体措施为止。

(4) 找出影响质量的主要因素,用方框把它们框起来作为制定质量改进措施的重点。

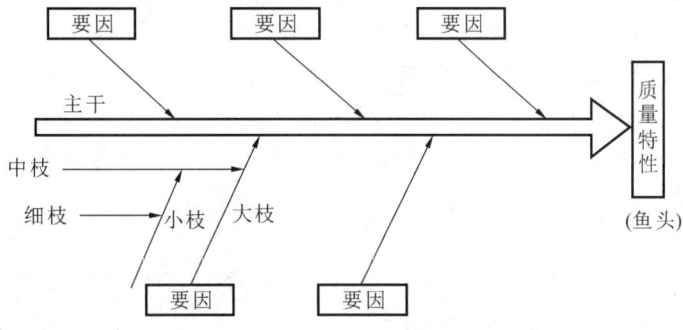

图 8-4　质量管理因果分析图

3. 帕累托图

帕累托图最早是由意大利经济学家帕累托(Vilfredo Pareto)提出来的,用以分析社会财富的分布状况,从而发现了少数人占有大量财富的现象,即“关键的少数与次要的多数”这一关系。后来美国的朱兰(Joseph M. Juran)将此法应用于质量控制,因为在质量问题中也存在“少数不良项目造成的不合格产品占据不合格品总数的大部分”这样一个规律。

帕累托图是用于寻找关键因素的一种工具。在维修质量控制中,它常用于确定影响故障、事故和维修中其他问题的主要因素。

帕累托图一般将影响因素分为三类:A 类包含大约 20% 的因素,但它导致了 75 %～80 %

的问题,称为主要因素或关键因素;B类包含了大约20％的因素,但它导致了15％～20％的问题,称为次要因素;其余的因素为C类,称为一般因素。这就是所谓的ABC分析法。帕累托图便于确定关键因素,利于抓住主要矛盾,有重点地采取针对性管理措施。

　　帕累托图的结构:由两个纵坐标、一个横坐标、几个直方柱和一条折线组成;左纵坐标表示频数(件数、次数等);右纵坐标表示频率(用百分比表示);横坐标表示影响质量的各种因素,按影响程度的大小从左到右依次排列;折线表示各因素大小的累计百分数,由左向右逐步上升,此折线称为帕累托曲线。

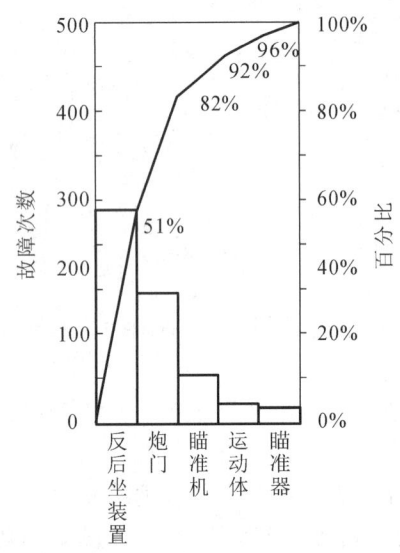

图 8-5　帕累托图

　　如图8-5所示,帕累托图绘制步骤:按一定比例绘制两个纵坐标和一个横坐标:左纵坐标为故障次数(频数),右纵坐标为百分比(频率);横坐标表示项目类别名称,按其频率大小从左向右依次排列,并各占一定相同的宽度;确定左纵坐标刻度,按频数大小顺序绘制累计频数图;确定右纵坐标刻度,绘制帕累托曲线:各项目以横坐标线上所占的宽度为底,以频率为高,画出一系列的直方柱,最后用统计表上的累计频率在图上描点,将各点连接起来,即为帕累托曲线。或者,把各项目的直方柱上移,移接在前一个直方柱的右顶点,然后画出第一直方柱和所有虚线直方柱的对角线(方向从左下角到右上角),这些对角线的连线就是帕累托曲线。

　　帕累托图的应用:指明了改善维修质量特性的重点。在维修质量控制中,为了获取更好的维修效果,应合理地确定所采取措施的对象。例如,从帕累托图可以看出,直方柱高的前两、三项对质量影响大,对它们采取措施,维修质量改善效果显著。另外,帕累托图可以反复应用,在解决维修质量问题的过程中,反复应用帕累托图可以使问题逐步深化。例如,从帕累托图中可以发现维修事故的主要原因是错装和忘装机件,但无法采取具体对策,此时需要分析错装和忘装的原因,然后再绘制错装和忘装的原因帕累托图(第二层次的帕累托图)。在采取对策措施后,应重新收集数据再绘制帕累托图,并将其与原来的帕累托图对比,从而分析验证所采取措施的有效性。

4. 散布图

　　散布图是表示两个变量之间相关性的一种图形,通常用于研究因果关系,也是前面讨论的因果分析图的补充。在分析维修质量问题或原因时,通常需要了解各个变量之间的关系,有的变量之间属于确定性关系,可用函数关系式来表达,而有的变量之间虽然存在着关系,但却不能由一个变量的数值来精确地求出另一个变量的数值,这种关系称为相关关系。在研究相关关系时,应把两个变量的数据对应着列出,用小点画在坐标图中,以便观察它们之间的关系,这种图称为散布图,一般用于趋势分析。在维修质量控制中,散布图可用于诸如预防性维修与维修质量变化、维修费用趋势、备件储备趋势以及装备可用性趋势等领域。

5. 控制图

　　控制图在维修质量控制中是非常重要的,而且应用也非常广泛。在维修质量控制中,控制图可用于装备可用性、质量控制、故障次数、停机时间、备件储备等领域,是维修质量控制的核心工具。控制图是一种应用科学方法对工作过程(如生产过程、维修过程)的质量进行测定、记录,从而进行管理控制的图形,用于区别质量特性值的波动原因(偶然原因/系统原因),从而判明工作过程是否处于控制状态的一种工具。控制图在维修质量控制中的应用,有别于上述讨论的各种维修质量控制工具,是一种动态的、能够进行过程观察与动态监控的分析工具。

除了以上介绍的几种方法以外,近年来还出现了一些新的方法,如关联图法、KJ 法(亲和图法)、系统图法、PDPC 法(过程决策程序图法)等,合理地应用这些方法将能对维修质量进行有效的控制和管理。

8.3　维修保障技术管理

8.3.1　装备技术管理概念

装备技术管理:装备从入役到报废移交过程中,为保持装备良好技术状况所进行的技术和管理活动。装备技术管理的基本对象包括船体及其配置的各种装备、设备、装置、仪器、仪表、系统、器材以及配套能源、相关信息等。

船舶(装备)技术管理与装备技术管理在概念、职责任务、工作内容和要求等方面基本相同,主要包括装备使用管理、维护保养、技术勤务管理(物理场管理、监测诊断、计量保障)、技术信息管理等。根据法规规章及使用方多年的技术管理实践,确定船舶组织实施、技术管理工作的基本要求,应当坚持能力标准,落实科学化、制度化、经常化管理要求。

"依法从严"是装备技术管理的原则之一,其中的"法"并不是指的某一部法规,而是指的装备技术管理法规体系,是进行装备技术管理工作所必须遵守的各种法规、规章的总和,主要包括涉及装备技术管理的法律、法规、规章以及行业规范性的文件。

船舶(装备)技术管理的地位作用与船舶平台一样,都是在相关条令条例等法规制度的要求和规范下,构建较为完整的组织体系和工作机制,在保持装备在航率和完好率、提高使用能力等方面发挥了重要作用。其地位作用主要体现在:装备技术管理是装备管理的基础性、经常性工作;装备技术管理的工作内容多、涵盖范围广、持续时间长、技术含量高,对保持装备良好技术状况和管理秩序发挥了重要作用;加强装备技术管理是保持和发挥装备能力的必要手段;加强装备技术管理是提高使用经济效益的重要途径。

8.3.2　装备使用管理

装备使用管理的目的:科学使用装备,充分发挥其应有的技术性能,减少磨损和腐蚀,防止事故,提高在航率,保证各项任务的完成。

船舶(装备)使用管理与装备使用管理在内容范围上存在一定区别。例如,船舶(装备)使用管理主要内容包括合理派遣、符合出航标准、给予必要保障、充分发挥效能等使用基本要求,以及出航准备、航行与锚泊等使用技术要求,并有技术状态类别划分和标准,还有管路系统、机械设备、电气设备、损管防救设备使用一般规定等。船舶应当更侧重使用要求、技术状态类别划分和标准等内容。

船舶应遵循船舶装备使用基本要求:

(1)严格按章操作。装备的使用保养规则、设备说明书等对装备的使用进行了严格的规定,这些规定都是根据装(设)备本身的技术性能以及长期使用经验而制定的,是装备操作使用的基本依据。因此,这些使用维护技术文件应当配备齐全,操作人员应当严格按照有关使用规定和设备说明书来操作使用装备,做到勤听、勤摸、勤看、勤嗅、勤测,若发现不正常现象应当及时报告,并采取措施,防止事故、减少损耗。此外,职掌人员还必须经过严格训练、考核合格后,方可独立操作使用装备,非职掌人员不得擅自操作使用装备。

(2)落实保养制度。装备的使用应当严格执行维护保养制度,科学制定检修计划,检修内容应符合装备使用保养规则的要求。虽然船舶没有相对固定的装备职掌人员,但其操作使用、技术准备和使用方专职维修保障人员应该共同承担维护保障职能。装备职掌人员做好启动前的准备工作,确保运行安全可靠,并在使用后按照规定做好状态恢复和保养工作。

(3)保持良好状态。智能船舶操作人员等应当及时对装备进行检查、清洁、测量、调整和运转,以排除故障,使装备处于良好技术状态。装置(设备)及器材应当齐全完好、技术性能符合要求,器材按照规定放置。装(设)备的铭牌、开关、旋钮、按键、把手、仪表、指示灯、舱室及舱内装阀门标识牌、电缆编码牌等均应齐全完好,并处于规定位置。

智能船舶使用技术要求应当参照一般船舶相关要求执行,同时兼顾智能船舶的特点。特别的是,由于智能船舶的装备属性、作业使用具有自身的特点,其技术状态类别与一般船舶存在一定区别,且需要在海上进行相应技术准备,因此应当根据智能船舶的特点,结合船舶技术状态类别判定方法,科学确定智能船舶的技术状态类别。

8.3.3 装备维护保养

船舶(装备)应当参照装备相关要求实施装备维护保养,其实施的主体应当为船舶操作使用、技术准备和使用方专职维修保障人员。

装备维护保养是指以截断技术状态加剧退化进程为目的而采取的各种措施,主要包括检拭、检修、安全检查等措施,使系统能有效保持装备良好技术状况,确保随时遂行各项任务。船舶装备维护保养制度已成为使用方的一项基础性、经常性、长期性工作要求。

装备维护保养必须坚持"预防为主、正确使用、精心保养、合理修理"的原则,保证保养"人员、时间、内容、质量、安全"五落实,做到"无丢失、无损坏、无锈蚀、无霉烂变质、无积油积水",确保装备技术管理工作落到实处。例如:在防锈蚀方面,为了防止装备金属部分受空气氧化和海水、电解液等物质的侵蚀而锈蚀,应根据金属零部件的材料、工作状态及环境条件,采取涂漆、涂油、电镀等方法,使金属表面形成一层保护膜;在防积水、积油方面,装备维护保养过程中涉及擦拭、清洁、涂油等操作时,注意及时清理过多的积水积油;在装备使用、存放过程中,应及时清理舱室内的积水和油污,防止损坏设备;在防机件磨损方面,为了防止装备因运转、传动或操作不当出现划伤、变形、空回量增大等情况,应当在金属摩擦表面涂一层润滑油(脂)。装备职掌人员应经常检查和清除污油,更换新油,若发现装备运转和传动过程中有杂音、卡滞等异常情况,应当停机检查排除问题,防止磨损加剧。另外,在防霉烂变质、防弹簧失效、防磕碰划伤、防松动丢失等方面也应多注意装备的维护保养。

8.3.4 装备技术勤务管理

装备技术勤务是指为了保证装备技术性能达到规定状态而采用各类技术手段进行的装备

监测诊断、物理场管理、计量保障等勤务活动。

1. 装备物理场管理

船舶(装备)物理场管理的目的在于提高隐蔽性,降低船舶的暴露率,提高船舶对目标的发现、跟踪能力,包括定期检测船舶磁场、振动与噪声等物理场,并采取相应措施,使其达到标准要求,保持规定的隐身性能,提高船舶的防护能力。

2. 装备监测诊断

装备监测诊断是指在装备运行中或者基本不拆卸装备的情况下,定期或者视情采用在线、离线监测技术手段,获取、统计、分析反映装备技术状况的信息,判定装备的运行状态及故障的部位、原因、严重程度,预测可能发生的故障,为装备使用、管理、维修和建造提供科学依据的技术活动。

装备监测诊断的原理是通过对检测设备的有关参数进行分析,从而对设备的运行状态、故障原因、部位和趋势做出判断,其工作流程如图 8-6 所示。

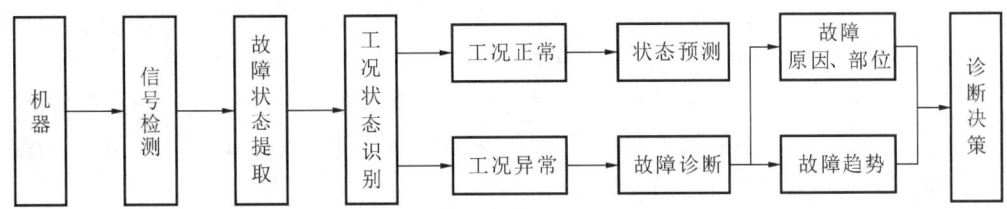

图 8-6　装备监测诊断工作流程

在装备监测和故障诊断技术中,异常及故障的表现叫作征兆,征兆的特点叫模式。和医学诊断相似,为了进行机械故障诊断,要将故障征兆进行分类(如振动、声学、强度、油液、温度、压力、电气、点蚀和裂纹等),弄清故障类别(磨损、裂纹、腐蚀、不平衡、不对中、泄漏)、性质(渐发性、扩展性)和程度(局部故障、整机故障等),在掌握了故障具体类别之后,就可根据故障的机理预测其发展情况,提出相应对策。

船舶装备监测诊断通常采用油液分析、振动与噪声监测、无损检测、热工参数监测、红外监测、电气监测、腐蚀检测等技术手段。监测诊断的工作方法和应用场合如表 8-1 所示。

表 8-1　监测诊断的工作方法和应用场合

序号	故障征兆	工作方法	应用场合
1	振动	强度测定、频谱分析、SPM 脉冲诊断	旋转机械、往复机械、流体机械、转轴、轴承、齿轮等
2	油液	油品的理化性能、磨粒的铁谱分析及油液的光谱分析	热工设备、工业炉窑、电动机、电器、电子设备等
3	温度	红外测温、红外热像、热电偶	设备润滑系统、有摩擦副的传动系统、电力变压器等
4	声学	噪声、声阻、超声波、声发射等	压力容器及管道、流体机械、工业阀门、断路开关等
5	强度	载荷、扭矩、应力、应变等	起重运输设备、锻压设备、各种工程结构等
6	压力	压力、压差、压力联动等	液压系统、流体机械、内燃机、液力耦合器等

序号	故障征兆	工作方法	应用场合
7	点蚀和裂纹	着色渗透、X 射线、磁粉探伤、声发射等	设备及零件的表面损伤、交换器及管道内孔等
8	电气	电压、电流、绝缘电阻、接地电阻等	电力变压器、电动机、电缆等

3. 装备计量保障

船舶上有大量的装备和仪器仪表,其工作状态是通过这些仪器仪表显示出来的,可以说各种仪器仪表是装备的"听诊器""耳目",只有"耳聪目明",才能确保及时、准确地观察装备动态及工作性能。船舶在使用期间经常受风浪冲击、碰撞及磁场等诸多外力的影响,使得船舶装备远比陆地上的装备更加易损。由于高温、潮湿、盐雾腐蚀和装备老化,船舶装备的观测准确度下降,从而造成事故率上升、隐蔽性被破坏、能力下降等情况。因此,开展船舶装备和检测设备的计量保障工作极其重要,是船舶装备和检测设备保持技术状态完好、遂行作业任务的重要技术支撑,是形成一体化能力的重要基础性保障工作。

计量保障工作的基本任务:按照计量法律法规和其他有关规定,构建完整的装备和检测设备计量组织管理体系与量值溯源传递体系,对装备和检测设备开展计量检定、校准以及测试,确保其计量单位统一和量值准确可靠。

8.3.5 装备技术信息管理

当前,装备技术管理工作与精准管理理念要求还存在较大差距,迫切需要进一步加强大型平台(装备)技术信息管理,加大数字化和智能化建设力度,规范信息资源综合利用,构建基于信息系统的运行机制,充分利用信息技术这一能力"倍增器",着力提升综合利用数据的能力、科学实施评估的能力、优化配置资源的能力,进一步推进使用方装备管理模式转变,不断提高装备管理能力水平。

装备技术管理信息是装备技术管理工作中需要和产生的信息,由于装备技术管理的综合性,技术管理信息的内容极为丰富,其分类方式也有多种。按照信息的稳定性划分,可以分为基本信息和动态信息。技术管理的基本信息是指在装备技术管理工作过程中比较稳定的基础信息和技术资料,包括装备的识别代码、基本性能、结构组成、生产厂家和装备技术说明书、使用说明书、使用保养规则、装备监测大纲,以及装备工作的政策法规标准等。技术管理的动态信息是指在装备技术管理工作过程中产生的各类文书、报表和数据信息,包括航行数据、装备运行数据、使用保养信息、故障与维修信息、技术状况信息、物理场管理信息、监测诊断数据、仪器仪表计量保障信息、技术管理检查信息等。

装备技术信息管理是指对装备技术管理信息流动全过程的管理,主要包括采集获取、分析处理、传输分发、信息存储、信息使用和信息反馈等内容。

(1) 采集获取。采集获取是信息管理首要的、最基础性的工作环节,装备技术管理信息的质量很大程度上取决于原始信息的质量。装备技术管理信息的采集要做到准确、及时、全面。首先,装备承研、承制单位在交付装备时,应当系统、完整地提供装备的识别代码、基本性能、使用说明书等信息;在装备改、换装时,应及时更新相关信息并予以标识,防止新旧信息混用。其次,装备保障单位应当遵守各项信息收集、统计报告制度,严格按照规定的数据格式、媒介载体、时间间隔、报送流程,收集、整理、上报业务工作中产生的数据和信息。最后,使用方应当按照各项信息的登记、统计、报告制度要求,及时采集、如实记录、妥善保存、定期上报装备的运行、维护、故障、修理、器材消耗、监测诊断、物理场管理等信息。

(2)处理分析。处理分析是大型平台技术信息管理的关键环节,要对获取的大量原始信息进行分类归纳、融合处理和综合分析,聚同分异,去粗取精,去伪存真,使之系统化、条理化,以便保存、传输和使用。现代信息处理通常是借助于计算机及相关软件系统实现的,涉及数据计算、数据压缩以及语音处理、图像处理、神经网络、虚拟现实、信息融合等方法和技术。

(3)传输分发。信息只有及时有效地传送给使用者,才能起到应有的作用。在信息的传输过程中,必须高度重视传输效果。信息传输的效果主要表现在传输的速度和质量上。传输速度决定了信息传输的时效性,传输质量决定了信息传输过程的保真性,二者是密不可分的,高效的信息传输必须做到时效性和保真性的统一。

(4)信息存储。信息存储是信息管理的必要环节,是使信息管理得以持续运行的长期性工作,应注意信息储存的有序性、保真性、共享性和安全性。计算机的广泛应用和其他存储技术的发展,为信息存储工作创造了有利条件,不仅可以存储大量的信息,而且可以进行快速的检索查询,及时为用户提供所需信息。当然,信息的存储并非杂乱无章的信息堆积,而是在对信息进行科学分类和整理的基础上的有序排列。装备使用方和保障单位应当按照信息管理要求和档案管理制度,归档和储存装备技术管理信息,做到管理严格、技术规范、条件完善、质量完好。

(5)信息使用。正确地使用信息是信息管理的最终目的。技术信息管理应对装备信息的使用进行跟踪监督,根据信息使用者的需求,及时准确地把有关信息提供给使用者。提供的信息既要简明扼要,又要完整全面。装备技术信息要突出技术质量状态、使用要求、安全管理信息等。装备技术信息管理还要协助使用者正确把握和理解所供信息,保证装备技术信息的科学合理安全使用。装备技术管理信息的使用还应当符合规定和权限要求,做到信息共享、效益良好。

(6)信息反馈。信息反馈是及时发现工作偏差、有效进行协调控制的重要手段,也是获取最新信息的重要途径。在装备技术管理活动中,应把决策实施过程中产生的新的信息及时反馈给决策者,使决策者能够依据新的信息及时调整、修正决策方案或制定新的管理决策。

第9章 数智化维修保障

随着新一轮工业革命和人工智能的加速推进,船舶装备正向智能化、体系化、网络化方向快速发展,未来海洋船舶作业形态正从信息化加速向数智化演变。船舶数智化保障包含智能化船舶的保障、船舶的数智化保障等范畴,其中保障包括维修保障、使用保障等内容。近年来,船舶数智化技术快速发展,在海洋作业领域得到了广泛应用。数智化维修保障在系统功能发挥、作业能力提升等方面愈加重要。

本章主要介绍船舶数智化维修保障概念、数智化装备保障现状、智能船舶维修保障模式。

9.1 船舶数智化维修保障概念

随着科技的不断发展和海上作业形态的变化,船舶数智化维修保障已经成为国内外订购方建设的重点。美国、俄罗斯等国家都在不断调整装备维修保障理念,着力建设船舶数智化维修保障体系,推进作业行动各流程实现数智化改造,加强与作业供应链的深度耦合,为适时、适地、适量、适质的装备维修保障提供技术和保障装备支撑。

9.1.1 船舶数智化维修保障内涵

船舶数智化维修保障内涵:针对海上空间全维、作业力量多元、作业节奏快速等特点,运用数据融合、人工智能等数字化、智能化技术手段,构建以决策智能化、执行自主化为目标的船舶维修保障体系。

在船舶智能化、自主化、体系化发展背景下,船舶维修保障模式将发生较大变化,要求将保障体系与作业体系高度融合,保障要素以多元方式集成到作业体系,保障力量在作业框架内优化运用,使装备保障活动趋于精确化、自主化。船舶数智化维修保障根据装备体系组成和作业任务,自主感知保障需求,自动优化保障资源,自主执行维修保障任务,以最优组合来高效精确地完成船舶装备保障活动,以达到适应数智化作业环境的要求。

船舶数智化维修保障可分为以下流程:自主感知融合保障信息、智能化分析决策保障数据、人机交互制定保障方案、自主执行维修保障行动。各流程并行开展,具有决策智能化、执行自主化等特征,如图9-1所示。

(1)自主感知融合保障信息:对船舶维修保障信息进行采集获取、融合、传输的自动化自主化过程。一要数据信息标准化,建立统一的数据标准进行电子归档;二要数据采集自动化,根据作业任务、使用环境、作业态势发展等要素,自动化地进行数据的收集、整合、分类;三要数据共享高速自动化,建立一体化的维修保障数据中心,自下而上地将船舶维修保障信息聚拢整合。

(2)智能化分析决策保障数据:基于船舶装备设计、使用、维修以及作业运行等数据,运用

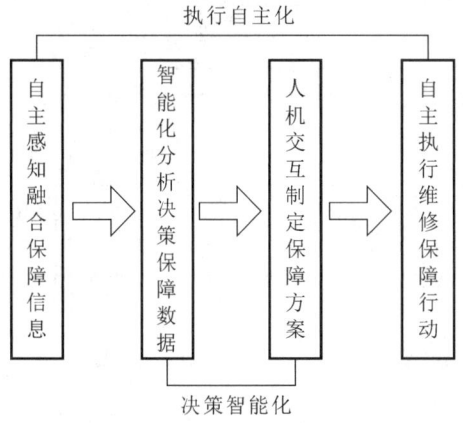

图 9-1　船舶数智化维修保障流程

数据挖掘、健康管理、智能诊断等方法进行动态数据分析，并与维修保障任务的信息链进行集成融合，实现精准测算、调配保障资源，科学确定船舶维修保障时机和方式。

（3）人机交互制定保障方案：随着人工智能发展，船舶装备维修保障方案制定将逐步从以人为主导向人机交互混合、人工智能为主导转变。在人工智能的深度学习模型、多模态训练技术等尚处于初级阶段时，研究人员需要结合保障数据分析评估，采用人机交互方式确定合适的保障方案。

（4）自主执行维修保障行动：船舶数智化装备一般应具有自主决策、自主协同、健康管理和自主维修等能力，能够全程监测装备状态、实现故障定位与隔离，以及自主启用冗余备份进行维修。

9.1.2　船舶数智化维修保障特点

船舶数智化维修保障是未来海上作业体系的重要组成部分，是基于信息感知、网络空间的全新保障模式。如图 9-2 所示，船舶数智化维修保障体系将基于多元感知数据融合与分析挖掘、类脑学习等智能算法实现决策智能化，运用"机器力量"替代保障任务执行中"人"的工作，其中人的主要工作转变为监控、监管与必要干预，从而实现执行自主化，并具有信息主导、智能自主、全维立体、自动快速等特点。

（1）信息主导。船舶数智化维修保障的典型特点是信息主导，主要是指在状态监测、指挥控制、故障诊断、功能修复等装备保障所有环节中，维修保障对信息的采集、传输、处理、反馈等具有高度的依赖性。从信息流角度讲，数智化维修保障的过程就是装备信息在指挥控制链中循环往复的过程，信息的准确性、全面性、快速性决定了装备保障效率，只有大量精确的信息支撑和有效流动，才能实现船舶数智化维修保障。

（2）智能自主。智能自主既是现代科技的基本特点，也是船舶数智化维修保障的目标要求，即依托装备保障体系和指挥体系，实现船舶装备维修保障智能化决策和自主化执行，并协调保障力量和资源的合理配置，实现保障效能的"聚合优化"。

（3）全维立体。随着现代船舶作业领域的不断拓展，船舶的维修保障也要跟进和融入多维空间和领域，依托其他作业力量提供快速及时的信息，实现船舶装备作业路径自主规划、维修保障自主决策。

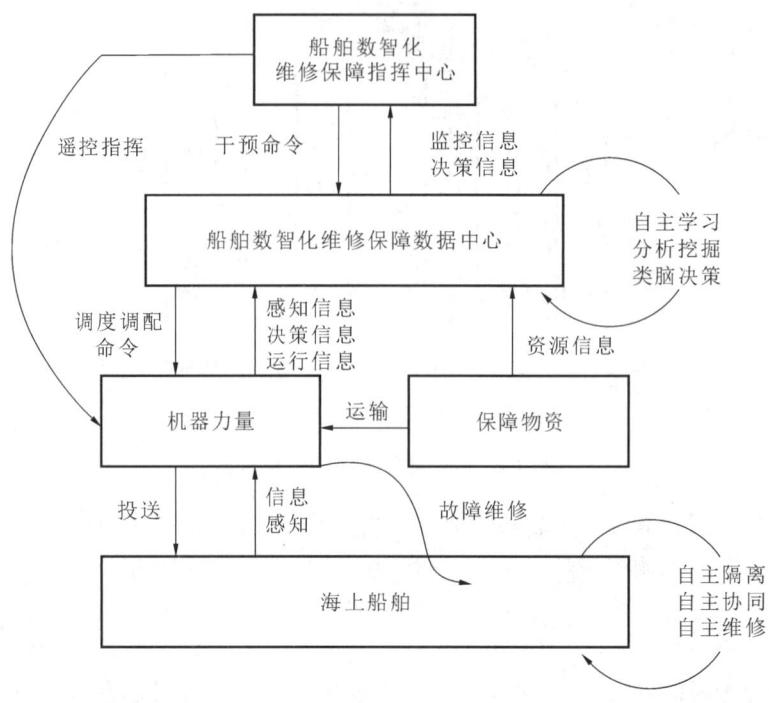

图 9-2　船舶数智化维修保障体系框图

（4）自动快速。船舶维修保障必须适应快节奏的作业进程，对保障决策和行动的时效性要求极高。自动快速是智能化维修保障的典型特征，可以减少从信息采集到指挥决策的时间，压缩非创造性人力工作，实现状态监测、故障诊断、指挥控制、功能修复等的自动化自主化。

9.1.3　船舶数智化维修保障技术特征

船舶数智化维修保障以人工智能技术的革命性发展与广泛应用为基础，与现代海上作业一体化保障现实要求相适应，呈现出以下技术特征。

（1）状态感知自主化。对船舶装备健康状态的智能监测和保障需求的自主感知是实现智能化保障的重要基础。建立重要装备状态实时在线监测系统，实现在线监测装备关键参数信息；结合已有的健康管理模型和基础数据库，实现对装备健康状态的实时感知与精确预测；对装备故障情况进行自主诊断和提前预警，实时自主感知保障需求、制定保障方案，为保障资源快速调配和保障行动的自主实施奠定基础。

（2）信息集成融合化。通过海上作业信息、船舶保障信息的高度集成与多元融合，装备状态、保障资源、保障态势的精准感知与科学预测得以实现。船舶数智化维修保障需要将装备保障信息和海上态势感知机制进行集成，通过全面感知海上实际情况、保障资源状态，实现自主管理，进而高效管控海上维修保障活动，为数智化模型训练和应用提供足够数据。

（3）组织架构网络化。船舶数智化维修保障在未来将面临分布式、全频域、多样化的装备保障需求。为此，需要改变传统的层级式保障组织架构，构建以"网-云-端"为组织架构的船舶装备数智化架构，并将布置在前端的靠前保障端点、保障单元与保障数据中心、指控中心通过网络有效连通，形成网络化、分布式保障体系，实现信息交互与智能调控。

（4）保障决策智能化。船舶数智化维修保障将完全颠覆传统的维修保障决策模式和方法。它以多源数据信息为基础，以智能辅助决策技术为手段，使决策主体由人转向人机混合，决策方式由基于经验的粗放式决策转向基于数据分析的智能化决策。同时，依托作业数据信息训练保障决策模型，进行智能推演，从而提出最优保障方案。

（5）保障执行自主化。随着人工智能、工业机器人技术的飞速发展，未来船舶数智化维修保障的实施主体将由以人为主向人机混合转变，最终实现维修保障自主化。船舶自主保障、人机融合一体化保障、基于虚拟现实的保障训练、"人形机器人"现场维修等先进技术手段的应用将成为智能化维修保障发展的最终目标。

（6）资源调配精确化。智能船舶的智能化维修保障将实现更加精准化的资源预测与调控，从而以最小保障资源获得最大的效益。在实施过程中，基于全维可视、全域覆盖的装备状态和保障需求的精准感知与预测，通过智能化保障资源调度和实施平台，在准确的时间、地点为装备提供适宜的保障器材和技术服务。

9.2　数智化装备保障现状

近年来，随着人工智能、先进网络通信、物联网等前沿技术发展，装备领域正在经历新一轮的变革，尤其是以数字、智能系统为代表的新型装备进入了快速发展轨道。数智化装备正不断充实和代替传统装备保障体系。世界各国都高度重视数智化装备的发展与运用，试图通过数字智能系统的"全维感知、自主处理、智能决策"优势，提升决策制定和行动执行（OODA 环）迭代速度，从而赢得作业主动权。

9.2.1　国外数智化装备发展情况

1. 美国数智化装备情况

美国数智化装备保障发展已有数十年历史。除了大力发展数智化装备，美国还积极推进数智化在装备保障中的应用，一些数智化保障装备正在不断被推向使用方，接受实际考验。例如，由卡曼航空公司研制的 K－MAX 智能货运飞机（无人直升机）就曾在阿富汗山区为使用方提供补给。美国一种名为"破碎机"的智能运输车能携带数吨的装备/器材为使用方实施伴随保障，并采用了先进的传感器和导航系统，可在复杂环境中自行行驶。该运输车装备有破碎装置，可以对建筑物进行破坏和穿透，以便完成应急抢修任务。波士顿动力公司研发的"大狗"机器人可以在崎岖的地形条件下运送约数百公斤重的装备，以减轻人员负荷。

美国针对未来数智化装备保障要求，将各层级、各部门的数字化保障网络连为一体，实现对保障人员、保障物资、保障装备的有效跟踪和控制，有效提升了保障的效能。在"第三次抵消策略"中，美国将智能技术作为未来发展的重中之重，制定了详细的发展路线和指导性政策文件。美国在数智化装备保障研发、作业应用等方面都处于领先地位，形成了以仿生机器人、智能地面车、智能运输机、智能加油机、智能航行器等为代表的大批数智化保障群，举例如下。

（1）仿生机器人。除波士顿动力公司的"大狗"机器人外，美国开发的另一种新型四足仿生机器人"步行式运动自适应系统"，代号"美洲驼"，采用全电驱动方式，具有先进的环境感知能力，能够自主智能控制。但无论是"大狗"还是"美洲驼"，距离达到完全自主作业应用的要求还有漫长的路要走。

（2）智能地面车。美国在 2019 年提出小型多功能装备运输（SMET）计划,旨在寻求一款与作业小队同行的智能载具。经过数月比测,通用动力陆地系统公司的"多用途智能车（MUTT）"胜出,MUTT 可以跟随作业人员行进,并携带数百公斤作业物资,具有人工和遥控两种控制方式。洛克希德·马丁公司研制生产了另一款全地面智能轮式车,具有人工驾驶、遥控驾驶、无人驾驶三种模式,适合中远程物资运输。

2. 俄罗斯数智化装备情况

俄罗斯非常重视数智化装备的发展,在 2015 年专门成立了国家机器人技术发展中心,陆续出台了系列发展规划,对数智化装备的发展进行了全面设计。在装备保障方面,俄罗斯研制出了多款数智化装备用于作业任务,例如俄罗斯展示了一款命名为"M-81"的机器人,该机器人不但可以进行射击作业,还可以运输物资,执行包括巡逻、安全警戒、运送药物、在未知复杂环境中导航等任务。

3. 其他数智化装备情况

日本在工业机器人领域的研究享誉全世界,其数智化技术的应用也处于世界先进地位。日本研制的"零式人机 ver2.0"机器人分为上下两部分,上部分为机器人设备,下部分为检测修复设备,可由技术人员远程使用 VR（虚拟现实）系统遥控操作,用于执行维修任务。在 2017 年福岛核泄漏事故中,日本就将其研制的一种可抗强辐射的地面机器人用于受损反应堆的勘察,其在机器人领域的实力可见一斑。

以色列的智能装备发展迅速,其设计和生产的轮式智能地面车"守护者"是一种可控的自主式智能车,具备全地形机动性,可以实时自主障碍探测与规避、遥控或者半自主控制,并采用模块化设计,可根据维修任务的变化,在短时间内换装一种或多种任务模块,以满足不同情形下的维修保障任务。以色列拉斐尔先进防务系统公司研制的用于应对海上恐怖威胁的"保护者"武装智能船舶,在打击海盗、保护商船领域也声名赫赫。

英国和法国订购方也都装备了一定数量的数智化装备,用以遂行各种保障任务,比较出名的有英国的"弯刀"轮式排爆无人车和法国的"骑兵"轮式保障车。

从国外数智化装备现状可以看出,虽然装备类型、保障方式、应用范围不断拓展,但部分装备也存在一些不足。具体如下:

（1）自我防护能力不足。在现有的装备研发水平下,部分数智化装备自我防护能力较差,隐身性能不佳,面临威胁时缺乏自主判断和避险能力,在高强度作业对抗的恶劣环境中难以发挥太大作用。

（2）智能化水平不够。智能保障系统的"智能化"水平还停留在比较低级的阶段,尤其是地面车、航行器等。在人工智能技术已取得突破性进展的情况下,由于作业环境特征复杂,智能保障系统必须有大量的人工参与,才能较好地适应复杂环境,使智能系统的保障效果大打折扣。

（3）信息安全防护能力不足。智能保障系统严重依赖数据链和网络连接,一旦网络中断或系统内部被侵入,就面临被操控甚至变节的危险。

9.2.2 数智化装备保障发展形势

虽然我国数智化装备已经在物资投送、医疗救护、器材保障、灾后搜救等众多领域崭露头角,近年来也取得了长足进步,但总体上与新形势下遂行多样性作业任务的要求还不相适应,与美国等强国还有较大差距,基本上还处于跟踪发展阶段。总的来看,我国数智化装备技术还存在体系化建设不强、关键技术不精、运用研究不广、保障人才培养跟不上等突出问题。

(1) 体系化建设还要继续加强。经过几十年的不断攻关和发展,我国数智化系统研究得到了长足发展,但在装备保障中的应用还未成体系,尚未构建起完善的地面、海上、天空领域的数智化装备保障和技术发展体系。

(2) 关键技术还要不断突破。近年来,我国在智能控制技术、多传感器环境感知融合技术、图像处理和识别技术、总体设计技术等方面取得了突破性进展。总体上来说,我国技术有所创新,但关键领域仍受制于人,某些关键部件无法自给自足,仍依靠国外进口,整体上还没有实现核心技术的自主可控。同时,受国防科技工业基础影响,我国精密制造技术相对落后,一些关键部件还需要依赖进口,装备的整体制造还没有摆脱受制于人的被动局面。

(3) 运用研究还要多方面拓展。随着数智化装备不断投入应用,应用层面的问题也逐渐凸显。基础环境已经具备,但保障体系冗杂。经过多年的信息化发展,使用方逐渐搭建起自身的装备保障系统,但各成体系,后台数据并不交融,缺乏统一管理,无法在未来高度协同的作业模式下实现有效保障。此外,数智化装备系统保障研究不够深入,具体保障需求、编成结构、运用方式等还不够清晰,标准规范不统一、指标体系不完善等问题还比较突出。虽然装备技术不断提升,但实际作业应用水平不高。随着国内在人工智能、机器人技术、自动驾驶技术等方面的大力投入,装备智能、自主技术水平不断提升,但对具体保障模式、保障手段、应用场景的研究运用还不够深入。种种现象要求我们在数智化装备保障方面要做到超前预想、聚焦前沿,大力推动装备保障向数智化方向发展。

(4) 保障人才培养还要不断提高。数智化平台系统是一个相对复杂的专业领域,新型装备保障人才需要更加注重对通信技术、传感技术、计算机技术、控制理论技术、物联网技术等现代信息技术的掌握和运用,因此人才培养难度大,培养周期也相对较长。新型数智化装备保障人才不仅要通晓作业和专业勤务保障知识,而且还要了解市场运行机制和企业管理模式,掌握组织协调使用与管理地方技术力量的方法,复合型人才的需求势必也会越来越大。

数智化装备通过网络将逐步实现"互联、互通、互操作",与一般有人装备的通用之间实现数据共享,更好地掌握作业信息。特别是未来在海上作业时,智能船舶与有人船舶之间的协同作业将是主要的发展趋势,由智能船舶航行至高风险地域执行任务,回传目标信息后由有人船舶实施精确作业,发挥更高的体系作业效能。未来的数智化装备保障也应向即时、精确、自主全域方向发展,以满足未来作业装备需要。

随着科学技术进步和作业场景演化,未来作业对数智化装备的需求也会越来越多,对数智化装备保障也提出了更高要求。以智能船舶为例:

(1) 应用范围将越来越广。随着高机动、长航时、海空一体智能船舶的发展和应用推广,数智化装备保障也要跟上作业发展趋势,朝着远程、深海等空间范围拓展。

(2) 应用场景越来越多。目前智能船舶主要可以完成巡逻值守、载重减负、运输补给、搜索救援等方面的任务,而随着关键技术的不断突破,数智化装备的应用场景将会不断推陈出新,对装备技术准备、技术状态完好的要求也将更高。

(3) 协同能力越来越强。在网络技术和分布式优化技术发展的支撑下,智能船舶正在从协同作业模式,逐步向集群协同、分布式组网和跨域集群协同保障的模式发展,数智化装备保障也必然面对批量化集中技术调试、检修等情况。

从目前来看,数智化装备的作业效能已经逐步显现,但其装备维修保障仍有待发展。将数智化装备的保障工作进一步融合到作业中,需要深刻认识数智化装备保障发展所面临的形势,重点把握互操作性、自主性、信息安全、人机协同等数智化装备保障技术需求。

(1) 互操作性。在未来动态组合的使用方中,数智化装备必须能跨越地域和系统,与其他系统进行通信、信息共享和交互协作,从而实现跨域指挥控制、跨域通信传输,这对数智化装备维修保障系统的互操作性提出了很高的要求。为此,应加快开发数智化装备通用/开放体系架构,制定统一的标准化接口、协议和服务,提升系统的部件模块化及互换性等综合保障水平。

(2) 自主性。自主性是数智化装备根据其对外界、自身以及外部环境的理解,自主地开发和选择不同行为方案以达成目的的能力。要提升自主应对复杂环境的能力,提高作业效能和效率,就必须发展具有高度自主能力的保障系统。应加强人工智能和机器学习技术研究,研发具有泛化能力的高鲁棒性自主识别算法、自主决策算法,提升自主维修保障能力,并进行作业验证,使自主保障达到类人智慧水平。

(3) 信息安全。数智化装备的保障重点是要不断加强系统防御、电磁防护、数据加密等信息安全的保障,保证相关设备技术状态完好,有效对抗探测、干扰、欺骗、攻击等行动,以确保数智化系统的信息安全和信息完整。

(4) 协同作业。未来将是有人平台和数智化平台混合编组的协同作业模式,一方面可以使作业效能倍增,另一方面可以最大限度地利用数智化平台低成本和可消耗性等特点,实现对有人平台的保护。美国提出了"分布式作业"等新型作业模式,通过以有人平台控制单一或若干具有特定功能的数智化平台构成人机协同作业体系,谋求作业能力跨越式提升,并提出了要重点发展协同控制、协同态势感知等技术。该作业模式对数智化平台装备技术状态提出了更高要求,装备任务前技术准备、任务中状态完好、任务后状态恢复是协同装备保障的重难点之一。

9.2.3　数智化装备保障能力要求

随着通信技术和人工智能技术的发展,数智化装备近些年得到了快速发展。例如,智能船舶现阶段已能够在作业海域执行扫除障碍等危险性极高的作业任务了。这些智能船舶的特点和作业优势对装备保障能力提出了更高的要求。

(1) 即时保障能力。智能船舶能够执行复杂环境长时间的侦察、监视任务,这就需要装备保障能够做到即时保障,以确保作业装备能够持续、不间断地执行任务。智能船舶多采用模块化的设计,使其装备本身具有很好的兼容性和可替代性,在作业中即使部分损坏或发生故障也可快速更换,短时间内就可重新投入作业。但同时,兼容性和可替代性也给装备保障方面提出了新的要求,即及时、充足的器材保障,且时效性要求高,必须在短时间内完成装备维修保障。

(2) 精确保障能力。智能船舶一般具有体积小、隐身效果好等特点,在海上作业中表现出色。其在装备保障方面更是要求精确保障,尤其是在执行不同任务时,应根据任务类型来合理配置相应的人力和器材等任务载荷。

(3) 自主保障能力。智能船舶通常被用来执行侦察和长时间监视等任务。智能船舶体积较小,普遍多采用电力推进,噪声较小,可长期潜伏在目标海域进行作业活动。因此,智能船舶需要具备一定的自主保障能力。例如,智能船舶可采用太阳能、潮汐能等供电方式,以保证其执行长时间任务的能力,也可根据需要发展中继型母船,实现对智能船舶的充电或加油,以保证不间断、长时间地执行任务。

(4)全域保障能力。智能船舶海上作业可减少对人员的保障,也使得装备保障工作更多地前置化,多数装备保障工作提前至任务开始前,给装备保障提出了新的要求。例如,随着作业内容向多域化转变,装备保障也应及时跟上,向多域化发展;发展智能船舶母船,用于执行危险海域的前出能源供给、收放作业等任务,确保海上分布式作业的顺利实施。

智能船舶是多领域、多学科技术融合交叉和科技发展创新的产物,其发展高度依赖于各学科相关技术领域的研究进展,涉及大量的基础学科和前沿技术。围绕解决智能船舶保障的自主性、互操作、数据链、多平台协同等核心技术,重点需要从以下方面进行发力和突破。

(1)环境感知和多源数据融合技术。海上环境往往复杂多变,智能船舶需要利用各种雷达、相机、摄像头以及惯性导航元件、气压高度计、北斗/GPS 定位系统等传感器,测量距离、速度、角速度、高度、温度等数据,利用传感器的测量数据估算相对位置和装备自身运动姿态等,结合环境模型、运动状态和定位信息,从而达到对陌生环境的解算,提高完成任务的概率。多源数据融合旨在充分利用多源数据的互补性和计算机的高速运算能力,提高测量信息的质量,实现对观测对象的更好理解,使目标信息更丰富,同时减少或抑制因环境理解中可能存在的多义性、不完全性和不确定性而引起的误差。

(2)路径规划和自主导航技术。路径规划和自主导航是智能船舶的核心技术之一,也是体现数智化水平的关键技术。路径规划问题一直是数学研究领域的难题,复杂环境下的智能船舶运动需要考虑众多约束,路径规划和自主导航系统要实时不断地生成一条满足运动学、动力学约束的无冲突运动轨迹,还要根据运动偏差实时修正自身姿态和位置,而这些都需要设计可靠性和鲁棒性都很强的最优的运动规划算法来实现。

(3)目标跟踪和协同控制技术。目标跟踪和协同控制是实现智能船舶自动控制的保障,也是实现自主导航的关键。智能船舶属于控制输入量比状态变量少的欠驱动系统,具有高度的非线性和子系统间的强耦合性。智能船舶往往要借助复杂的动力系统来提供动力,因此其系统一般具有很强的非线性和迟滞性。这些因素都给目标跟踪和协同控制的实现带来了困难。

(4)先进通信和抗干扰技术。通信和抗干扰是智能船舶绕不开的关键技术,先进的通信手段和有效的抗干扰技术对提高集群能力、可操作性和协同性能力都至关重要。信号传输和信息交换可采用电缆、电磁波、声学或光学等方式实现,需设法提高各种通信方式下的数据传输效率,并降低误码率及减少信号干扰。

(5)载荷作业自动化技术。载荷作业自动化技术是智能船舶实现基本功能的基础,对于需要进行工程作业的智能船舶来说,实现载荷作业过程自动化是其存在前提。因此,需要研发与智能船舶相适应的全自动作业装置,例如抢修模块中的自主吊装和拖曳技术、自动搬运技术,以及运输投送模块中的自动装卸技术等。

(6)冗余和重构技术。冗余技术是一种提高智能船舶系统可靠性的有效方法,而重构技术是在不改变软/硬件功能和环境的情况下,提高装备可扩展性和可重用性的技术方法。工业自动化的飞速发展也对装备的可靠性、可扩展性和可重用性都提出了更高的要求。

9.2.4　数智化装备保障发展措施

数智化装备保障对其平台发展和运用具有极其重要的作用。

(1)数智化装备保障是保证作业顺利实施的必由之路。面对未来多维空间非线性智能化作业形态,伴随着大量数智化装备投入使用,传统的保障观念和保障手段必将发生翻天覆地的变化。装备保障作为一种保证能力,甚至是增强能力的关键因素,面对全域多维的保障领域、精准高效的保障时效、信息主导的保障特征、自动智慧的保障进程,必须充分运用新一代数智化技术打造保障体系。

（2）数智化装备保障是提升保障能力、提高作业效能的重要手段。随着人类探索脚步的不断前进,未来作业空间将涉及太空、深海以及其他艰难险阻或人体生理机能难以承受的地方,作业环境复杂多变,数智化装备将具备更好的适应能力。未来,数智化装备维修必然主要依托机器来执行修理任务,并且机器开始具有自我决策能力和执行能力,可以显著提高装备的适应性和生存能力。具体体现在:自主规避风险,数智化装备可以通过搭载各种探测设备,提前发现潜在的安全隐患和风险,在遇到危险情况时,可以自主决策以规避风险,保障自身安全;自主学习与优化,数智化装备可以通过收集和分析大量数据,不断学习和优化自身的运行模式和性能,使得自身在复杂环境中能够不断适应和进化,提高生存能力。

（3）数智化装备保障是提升保障时效性、提高保障效益的重要路径。目前,使用方装备修复主要依靠使用方自修或工厂修理途径,其保障时效较低、人工成本较高。而数智化装备保障能够提升保障时效,最大限度地减少装备停机时间。例如:信息采集与处理,通过对前期采集的装备运行数据进行分析与处理,及时发现装备可能出现的问题,为后续维修提供有针对性的信息支持;备品备件管理优化,通过建立智能仓储系统,根据装备运行状况和维修需求,提前预测并储备必要备件,确保备件及时供应,缩短维修时间。此外,数智化装备保障可以通过运筹精算,使装备保障规范有序,保障力量结构分散灵活,形成标准化、可持续、低损耗的保障体系。例如:在网络化保障方面,通过网络化技术和云计算设备,实现无接触修复,突破地域和时间的限制;在精准化保障方面,通过建立数智化模拟仿真系统,实现需求端与供给端的有效对接,从而降低库存成本和减少保障盲区。

数智化装备保障在未来发展中应从链式、保障力量集中、计划管理等固化的传统保障,向网状、保障效能集中、灵活性、适应性等转变,具有集成高效、多维一体、跨域协同等典型特点,以满足现实作业要求。对于如何加快我国数智化装备保障发展,可以从以下方面采取措施。

（1）注重顶层谋划,加强体系建设。国外数智化装备保障的建设发展都由其国家相关部门统一主导规划,不但主导发展建设,还统筹科研试验,彻底解决了部门众多和组织交叉带来的问题。我们也应该借鉴其经验,对我国数智化装备保障建设实行统一指导管理,先制定总目标、总方案,再分类论证实施,确保成体系发展。

（2）善于集智攻关,突破关键技术。我们应积极探索数智化装备保障的新模式、新方法,聚焦数智化装备保障的关键核心技术,进行重点攻关,着力发展复杂环境中自主性智能技术、人机协同控制技术、通用规范平台技术、网络安全与信息防护技术,以及恶劣环境中结构与材料的耐用性等保障技术,提高数智化装备在复杂环境中的可靠性、可用性与有效性。此外,订购方发展数智化装备也要联合一切可以联合的力量,聚焦一流目标、坚持需求引领、强化特色优势、激发发展动能,在人工智能、量子计算、智能传感系统、工业制造自动化等领域不断发力和创新,在关键核心技术方面寻求突破。

（3）稳步分段发展,迭代优化保障体系。数智化装备保障在现代工业体系中的地位日益凸显,世界各主要强国都不断加大研发力度和经费投入。我国应该构建和完善数智化装备保障体系,以作业使用需求为牵引,以关键技术为支撑,以保障能力提高为目标,加快数智化装备保障体系的建设发展。数智化保障体系并不是一蹴而就的,我们应依据技术发展水平,结合我国未来各个时期的能力建设需求,以兼顾经济性和先进性的方式,逐步分阶段地推进数智化装备保障体系建设,迭代提升使用方运用数智化装备达成作业目标的能力。

(4) 依托多方协作,坚持创新发展。数智化科技的协同创新必须实施融合发展策略。我们要在构建一体化体系和能力的要求下,推动多方深度协作,实现资源均衡配置、人才高效衔接、政策制度兼容、组织实施统一,开创新时代深度发展新局面,谋划数智化装备保障建设新篇章。例如,加强总装厂、科技企业、院校的合作,推动数智化保障领域深度融合,以我国数智化保障需求引导先进技术和成熟设施向更深更广领域转化。

(5) 重视应用检验,体系融合综合保障。国外在多个应用场景中对数智化装备保障手段进行了实际检验,这些检验又反过来促进了数智化装备保障技术水平的进一步提高和运用模式的优化升级。我国应加强在真实作业环境中探索数智化装备保障,明确当前阶段数智化装备保障的效能底数,积极寻求保障力量的最优编配方式、协同机制以及如何有效融入一体化作业体系的途径。

9.3　智能船舶维修保障模式

智能船舶维修保障模式的保障包括寿命期修理安排、维修保障体系构建、维修保障能力要求等内容。按照一般船舶维修保障模式设计思路,需以智能船舶使用要求为牵引,以装备特点及维修需求为约束,综合考虑当前维修保障体系和能力现状,确定智能船舶寿命期修理安排,进而论证维修保障资源和能力的配置,最后确定维修保障技术体系和作业体系的任务分工,确定保障体系运行机制。

9.3.1　智能船舶寿命期修理安排

1.寿命期修理安排"一类一策"研究方法

智能船舶型号众多、使命任务各异、装备维修需求也存在较大差异。智能船舶寿命期修理安排需按照智能船舶型号进行适应性分类,按照"一类一策"方式确定寿命期修理安排。智能船舶寿命期修理安排"一类一策"应把握以下原则:

(1) 以作业使用需求和装备维修需求为牵引的原则。智能船舶作业使用与寿命期修理是一个相互衔接、互相影响的有机整体,寿命期修理是为了更好地满足多样化任务用装需要。必须以智能船舶作业使用需求为牵引,以装备客观存在的维修需求为固有约束条件,研究论证智能船舶寿命期修理安排,确保装备的持续安全使用。

(2) 以任务为依据"量体裁衣"的原则。智能船舶维修保障的重点在海上,其维修保障具有的显著特点是"平时使用与任务使用基本相同"。因此,根据智能船舶赋予的任务需求、装备特性、技术状态和使用强度等因素,特别是在近海或远海执行作业任务的区别,需要在岸基、母船、或其他海上平台上进行技术准备,确保装备使用前技术状态完好,使用回收后及时进行技术状态恢复,贮存期间技术状态保持良好。因此,需要根据智能船舶的使命任务进行"量体裁衣",改变过去船舶确定修理结构的方式,可以在智能船舶寿命期安排等级修理,也可以不安排等级修理,调整为集中检修或技术准备等。

(3) 定时维修与视情维修相结合的原则。准确把握智能船舶寿命期修理安排的科学性和针对性,根据近年来船舶维修改革成果,结合智能船舶状态检测、智能化控制的技术优势,优化智能船舶定期维修与视情修理的范围。具体来说:一是针对每型设备拓展视情维修范围,对具有明显信息化特征的系统、运维一体设备,以及没有明确使用寿命和故障规律的设备、分系统等,可以取消定时维修,推行视情维修;二是优化定时维修时机内容,对有明确寿命分布规律和耗损期、故障与使用时间/频次有明确关系的装备,继续沿用定时维修的方式,并可根据作业任务需求调整修理间隔期,优化修理深度、范围和项目;三是推行平台、分系统及设备"解耦"的维修方式,对平台、分系统、部组件故障失效呈现不同特点规律的装备,推行平台、分系统及设备"解耦"的维修方式,根据设备的结构、机械、电子等属性采取视情维修或定时维修,压减实施整套设备定时维修的装备类型。

按照上述智能船舶寿命期修理安排"一类一策"的原则,贯彻装备维修保障高质量、高效益、低成本、可持续的理念,适应机械化、信息化、智能化融合发展要求,在进行智能船舶寿命期修理研究论证时,应重点把握和确定以下问题:

(1)智能船舶的作业任务、使用强度、任务周期、贮存要求、岸基和海上技术准备要求等作业使用需求。

(2)智能船舶的分系统及设备的定时维修需求和修理设施条件要求,分系统及设备的视情维修技术条件等装备维修需求。

(3)根据智能船舶的作业使用需求和装备维修需求,以及装备的保障能力和保障资源现状,确定智能船舶主要分系统及设备的维修方式和时机。

(4)依据前述研究结论,根据驻泊地保障条件、工厂保障能力和负荷等,确定智能船舶是否需要安排等级修理,并按照"一类一策"方式进行论证。如果安排等级修理,则需要论证确定寿命期修理结构;如果不安排等级修理,则需要确定驻泊地码头、海上技术阵地等集中检修的实施方式和时机。

2. 寿命期安排等级修理的可行方案

采用上述智能船舶寿命期修理安排设计思路,如果经过研究论证,寿命期需要安排等级修理,则举例可采用的可行方案。实际上可采用的寿命期修理安排模式有很多,但需要根据智能船舶作业使用需求和装备维修需求进行"一类一策"论证确定。

(1)参照传统船舶修理结构方案。按照船舶修理结构的设计思路,研究确定智能船舶寿命期修理结构,修理类别选择、修理间隔确定、修理结构编排、主要工程范围等应根据作业使用需求和装备维修需求确定。

(2)参照传统设备贮存和技术准备方案。按照设备贮存和技术准备的设计思路,研究确定智能船舶寿命期修理结构,修理类别选择、修理间隔确定、修理结构编排、主要工程范围等应根据作业使用(对技术准备的)需求和装备维修需求确定。

3. 寿命期不安排等级修理的可行方案

采用前述智能船舶寿命期修理安排设计思路,如果经过研究论证,寿命期不需要安排等级修理,则举例可采用的可行方案。实际上可采用的寿命期修理安排模式有很多,但需要根据实际情况灵活确定。

(1)基于状态的视情维修方案。寿命期不安排等级修理,采用基于状态的视情维修方案,主要措施包括:加强监测诊断,优化日常监测、专项监测、实时监测、全面监测内容和范围;依据监测诊断意见提出修理任务,智能船舶使用方审核后下达修理任务,依托基地级维修保障力量实施。

(2)定期集中检修方案。寿命期不安排等级修理,根据装备维修需求,每年在驻泊地视情安排智能船舶集中检修,由基地级维修保障力量负责实施,保持装备良好的技术状态。平时处于岸基和海上任务技术准备时期时,则根据装备技术状态,视情以临时修理的方式安排相关预防性维修任务。

(3)定期维修与视情维修相结合的方案。参考汽车工业体系的服务中心理念,根据智能船舶累积使用时间、使用次数或日历时间达到某阈值,结合驻泊地维修设备情况,视情在驻泊地或返厂开展高规格维护保养和修理,由基地级维修保障力量负责实施;平时的技术准备、故障维修等项目,则根据使用方能力情况,由使用方和基地级维修保障力量联合实施。

9.3.2　智能船舶维修保障体系构建

针对智能船舶维修保障特点,结合现有实际维修保障能力,为保证智能船舶维修保障任务的顺利实施,一方面,应加强智能船舶使用方维修保障力量建设,包括使用方维修能力以及技术准备能力,提高智能船舶自主保障能力;另一方面,针对当前智能船舶维修保障能力不足的现状,需要将智能船舶总装厂和装备研制单位纳入维修保障力量体系之中,对智能船舶实施一体化保障,以充分利用工业部门的技术优势和资源优势,提高智能船舶维修保障水平,有效降低保障费用。

1. 维修保障作业体系

按照当前装备维修保障作业体系划分,智能船舶维修保障作业体系包括使用方和基地级维修保障力量。

使用方维修保障力量包括使用方所属的智能船舶操作人员、维修人员,以及岸基和海上技术准备相关人员等保障队人员,是智能船舶装备操作使用、维护保养、技术状态监控、故障排除的主要力量。

基地级维修保障力量主要包括智能船舶修理厂、承研承制单位,以及相关的科研院所等。受使用方维修能力以及维修保障设施设备等条件限制,智能船舶某些分系统和设备的维修保障工作需要基地级维修保障力量来实施修理。

基地级维修保障力量的主要职责包括:完成难度较大的维护、抢修、更换大型部件等任务;负责分系统或设备的高等级修理以及智能船舶修后整体联调联试任务;拆换送返的零部件修理和生产任务;开展岸基或海上任务期间技术准备的支援工作。

在维修保障职责和任务分工上,使用方维修保障力量主要开展技术准备、日常维护保养、一般故障排除等维修保障工作;基地级维修保障力量主要开展重大故障排除、年度检修、返厂维修、寿命件管理等技术状态管控类工作,减少了使用方装备技术保障工作量,有利于使用方把主要精力聚焦在任务执行上。

2. 维修保障主要任务

在智能船舶寿命期内,装备维修保障主要任务包括:

(1)维护与检修。主要由使用方维修保障力量完成的日常维护保养、检修、监测、检测等工作,其目的是对装备进行定期检查和保养,使装备持续保持良好的技术状态。维护与检修任务主要由使用方维修保障力量完成,若部分使用方能力不足且影响任务的检修项目,可以安排基地级维修保障力量实施。

(2)临时修理。对智能船舶装备临时故障所采取的一种非计划性修理,其目的是排除装备故障,恢复装备良好的技术状态。临时修理任务通常由使用方维修保障力量组织实施,也可安排工厂或承研承制单位等基地级维修保障力量进行修理,还可利用远程技术支援保障方式,由技术保障专家协助解决。修理任务重、技术要求高、工程范围大的临时修理任务可以组织研制单位实施修理。

(3)等级修理。研究论证后需要根据"一类一策"安排等级修理的智能船舶可按照批复的修理结构规定开展计划性定期修理,其目的是保持和恢复装备技术性能,保证正常使用年限。智能船舶等级修理通常由基地级维修保障力量组织实施。为了提高智能船舶等级修理的综合效益,充分发挥研制单位的技术优势和资源优势,可视情由智能船舶总装厂和技术责任单位开展部分或全部等级修理工作。

9.3.3 智能船舶维修保障能力要求

使用方需求是提升智能船舶维修保障能力的根本牵引力,应以有效解决智能船舶维修保障矛盾问题为基本目标,着力提升智能船舶维修保障的智能保障能力、自主保障能力、快速抢修能力、精准保障能力等,科学确定数智化保障能力要求,如图 9-3 所示。

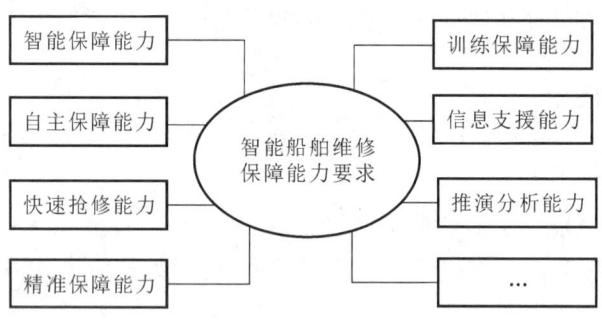

图 9-3 智能船舶维修保障能力要求

(1)智能保障能力。基于大量智能船舶装备信息的分析处理,并将其转化为装备保障行动的能力。在感知获取大量装备保障信息的基础上,利用智能算法、数据挖掘等技术有效破解"信息迷雾",实现对保障需求的准确预测,进而科学制定保障方案,高效组织保障作业,全程监控保障过程,综合评估保障效果。

(2)自主保障能力。依靠智能船舶自身的传感器设备和信息处理终端,按照数据、信息、知识的处理流程,强化装备的自主认知、自主学习、自主决策能力,从而构建智能船舶作业单元与保障单元联通协作的自组织网络,采用互联通、互操作、互认知、互协作的方式,实现智能船舶的自主保障。

(3)快速抢修能力。借助先进信息技术、物流技术和智能技术,围绕智能船舶保障人力、设备、器材、资料等资源需求,搭建分布合理、运转快捷的作业配送网络,优化装备智能化抢修技术手段、响应机制和实施流程。

(4)精准保障能力。根据智能船舶作业行动要求,实施快速、灵活、不间断的全程保障,以最少的保障资源满足最大的保障需求,以最小的保障时差保证最优的保障时效。

智能船舶维修保障能力映射关系表如表 9-1 所示,其中能力要求系数(C)由作业环境、运行机制、影响范围、能力地位、效能释放等综合确定,可采用评分法确定智能船舶维修保障能力指标。

表 9-1　智能船舶维修保障能力映射关系表

能力目标	能力要求								
	数据实时采集	态势全维感知	信息智能处理	智能指挥决策	物资随需配送	智能检测维修	网络广域通联	力量模块重组	行动精确控制
智能保障	C_{11}	C_{12}	C_{13}	C_{14}	C_{15}	C_{16}	C_{17}	C_{18}	C_{19}
自主保障	C_{21}	C_{22}	C_{23}	C_{24}	C_{25}	C_{26}	C_{27}	C_{28}	C_{29}
快速抢修	C_{31}	C_{32}	C_{33}	C_{34}	C_{35}	C_{36}	C_{37}	C_{38}	C_{39}
精准保障	C_{41}	C_{42}	C_{43}	C_{44}	C_{45}	C_{46}	C_{47}	C_{48}	C_{49}

9.3.4　智能船舶维修保障目标任务

智能船舶维修保障发展总体目标是实现决策智能化和执行自主化,具体包括状态监控、健康管理、指挥控制、功能修复等方面。

(1)状态监控智能化,应具有集智能化、信息化、可视化、远程化于一体的状态监测系统,能够对装备类型、位置、数量、作业效能发挥等实行自动感知、自动检测、自动分析并自动生成状态监控报告,为决策机构提供全面、形象、清晰的装备作业态势。

(2)健康管理智能化。装备健康管理含故障诊断、潜在隐患评估等具体工程,应基于大量的技术资料、专家知识和推理方法,依托智能化健康管理算法,对装备健康状态进行自动检测和评估。当算法难以做出评估时,可通过远程人机交互进行判断。

(3)指挥控制智能化。应依托智能化系统的方案比对和自学习、自适应功能,自动生成适应实际需求的装备保障方案,自动发出装备保障行动指令,辅助或有条件地替代决策人员实现科学高效的装备保障决策、行动控制和管理活动。

(4)功能修复智能化。应充分利用装备保障数据挖掘、虚拟维修技术、自修复技术、智能机器人等手段,对发生的故障和损伤进行自主的隔离、拆解、更换和修理,实现故障部位的自愈合,使装备恢复其规定状态。

智能船舶维修保障主要任务是围绕未来海上作业要求,构建全维可视、全域覆盖、全程可控的智能化维修保障体系,自主完成各类保障活动,全面满足复杂环境条件下的装备保障需求。具体包括:

(1)态势感知。建立起多层次、多手段、多环境的立体态势感知体系,实现实时、准确、全面掌握态势和装备状态,为保障智能决策提供可靠数据支持。

(2)自主决策。根据实时态势进行智能分析,自主决策完成故障隔离、抢修方案制定、保障资源调配等任务,采用人机交互方式自主做出遂行保障任务的行动。

(3)自主协同。未来海上作业中人员和装备之间的界限将更加模糊,各作业与保障力量不再有相对固定的支援关系,而是基于总体作业意图和实时态势,依托强大的智能算法进行协同决策,动态重组智能船舶保障力量。

(4)自主评估。应具有损伤自主评估能力,自主评估技术状态,并根据损伤情况快速制定修复计划,提出海上修复的必要性、修理范围、抢修要求等方案,实时反馈给决策机构。

(5)自主修理。在人机交互的条件下,智能船舶自主做出损伤隔离、降功能使用、抢救抢修行动。同时,为有效应对抢修环境恶劣、危险大等影响,采用智能化机器人实施抢救抢修任务。

9.3.5　智能船舶维修保障发展趋势

未来海上作业模式、人工智能发展必然推动智能船舶维修保障技术革新。

1. 构建数智化维修保障模式

智能船舶维修保障应逐步构建起数智化维修保障模式,建立分析决策一体、监控修复一体、上下层级一体的保障方式。

(1) 分析决策一体即依靠多种技术和方法,包括人工智能、传感器技术、自主导航技术、通信技术等。通过这些技术的应用,智能船舶可以自主协同感知和分析环境信息,评估运行状态和任务需求,制定最佳修复策略。

(2) 监控修复一体即通过配备智能传感器、监测设备、维修工具和备品备件,实时收集装备运行状态信息。在遇到故障或问题时,装备可以自行进行诊断,并根据诊断结果采取相应的修复措施,从而实现自我修复。

(3) 上下层级一体即通过实时信息共享实现维修资源调度和维修流程的去冗从简,用户和维修保障人员、智能船舶和保障平台之间保持联动一体,根据装备故障信息和维修需求,动态调配维修人员、机器和物资,确保维修保障力量能够迅速响应。同时,简化了维修保障环节,提高了维修效率,提升了各环节的协同性。

数智化维修保障模式也将推动智能船舶维修保障模式的调整优化,主要包括:

(1) 推动智能船舶保障决策由粗放型向精细型转变。基于人工智能的保障决策,对海量信息数据进行及时全面的采集和快速准确的判断,推动智能船舶装备保障向着精准、自主、高效、智能的方向发展。决策智能化主要解决的是装备保障信息处理、人机界面等问题,例如:应用知识推理和搜索求解等技术,损伤评估、抢救抢修计划等作业得以自动化,实现了机器对人的决策辅助;建立各类作业单元和指挥节点的人工智能模型,模拟真实的作业环境,评价装备保障方案的综合效能。

(2) 推动智能船舶保障管理由静态向动态转变。未来海上作业编组将更加灵活便捷,智能船舶大量应用,因此需要根据作业单元与环境要求,构建具有特色作业功能的保障单元或海上平台,适应作业形势变化,动态优化各层次保障装备力量结构,逐步实现装备维修保障指挥、抢修、储供、管理的数智化。

(3) 推动智能船舶保障方式由被动型向主动型转变。人工智能算法在知识积累、重复性、准确性和稳定性方面优势显著,能够提高智能船舶信息获取、处理与决策的质量和速度,通过传感网络自动感知保障态势,自动感知装备保障需求,准确掌握和理解作业形势及其发展变化,利用机器学习方法从历史数据中挖掘装备保障的潜在规律,自动计算生成装备保障行动指令,从而更加精准地预判保障需求。

(4) 推动智能船舶保障力量结构由树状化向扁平化转变。智能船舶维修保障是实现未来扁平化保障体系的重要依托,有利于减少保障指挥层次、简化环节。随着智能船舶的广泛应用,基于扁平化力量结构的大数据智能、群体智能等理论在装备保障中的应用将更加多元化。

2. 打造数智化装备维修保障平台

现阶段我国装备维修采用多级维修体系,运行初期装备维修人员的维修能力较弱,装备主要依靠生产厂家进行故障修复,其流程需要通过人工填报方式逐级传递,流程环节较长,各级信息无法实时共享,一些简单的故障得不到及时处理,用户无法全流程监视掌控装备修复进展。而数智化装备维修保障平台具备状态实时监测、协同控制、故障诊断、决策支持、损伤修复、模拟仿真等功能,可从根本上消除这些弊端。数智化装备维修保障平台应具有以下技术优势:

(1)采用模块化管理。根据智能船舶类型和作业领域,将维修任务、维修技能、维修器材进行模块化分解,并将模块化功能集成到数智化维修保障装备上,通过数智化装备维修保障平台"智慧"指挥服务开展多线程维修保障任务。

(2)实现自主分析决策。通过大数据挖掘、机器学习等手段,高效处理维修需求,收集分析以往维修数据,并下发最优指令,缩短维修时效,确保维修任务顺利完成。

(3)提升维修人员保障能力。借助虚拟现实、增强现实等技术,构建逼真的维修场景和作业环境,实现高效、针对性的训练。

(4)具备自适应调整能力。在复杂环境中,智能船舶可以根据实际情况调整自身性能,以适应不断变化的环境。例如,在面对通信中断、能源不足等突发状况时,智能船舶维修保障系统可以自动调整系统参数,提高装备的生存能力。

(5)具备自动协同与配合能力。在复杂作业环境下,智能船舶往往需要与其他装备和系统进行协同作业或协同保障。数智化维修保障平台可以通过无线通信、数据共享等技术手段,实现作业或保障动作的高度协同配合,提升整体作业效能。

3. 探索数智化维修保障场景

人机协同是智能船舶未来海上作业的主要样式。由于智能船舶和有人船舶的种类愈加繁多、功能愈加全面,其基本可应用于各种维修场景,包括在危险、污染、艰难等特殊环境下执行装备探测、监测预警、备件换件、检测点焊等装备维修保障任务。因此,数智化维修保障的应用前景将十分广阔,包括以下场景:

(1)抢修场景下的应用。智能船舶维修的根本目的是支撑作业体系的稳定运转、维护设备效能。基于未来可能瞬息万变的作业环境,自主抢修模块可嵌入智能船舶中,使智能船舶不仅具备作业能力,还可以在装备损伤的情况下,通过自主抢修模块做出分析报告,使操作人员能够在有限的维修资源条件下分析、调整装备或设备的软硬件,实现短时间内的应急抢修。

(2)平时维护维修场景下的应用。无论是直接参与作业,还是指挥控制的后方,通过搭载智能值守系统、自动化系统和多种传感器,实现对装备的性能、运行状态等方面的监测,预防装备故障,提高装备的安全性,延长装备的使用寿命。

(3)复杂环境下维修场景的应用。随着装备信息化程度的不断提高,装备外部的环境复杂多变,装备内部集成的零部件也愈加精巧繁杂,数智化维修可基于海量的数据库和智能算法进行快速筛选,同时提供可供选择的多种性能恢复方案。

(4)远程维修支持场景下的应用。利用网络通信技术,实现远程视频监控、远程专家诊断和远程维修指导,为现场维修人员或机器提供实时的支持,提高维修效率。

4. 攻关数智化维修保障关键技术

数智化维修保障的关键技术不仅可以全面应用于智能船舶,也可广泛应用于其他各型智能平台。

(1)装备保障数据智能采集与知识获取技术。一是智能传感器技术。智能传感器将传感器与大规模集成电路综合集成,完成信号探测、变换处理、逻辑判断、功能计算、双向通信,实现自检、自校、自补偿、自诊断等功能,为智能船舶提供环境态势的精准感知。二是人工神经网络技术。人工神经网络是一个并行、分布式的信息处理网络结构,具有类似人类大脑独特的联想、记忆和学习功能。当外界环境发生变化时,它能够自主学习、适应、调整,迅速找出解决问题的优化方案。智能船舶维修保障主要是从控制论角度模仿人工神经网络功能。三是保障领域本体构建技术。智能船舶保障非结构化数据庞大,信息融合挖掘、价值运用难度大,而通过保障领域本体构建,能够抽取非结构化保障数据知识属性,实现装备保障知识的智能化获取、分析、推送和集成应用。

(2)装备数智化保障信息融合技术。一方面,构建智能船舶装备全域智能保障信息网络,实现平台与各类保障资源之间的信息共享与协同交互,促进对各类装备信息的深度挖掘、智能分析和模拟推演,满足海量多源数据的融合管理、应用决策和资源规划要求,实现装备信息的自动搜集、安全传输、交叉融合以及集成应用,为智能分析、自主决策与评估提供全面准确及时的信息。另一方面,突破智能船舶装备维修保障多模态大语言模型技术,以典型装备技术资料、综保工程文件以及相关维修保障数据为基础,开展维修保障信息抽取和分类技术、深度学习技术、多模态训练技术、自注意力控制技术、多模态大语言模型训练与验证技术的研究,构建维修保障多模态大语言模型,以便采用智能化方式进行装备保障分析诊断和评价。

(3)装备数智化保障支援技术。随着智能船舶批量使用,其使用保障和维修保障活动趋于自动执行,急需配套基于信息驱动的装备数智化保障支援系统(如海上保障平台、抢修设备、运维技术等),替代相关人员完成各项装备保障工作。例如,若具备作业环境侦察、路径自主规划、远程支援、应急维修等多种功能,可根据作业态势,自主优化行动路径,利用携带的保障资源,结合远程技术支援,为损伤装备进行故障件更换,完成各类复杂维修保障活动。同时,装备保障智能运维技术可结合机器人等自动化设备,充分替代人工操作,实现智能船舶转运、修理、备件供应的自动化运行。

(4)基于 LVC(真实、虚拟和构造)的保障训练技术。为满足装备数智化保障全流程、全剖面、高仿真训练要求,构建基于 LVC 的智能化保障训练平台。运用数字孪生虚拟实装背景,设定虚实结合的演训场景,弥补复杂作业场景难以模拟的不足,提升智能船舶生存能力。结合智能船舶设备,我们可以通过先进的视觉识别、生物特征识别、智能监控等技术,采用自适应自主学习、直觉感知、综合推理等方式,使训练平台中的各种模拟环境更贴近于现实,保证各项训练指标更符合真实操作。开展高度逼真、沉浸式、具有挑战性的智能船舶维修保障抢修训练,该训练旨在使参训人员掌握数智化决策、船舶抢救、应急抢修等技能,提升智能船舶抢救抢修指挥决策、应急处置的操作技能与灵活应变等能力。

(5)典型装备自主修复技术。自主修复技术是实现装备功能修复数智化的重要途径,也是进行装备维修保障的理想模式。典型装备的自主修复主要是运用智能化评估与决策结果,使装备本身自主开展故障件隔离、备份冗余启动、降功能使用,或者提供完整的修理更换措施。这一过程中,只需要外界简单操作即可恢复装备状态,实现装备软硬件损伤后快速自动恢复功能。

(6)抢修"人形机器人"技术。装备数智化保障实现的最终落脚点是智能机器人的研发与应用,特别是适用于抢修的"人形机器人"。人形机器人是模仿人类外观和功能,高度融合了人工智能、自主与机器人技术的智能化复杂系统,其行为表现接近于人类。美国于 2005 年开展战地撤退与救援机器人研究,将人形机器人发展推向灾害救援等场景。2017 年,俄罗斯研制出"菲多尔"人形机器人,用于作业支援任务。2022 年 9 月,特斯拉公司"擎天柱"人形机器人,首次亮相,其可代替人类在重复、枯燥、危险的环境与工况下作业。针对海上维修保障环境的未知性、复杂性和高危险性,采用人形机器人替代相关人员去完成抢救抢修的信息采集、勘验测量、危险处置、复杂操作、智能评估、不沉性抢救、损伤抢修等任务,可大大提高海上维修保障的安全性。需开展抢修人形机器人技术指标论证、能力发展路线研究,突破多自由度关节控制技术、动力驱动优化技术、传感器信息融合感知技术、人机交互协同技术、智能自主控制技术、自动诊断检测技术、抢救抢修知识训练模型、智能化决策技术研究,以及体能、智能与技能增强技术等,为实现装备数智化保障提供强有力的手段支撑。

参 考 文 献

[1] 甘茂治,康建设,高崎.军用装备维修工程学[M].北京:国防工业出版社,2022.

[2] 张志华.可靠性理论及工程应用[M].北京:科学出版社,2012.

[3] 王海燕,李渊,李相良,等.装备维修保障管理概论[M].北京:国防工业出版社,2017.

[4] 全国电工电子可靠性与维修性标准化技术委员会,全国电工术语标准化技术委员会.电工术语 可信性:GB/T 2900.99—2016[S].北京:中国标准出版社,2016.

[5] 中国人民解放军总装备部电子信息基础部技术基础局.可靠性维修性保障性术语:GJB 451A—2005[S].北京:中国标准出版社,2005.

[6] 全国统计方法应用标准化技术委员会.计数抽样检验程序 第2部分:按极限质量LQ检索的孤立批检验抽样方案:GB/T 2828.2—2008[S].北京:中国标准出版社,2008.

[7] 中国人民解放军总装备部电子信息基础部.可靠性鉴定和验收试验:GJB 899A—2009[S].北京:中国标准出版社,2009.

[8] 中央军委装备发展部合同监管局.装备可靠性工作通用要求:GJB 450B—2021[S].北京:中国标准出版社,2021.

[9] 全国电工电子产品可靠性与维修性标准化技术委员会.可靠性增长 统计试验和评估方法:GB/T 39844—2021[S].北京:中国标准出版社,2021.

[10] 国防科学技术工业委员会.可靠性增长管理手册:GJB/Z 77—95[S].北京:中国标准出版社,1995.

[11] 中国人民解放军空军标准化办公室.备件供应规划要求:GJB 4355—2002[S].北京:中国标准出版社,2003.

[12] 中国人民解放军海军装备部.海军舰船武器装备维修器材消耗定额标准:HJB 213—1999[S].北京:中国标准出版社,1999.

[13] 杨为民,阮镰,俞沼,等.可靠性维修性保障性总论[M].北京:国防工业出版社,1995.

[14] 戴树森,费鹤良,王玲玲,等.可靠性试验及其统计分析(上册)[M].北京:国防工业出版社,1983.

[15] 秦英孝,徐维新.可靠性数学基础[M].北京:电子工业出版社,1988.

[16] 周正伐.航天可靠性工程[M].北京:中国宇航出版社,2007.

[17] 马运义,徐秉权,孙恪章,等.可靠性技术的应用[M].北京:国防工业出版社,1996.

[18] 何国伟.机电产品的可靠性[M].上海:上海科学技术出版社,1989.

[19] 费鹤良,王玲玲.产品寿命分析方法[M].北京:国防工业出版社,1988.

[20] 何国伟.可靠性试验技术[M].北京:国防工业出版社,1995.

[21] 陆廷孝,郑鹏州.可靠性设计与分析[M].北京:国防工业出版社,1995.

[22] 茆诗松,王玲玲.可靠性统计[M].上海:华东师范大学出版社,1984.

[23] 茆诗松,王玲玲.加速寿命试验[M].北京:科学出版社,1997.

[24] 孟庆玉,孟庆五,王学军.舰艇武器装备可靠性工程基础[M].北京:兵器工业出版社,1993.

[25] 梅文化.可靠性增长试验[M].北京:国防工业出版社,2003.

[26] 邱有成.可靠性试验技术[M].北京:国防工业出版社,2003.

[27] 曾声奎,赵廷弟,张建国,等.系统可靠性设计分析教程[M].北京:北京航空航天大学出版社,2001.

[28] 周源泉,翁朝曦.可靠性评定[M].北京:科学出版社,1990.

[29] 周源泉.质量可靠性增长与评定方法[M].北京:北京航空航天大学出版社,1997.

[30] 周源泉,翁朝曦.可靠性增长[M],北京:科学出版社,1992.

[31] 中国电子技术标准化研究所.可靠性试验用表[M].北京:国防工业出版社,1987.

[32] 张志华.可靠性理论及工程应用[M].北京:科学出版社,2012.

[33] 王世萍,朱敏波.电子机械可靠性与维修性[M].北京:清华大学出版社,2000.

[34] 雷增宏,安立周,张晓楠,等.工程装备可靠性设计[M].北京:冶金工业出版社,2018.

[35] 李良巧,徐耀华,董少峰,等.兵器可靠性技术与管理[M].北京:兵器工业出版社,1991.

[36] 程侃.寿命分布类与可靠性数学理论[M].北京:科学出版社,1999.

[37] 王自立.可靠性维修性保障要求论证[M].北京:国防工业出版社,2011.

[38] 曾声奎.可靠性设计与分析[M].北京:国防工业出版社,2011.

[39] 陆民燕.软件可靠性工程[M].北京:国防工业出版社,2011.

[40] 徐宗昌.保障性工程[M].北京:兵器工业出版社,2002.

[41] 张相炎.兵器系统可靠性与维修性[M].北京:国防工业出版社,2016.

[42] 史跃东,徐一帆,金家善.装备复杂系统多状态可靠性分析与评估技术[M].北京:科学出版社,2017.

[43] 贺国芳.可靠性数据的收集与分析[M].北京:国防工业出版社,1995.

[44] 赛义德.可靠性工程[M].杨舟,译.2版.北京:电子工业出版社,2013.

[45] 周林,赵杰,冯广飞,等.装备故障预测与健康管理技术[M].北京:国防工业出版社,2015.

[46] 贾希胜.以可靠性为中心的维修决策模型[M].北京:国防工业出版社,2007.

[47] 瓦克塞万诺斯.工程系统中的智能故障诊断与预测[M].袁海文,王秋生,等译.北京:国防工业出版社,2013.

[48] 任敏,陈全庆,沈震,等.备件供应学[M].北京:国防工业出版社,2013.

[49] 李华,邵松世,张宇光,等.备件保障的工程实践[M].北京:科学出版社,2016.